中国新闻传播学
自主知识体系建设工程

| 当代中国新闻理论研究 |

新闻道德论
（新修版）

On Journalistic Ethics

杨保军◎著

中国人民大学出版社
·北京·

本书系中国人民大学科学研究基金项目

"当代中国新闻理论研究"

（批准号：18XNLG06）成果

照，但这绝不是自我封闭的目光向内，而是要处理好中国经验与世界理论的关系。建构自主的知识体系应该是一个对话的过程。马克思主义基本原理同中国具体实际相结合、同中华优秀传统文化相结合的过程，是吸收、转化、融入的过程，从学术上讲，实际上是马克思主义与中国传统对话、与中国现实对话的过程。建构自主的知识体系应该关切、关怀人类共同的问题和命运，这就要以产出中国知识、提供全球方案、彰显世界意义为目的，在古今中西的十字路口展开对照和对话。换言之，我们构建自主的知识体系不是自说自话，而是要通过知识创新彰显中国贡献，使中国的新闻传播学屹立于世界学术之林，这是一个艰难而复杂的进程。如果以此为目标做战术层面进一步细分的话，自主知识体系的构建大体可以分为三个向度：

其一，能够与世界同行开展实质有效的深层对话。

这部分主要是指那些具有特别鲜明的中国特色、短期内难以达成共识的内容，比如中国新闻学，从概念到理论逻辑均与西方学术话语有着较大的差异和分歧。对于这部分内容，我们至少在短期内可以以能够开展实质有效的对话为目标，不一定能够达成共识，但至少应努力做到和而不同。这需要我们首先建立一套系统的、在学术上能够逻辑自洽的中国新闻学理论体系。作为中国新闻学的灵魂，马克思主义新闻观不能成为被表面尊崇实则割裂的"特区""飞地"，而应"脱虚向实"，真正贯穿本学科的知识图谱。这就需要将马列关于新闻传播的经典论述与中国共产党从其领导下的百年新闻事业中不断总结提炼的新闻理论相结合，与中国历史传统特别是优秀传统文化相结合。当前，特别要立足于马克思主义新闻观与新时代中国新闻传播事业，加强对习近平文化思想、习近平关于新闻舆论工作重要论述的系统性理论阐释，全面梳理互联网环境下新闻实践的基本理念、原则、方式方法，充实和完善新闻学的本体论、认识论、方法论，构建较为系统完整的知识地图。这既是中国新闻学理论链条的最新一环，也将实

现理论创新的层级跨越。

其二，能够与世界同行开展实质有效的交流合作。

这部分主要是指那些与西方学术话语有相通之处、面临共同的问题和挑战的内容，比如一直面临着基础理论创新乏力的传播学，我们可以在实质有效的合作交流中共同发展，做出中国贡献，形成中国学派。要实现这一愿景，中国的传播学必须坚持问题导向，立足中国现实问题，开展基础理论研究和应用对策研究：一方面，扎根中国大地，形成具有中国特色、世界意义的原创性理论；另一方面，面向中国实践，形成一套有解释力的观念体系。从国家加强国际传播能力建设的重大使命任务出发，当前尤其要加强国际传播基础理论建设，尽快构建中国的国际传播理论体系，推动与国际同行的学术交流和对话，加强国际学术话语权。

其三，能够为世界同行做出实质有效的独特贡献。

这部分主要是指那些新兴领域或者中国具有独特资源的领域，我们与世界同行基本处于同一起跑线，甚至有些还有一定的先发可能，要把握历史主动、抓住难得的机遇期。当前中国社会正处于转型期，呈现出大量西方社会较少见到的现象，这给中国新闻传播学研究在理论建构上做出世界贡献提供了机会。同时，要利用好中国在新媒体方面的技术优势和实践优势，提早布局、快速产生重大成果，为未来传播的新时代实现中国新闻传播学科建设的"弯道超车"创造条件。比如，目前各种人工智能技术已被广泛运用到新闻领域乃至整个传媒产业，带来了智媒化发展的大趋向，我们需要通过跨学科的视野梳理智能传播的基本架构以及知识体系，并在此基础上深入探究智能传播中的焦点问题：智能化媒体应用趋势、规律与影响，人工智能时代的算法，智能环境中的人与人机关系等。

自主知识体系建设是新闻传播学科在新的历史阶段开展"双一流"建设的重要历史机遇。如果说第一轮"双一流"建设是在筑基与蓄力，那么从第二轮"双一流"建设开始，我们的重要任务就是真正开启面向全球场域、建设世界一流，全面提升学科的国际对话能力，实现从一般性国际交往到知识创造、从理论互动到以学科的力量介入全球行动、从场景型合作到平台构建的"转向和超越"。在走出建设中国特色、世界一流大学新路的过程中，自主知识体系建设将起到至关重要的赋能作用，通过知识创新实现中国经验与世界贡献的有机融通，为中国的新闻传播学科屹立于世界学术之林夯实基础。这当然不是一所学院所能胜任的事情，需要整个学科共同体的努力。2023 年 11 月 4 日，中国人民大学新闻学院联合国内四十多所兄弟高校新闻传播学院共同发起成立"中国新闻传播学自主知识体系联盟"并发布倡议，希望以学科的集体力量和智慧推进这一重大行动，我们有理由期待未来更多高质量相关成果的推出。

新时代给新闻传播学科的发展赋予了无限动能与想象空间，这是我们的幸运，也是我们的责任。我们坚信，中国新闻传播学自主知识体系构建要锚定的基点，在于"以中国为根本，以世界为面向"，要充分了解、辩证看待世界，在广泛吸收人类文明优秀成果的基础上，回到本学科、本领域事业发展的历史和现状，回到中国的历史和优秀文化传统，以中国问题、中国现实为观照来构建自主知识体系，为推动中国更好地走向世界服务，为构建人类命运共同体做出贡献。

是为序。

2023 年 11 月 16 日

于中国人民大学明德新闻楼

写在前面的话

"新闻十论"的来龙去脉

"新闻十论"就要集纳成十卷本出版了，这对我来说，是对过去 20 多年来新闻学研究的一个主要总结，估计也是最重要的总结了。至于我关于其他领域一些问题的思考和研究，还得等待另外的机会进行总结。

"新闻十论"就要以新的"完整"的面貌与读者见面了，不再是过去的零散样式，想象到那像模像样的十卷，不仅感到欣慰，内心还有点兴奋和激动。对于一个研究者或思想者来说，能给社会、他人的最大贡献莫过于自己的著述了。这自然也是作为研究者、思想者精神生命中最具意义的部分。

关于"新闻十论"写作的来龙去脉，没有多少生动鲜活的故事，也没有什么摇摆不定的曲折起伏，就像一个研究者或思想者的生活一样，四季流转、朴素平淡。但毕竟是 20 多年才做成的一件事，总得给读者交代一下大致的过程和相关的情况。

当初写第一论《新闻事实论》时，我只是个"大龄"的博士研究生。1998 年 9 月，我 36 岁，来到中国人民大学新闻学院跟随童兵教授读博士，面试时就大致确定攻读博士期间主要研究"新闻事实"问题。

2001 年 10 月，新华出版社出版了我的博士学位论文《新闻事实论》。写作《新闻事实论》时，没想着要写那么多论，但出版后，就有了新的写作计划，当时只是想写"新闻三论"，即除了《新闻事实论》之外，再写《新闻价值论》和《新闻自由论》两论。

我的导师童兵先生在给《新闻事实论》写的序言中，做出了这样一个判断："'三部曲'搞成了，是对中国新闻传播学基础研究的一个贡献。"这大大鼓舞了我的士气，也增强了我做基础研究的信心。

写"十论"的想法产生于 2001 年年底，当时《新闻事实论》已经出版，我开始着手写《新闻价值论》了。写作过程中，我产生了一个想法，那就是能否在全国范围内找一些年富力强的学者，就新闻基础理论问题做个系列研究，三五年内撰写出版一批专著，为新闻理论研究做一些铺垫性的工作，也可以从根本上回击"新闻无学"的喧嚣。我当时博士毕业留到中国人民大学新闻学院任教不到一年，没有这样的组织号召能力，于是就把自己的想法告诉了童兵先生，渴望童先生通过自己的影响力组建一个团队来做这件事情（童先生当时担任国务院学位委员会新闻传播学学科评议组组长）。童先生说他先联系一下看看如何。大概过了半年多，童先生从上海来北京（童先生 2001 年年底从中国人民大学新闻学院调往复旦大学新闻学院工作）开会，我去看望先生，谈及前说组建写作团队一事，先生说找过一些人，但大都"面露难色"，此事不好做，随后话锋一转对我说："你若情愿，就一个人慢慢做吧。"我也没敢答应，此事就此搁浅了。

契机出现于 2003 年。当年，我出版了《新闻价值论》，《新闻自由论》两三万字的写作大纲也基本完成，想着再用两三年时间，写完《新闻自由论》，"三部曲"就结束了，然后再做其他问题的研究。记得是 11 月前后，有一天晚上快 11 点了（具体日子已经记不清了），有人给我家里打来电话，我拿起电话刚想问是谁，对方不紧不慢，"笑眯眯"地说（那语调、声气让人完全可以想象出来）："祝贺你，保军，你这个小老鼠掉到大米缸里啦，你的论文《新闻事实论》入围全国百篇优秀博士学位论文啦！"电话是方汉奇先生打来的。听到这样的好消息我当然高兴。老人家又鼓励了我几句，我表达了深深的感谢，并告诉方先生我自己会继续努力，好好做学问。

获得全国百篇优秀博士学位论文奖不仅名声听起来不错，而且还是件比较实惠的事情，可以申报特别科研资助基金。我申报了"新闻理论基础系列专论"研究的课题，承诺写三部专著——《新闻本体论》《新闻真实论》《新闻道德论》。这一下子等于自己把自己给逼上梁山了。但也正是从此开始，我正式规划"新闻十论"的写作。

"十论"具体写哪"十论"，其间有过精心筹划，也有过犹豫、选择和调整，现在的"十论"，与最初的设想还是不完全一致的，比如，《新闻自由论》转换成了《新闻精神论》，当初想写的《新闻文化论》也最终变成了《新闻观念论》，而想写的《新闻媒介论》最终没有写。但说老实话，转换、调整的根本原因是《新闻自由论》和《新闻文化论》太难写了，自己的积淀、功力远远不足，只好选择自己相对有能力驾驭的题目，那些难啃的硬骨头留给"铜牙铁齿"的硬汉们吧。

如果从1999年《新闻事实论》的写作算起，到2019年《新闻规律论》画上句号为止，"新闻十论"整整用了20年时间。这个时间，说长不长，说短不短，但它用去了我整个的中年时代。回头望去，就如我在《新闻规律论》后记中说的，二十多年过去了，我由青年、中年开始进入老年，黑发变成了"二毛"、白发，但当年的愿望也由头脑中的想象一步一步变成了摆在面前的文本，思想变成了可触可摸的感性事实，说实话，也是相当欣慰的。做了一件自己想做的事，并且在自己的能力、水平范围内做完了、做成了，也算给自己有个交代了。

不过，不管是起初设想的"三部曲"，还是最终写成的"十论"，这些著作只是对既往劳动心血的奖赏，一经面世，便是过去时了，对自己其实也就不那么重要了。至于这些著作对学术研究的意义和价值，对相关社会实践的作用和影响，就不是我自己能够评判的事情，只能留给他人和历史。我想做的是眼下与未来的新事情，继续自己的观察分析、读书思考、写作出版，争取对新闻学研究做出一些新的贡献。当然，我也会抽出一些时间，整理自己其他方面积累的一些文字，并争取出版面世的机会。

"新闻十论"能以十卷本聚合在一起的方式与读者见面，必须感谢中国人民大学。2018年4月，"新闻十论"以"当代中国新闻理论研究"课题方式，列入中国人民大学重大规划项目。有了项目资金的资助，出版也就可以变成现实了。

2019年，"新闻十论"的最后一论《新闻规律论》由中国人民大学出版社出版后，我便着手整理过往出版的"九论"——其中，《新闻事实论》于2001年由新华出版社出版，随后的《新闻价值论》（2003）、《新闻真实论》（2006）、《新闻活动论》（2006）、《新闻精神论》（2007）、《新闻本体论》（2008）、《新闻道德论》（2010）皆由中国人民大学出版社出版，2014年《新闻观念论》由复旦大学出版社出版，2016年《新闻主体论》由人民日报出版社出版。这些专著，除了新近出版的《新闻规律论》《新闻主体论》和《新闻观念论》，其他在市场上已经见不到了。有些朋友曾向我"索要"其中的一些书，我手头也没有。

尽管"十论"的结构方式、写作风格是统一的，大部分著作的篇幅差别不是很大，但有几本之间还是有一定差异的，比如作为博士学位论文的《新闻事实论》只有16万字左右，而2014年出版的《新闻观念论》超出70万字，面对这种情况，或增或减都是不大合适的，保留历史原貌可能是最好的办法。因而，这次集纳出版时，我并没有为了薄厚统一"好看"去做什么再加工的事情。顺其自然，薄就薄点，厚就厚些。

根据出版社编辑建议，"新闻十论"集纳出版之际，我专门撰写了《中国新闻学基础理论研究》，从一定意义上说，这本书是"十论"的"总论"，也是对"新闻十论"的总结。为了方便读者的阅读，我把原来分散在各单行本著作中的"前言"或"导论"集纳在一起，构成了该书的第二编。需要说明的是，有几本当初没有写类似"前言"或"导论"的文字，或者是写得过于简单，比如《新闻价值论》《新闻真实论》，为了形成一个比较完整的结构，我特意为这几本书补写了相当于"导论"的文字。由于是补写，就不可能回到当初的写作状态，但我尽可能以原来的文本为根据，去呈现原来著作的内容，类似于内容介绍，而不是站在现在的角度展开阐释。每一本书的"导论"，如果原来有题目，我就保留原来的，如果没有，我便从原作中找一句代表性的话作为题目；同时，为了阅读方便，我也特意提炼了各部分的小标题。总的来说，一个大原则就是尽可能完整保留原作的面貌，不用"后见"改变"前见"。

"总论"《中国新闻学基础理论研究》与"十论"合在一起，总字数超出 400 万字。

"新闻十论"在过往十几年中，得到了新闻学界的普遍肯定。一些学者撰写了评价文章，给予不少溢美之词；有些专著被一些新闻传播学院列为研究生、博士生必读书目或参考书目。"十论"中的多半著作获得了不同类型、层级的奖项，比如，《新闻事实论》获得了全国百篇优秀博士学位论文奖，《新闻价值论》《新闻活动论》《新闻道德论》《新闻观念论》分别获得了第四届、第五届、第六届、第八届中国高校人文社会科学研究优秀成果奖三等奖、二等奖、三等奖、一等奖，《新闻观念论》还获得了第七届吴玉章人文社会科学优秀奖，《新闻规律论》获得了北京市第十六届哲学社会科学优秀成果奖二等奖，《新闻精神论》《新闻规律论》等也曾获得中国人民大学优秀科研成果奖。但这些著作到底价值几何，获奖并不能完全说明问题，还是要交给未来的时间去说话。

伴随"新闻十论"的出版，我还撰写了数量不少的研究论文，这些论文大都是围绕"十论"主题的后续研究成果，可以说是相关主题研究的不断扩展和深化。如果借着本次出版机会把这些论文作为附录编辑在相关著作后面一起出版，也许有利于读者更好地了解我的研究进展情况，但这将使"新闻十论"显得过于庞大或"膨胀"，同时也会给编辑工作带来更多的繁重劳动。出于这些考虑，我放弃了编辑"附录"的想法，等将来有了机会，我再专门编辑出版相关研究论文。但这里需要稍微多说几句的是，"新闻十论"中的每一本著作都有其历史性，这也决定了它们对相关主题的研究成果不可能完全反映当下的实际情况。尽管"新闻十论"专注于基础问题，所得出的研究结论具有一定的稳定性和长久性，但对日新月异的新闻领域来说，这些著作中的一些见解、观点、看法还是需要补充、调整和修正的，我们需要根据新的现象、新的事实、新的发展做出持续的探索。新闻研究的本体对象在持续变化，新闻认识论、价值论、方法论等当然也要跟着变化。

由于"新闻十论"的写作前前后后长达约20年，每一本书的写作，都有当时的时代背景、环境特点，都是当时自己认识水平、思想水平和学术水平、表达水平的产物。因而，本次集纳出版时，出于对历史的尊重，也是对自己的尊重，更重要的是对读者的尊重，基本保持了每本书当年出版时的文字原貌。但在这次集纳出版时，按照中国人民大学出版社最新出版编辑规范的要求，调整、订正了注释方式以及参考文献的排列方式，对发现了的写作上或编辑上的个别明显问题，当然都做了必要的修正。

还需要特别说明的是，尽管"新闻十论"的每一论都是围绕某一个核心问题（范畴、概念、观念）展开论述，但这些核心问题之间有着内在的关系，自然也会存在共同的或交叉性的问题。因而，在论述过程中，一些内容就难免必要的重复。在"十论"集纳出版时，如果把这样的文字删掉，可能会影响相关论述的完整性。因此，为了使每一论都能自成体系、保持完整，我保留了各本著作出版时的原貌。

"新闻十论"不是一次性规划的作品，而是在研究、写作中逐步构想、形成的一个具有内在统一性的系列。"十论"中的每一论都是对一个新闻理论基础概念、基本观念的成体系的研究，完全可以独立成篇。而它们组合在一起，就初步形成了对新闻理论基础概念、基本观念的系统化研究。可以说，"新闻十论"为整体的新闻理论体系构建做出了初步的但确实重要的铺垫工作。

正是因为"新闻十论"不是先做整体策划，之后逐步写作，而是写了几本后才有的规划，因而，"十论"之间并没有形成明晰的先后或历史逻辑关系。但现在要集纳在一起出版，为了方便读者阅读，我把作为"总论"的《中国新闻学基础理论研究》一并纳入考虑，主要依据内容构成特点，将"总论"与"十论"分成几个单元，并按照内容之间大致的逻辑关系做了个排序：

(1)《中国新闻学基础理论研究》（总论）

(2)《新闻活动论》

(3)《新闻主体论》,《新闻本体论》《新闻事实论》

(4)《新闻精神论》《新闻道德论》《新闻观念论》,《新闻真实论》《新闻价值论》

(5)《新闻规律论》

这五个单元之间的关系，图示如下：

这五个单元之间的关系，可以大致这样理解：第一，《中国新闻学基础理论研究》是"新闻十论"提纲挈领的总介绍，具有统领的也是"导论"性质的地位与作用。第二，《新闻活动论》是"新闻十论"逻辑上的一个总纲，设定了"新闻十论"的宏观范围或问题领域。第三，新闻活动是人的活动，是人与人之间以交流新闻信息为主、为基础的活动，因而，人与新闻的关系问题是新闻活动的总关系，也是新闻学的总问题，这样，《新闻活动论》大致就可分为《新闻主体论》与《新闻事实论》《新闻本体论》两个单元：《新闻主体论》重点讨论的是新闻活动中的"人"的问题

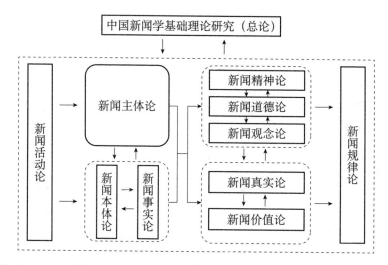

或"新闻活动主体"的问题；《新闻事实论》《新闻本体论》重点讨论的是
"事实"问题、"新闻"问题，而"事实与新闻的关系问题"构成了新闻理
论的基本问题。第四个单元可以看作第三单元的逻辑延伸：《新闻精神论》
《新闻道德论》《新闻观念论》主要是关于"新闻活动主体""精神世界"
的讨论，《新闻真实论》《新闻价值论》是在新闻认识论、新闻价值论视野
中关于新闻与事实、新闻与主体价值关系的讨论。这两个小单元之间的关
系，依然可以看作关于"人与新闻关系总问题"的进一步延伸。第五个单
元是在规律层面上对新闻活动内在关系的揭示，也可以看作在前述各个单
元基础上的总结。

　　需要再次说明的是，上面关于"新闻十论"逻辑关系的梳理，只是写
作完成后对"十论"内在基本关系的一个反思性认识，并不是一开始的
"顶层设计"。事实上，要建构比较完整的新闻基础理论研究大厦，不是这
"十论"能够完成的，诸如关于新闻媒介、新闻语言（符号）、新闻技术、
新闻制度、新闻文化等都需要以专论的方式展开系统深入的研究，这自然
是一个长期的过程，也不是某一个人或几个人可以完成的任务，而是需要
整个新闻学界展开持续的研究和探索。

致　谢

　　对于一个读书人、教书人、写书人来说，出版几本书是分内的事情，也是生命、生活过程的自然呈现，没有什么过多值得说的东西，但在自己的背后，却有许许多多要感谢的人，要感谢的单位，也有许许多多想说的事。这里不可能大篇幅展开叙说，但有些话还是要留下历史性文字的，一定要让它们成为美好的记忆。

　　读书、思考、研究、写作需要时间，需要安宁、清净，但自己有了时间，有了安宁、清净，有些人就得为你忙起来、跑起来。人们容易看到台前的人，很难看见幕后的人，但没有幕后人的辛劳，台前的人是表演不好的。

　　我从1998年读博开始，应该说正式步入了自己独立自主的思想探索、学术人生。经过几十年的慢慢前行，现在有一些被称作"成果"的文字放在那里。回头去看，这一路走来，在自己成长的道路上，需要感谢的人实在太多。我在已经出版的每一本著作的后记中，都有真真切切的记录，也一再表达了自己真诚的感谢，我愿在"新闻十论"出版之际，再次表达对他们的深深谢意。

　　感谢我的硕士生导师郭云鹏、赵馥洁、王陆元、伍步云诸位先生，是他们将我带进了学术的殿堂，让我初步懂得了学问的真谛、思想的珍贵，给我涂抹上了学术人生的底色。他们中有的已经驾鹤西去，但影响却深深留在了我的身上和心里。

感谢我的博士生导师童兵先生，是他指点我、引导我迈上了学术的台阶，开始了真正的攀登。如今他虽已年过八十，但依然与时俱进、笔耕不辍，活跃在中国新闻研究、新闻教育教学的前沿阵地，是我学习的榜样。感谢我的师母林涵教授，她敏锐智慧、性格耿直，无论在学术上还是在生活中都给我以特别的启示。导师和师母塑造了传奇式的"林中童话"，成为我们晚辈经常阅读、传说、交流的美好故事。

感谢我的博士后合作导师曹璐教授，她是那种充满母爱式的导师，温和宽容，不管是学术指导还是生活交流，总是一副慈祥的样子，让人感到放松和温暖。在跟从曹老师的学习过程中，我不仅得到了学术的滋养，也学到和体会到了一些如何与学生、与晚辈、与他人交往的真经。

感谢我的著作的出版者、编辑者，我的论文的审阅者、刊发者，是他们把我一步步扶上了学术的阶梯，帮助我不断向上攀爬，能够看到更高、更远的风景。感谢新华出版社的王纪林女士，中国人民大学出版社的司马兰女士、陈泽春女士、李学伟先生、王宏霞女士，复旦大学出版社的姜华先生，人民日报出版社的梁雪云女士，还有众多学术刊物的编辑们。他们中的一些人可能已经不在原出版单位工作了，但不管他们是退休了，还是另有高就，我都会一直记得他们，感谢他们。

感谢新闻传播学界的前辈学者刘建明教授、罗以澄教授、董广安教授、杨秀国教授、白贵教授……他们在我的学术道路上，以各种方式关注过我、帮助过我、提携过我，对我的学术工作、研究成果予以鼓励和肯定；感谢所有关心过我、帮助过我的同行朋友们，恕我不再一一列名。

感谢所有帮助过我、支持过我的朋友们。我要特别感谢樊九龄、朱达仁、李东升、栾肇东、党朝晖、郑瑜、杨武、李刚、刘吉发、任莉娟、贾玉峰……你们在我人生道路的一些关键节点上给予我不同方式的重要帮助，使我充满信心，克服了各种各样的困难，向着自己的目标前进。

感谢我所有的学生，包括我教过的中学生、本科生、研究生、博士生，是你们与我一起塑造、构建了我人生的主要场景，描绘了我人生的主要画面。与和你们一起成长相比，"新闻十论"不过是"副产品"，当然也是我与你们一起学习、共同进步的"正产品"。你们中的每个人，都以各自的方式在为社会服务的同时展开自己的生活、成就自己的人生，很多人都已成长为不同领域的佼佼者，这使我感到相当欣慰。你们中的一些人也常常与我联系、交谈，这使我获得了另一种特别美好的感受。

一个人的人生，不是一个人单独行走的过程，更不是独自默默绽开，而是所有相关者共同绘制、编织的结果。记得马克思说过这样的话，一个人的发展取决于和他直接或间接交往的其他一切人的发展。是的，我们是交往、交流中的存在，所有交往、交流中的人都是我们得以成长的不同助力者。在我们的人生道路上，会不断得到"贵人"相助，这是幸运的事、快乐的事、幸福的事。凡是以各种方式帮助过、支持过我的人，都会永远留在我美好的记忆之中，会成为我不时"念叨"的人……

感谢我的母校渭南师范学院（原来的渭南师专），我在那里读的是大专，学的是物理专业，但正是在那里，我阅读了大量的文学艺术作品和人文社会科学著作，奠定了后来成长的基础。

感谢我的母校西北政法大学（原来的西北政法学院），我在那里读的是硕士研究生，学的是哲学专业，方向是哲学认识论。正是在那里，我开始真正研读哲学史上、思想史上的一些经典著作，真正开始以学术的方式、独立自主的方式思考一些有意义、有价值的问题。

感谢我的母校中国人民大学，我在这里读的是博士研究生，学的是新闻学专业，专注于新闻基础理论研究，2001年毕业后留校任教。正是从步入中国人民大学新闻学院开始，我进入了新闻专业研究领域，开启了具有自身特点和风格的学术研究活动，并逐步形成了自己对研究领域比较系统成型的看法，"新闻十论"便是我在中国人民大学新闻学院20多年来学习、教学、科研工作成绩的重要组成部分。

感谢中国人民大学新闻学院的所有同事们，我们一起创造了一个学术环境宽松、人际关系和谐的学院，在这里我感到了难得的温暖和美好。20多年来，我得到了前辈老师们学术上的指点、扶持和提携，感谢甘惜分先生、方汉奇先生、郑兴东先生、何梓华先生……。20多年来，我在这里得到了更多老师在教学、科研、生活方面的关心和关照，感谢涂光晋老师、陈力丹老师、张征老师、倪宁老师、郭庆光老师、喻国明老师……。我还要特别感谢在我遇到特殊困难时安慰我帮助我的陈绚老师（她不幸英年早逝）、钟新老师、彭兰老师、赵永华老师、王润泽老师、赵云泽老师……

感谢我曾经工作过的陕西省耀县（今铜川市耀州区）柳林中学（它坐落在深山里，背靠大山，面临小河，如今它已不在了，变成了山中一座像模像样的宾馆），感谢我曾经工作过的西安市第六十六中学，感谢我曾经工作过的陕西日报社。在这些不同的地方、不同的工作岗位上，我能以不同的视野、不同的方式并在不同层次上经验中国社会、了解中国社会、理解中国社会。特别是在陕西日报社近八年的新闻工作中，我真正开始了解中国新闻、经验中国新闻、实践中国新闻、理解中国新闻，并初步思考和研究中国新闻。陕西日报社的工作经历，是我最终走上新闻研究之路的"动力源"。我看到的事实、我亲历的实践、我遇到的问题与困惑，促使我踏上了新闻研究的征程，从一个新闻一线的工作者转变成了一个新闻理论研究者。

在"新闻十论"出版之际，我要再次特别感谢我所在的中国人民大学，正是学校经费的支持，才使"新闻十论"以这样"风光"的形式与读者见面。在此，我要特意感谢中国人民大学科研处的侯新立老师，他不仅为"新闻十论"的出版协调各种关系，还对我如何安排"新闻十论"的结构提出了很好的建议。我要特别感谢我所在的新闻学院前任执行院长胡百精教授（现在为团中央书记处书记），现任院长周勇教授，主管科研工作的副院长王润泽教授。他们为了"新闻十论"的出版，专门与我商谈并在不同场合推介"新闻十论"以扩大它的影响，让我感到特别的欣慰。

　　我要特别感谢中国人民大学出版社，特别感谢人文分社，感谢人文分社的总编辑翟江虹女士，为了"新闻十论"的顺利出版，她上下左右协调各种关系，不辞劳苦、到处奔波，不厌其烦地回答我的各种问题，耐心细致地指导我如何按照相关规范修订、编辑书稿，组织编辑力量保证出版工作顺利进行。我要特别感谢"新闻十论"的责任编辑田淑香、李颜、汤慧芸、黄超、徐德霞、陈希。

　　我要特别感谢中国人民大学新闻学院十多位博士研究生，他们组成了一个工作团队，帮助我解决书稿编辑中的技术问题，他们是樊攀（他是这个博士生团队的组织者、协调者）、杜辉、王敏、刘泽溪、孙新、潘璐、张博、曾林浩、刘少白、余跃宏、李静、吴洁等，感谢他们帮助我调整、订正注释和参考文献的编排方式，感谢他们帮我查阅一些文献的新版表述，有些文献经斟酌还要保留旧版表述，这都是琐细繁杂、劳心费力又很费时的工作，要是没有他们的倾力相助，"新闻十论"的出版速度就会大大放慢。需要特别感谢的是我的博士生樊攀和刘泽溪两位，在校订书稿的过程中，他们随时都在帮助我解决遇到的各种技术问题。

　　"新闻十论"的出版，让我再次深切感受到一个学者的成长，一个研究者和思想者的学术成果的传播，绝不仅仅是一个学者、研究者、思想者自己可以单打独斗的事情，而是需要各种组织、机构的支持，需要个人的努力和别人的帮助。其实，所有的精神产品都不可能是某一个人独立的产品，而是一些组织、一些机构、一些人共同努力的结果。

最后，我要特别感谢自己的亲人们。感谢我的父母、岳父母，老人家们其实并不完全知道我整天为什么要读那么多书、要写那么多文字，但他们似乎都知道我在做"大事"。因而，每每与他们通话或见面时，总是要我做好自己的事，不要太挂念他们。天底下的父母，最爱的就是他们的孩子，孩子们好了，他们就觉得一切都好了。感谢我的兄弟姐妹，他们大都在父母身边或离得比较近，在赡养、关照父母的事情上付出了更多的辛劳。每次通电话，他们也总是让我放心，老人们有他们照顾。其实，我总感问心有愧，没有抽出更多的时间看望父母、陪伴父母。

对于她来说，"感谢"一词就过于轻淡了，即使给前面加上各种各样的修饰词，也增加不了任何分量。语言的能量其实太有限了，只能表达能表达的，却表达不了不能表达的，而那些不能表达的、难以表达的，才往往是最深沉的东西。

我从学物理转到学哲学，从学哲学转到学法律，再转到学新闻，这一转再转，需要读书，需要思考，需要时间，需要安静……我从这个学校的中学老师转成那个学校的中学老师，又从中学老师转成研究生，又从研究生转成新闻工作者，又从新闻工作者转成博士研究生，又从博士研究生转成大学教师，这一转再转，越来越需要时间，越来越需要读书、思考、写作，越来越需要更多比较安静的时间……

给我时间的，让我安心的，有许多人，但所有的其他人，都不能胜过她，所有的其他人，都不能代替她，因为所有的其他人，都不是她。她是唯一的。她就是那个平凡得不能再平凡、朴素得不能再朴素的人——我的爱人——成茹。不需要说她为我、为父母、为孩子、为兄弟姐妹、为亲朋好友、为我的老师、为我的学生做了什么，因为太多、太琐细、太婆婆妈妈，我说不完，更说不过来，但所有这一切却是我行走的背景，而没有背景又哪来的前景呢？谢谢你，成茹，辛苦了！

杨保军

2023 年 10 月 9 日

于北京世纪城

目 录

第四章　新闻道德规范

第五章　新闻道德品质

第六章　新闻道德评价

第七章　实践中的道德选择

前　言

　　这本《新闻道德论》是关于新闻道德的哲学，它和新闻伦理学是一回事。由于整本书主要是围绕新闻道德根据、新闻道德观念、新闻道德规范、新闻道德品质、新闻道德评价以及实践中的道德选择等问题展开的，因而称为"新闻道德论"直截了当。另外，《新闻道德论》这一书名与我先期出版的系列著作《新闻本体论》《新闻事实论》《新闻价值论》《新闻真实论》《新闻精神论》《新闻活动论》等形式上一致，看起来也比较整齐。首先说这几句话，是想告诉读者我没有在"伦理"与"道德"这两个概念之间做过多的清理和纠缠，当然在相关论述中会对它们之间的关系有一些必要的区分和说明。在哲学层面上，伦理学就是道德哲学或者道德学，新闻伦理研究的核心问题就是新闻活动中的道德关系问题、道德规范问题和活动者的道德品性问题。这本《新闻道德论》，也主要是在伦理道德原理层面上对新闻道德的讨论。

一

　　新闻活动是讲道德的人类活动，"新闻工作逃脱不了道德问题"①；所有参与新闻活动的人都应该成为讲道德和践行道德的主体；职业新闻活动

主体更是把有道德的新闻活动作为最基本的要求；职业新闻活动者应该在道德规则中出场和行动，也只应该在道德规则中出场和行动。一定社会的新闻图景本来就是由所有社会成员共同塑造的，在当今新的媒介技术、媒介生态条件下，则更是这样，所有社会成员构成了共同的新闻活动主体。因此，从原则上说，所有社会成员在参与新闻活动的过程中都应该成为一定意义上的新闻道德主体，而不只是新闻职业主体。当然，在这种新的形势下，职业新闻要想赢得社会大众的信任，创造更大的社会影响力，职业新闻人就应该有更高的道德素养和更高的道德水平，诚如原俄通社-塔斯社社长伊格纳坚科所说，在新的条件下，媒体从业者不应放弃自己的原则，相反，理应继续坚守并珍视新闻的职业道德和客观公正的传统，在进行新闻报道时用最高的职业水准要求自己①。

新闻道德，试图把新闻活动约束、限制在人们希望的范围之内，约束、限制在有益于社会良性运行的范围之内，使新闻活动成为"好的""善的"活动，有利于社会公共利益的活动。有道德的新闻活动，就是以富有新闻道德精神的姿态展开的新闻活动，就是遵循新闻道德规范要求的新闻活动，就是在新闻道德品质自然支配下的新闻活动。有道德的新闻活动才是真正自由的新闻活动、合理的新闻活动，才是真正能够为人们提供信息安全、信息服务的新闻活动，才是有境界的新闻活动。道德原则是新闻活动的最后原则，也是新闻传播的理想原则，"它是新闻工作者用来理解自己工作的原则，也是公民借以做出新闻媒介选择的原则，是最让人难以捉摸的原则，但它又是将所有其他新闻原则凝结在一起的原则"②。我

---

① 吴楠. 峰会领袖激辩媒体应变之道 [N]. 北京晚报，2009 - 10 - 09 (2). "峰会"是指"世界媒体峰会"，由新华社和8家全球媒体共同发起，新华社承办，于2009年10月8日至10日在北京举行。

② KOVACH, ROSENSTIEL. The elements of journalism：what newspeople should know and the public should expect [M]. New York：Crown Publishers，2001：181. 这里所说的其他原则，是指该著作者在书中讨论、阐释的新闻原则，具体内容请读者参阅该著。

们确信，"新闻工作是艰难的，但却是可做的，而且是可以道德地进行的"①。但是，诚如美国学者 H. 古德温所说："在所有新闻媒介——报纸、电视、杂志、广播——中工作的新闻人，今天看起来似乎对新闻伦理道德问题比过去有了更多清醒的意识，但是，也有很多案例表明，新闻职业要成为有道德的职业，还有很长的路要走"②。这段近 30 年前针对美国新闻职业道德状况所讲的话，对于今天的中国新闻界来说恰如其分。中国的新闻传播业、新闻从业人员才刚刚迈出职业化的步伐，职业道德意识才刚刚觉醒，职业道德规范也才刚刚开始成为职业新闻活动的基本规范。

因此，什么是有道德的新闻活动，如何实现有道德的新闻活动，不仅是新闻实践面对的基本问题，也是新闻研究面对的基本问题。《新闻道德论》能够和必然成为新闻学的一部分，并且是极其重要的一部分，正是基于这样的现实根据和理论诉求。

二

用历史的眼光、世界的眼光观察新闻学术研究历程，我们会发现，新闻道德研究并不是什么新的学术现象，把它作为专门性的学术问题研究已有近百年的历史③。但有学者经过研究认为，"人们对媒体职业道德规范

---

① SEIB, FITZPATRICK. Journalism ethics [M]. Orlando：Wadsorth Publishing & Company，1996：208.

② GOODWIN. Groping for ethics in journalism [M]. Ames：Iowa State University Press，1983：4. 今天看来，新闻媒介当然还要包括已经成为主流新闻媒介的网络以及也有可能成为主流新闻媒介的手机媒介。

③ 早在 1924 年，美国著名新闻学者约斯特在其出版的《新闻学原理》中，就有专章论述"新闻伦理"问题；同年，克劳福德的《新闻伦理学》面世。这些著述标志着新闻伦理学在 20 世纪 20 年代开始形成了。在我国，尽管中华人民共和国成立前出版的新闻学（报学）著述中有关于新闻伦理道德问题的论述和研究，但"还没有一本资产阶级新闻伦理学专著问世"，1995 年以后中国大陆地区才相继出版了几部新闻伦理学的著作。（参见：蓝鸿文. 新闻伦理学简明教程 [M]. 北京：中国人民大学出版社，2001：1-19.）在台湾，早在 20 世纪 80 年代，就有专门的新闻道德论著出版。（参见：李瞻. 新闻道德 [M]. 台北：三民书局，1982.）当然，到今天，全球范围内已经有大量关于新闻伦理道德的著述出版发表，新闻伦理道德研究已经成为全球性的热点和重要研究领域。

予以严肃思考是始于两次世界大战期间的美国"，"1947 年美国哈钦斯委员会发表了其报告，二十世纪六十年代，人们越来越注意到媒体的'社会责任'"①，从此之后，新闻伦理道德问题可以说一直是新闻界关注的重要问题，也是新闻学研究的重要领域。

当然，我们必须承认，关于新闻职业道德的研究，也像整个新闻学研究，特别是新闻理论研究一样，在中国有几十年都处于几乎空白的状态。只是在改革开放开始之后，伴随新闻传播业本身的改进和改革，伴随新闻活动中诸多问题的产生和出现，新闻道德现象才像其他一些基本新闻理论问题一样，逐步成为人们关注的研究领域。就现在的情况来看，我以为，关于新闻精神、新闻道德的研究，不管是在世界范围还是在中国范围，都将是越来越紧迫的问题，越来越重要的问题。

实事求是地说，新闻道德领域在中国语境中其实还属于新的研究领域，是需要积极探索建构的领域。我认可这样的判断："学问是其特定时代的产物；要理解为什么有些东西显诸文字，我们不得不考虑历史的来龙去脉。而学问也有助于创造历史并使其不朽"②。新闻职业精神问题、新闻职业道德问题，真正成为新中国新闻传播业的问题，甚至成为整个中国社会发展中面对的问题，成为新闻研究中被高度关注的问题，如上所说不过是近几十年的事情，它与整体新闻传播业与社会关系的发展变革密切相关，与整个世界的变化密切相关。这使我想起马克思当年的那段话，说得是那样的贴切："人类始终只提出自己能够解决的任务，因为只要仔细考察就可以发现，任务本身，只有在解决它的物质条件已经存在或者至少是在生成过程中的时候，才会产生"③。其实，物质生产领域如此，精神生产

---

① 贝特朗. 媒体职业道德规范与责任体系 [M]. 宋建新，译. 北京：商务印书馆，2006：25.
② 尼罗，贝里，等. 最后的权利：重议《报刊的四种理论》[M]. 周翔，译. 汕头：汕头大学出版社，2008：20.
③ 马克思恩格斯选集：第 2 卷 [M]. 3 版. 北京：人民出版社，2012：3.

领域也差不多。对中国新闻从业者来说，自从新时期整个中国社会转型以来，职业规范观念处在一个从新闻宣传纪律观念向新闻职业道德观念转变的过程，至少可以说，新闻宣传纪律观念没有淡化但新闻职业道德观念却在不断强化的过程。恐怕正是因为有了这样的历史性转变，职业道德观念才成为新闻界乃至整个社会熟悉的问题，制定职业道德规范、职业伦理守则才能成为新闻界的普遍现象和社会的一种呼吁与愿望。这种转型的大背景是整个中国社会的转型，整个中国道德图景的转型，事实上，相关研究表明：中国社会现在的道德变化（包括职业道德的变化）预示着"当代中国伦理道德发展已经进入一个重大的转折和转换的关键期"①。

　　新闻精神、新闻道德问题，是以职业新闻意识的产生、职业新闻实践的展开为前提的，是以真实的新闻传受活动存在为前提的②，是以新闻媒体能够相对自主、相对独立为前提的，是以职业新闻工作者拥有职业道德自由意志和职业道德能力为前提的，而这一切"前提"，又总是以一定社会能够提供的经济、政治、文化、技术等条件为前提的③。有位比较优秀的记者这样说："我们今天所处的时代，是中国职业新闻人觉醒的时代。"④ 这一感觉、判断是比较准确的。正是因为在新的时代条件下，我国的新闻活动逐步显露出它本身的面目，才催生了新闻道德领域的广泛探究。当新闻传播业、新闻传播活动、新闻还不是以它们本来应有的面目展开的时候，讨论新闻精神、新闻道德显然是不大可能的，因为实践不需要新闻道德，而是需要其他类型的道德。因此，新闻精神、新闻道德能够成

---

①　樊浩. 当前中国伦理道德状况及其精神哲学分析［J］. 中国社会科学，2009（4）：29.
②　有些所谓的新闻活动，只是名义性的，即尽管在名义上称为新闻活动，但实质上可能属于纯粹的宣传活动或者公关活动，甚或其他什么样的活动。
③　法国媒介伦理学者贝特朗说，"媒体职业道德规范只能存在于民主制度下"，讲的正是职业道德得以存在的政治制度根据。（参见：贝特朗. 媒体职业道德规范与责任体系［M］. 宋建新，译. 北京：商务印书馆，2006：6.）
④　熊蕾. 用新闻理想提升职业素养［N］. 中国新闻出版报，2009-06-24（4）.

为我们时代新闻业关注的问题、新闻学研究的问题，本身就是一种伟大的历史进步，本身就在表明我国的新闻业、新闻传播、新闻正在回归它应有的本性和职能，就在表明我国社会正在进入一个新的、伟大的并且让人充满希望的时代。

说老实话，我们只有建立起道德的新闻制度，才能真正实现新闻道德。能否建构起符合新闻活动本性、新闻传播规律的新闻制度体系，是新闻活动在整体上能否保证道德性的重要前提。在不合理或缺乏足够道德性的新闻制度下，尽管仍然会有具体道德性的新闻活动的存在和展开，但那必定是例外，而非常态。我们需要明白："制度之善优于、先于、也重要于个体的善。"① "与个人行为相比，制度性行为的力量和影响是更为强大和深远的。……制度本身的价值取向对人们的价值选择和价值取向有着重要的导向作用；合理的制度安排能够给人们的道德行为提供强有力的支持。"② 因此，怎样的新闻制度才是合理的、道德的新闻制度，是我们必须在制度伦理层面上关注的大问题。当然，即使有一个道德的新闻制度，也并不必然意味着所有的新闻媒体都是道德的媒体，所有的职业新闻工作者都是道德的新闻人，而只能说，新闻活动的道德性有了制度上的保障，更易于走上道德的轨道。当下的中国新闻界，不管是什么样的新闻活动角色，都要努力使中国新闻业成为道德的新闻业，新闻制度成为更加完善的道德的新闻制度。

三

如前所说，一旦实践有了需求，一种研究就会迅速发展蓬勃起来，这

---

① 甘绍平. 人权伦理学［M］. 北京：中国发展出版社，2009：23.
② 杨通进. 回顾与展望：改革开放以来我国伦理学研究的思考［J］. 社会科学，2009（7）：111.

也正是新闻道德研究表现出来的景象。但是，我们必须清醒地看到，新闻界关于新闻道德问题的研究，就当前的现实来看，尽管近些年来出版发表的东西不少，也取得了不小的进展，但说实话，还缺乏高质量的学术研究成果，还缺乏足够的学术自觉和学术意识。

某些貌似理论联系实际的研究，实际上不过是给现实贴上各式各样的道德哲学标签，诸如什么目的论、义务论、功利论之类的，其实，并没有认真探究新闻道德得以存在、新闻道德规范得以合理的真正根据是什么，真是隔靴搔痒。理论联系实际需要熟悉两头，即既吃透理论，又熟悉实际。有些人习惯于批评别人的研究没有理论联系实际，但"令人怀疑的是，没有足够的理论准备和储存，究竟拿什么去联系实际"①。没有理论的理论联系实际，只能停留在经验主义的层次上，这实际上是理论联系实际的庸俗化表现。新闻道德理论研究，只有敢于解剖现实、批判现实、反思现实、超越现实，才有可能真正达到理论联系实际的目的，为新闻实践的健康发展提供真实的理论指导。理论研究总有自身的特点，离现实越远，往往正好是离现实越近。我国著名作家王蒙先生这样说："思想有一个特点，就是来自实际的，但是它也有可能脱离实际。只要我们自己有足够的清醒，只要我们自己不至于把我们想象的东西看成是真实的存在，思想有时候脱离一下实际就并不是罪过，而是思想的主动性，思想的超前性，是思想的自由性的一种表现。"② 这段话对于我们如何处理理论与实际的关系有着别样的启发意义。

以道德命令方式甚至行政命令方式进行的所谓规范伦理学意义上的新闻道德"研究"屡见不鲜，这样的研究还不具有足够的学术正当性。意识形态的某种坚持需要学术的证明和支持，"只有靠学术任务的支持才能取

---

① 何中华. 马克思哲学研究范式：非此即彼还是互补整合 [J]. 山东社会科学，2008 (11)：28.
② 王蒙. 思想的享受 [N]. 光明日报，2009 - 07 - 23 (10 - 11).

得意识形态的全面胜利"①。"德国哲学家叔本华有句名言：伦理学不在于呼吁，而在于论证。"② 要求新闻传播者必须坚持党性原则、坚持以正确的舆论引导人等，并且把这些意识形态的诉求原则当作道德要求，其道德根据何在，合理性和必要性何在，是需要学术证明证实的，不然就成了纯粹的意识形态信仰，成了上层建筑的一种命令。这样的政治意识形态性的道德律令，如果得不到科学的、合理的解说和阐释，就很难成为一些职业新闻工作者内心认可的信条或规范。我们看到，这些年来关于新闻道德问题的研究，有着严重的规范主义倾向，似乎只要我们制定出足够的、严格的、精确的、可操作的新闻道德规范，新闻道德问题就迎刃而解了。其实，任何规范起作用的条件，重点不在于规范本身的精致，而在于规范本身的合理，而在于规范对象主体的品质。如果规范本身没有合理的根据、充足的理由，如果没有遵守规范的主体意愿和品质，规范的实质约束力、导向力将大打折扣。当然，我们讲这些话的意思，并不是要轻视规范研究的价值，也不是要轻视规范本身对主体品质的塑造作用，而是想强调我们在重视规范研究的过程中，不能轻视和忽视对规范根据的研究，更不能轻视或忽视对新闻美德的研究。

对个别事例的认识与反思，能够使人们发现一些特殊的新闻道德问题；道德是实践的，道德问题根源于实践，实践中的新问题、新现象往往可以打破常规，形成对既有观念的挑战，因而，从道德理论研究的角度说，典型事例分析往往有着特别的价值，可以刺激人们提出新的道德观念，进入新的研究境界，诚如何怀宏所说："一个自己突然遇到或想到的事例，有时可以引发一个相当有意义的思想成果，甚至导致一种理论上的

---

① 潘叔明. 真理标准问题讨论的学术自觉 [J]. 东南学术，2008（6）：8.
② 甘绍平. 人权伦理学 [M]. 北京：中国发展出版社，2009：70.

重要突破。"① 但是，就事论事的个案分析，尽管从理论上解决了不少现实中的难题，也为基础性、一般性的新闻道德研究铺垫了基础，但个案研究毕竟不能等同于或代替一般层面的理论探索，我们不能因为新闻学是一门应用性很强的学科就否认其理论研究（包括新闻道德研究）应有的深度。"伦理学不能只停留在经验描述的层次上，而要为道德经验和道德规范提供更深刻的基本理论说明。"②同时，"任何撇开历史的逻辑分析和远离道德现实的理论建构都不能获得真正的科学结论"③。这样的要求，对新闻道德研究来说，我认为是理所应当。个别人在新闻学是应用性学科的名义下贬低或者拒斥关于新闻道德的基础性研究，这是完全错误的，不利于新闻道德理论的系统建设。新闻学确实在总体上属于应用性的学科，新闻道德研究在总体上也确实属于应用伦理学的范围，但应用不等于没有理论，应用不等于没有反思，西班牙著名哲学家费尔南多·萨瓦特尔的一句话值得铭记："对道德进行反思，并非专门属于哲学进修者，而是任何一种高等教育的基本理念。"④ 因此，正确的也是应当的做法是：不同的学者、研究者可以发挥各自的特长和兴趣，从不同的层次、不同的角度展开研究；不同的学者可以有不同的方法论，不同方法论之间可以展开平等的对话与交流。作为共同现象、问题的研究者或学问家们，应该有多维的视野、开放的胸怀和宽容的姿态⑤，法国思想家、格言体道德作家拉罗什福科说得好："各种人和事都有自己的观察点，有的需要抵近去看以做出正

---

① 何怀宏. 良心论［M］. 北京：北京大学出版社，2009：331.
② 万俊人. 现代西方伦理学史：上卷［M］. 北京：北京大学出版社，1990：229.
③ 同②471.
④ 萨瓦特尔. 伦理学的邀请：做个好人［M］. 于施洋，译. 北京：北京大学出版社，2008：11.
⑤ 我以为，宽容，对于当前的学术界，尤为重要。宽容就是在认识世界、研究问题的时候，既要注重自身的立场和视野，也要尊重他人的立场和视野，并且能够自觉借鉴其他研究者或研究共同体的立场和视野。（参见：陈忠. 规则论：研究视阈与核心问题［M］. 北京：人民出版社，2008：67－73.）

确的判断，有的则只有从远处看才能判断得最好。"① 只有这样，经过十
几年、几十年，中国的新闻道德研究才会有历史性的进步，才能真正以理
论的系统性和完整性对新闻实践发挥持久的指导作用。

四

新闻道德论是针对新闻道德现象、新闻道德事实的认知理论，是研究
者先要"站在旁边"的理论，主要任务是对新闻道德现象做出理性的观
察、分析和阐释②，为人们正确认识新闻道德现象、处理新闻道德关系、
确立合理的新闻道德观念、制定良性的新闻道德规范、塑造美好的新闻道
德品质，提供理论观念和价值阐释。新闻道德理论是关于新闻道德真理的
理论，是有正确与错误之分的理论，新闻道德论是具有科学性的理论。

作为一种职业道德理论，我在本著中主要讨论的是新闻活动，特别是
职业新闻活动中的道德问题，很少直接涉及大众传播活动其他领域的伦理
道德问题。新闻道德，特别是职业新闻道德，尽管与媒介道德有着诸多的
联系，但职业新闻道德并不是一般意义上的媒介道德。

《新闻道德论》到底要研究什么样的问题，这是首先必须明确的。这
里所说的问题，当然不是新闻实践中碰到的无数的具体道德问题，也不是
新闻道德论中关涉到的所有的具体问题，而是能够回答这些问题的问题，
从原则上能够包含这些具体问题的问题。

---

① 拉罗什福科. 道德箴言录 [M]. 何怀宏，译. 北京：新世界出版社，2008：21. 我曾经在一
本书的后记中说，研究任何问题，既要站得高、看得远，也要坐得低、看得细，还要躺得平、思得
深。这当然是一些比喻性的说法，但也在说明一个基本的道理：不管是角度还是方法，都是各有各的
用处，各有各的长短。

② 这种分析、阐释主要是人文性质的，但这并不排除人们在新闻道德研究中可以运用经验实证
的各种可能方法。我以为，科学主义方法与人文主义方法在新闻道德论研究中是可以统一的。（参见：
杨保军. 新闻理论研究引论 [M]. 北京：中国人民大学出版社，2009：1-33.）

理论研究需要把实践现象凝结为有意义的问题，而不是就事论事的具体解释（当然这样的研究同样有其自身的价值）。基于如此的问题意识，我认为，作为系统的新闻道德理论，主要包含这样一些具有内在关联的问题或部分：新闻道德本质论，新闻道德根据论，新闻道德观念论，新闻道德规范论，新闻道德品质论，新闻道德评价论。这些问题之间构成的理论逻辑关系，也是新闻道德理论的基本结构方式。本著正是按照如此理解来结构全书内容的。毫无疑问，这只是我自己的一种理解和一种建构新闻道德理论的方式，并不是什么标准模式。

看得出，在我的理论构想中，系统的新闻道德理论，并不是单一的新闻道德原理，也不只是新闻道德规范论，更不仅仅是新闻道德品质论，而是它们的统一体。它们既构成了新闻道德论的不同层次，也构成了新闻道德论的不同部分。在我看来，简单地抓住某一层次或者某一部分，既不能建构起人们对新闻道德问题的系统把握，也不能对新闻实践中的道德问题的解决形成有意义的指导。因此，我试图从方法论角度把道德哲学中的道德观念理论、规范理论和美德理论糅合在一起，作为我论述新闻道德的方法论观念，因而，我的新闻道德理论可以称为"综合新闻道德论"。

五

怎样使新闻业成为道德的新闻业，怎样使新闻职业成为道德的新闻职业，怎样使新闻人成为道德的新闻人，怎样使社会大众成为具有媒介素养、新闻素养的社会大众（特别是在"后新闻传播业时代"已经开启的情况下），是既摆在新闻实践者面前，同时也摆在新闻教育者、研究者面前的重要课题。道德哲学或伦理学研究善是为了实现善，研究道德是为了实现道德的目的，"我们研究什么是善，是为了把更值得被看做是善的事物作为生活的目的；我们研究什么是德性，是为了使自己成为一个有德性的人；我们研究什么是正确的、好的行为，是为了使自己做得正确、做得好"①。同样，我们研究新闻道德，就是为了让我们的新闻业成为道德的新闻业，新闻媒体成为道德的新闻媒体，新闻职业人成为道德的职业人，社会大众成为讲新闻道德的大众，最终的目的则是使新闻能够有更多的机会成为为社会大众利益服务的手段，为社会良性运行服务的手段。

职业新闻界能够拥有一幅怎样的、动态的新闻道德图景？仅在职业范围看，它是所有职业工作者共同"描绘、塑造"的结果，就像一个国家、一个民族、一定社会的整体道德图景是由其所有成员共同"描绘、塑造"的一样。道德的新闻界与道德的社会一样，与每个共同体成员都是高度相关的，是每个共同体成员的事情，是每个共同体成员道德实践的结果。但我们也不要忘记，道德，包括任何类型的道德，也像其他各种社会规则一样，其作用是有限的，有其影响主体言行的边界和限度。并且，道德的作用，也并不都是纯粹的好作用，可能还有负面的作用。不要把道德神圣化，道德本身是世俗世界的产物，只能以世俗的方式在世俗的世界中发挥世俗的作用和价值。研究道德的人，容易把道德的作用说得过头，说得不切实际。我们应该有这个自觉。

理论源于实践，又指导实践，同时也超越实践和批判实践，"理论不仅规范和引导人们'做什么'，而且规范和引导人们'不做什么'。人们总是以某种理论、观念去观察现实，并用这种理论、观念规范自己所要解决的问题，以及解决问题的途径和方式"②。我以为，道德理论尤其是这样的理论。新闻道德论作为一种人文性质的理论，不仅是解释性的理论，更是批判性的理论、实践性的理论，以人们的实践行为为直接指向，具有强

---

① 廖申白. 论伦理学研究的基本性质 [J]. 中州学刊，2009（2）：132.
② 孙正聿. 解放思想与变革世界观 [J]. 中国社会科学，2008（6）：41.

烈的价值导向作用。正因为现实不理想，不如人愿，我们才要批判和反思，才要提出理想观念指向未来、范导现实。这大概也正是理论的重要价值所在，理论探索的内在动力所在。研究者不是上帝，不可能不出错，但我们的研究如果只是一味解释现实，一味地辩护现实的合理性，那就确实有可能使我们的研究陷入非批判的、保守的立场，失去理论自身的相对独立性和应有的前瞻性，我们应该明白，"理论立足于现实同理论屈从于现实是两回事。如果屈从于现实，理论就将不可避免地堕落为'乡愿'式的妥协。如此一来，理论对于现实的能动的范导作用势必丧失殆尽"①。

从中国的实际出发，创造和提出合理、科学的新闻道德理论确实是时代的要求，也是我们的职责。我们在展开论述的过程中，主要是以中国社会实际、中国的新闻传播实际为背景、为对象的。所谓的普世价值只有能在特殊的社会中发挥作用才是有价值的、有意义的，不然，它的普世性就是虚伪而空洞的。

像所有其他理论一样，道德理论始终是与时俱进的理论，对于处于转型过程中的中国来说更是这样，恩格斯说："我们的理论是发展着的理论，而不是必须背得烂熟并机械地加以重复的教条。"② 职业化、专业性的新闻活动在中国才刚刚起步，并且是几乎完全不同于西方世界的职业化或专业化。因此，中国的新闻职业工作者到底应该奉行、能够奉行一种什么样的职业道德观念、职业道德规范，仍然是没有解决的至多是正在解决中的问题。我们是在现实基础上讨论问题，还是在理想基础上讨论问题，对我们这些研究者来说，本身也是值得反复思考的问题，并不是理想与现实相结合一句话就能够打发的。

---

① 何中华. 马克思哲学研究范式：非此即彼还是互补整合 [J]. 山东社会科学，2008 (11)：28.
② 马克思恩格斯选集：第 4 卷 [M]. 3 版. 北京：人民出版社，2012：588.

第一章　新闻道德内涵与结构

每一个行业，都各有各的道德。

——恩格斯

哪里没有完美，也就没有应当；哪里没有应当，也就没有道德。

——布拉德雷

新闻受众和新闻工作者一样，都必须深思，怎样才能使新闻报道的要求与人性的要求达到和谐一致，这是理解职业道德的关键。

——菲力普·西柏

新闻道德论的逻辑起点是新闻道德的内涵问题，即什么是新闻道德①。关于新闻道德的界定，不仅从理论上划定了什么样的问题属于新闻道德问题，也设定了新闻道德理论的基本范围。这就意味着，如果对新闻

---

① 阐释新闻道德的内涵必须以阐释道德的内涵为前提，所谓一般是个别的方法。对道德做出什么样的阐释，也就意味着对新闻道德能够做出什么样的阐释。一定的道德观对其统摄的各种具体的职业道德观有着必然的前提性作用和影响。

道德本身做出不同的解释和界定，将会有不同的新闻道德理论。因此，关于新闻道德的界定，对整个新闻道德理论的建构具有基础性的重要作用。而对新闻道德的理解，尽管有其稳定的一面，但理解本身就是一个历史的过程，需要针对新的和具体的历史环境，根据新闻传播活动的具体的历史面貌做出不断的解释。

一、新闻道德的内涵

什么样的道德属于新闻道德，这不是一个简单的定义问题或者道德分类问题，而是一个在与一般道德和其他职业道德、角色道德比较中如何理解新闻活动道德性的问题。对"一般道德"的理解界定了理解"新闻道德"的理论前提，而对新闻道德之外其他特殊道德类型的理解则有助于把握新闻道德的个性特点。理解一般、理解特定对象之外的他者，都是初步理解特定对象自身的基本途径和方法；离开一定的参照与关系，是无法把握研究对象的。

（一）道德现象的一般说明

道德本质问题，不管人们是以肯定的还是否定的态度对待它，不管人们以怎样的形式回答它，它都属于伦理学或者道德哲学的永恒问题，是任何一种道德哲学体系、道德哲学学说、道德价值观念在实质上都不可能绕过去的问题，也是我们理解任何一类具体道德问题的前提性问题。因此，对道德本质及其特性的一般考察，乃是我们进一步分析新闻道德实质的必需环节。

1. 道德及其特征

道德，作为道德哲学中一个核心的也是基础性的范畴、概念，描述、反映、指称的到底是什么？这里，我不准备对道德哲学研究者们的各种定义在正文中加以罗列分析，而是在前人研究的基础上，直接做出一般性的概括和描述。① 在我看来，在一般意义上，道德一词实际指的是人类生存、生活、生产、演变发展过程中的一种现象，一种人类在处理、应对与自己，特别是与他人、与社会、与自然的关系时通过自己的良心、意志等自觉约束自我言行的现象。简单点说，道德（现象），就是人类处理社会伦理关系、自然伦理关系的现象。道德现象本质上是人类彼此间的一种关系，是人类生存、生活过程中不得不超越个体孤立状态，走向合作、和谐状态的选择。"我们的行为要超越个体、偶然、特殊、暂时，而走向他人、普遍、永恒，就必得涉及道德维度。"② 在一定群体或社会范围内，道德现象突出

---

① 在伦理学或者道德哲学教科书以及其他相关著述中，不同的学人对道德有不同的解释，但并没有多少实质性的差别，我们录举几种，供读者参阅思考。宋希仁先生认为：道德是维系和调节伦理关系的方式，同时又是个人应有的德性或操守。（参见：宋希仁主编. 西方伦理思想史 [M]. 北京：中国人民大学出版社，2004：4.）王海明先生写道："伦理与道德在西方词源涵义完全相同，都是指人们应当如何的行为规范：它外化为风俗、习惯，而内化为品性、品德。"伦理与道德"在中国却是整体与部分关系——伦理是整体，其涵义有二：人际行为事实如何的规律及其应该如何的规范；道德是部分，其涵义仅一：人际行为应该如何的规范"。伦理学就是关于道德的科学。伦理学就是道德哲学（我同意这样的看法，因此，我的新闻道德论，实质上就是关于新闻道德的哲学）。（参见：王海明. 伦理学方法 [M]. 北京：商务印书馆，2003：2-51.）我国另一伦理学者龚群也从词源学角度考察了"伦理"与"道德"在西语和中文中的含义，其结论与王海明先生的基本一致。龚群先生还从不同哲学家的角度，简要考察了"伦理"与"道德"概念的差异性使用。比如，康德主要是在个体伦理学的角度讨论伦理道德问题，因此，可以说康德基本没有关注社会伦理问题；而黑格尔则明确区分了两个概念，用"伦理"这一概念来表明社会伦理的领域；当代德国哲学家哈贝马斯在"伦理"与"道德"概念的使用上也坚持了黑格尔式的话语区分。这样一来，"伦理"的内涵就与社会层面的内容关联起来，而"道德"的内涵就与个体层次关联起来，这就形成了"社会伦理"与"个体道德"两个概念。在社会实践中，社会伦理的实现，不可能脱离个体道德行为，而个体道德实质上总是一定社会伦理中的道德。因此，伦理和道德说到底本质上是一回事。（参见：龚群. 社会伦理十讲 [M]. 北京：中国人民大学出版社，2008：1-10.）

② 刘森林. "实践"解释的方法论思考：从一种主体性到另一种主体性 [J]. 深圳大学学报（人文社会科学版），2009，26（03）：23.

表现为外在的道德规范、内在的道德观念和道德品性或者说道德品质。

作为一个词或者语言符号，人们主要是在名词和形容词意义上使用"道德"概念：在名词意义上，道德与道德规范没有什么实质的区别，道德就是指道德规范（比如，人们应该遵守道德，也就等于说人们应该遵守道德规范）；在形容词意义上，道德是指主体人之行为的特性（比如，他这样做是道德的，这里的行为是广义的，包括行为的动机、过程和结果），或者指主体或某物的一种特殊属性，实质上就是具有某种道德价值（比如，他是一个道德的人或他是一个有德性的人，或这是一篇道德的新闻）。在本著中，我也将主要在这两种意义上使用道德概念。

道德存在、道德现象是客观的。在人类生存、生产、发展的历史过程中，必然生成并不断演进、建构出新的自然关系与社会关系；在人与自然的主客体交往关系和人与人的主体间交往关系中[①]，蕴涵着人与人之间的价值关系和伦理道德关系。这就是说，伦理道德关系在人类的交往关系中，也即在人类的生存、生产、演进中，具有本体性的意义，是相伴人类而生、而存在、而演进的客观关系、客观存在，是一种具有普遍性的人类交往关系。

道德是人类众多活动规则——诸如习惯、习俗、法律、制度等——中的一种样态或类型，它与其他各类规则样态既有联系又有区别[②]，在人类生存、生活中有着自身独特的作用。道德是人类生存、生活、发展需要的产物。道德规范是人之为人的特有创造物，是人类的共同需要，是人为自己的立法，是人为自己制定的行为规范，它既不是自然的规则，也不是上帝的规则。"人类之所以创造出道德，其目的就在于，同时既满足自己的

---

① 人与人之间的关系，并不是天然的主体与主体之间的关系；将人与人之间的关系建设成为主体间的关系，乃是一个历史的过程，也是人与人之间的一种应该性关系。当人与人之间的关系真正实现了主体间的关系，人与人之间也就实现了真实的道德关系。

② 陈忠. 规则论：研究视阈与核心问题 [M]. 北京：人民出版社，2008：138-142.

需要，又满足别人的需要。"①"作为保障和满足人类需求的行为规则的道德，归根结底是为了人的，不能反过来说，人是为了道德的。"②因此，对于一定社会中的所有成员来说，"道德是一种巨大的'公共资源'，每个人都有责任保护和发展这一'公共资源'"，道德尽管"不能当饭吃，当衣穿，但是，如果社会没有道德——主要是一套规则并加上对规则的尊重——我们的饭也会吃不好，甚至根本吃不着"③。

人类需要道德，是基于如此的基本事实：人类是社会动物，不能孤立生存。道德的本质在于人的社会性，如果人不是社会性的动物，人的本质不是社会关系的总和，人也就无需各种各样的道德了。"人是一种社会动物，而且正因为是社会动物而是道德动物。"④道德不会在非社会性的关系中产生，道德只能源于人的社会本性；道德只能源于人与环境、人与社会、人与人之间的客观关系。人类自身的历史演变过程说明，人类之间总是存在着永恒的、各种各样的利益关系，包括矛盾和冲突，为了生存、生活的有序展开，人类自然形成了、创制了各种各样限制、约束自身言行的规范，伦理道德规范只是其中一类，诚如媒介伦理学者英格哈特和巴尼所说："人类是社会动物，如果个体孤立，人类就将无法生存。人类必须共同生活的事实，使得个体之间的互相友善成为必需。如果人类能够和平相处、互相帮助而不相互伤害，也就无需伦理规则了。人类不能如此生活的现实是需求伦理道德的主要根据"⑤。这就是说，道德法则不是纯粹的主观创造物，而是有其生成的客观社会根源。人类越来越自觉地讲道德、实

① 陆有铨."道德"是道德教育有效性的依据 [J]. 中国德育，2008 (10)：24.
② 甘绍平. 人权伦理学 [M]. 北京：中国发展出版社，2009：序言6.
③ 何怀宏. 底线伦理是公民道德建设的可行之路 [J]. 绿叶，2009 (1)：75.
④ 王海明. 伦理学与人生 [M]. 上海：复旦大学出版社，2009：97.
⑤ ENGLEHARDT, BARNEY. Media and ethics: principles for moral decisions [M]. Cengage Learning, 2001: 8.

践道德，是人类逐步认识到道德客观性和必要性的结果。

道德是属人性的现象，即只有人类才能够谈论道德，只有在人与人之间才能建立和存在伦理关系或者道德关系。人与人之外的他物（包括自然）之间的伦理关系或者道德关系，最终意义上仍然是人与人的关系，或者是人与人之间某种关系的象征，"人与自然关系中的道德问题，透射出的是人与人的关系问题"①，只不过这种关系要么是通过一定的中介物而建立起来的，要么这里的"人"不限于同一时空而已。如果把前一种道德关系叫做直接的道德关系，后一种道德关系则可叫做间接的道德关系，通过一定客体中介而构成的道德关系。因而，道德是什么、道德与否是人类自身的界定，既是"人为的"也是"为人的"。道德，在最终意义上，仍然是人类的一种生存发展手段，同时也是人类希望自己达到的一种生存发展状态，即在道德哲学的视野中，人类总是试图通过道德的手段达到道德的状态，因而，"我们必须觉得道德很必要"②。道德的状态，最典型的表现，就是人与人之间建立起了真实的主体间的关系，真正实现了人与人之间的平等和相互尊重，这是一种和谐的状态，是一种自由的状态。因此，反过来说，人只有成为主体，能够自由支配自己的行为，拥有自由意志，才能成为道德主体，承担道德责任，获得道德自由。

道德是内在的，也是外在的。道德的内在性，是指道德的观念性、精神性以及体现在主体身上的道德属性。作为属人的道德，首先体现为一定的主体有无道德意识、道德观念、道德精神，更为重要的则是有无道德品质；作为主体属性的道德，是内在的约束人们行为的力量，它以人对自己良心的自觉为基础或为前提。道德的外在性，主要是指道德的实践性，主体是否是道德的，只能通过其实践行为才能说明和证实；道德与否，主要

---

① 郭金鸿. 道德责任论 [M]. 北京：人民出版社，2008：84.
② 何怀宏. 底线伦理是公民道德建设的可行之路 [J]. 绿叶，2009 (1)：75.

体现在主体间的关系中。道德的内在性只能通过道德的外在性加以证明证实，但外在的道德行为并不必然保证一个人具有真实的美德；人可以成为行为上的道德表现者，可以在一定的压力下按照道德规范去做事。拥有内在的道德品质是主体能够成为道德的人的保证，没有内在的德性，道德的行为是偶然的，是机会主义的。以历史的眼光观照，人在一定社会的成长过程，也是一个不断"道德化"的过程，即道德内在性与外在性交互作用的过程。

道德是现实的，也是理想的。"道德总是以理想与现实之间存在着一定的距离为前提，以主客间尚未达到完全的融合为前提，道德上的'应该'就是这种差距的表现。"①道德就是应该，就是基于现实而又要超越现实的理想，就是要在不完美的现实基础上去追求完美。道德在指向现实的同时而又总是指向未来，并重点指向未来。因此，"伦理学（也就是道德哲学——引者）并不是描述人们如何表达自己的态度、欲望或者从事什么行为，而是评价和指导人们在某种场合下应该具有什么样的态度、应该欲求什么、应该如何行动"②。"仅仅停留在现实层面的现象本身，就无从把握道德行为的方向和前进动力。"③但是，我们也必须明白，如果离开现实，"应该"的东西便是空洞的；如果停留在现实，"应该"的东西便是无意义的。只有基于现实、超越现实，"应该"的东西才是理想，才是追求的目标。英国伦理学家布拉德雷说得好："哪里没有完美，也就没有应当；哪里没有应当，也就没有道德。"④ 个人在道德生活中得到完善，社会在道德运行中达到和谐。道德的人、道德的社会关系，始终是人类的理想，尽管每个时代、每个社会、每个个人对道德人、道德社会的理想可能并不

---

① 张世英. 哲学之美：从西方后现代艺术谈起 [J]. 江海学刊，2009 (4)：26.
② 程炼. 伦理学导论 [M]. 北京：北京大学出版社，2008：3.
③ 郭金鸿. 道德责任论 [M]. 北京：人民出版社，2008：199.
④ 万俊人. 现代西方伦理学史：上卷 [M]. 北京：北京大学出版社，1990：279.

完全一样。正因为如此，在伦理学或者道德哲学中，"我们思考的是我们应当怎样，而不是我们是怎样，虽然关于我们是怎样的知识有可能帮助我们实现我们应当实现的目的"①。

道德现象是历史性存在。就像人类自身的存在一样，道德也是历史性的现象，人类的道德画面在不同时代、不同历史时期有着不同的景象；而道德图景的演变，实质反映的就是人与环境、人与社会、人与人之间关系的演变，反映的就是人在不断变化的诸多关系中显现出来的人性的变化②。道德是属人的现象，但人性并不是固定不变的东西，而是一个社会的、历史的展开过程，属人的道德同样有其自身的社会的、历史的展开过程。人类道德水平是否总是随着人类历史的时空展开而提升，就像人类个体的道德水平是否会随着年龄的增长而提高一样③，确实是个十分复杂的问题。人类道德水平的历史评价本身就是一个历史的过程，道德尺度是历史进步的重要衡量标准。这始终都是道德哲学的重要课题。

道德具有普遍性，但又总是具有特殊性。只要是人类，不管其生活在哪里，生活在什么样的社会，都会拥有某种程度的道德观念、某种形式的道德规范，没有不讲道德的人类，不讲道德的人类也许就不是人类，道德性是人类的基本属性。因而，道德现象是人类生活的普遍现象，道德生活是人类普遍的生活方式，本体性的生活方式。但是，具体生存、生活、生产环境（包括社会环境和自然环境）的差异性，使得不

---

① 陈真．决定英美元伦理学百年发展的"未决问题论证"[J]．江海学刊，2008（6）：26-33，238.

② 美国哲学家弗罗姆说："我们可以在人的本性自身发现伦理行为规范的渊源，而道德规范是建立在人的固有特性之上的。"（弗罗姆．自为的人——伦理学的心理学探究 [M]．万俊人，译．北京：国际文化出版公司，1988：5.）

③ 道德认识水平的提高、道德知识的增加，并不必然意味着道德实践水平的提高、道德实践范围的扩大。因此，道德知识与道德行为或者道德实践之间，到底是一种什么样的关系，很值得研究。当然，根据经验事实或者常识的想象，随着道德知识的增多，道德认识水平的提高，人们的道德实践水平会提升，实践范围会不断扩大。

同的人群、不同的社会拥有不同的、差异性的道德图景。道德价值的普遍性与特殊性始终是人类面对的问题，是客观存在的道德文化事实。美国美德伦理学家麦金太尔说："一切道德总在某种程度上维系于社会的地方性和特殊性，现代性道德作为一种摆脱了所有特殊性的普遍性的渴望只是一种幻想。"① 尽管麦金太尔的这一判断否认了现代性道德的普遍性，但并没有否认道德现象的普遍性。显而易见的是，这一判断强调了道德价值的特殊性和差异性。确实，迄今为止，我们很难寻找到道德意义上的"普世价值"②，存在的总是特定社会条件下的道德理想和道德追求。当然，在这些不同的道德观念、道德规范背后到底有无人类共同的、统一的、具有永恒性的某种观念或者框架，也是很值得不断探讨的问题。

就现实来看，道德确实不是抽象的、普遍的、唯一的，而是具体的、特殊的、多样的，因历史而变化，因环境而变化。历史的具体性、时间性，决定了现实的规范、道德规范，只能是具体的、历史的，即使在今天的全球化时代，也并没有显示出人类会立刻形成完全一致的道德规范，"全球化的发展，并不必然导致全球规则的一元化，而是导向社会规则的多样化。全球关联、全球交往与全球规则的一元化不是一个问题。全球化是一种规则多样化、规则可选择的世界历史状态"③。但是，现实并不就是未来，未来还有另一种可能。人类能否在未来世界中形成一些共同的道德观念、追求一些共同的道德价值？我以为是可欲的，是有可能的，这是由人类共同面临的问题从根本上决定的。在人类的演变、发展越来越一体化、相似化的宏大历史背景和未来走向下，人类不得不拥有共同的、最起码

---

① 麦金太尔. 追寻美德：道德理论研究 [M]. 宋继杰，译. 南京：译林出版社，2003：160.
② 所谓普世价值，是指"适用于世上所有地方所有时代所有人的绝对的永恒价值"[钟哲明. 对"普世价值"问题的几点思考 [J]. 思想理论教育导刊，2009 (3)：51-57]。
③ 陈忠. 规则论：研究视阈与核心问题 [M]. 北京：人民出版社，2008：140-141.

是相似的价值观和道德观。

需要稍做进一步说明的是，不同自然环境、社会环境中的社会人群，在道德观念、道德规范、道德品质上都会有所不同，但这种不同主要是由客观条件造成的差异，是一种客观存在的社会事实或者文化事实，并不是道德相对主义的表现，我们不能把道德上的差异性等同于道德相对主义。相对主义的本质是把道德看作纯粹主观的事情，在本质上把道德问题看成是个人情感的问题，把道德看成是没有客观道德标准的问题。道德相对主义以为真、善、美都是因人而异的；道德相对主义认为，"判断一个行为是否道德取决于判断者关于善恶的观念（即善恶的标准），对同一个行为的不同的道德判断相对于判断者各自的善恶观念是同样正确的，我们并无客观的标准决定不同的善恶观念之间的优劣"①。但在我看来，差异性恰好揭示了道德的客观性或者不同道德表现的具体客观根据。因此，道德上的文化相对主义或者环境相对主义②，与道德相对主义或伦理学相对主义并不是一回事。

2. 道德的类型与关系

类型分析是对某种广泛对象认识的具体化和深化，可以加深对研究对象的细致的、比较性的把握。道德现象是普遍的社会现象，存在于、变化于社会生产、生活的所有领域。不同社会生产、社会生活领域的不同客观特性，从根本上决定了道德现象也会有一些相应的特殊表现，这正是我们能够从层次或类型角度考察道德问题的真实根据。我们将主要以职业道德为核心，阐释不同道德类型间最为基本的关系。

---

① 陈真. 道德相对主义与道德的客观性 [J]. 学术月刊，2008（12）：41.

② "文化相对主义认为不同文化存在着不同的道德标准，同一文化发展的不同阶段也有不同的道德观念，不存在着一个统一的贯穿一切文化和一切时期的道德体系。"具体可参阅：陈真. 道德相对主义与道德的客观性 [J]. 学术月刊，2008（12）：40-50.

　　社会公德。社会公德就是社会公共道德，是指一定社会特有的关于社会公众行为正确与否的标准，通常表现为成文的或不成文的道德观念或者道德规范。社会公德包含着非常丰富的内容，关涉到社会公共生活的各个方面[①]。社会公德的重要特点就是面向所有社会公众。也正因为如此，它是一个社会最基本的道德要求，属于底线性的道德水平。这同时意味着，如果一个社会中的公众不能普遍履行社会公德义务，这个社会就将失去基本的道德秩序，陷入道德混乱。在这一意义上，社会道德是所有道德的出发平台。

　　家庭道德。家庭道德是指每个人作为家庭成员的道德。家庭关系是普遍的、基本的，也是最为紧密的人与人之间的一种伦理道德关系，构成了社会伦理道德关系的细胞和生长基础。尽管具有家庭道德并不必然意味着拥有社会道德，但缺乏家庭道德的人，很难会有优良的社会道德。家庭道德是社会道德和其他角色道德孕育和成长的基地，这就像家庭是生命孕育成长的港湾一样。

　　职业道德。在社会学的视野中，每个人都必然承担着一定的社会角色，必然受角色道德的约束，或者说需有一定的角色德性；而当一个人达到一定的社会化程度，总还要担当一定的职业角色，职业角色则进一步意味着、蕴涵着一个人承担相应的道德义务、遵守一定的道德规范，这就是职业道德义务和职业道德规范。职业道德与职业特点密切相关，"是道德的一般原则通过职业特点的具体体现"[②]，职业道德，一般说来，就是通过将普遍的道德理论与道德原则直接应用到具体的社会实践领域中去，从而形成的与不同的职业之独特的任务相适应的特殊的责任、义务及行为规

---

　　① 比如我国《宪法》中写道，国家提倡爱祖国、爱人民、爱劳动、爱科学、爱社会主义的公德，而这"五爱"的内容是极其丰富的。

　　② 蓝鸿文．新闻伦理学简明教程［M］．北京：中国人民大学出版社，2001：4.

范。因而，"职业道德除社会道德中共通的要求之外，还包括基于职业专门逻辑的特殊道德要求，因而区别于大众的生活逻辑，具有鲜明的职业特点，有着许多大众道德不能涵盖的内容"①。也就是说，职业道德总是鲜明地表达职业行为及其角色行为的道德规范与准则。职业道德及其角色道德不是一般地反映阶级道德或社会道德的要求，而是反映一定的社会共同体、一定的社会行业的特殊利益及其要求，并通过这种对特殊行业利益的要求来与社会或阶级的利益相关联。②"职业道德不是在一般社会实践的意义上形成的，而是在特定的职业实践、角色实践的基础上形成的，因而，它往往表现为处于某一职业、某一角色的人们所特有的道德心理和道德习惯。"③

官德。官德，可以说是一种特殊的职业道德或者角色道德，是指"国家和社会治理者的道德"，有人说这是"最高层次的道德"④，它对于全社会都具有重要的示范效应。在中国语境中，新闻业自身的耳目喉舌性质，使得官德对于新闻传媒的职能发挥有着特殊的影响。正是出于这样的原因，我特意将它单列出来。

对道德体系做了简单的基本类型分析后，还需对不同类型道德之间的基本关系加以简要说明。对不同类型道德关系的认识和理解，不只是为了从理论上掌握它们之间的相互关系，更为重要的是认清它们之间的相互联系与区别，在一定程度上，能够使人们在实际生产、生活中做出恰当的道德选择。不同类型的道德观念，反映的正是不同生产、生活领域的道德实

---

① 黄瑚. 新闻法规与职业道德教程 [M]. 上海：复旦大学出版社，2003：217.
② 龚群. 社会伦理十讲 [M]. 北京：中国人民大学出版社，2008：164.
③ 同②.
④ 有人将我们这里所说的道德类型，看成是不同的道德层次，依次排序是：社会公德、家庭道德、职业道德和官德。具体可参阅：俞吾金. 培植公平正义观念的文化土壤 [J]. 中国社会科学，2009（1）：53. 我以为，这些不同样式的道德，既是不同的类型，也可以在统一的道德名义下，看成社会道德系统的不同层次。

际或道德现象。道德选择的不恰当，往往会造成实际上不道德的结果；而道德选择的难度常常在于不同道德行为之间，而非道德行为与不道德行为之间。下面，我们主要以职业道德为核心或作为参照，说明不同道德类型之间的关系。

首先，所有的道德都是人的道德，道德是从一个角度对人性的描述和界定，人是道德动物，只有人才能在各种关系中讲伦理道德，实践伦理道德。所谓人与非人（比如自然或者其他动物）之间的道德关系，在最终意义上，仍然是人与人之间的道德关系。在人与整个世界的各种关系中，只有人才能够担当道德主体的角色。道德的根本属性乃是人类主体的属性，道德与否是人类自身的界定，所有的道德规范都是人类为自身制定的。这就意味着，道德规范本身必然会存在合理与不合理的问题、正确与错误的问题、良性与恶性问题。因此，我们可以说，道德研究的实质，就是不断探索制定合理的、正确的、良性的道德根据的过程，探索制定合理的、正确的、良性的道德规范方法的过程，探索如何使主体成为讲道德、具有德性的主体的过程。

道德是相对不道德、非道德而成立的，不同类型的道德或者说不同领域的道德，都是一种性质的道德，即"不管是哪个领域的问题，'道德'都应该具有相同的特性，即同质性"①。这就是说，道德在道德性上是同一的，我们不可能在道德内部，再区分出道德和不道德来，只能区分出不同的道德境界②。在社会历史存在中，有不同领域的道德，有不同职业的

---

① 陆有铨. "道德"是道德教育有效性的依据 [J]. 中国德育，2008 (10)：26.

② 但是，面临道德困境时，行为主体的任何单一行为选择，在没有另一或其他可能行为参照的前提下，都是道德的，但有了困境，就会使常态情况下属于道德行为的行为变得不道德。可参阅本书第七章的相关讨论。

道德，有不同角色的道德，但没有不同性质的道德①；不同社会实践领域、生活领域的道德都是人的道德，从根本上说是人的道德性在不同领域的表现。道德作为形容词乃是对人类一类行为、一类品质的定性，除此之外，要么是不道德的，要么是非道德的。

道德自身有无层次性，即有无"道德"和"更道德"的问题，或者说有无不同道德水平的问题，恐怕不能按照常识立即做出肯定或者否定的回答。这里首先要弄清楚道德层次本身所指的问题到底是什么。如果问的是道德规范有无层次问题，那回答是肯定的；如果问的是道德观念有无层次问题，那回答也是肯定的，比如我们可以按照社会系统结构的层次性，对道德观念做出层次划分；如果问的是某一具体的道德品质有无层次问题，恐怕很难做出肯定的回答，比如，诚实作为一种道德品质，怎么划分层次，要么诚实，要么不诚实，我们无法划分出低水平的诚实、高水平的诚实；如果是从总体上问一个人的道德层次问题，也需要做一点具体的分析。人们在常识范围内（日常生活中）所说的道德层次问题，属于道德境界问题，或者说属于主体如何讲道德的问题，讲道德的范围大小问题。有些人在任何情况下，都追求道德生活、道德行为，这属于高境界或高层次的道德，是一种积极道德；有些人在道德问题上只注重角色范围或职责范围的道德，即那些必须和应该而为的道德，这大概属于中级层次的道德；有些人则只讲消极性的道德，即一定社会或一定群体范围内的"不做"的道德要求；至于不讲道德，则属于背离道德要求的行为，不能算做道德的

---

① 这里需要特别注意，在现实社会中，存在着不道德的伦理实体或者不道德的"道德实体"，比如，黑社会团伙、流氓犯罪团伙、邪教组织等；这样的团伙或组织，对整个社会的良性运行是一种恶的存在，在道德上是不善的，与社会的普遍善是背离的。也正因为这样，人们通常不把这样的团体当作伦理实体或道德实体来对待。就是说，人们只在正面意义上使用道德实体或伦理实体概念。这些团伙或组织成员具有的品性，比如其成员对自己团伙或组织的"忠诚"，在犯罪或反社会行为中的"勇敢"等等，只能看作是恶德；他们越是具有这样的品性，对社会或他人造成的伤害就越大。

最低层次。① 其实，不同道德层次之间的界线不是那么分明的，但低层次的道德总是高层次道德的基础，这是不同层次间最基本的关系。

其次，社会道德是最基本的道德，在与职业道德的对比中，我以为社会道德是"底线"性的道德。社会道德实际上规定了道德与不道德的最基本的划界标准，即人们所说的"道德底线"。因此，从原则上说，任何冲破一定时代、时期社会道德底线的行为，都会被社会认定为不道德的行为，不管这种行为发生在哪个社会实践领域、社会生活领域。在一般社会道德与职业道德之间，社会道德占有优先的地位，也就是说，职业道德不能与社会道德冲突。任何一种专业目的不仅是专业的，也是社会的，并且最终是为了社会的，为了人们的美好生活，为了人们的快乐幸福，"没有哪个专业能够让自己订立的伦理守则大大践踏社会一般的伦理标准"②。美国的一位学者这样说："新闻道德，即将生活中的道德应用到新闻报道的实践中去。""没有什么道德仅仅适用于记者，而工人农民等就用不上了。……我相信只有一种道德——无论你来自中国、美国、泰国，任何6岁的小孩都知道：不要伤害别人，不要偷窃，不要说谎，尊敬他人……"③专业或者职业道德水平只能比一般社会道德要求更高，而不是更低。职业

---

① 在一般意义上，我们还可以对道德的层次性作这样的描述：最低层次的道德属于底线道德，是消极性的道德，即"不"的道德，比如，不撒谎，不损人利己等；中层的和高层次的道德，是在消极道德基础上提升的积极性道德；中层的道德是必须和应该而为的道德，比如做好本职工作、履行职责等；高层次的道德是积极性道德的最高境界，比如，舍己救人，大公无私，毫不利己、专门利人的道德等。何怀宏先生认为，"道德底线"主要是就相对较高的人生理想和价值观念来讲的，主要用于公共领域，用于那些会严重影响到他人和社会的行为，在对个人的要求上，它不涉及"分外有功的行为"，而主要是指必须履行与公民权利相称的公民义务。他将"道德底线"本身分为三个层次：第一层次是所有人最基本的自然义务，人之为人的义务，这是最基本的道德底线；第二个层次是与制度、法律密切相关的公民义务；第三个层次是各种行业的职责或特殊行为领域内的道德。具体可参阅：何怀宏. 底线伦理是公民道德建设的可行之路 [J]. 绿叶，2009（1）：75-79.

② 多戈夫，洛温伯格，哈林顿. 社会工作伦理：实务工作指南 [M]. 隋玉杰，译. 7版. 北京：中国人民大学出版社，2005：22.

③ 陈力丹. 新闻理论十讲 [M]. 上海：复旦大学出版社，2008：237.

名义下的丑恶行径是不可饶恕的罪恶。职业没有赋予一个人可以背离社会道德的权利。为了公共利益，为了启示别人，为了警告社会，职业道德不能成为蔑视社会道德的借口。道德困境中的抉择是可以理解的，但必须有能够让人们理解的理由和根据，而不仅是行为者自己的解释或者辩解。社会道德与职业道德本质上是一致的，并没有根本的矛盾。"一定的职业道德是一定的社会道德的构成部分，而职业道德在根本上则是从属于一定的社会道德的。"①原则上，职业道德只能比社会道德有更严格的要求。一个人，不管是否从事一定的职业，必然是一定社会中的人，一定社会的道德规范总是约束、限制着他或她的社会行为；当一个人进入一定的职业领域，就等于他或她进入了社会道德网络中的一个比较小的职业道德网络。因此，对于职业道德来说，"它的应用范围不是普遍的、无边的，而是特定的和受到限制的"②。在职业道德这个比较小的网络中，一是有了更高的道德要求，即有了双层的道德网络；二是有可能赋予职业人员一些特殊的道德权利（下文专门讨论），在职业道德网络中留出一些特殊的道德空间。

再次，社会道德与职业道德之间是可以相互转换的。如上所说，职业道德在原则上不过是一般社会道德的职业化表现，而有些职业道德在一定的社会条件下也会社会化为普遍的道德规范。不同实践领域、生活领域的道德是同质的，并不存在根本属性上的冲突。社会道德向职业道德转换是易于理解的，但职业道德怎么会转换为社会道德呢？这里的实质问题是，对一定职业主体的道德要求怎么会转换为对所有人的道德要求呢？我以为最根本的原因是社会的变迁，一定职业领域与整体社会关系的变迁。特殊向一般的转化，就是因为特殊在自身的发展过程中出现了越来越一般化的

---

① 龚群. 社会伦理十讲［M］. 北京：中国人民大学出版社，2008：164.
② 同①.

事实表现，奠定了向一般转化的客观根基。这很可能是一定职业失去特殊性的过程，是一定职业社会化的过程，即某些职业在技术层面、专业层面逐步失去垄断地位的过程。在道德层面上说，这也就是一个职业道德普遍化、社会化的过程，即既然一般社会成员能够担当职业工作者的某种角色，在道义上他或她也就应该按照职业要求约束自己的相关行为。比如，当新闻传播进入"后新闻传播业时代"[①]，每一社会成员从原则上都能够向整个社会传播新闻信息，使传播变成公共化的、大众化的传播，在这种情况下，以新闻规则传播新闻在道义上就是应该的。这也就在一定程度上意味着，在新的传播时代，有些新闻道德规范很有必要转换为整个社会的一种道德诉求。而从另一方面说，新闻职业道德越来越具有更为专业化的味道。

最后，每一种类型的道德都有其自身的一些特殊性，可以简单形象（但未必准确）地称为"道德特权"。这些"道德特权"表现为只有在一定的职业领域、一定的主体间关系中，一些行为才是允许的，并且被认为是正当的、必要的，是人们能够进行"道德容忍"的。如果没有这样的道德特殊性或者道德特权，也就无须对社会道德做出进一步的分类了。但是，任何"道德特权"都是有限度、有边界的，一旦超越限度、边界，道德就会成为不道德。"道德特权"本身也应该是社会普遍道德意志授予的或同意的，一些特殊职业的特殊行为（比如警察、军人等的一些侦查或侦察行为、欺骗行为等），之所以在道德上是可接受的，就是因为这样的行为符合社会共同的道德意志，是一定社会维护公共利益不得已的道德让步。

职业领域中的道德特权可以说是社会道德对职业道德的某种让步，这种让步并不是原则性的让步，而是技术性的让步。比如，诚实是社会道德的基本原则、基本道德规范，在新闻职业中，允许某种隐性采访的存在就

---

① 杨保军. 简论"后新闻传播时代"的开启［J］. 现代传播——中国传媒大学学报，2008（6）：33－36.

是一种道德上的让步（隐性采访中包含的欺骗性是事实性的存在），但这种让步并不是允许记者可以不诚实，而是只允许记者在一些特殊情境中为了更好地揭示事实真相，为公共利益服务，而不得不采用一些"欺骗性"的手段。这种让步的目的在于使相关的职业行为更顺利更有效地展开，能为职业服务对象提供更好的服务，更好地为社会公共利益服务。但无论如何，道德让步是例外，而非常规（参阅第七章相关内容）。

（二）新闻道德的性质与内容

新闻道德是新闻学与道德哲学（即伦理学）嫁接而成的一个概念。新闻道德是职业道德体系中的一种，是新闻职业道德的简称，它在性质上属于职业道德的范畴。因而，我所写的新闻道德论也主要是在职业道德的意义上展开的。当然，我也会根据我们所处时代的新特点，特别是新闻活动、新闻生态的新表现，对新闻道德在非职业道德意义上的"扩展"有所论述，对一些相关问题也会做出一定的试探性阐释。

新闻道德是一个内涵比较丰富的概念，反映的是主体在新闻传播活动中遵循的各种道德原则、道德规范，拥有的道德观念、道德品质等的总和。由于道德观念凝结在道德规范之中，道德品质如何在现实性上要看遵守道德规范的情况，因此，人们多把道德限定在道德规范的意义上，把新闻道德限定在新闻道德规范的界限内。新闻职业道德最直接的表现也像其他职业道德一样，就是一系列的行为规范。瑞士著名心理学家皮亚杰就说："一切道德都是一种包含着许多规则的系统，而一切道德的实质就在于个人学会去遵守这些规则。"[①] 因此，每当论及职业道德时，人们首先想

---

① 胡林英.道德内化论［M］.北京：社会科学文献出版社，2007：84.

到的是行为应该如何的道德规范。比如复旦大学的黄瑚教授说："所谓新闻职业道德，是从事新闻信息传播活动的人们，在长期的职业实践中形成的调整相互关系的行为规范的总和"①。中国人民大学的陈力丹教授写道："所谓新闻职业道德，就是新闻传播（大众传播）业的行业道德。新闻从业人员或者大众传媒自身，遵循一般的社会公德（新闻职业道德是与一般的社会公德联系较为密切）和本行业的专业标准，对其职业行为进行理性的自我约束和自我管理。"② 作为普通高等教育"十一五"国家级规划教材的《新闻法治与新闻伦理》将新闻道德界定为"在一定社会条件下，人们在长期的新闻传播活动中逐渐形成的调整人们之间关系的行为规范的总和"③。

新闻职业道德也像其他任何一种职业道德一样，是一种责任道德或责任伦理；也就是说，新闻职业道德的内容，始终是以职业新闻活动应该承担和完成的职业责任（即职责）为前提的。道德规范一定意义上说就是职业责任的另一种表达形式；职业责任越明确，道德规范就越具体。应该承担和完成什么样的职责，就意味着应该自觉遵守什么样的道德规范，担当什么样的道德后果或者责任后果，这是新闻道德作为职业道德具有的核心逻辑。不管哪个层次的新闻道德，也不管哪个具体范围的新闻道德，作为职业道德，始终都与职业责任密切相关、高度一致。

作为职业道德的新闻道德，其具体内容构成方式是相当复杂的。这里，我们不准备在各种不同的标准下做详细的分类解析，而是从与新闻职业主体最为贴近的媒介形态与职业岗位出发，在定性的和外在表现样式上，对职业新闻道德的构成加以简要说明，对新闻道德内涵的全面解释则是整部著作的任务。

---

① 黄瑚. 新闻法规与职业道德教程 [M]. 上海：复旦大学出版社，2003：220.
② 陈力丹. 新闻理论十讲 [M]. 上海：复旦大学出版社，2008：237.
③ 刘行芳. 新闻法治与新闻伦理 [M]. 郑州：郑州大学出版社，2007：219.

第一，新闻道德不等于媒介道德。在常识层面，人们常常把新闻职业道德与媒介道德看成是一回事。但在学理上，新闻道德与媒介道德有共同之处，也有相当的区别。一般说来，媒介道德（media ethics）是一个更大的概念（有时也称为传媒道德或传媒伦理），泛指所有大众传播活动中的道德现象或道德问题，诸如新闻活动、公共关系、广告传播中的道德问题和道德现象；新闻道德（journalism ethics）只是媒介道德的一部分，是针对职业新闻活动而言的，即在新闻传播活动中新闻从业人员面对的诸多道德问题。

媒介道德与新闻道德的差别，实质上是"媒介人"与"新闻人"的差别，是其他媒介工作性质与新闻工作性质之间的差别。媒介人也是职业人，但并不都是新闻职业人，并不都应该承担新闻职业的"职责"；对新闻职业人来说，承担新闻工作的"职责"是其必需的担当、应尽的义务。职业道德，说到底，其核心是一种职责伦理、职责道德。

新闻职业道德，在一般意义上是超越具体媒介形态和具体新闻工作方式的。也就是说，不管新闻职业工作者在什么样的新闻媒介形态组织中工作，也不管在什么样具体的新闻岗位上工作，作为职业新闻工作者，都有着共同的新闻道德观念，遵守着共同的新闻道德规范，磨炼着共同的新闻道德品质，这样的观念、规范、品质，可以统一概括在"新闻道德"这一概念之下。因此，新闻道德是超媒介形态的，是超具体工作岗位的，但又始终落实在具体的媒介形态之中，落实在具体的新闻工作岗位之上。

第二，不同媒介形态的新闻道德。在职业新闻道德范围内，由于不同媒介形态之间的客观差别，决定了新闻工作者有一些工作内容和工作方式上的差异，与此相应，也就出现了针对具体媒介形态特点的新闻职业道德。进一步说，不同媒介形态的新闻伦理道德，是以不同媒介技术所决定的新闻生产方式为基础的。没有印刷媒介技术的诞生，不可能有印刷新闻，没有印刷新闻，就不会有大众化的印刷新闻传播，也就没有针对报纸新闻传播活动而诞生的一系列职业道德规范；没有广播、电视媒介的出现，就不可能有针对其新闻生产、传播特点的新闻道德规范和其他规范；没有网络媒介的面世，就不可能有针对网络新闻传播的诸多道德规范或伦理规则。这正像社会生产方式与相应社会规则之间的关系一样，"不同的生产力水平，产生不同的生产方式，不同的生产方式产生不同的社会规则"①。我们相信，只要还有新的新闻媒介形态诞生，就会有相应的新闻媒介道德样态或类型出现；如果不同的媒介形态整合或融合成了一体化的新闻媒介形态，针对不同媒介形态的特殊新闻道德形式也就没有了存在的根据。

媒介的历史变迁，传播技术的历史变迁，造成媒介形态的演进和叠加，还有淘汰和死亡，也造成新闻活动主导方式（主要是生产方式、传播方式和消费方式）的历史变换；同样，新闻道德也在内容和形式上，在这样的历史变化中呈现出丰富多彩的历史面貌。道德的历史性、具体性、特殊性也在这样的变化和转换中表现得淋漓尽致。

就当下的现实来说，人们看到，在新闻界，以不同媒介形态为基础而成立的各种名目的组织、团体、协会等等，都已经或正在或准备制定名目繁多的职业道德规范。针对报纸、广播、电视、网络、手机等自身媒介形态特点的道德规范，实质上是在职业新闻共同体内针对更小的共同体的工作特点而制定的，目的在于获得更为有效的道德约束效果。

在比较小的职业共同体范围内，在一般意义上讲，更易于达成共识，构成共同体的成员更容易认同群体的价值目标和道德理想。职业的同质性和相似性，使共同体成员有着相似或相同的工作经验，从而使他们心理距离更近，更容易达到情理上的相互理解。

---

① 陈忠.规则论——研究视阈与核心问题［M］.北京：人民出版社，2008：138.

第三，不同工作岗位的新闻道德。同样，在新闻职业道德范围内，由于不同新闻工作人员从事着不同的具体工作，因而，也就出现了针对不同工作角色的一些具体道德要求，这其实是大分工之后进一步小分工的必然。道德，包括职业道德，不是天生的，而是来源于实际的，因此，有什么样具体的新闻实践，就会诞生什么样具体的新闻道德观念和规范。

人们在实际中看到，有针对记者的道德规范，有针对编辑的道德规范，甚至还有专门针对各种不同类型主持人的道德规范。这类针对具体工作岗位或工作角色的道德规范，除了一般的原则之外，更多的是具体的操作化的规范要求。事实上，越是普遍的规范，越具有抽象性和原则性，而越是具体的规范，越具有具体性和操作性。只有相对比较抽象的道德原则与相对比较具体的道德化操作方法结合在一起，一种道德要求才能得到较好的实现。

除了在职业范围内理解新闻道德，我们还可以根据人类新闻活动的最新发展状态和趋势，对新闻道德做出一些扩展性的理解。针对新的现象，大家的意见不可能一致，我就姑且把它作为一个问题，先摆出自己的看法。

尽管我们把新闻道德归属于职业道德，但人类新闻活动的本体性、新闻职业的非严格性、新闻传受权利的普遍性等等，使得新闻道德具有强烈的社会道德意义，特别是在新的媒介生态、媒介环境条件下，"民间新闻"进入了一个几乎可以与职业新闻平分秋色的新时代[①]，"每个人都可以连

---

① 我所说的"民间新闻"是指民众或社会大众以他们自己的兴趣、需求自主传受的新闻，这些新闻不经过新闻组织或机构的严格把关或者编辑和过滤。比如，人们在日常社会生活中关于所见所闻新鲜事实信息的面对面的交流和分享，人们通过一定中介手段（短信、电话、书信等）特别是网络媒介提供的各种方式（电子邮件、BBS、博客等）自主交流的新鲜的事实信息等。我所说的民间新闻显然与公民新闻不是一回事，但却包含公民新闻；也不是公共新闻，因为公共新闻是职业新闻行为造就的；也不是平民新闻或草根新闻，因为民间新闻只是针对制度化、职业化新闻而言的，并不是针对新闻事实来源于哪个社会人群而说的。具体可参阅：杨保军. 新闻的社会构成：民间新闻与职业新闻 [J]. 国际新闻界，2008（2）：30-34；杨保军. 简论网络语境下的民间新闻 [J]. 新闻记者，2008（3）：20-23.

通互联网，这可是非常棒的新闻平民化。但是，另一方面，每个人都可以在互联网上倾倒垃圾"①。这就使得新闻职业道德不得不加速它社会道德化的步伐（参阅上文）。因此，我愿意冒着将新闻职业道德"泛化"的危险而强调：新闻道德，作为道德的一类，越来越应该成为所有社会公民、社会成员的道德，而不仅仅是新闻职业道德。

确实，我们清楚，职业道德根源于职业归属的行业的内在要求，根源于职业自身的本质要求，因此，职业道德的内涵既区别于非职业的各种道德内涵，同时，一种职业道德的内涵也有别于其他职业道德内涵。有人讲得更为精细："要清楚地区分媒介所有者、公众以及新闻从业者的不同伦理守则。对于新闻从业者而言，需要建立一种特定的、仅仅适用于其职业特点的伦理守则，且这种普适的新闻伦理原则必须考虑到不同国家和地区的不同的文化、经济背景以及新闻传统。"② 这样的理解是正确的，也是合理的。但是，我们所处的时代，在一定意义上是一个媒介化的时代；我们所处的社会，是一个媒介化的社会。可以说，社会的媒介化和媒介的社会化已经是我们这个时代的典型特征。具有如此特征的时代，为人们提供了越来越广泛的言论自由、新闻自由。但这些自由又要求人们承担相应的法律责任和道德责任。也就是说，任何主体（组织、群体或者个人），只要是在有意识地、明确地向社会大众传播新闻时，都"应该"按照新闻传播的基本原则去做，而这样的"应该"，也就是类似新闻职业道德规范所要求的一些"应该"。事实上，在我看来，在"后新闻业时代"，新闻道德的演变趋势，很可能是两个方向：一是职业道德的大众化、公共化，即职业道德的要求慢慢演变为社会大众需要遵守的普遍道德；二是新闻职业道

---

① 贝特朗. 媒体职业道德规范与责任体系 [M]. 宋建新，译. 北京：商务印书馆，2006：8.
② 顾永波，殷晓蓉. 当前国外新闻从业者伦理研究问题述评 [J]. 现代传播—中国传媒大学学报，2008（6）：44. 关于不同国家和地区的不同的文化、经济背景以及新闻传统对新闻的道德内涵诉求的特殊性，我们在下一章将做专门的阐释。

德进一步专业化，也就是说，新闻职业道德的"职业特性"会越来越体现在具有新闻专业特色的范围内，体现在职业道德特权范围内的道德问题处理中。

二、新闻道德的结构分析

道德体现在道德活动、道德关系之中。道德活动或者道德关系中的基本要素，以一定的方式构成了道德的基本结构，它在理论的抽象意义上是稳定的。对新闻道德的结构展开分析，就是要寻找新闻道德活动、新闻道德关系是由哪些基本要素构成的，并要说明这些基本要素之间的关系是什么。因而，对新闻道德结构的理论分析，能够使我们对新闻道德的内涵有更为深刻的把握。

（一）新闻道德主体

道德始终是指作为主体的人的道德，人是任何道德活动中的主体，人既是个体的人，也是一定群体的人。职业道德是一定职业产生、发展需要的产物，是一定职业人诞生后的产物。按照这样的逻辑，新闻职业道德主体就是新闻职业工作者。但是，由于新闻传播环境已经发生革命性的变革，人类的新闻活动在整体上正在进入"后传播时代"，新闻传播业在整体上也正在进入"后新闻业时代"[①]，因此，对新闻道德主体的构成需要根据新的实际以及可预测的未来做出新的分析。

---

① 关于后新闻传播业时代的相关问题，可参阅：杨保军. 简论"后新闻传播时代"的开启[J]. 现代传播——中国传媒大学学报，2008（6）：33-36.

1. 狭义新闻道德主体

狭义新闻道德主体就是指职业新闻工作者，并且仅仅是指职业新闻工作者个体主体。但职业个体总是职业共同体的成员，而职业共同体是组织化、群体化的主体，是主体的另一种存在方式，因此，无论是在逻辑上还是在现实中，新闻道德主体还有组织主体的存在形式。

事实上，在实际的社会运行中，人们可以对一个组织、机构、团体、群体等（可以粗略地统一称为组织或群体）进行道德评价，把它们当作道德实体或者伦理实体，对其有无道德、讲不讲道德、道德素质如何、道德水平如何等进行道德判断，这就意味着它们可以被当作道德主体。但对此我们需要做进一步的分析，任何组织的任何行为，最终的实施总是要落实在人的行为上，因而，关于一定组织的道德评价最终仍然评价的是构成组织的主体人的道德性，组织主体实际上是把一个组织结构中的所有人员"凝聚"为统一主体。因而，所谓组织主体的道德性仍然是指构成组织的成员的道德性。因此，新闻媒介组织，可以当作新闻道德主体，但我们需要理解其最终的、实质性的意义。

把组织主体当作道德主体的特别意义在于，组织与个人在客观上确实是不同的。在一个组织内部，存在着不同行为方式的个人，存在着具有不同道德品质的个人，由这些不同个体行为、个体品质造成的整体组织行为，在道德意义上会形成一个整体的组织表现。显然，这样的整体道德表现并不能反映每一个个体的道德表现；反过来，某一个体的道德表现也不能代表一个组织或群体的整体道德表现。简单点说，道德的组织并不意味着每个组织个体都是道德的，个体的有道德，并不必然决定个体所在的组织是道德的。因此，将道德主体区分为个体主体与组织主体是有意义的。顺便可以指出的是，关于新闻组织（媒体）作为道德实体与个体道德之间的关系，本身就是一个重要的问题，我们将在第七章列专门问题进行讨论。

2. 广义新闻道德主体

这里还有一个问题需要做进一步的思考，这就是新闻道德论是否只研究新闻职业道德问题，在新闻职业道德之外是否还存在新闻道德问题。按照一般的逻辑关系，职业道德主体只能是特定的职业主体，不包括其他活动主体，比如：教师的职业道德，道德主体就是教师；医生的职业道德，道德主体就是医生；律师的职业道德，道德主体就律师。而职业主体的职业言行属于相关道德研究的核心对象。因此，在职业道德前提下研究新闻道德问题，就只能把研究的范围限制在职业新闻活动者的职业言行范围内。按照这样的理解，职业新闻传播者之外的新闻活动者，比如充当新闻源主体、新闻收受主体、新闻控制主体的新闻活动者，只能是相对新闻职业道德主体而存在的新闻道德客体（对此，下文将专门讨论），当然在新闻活动中也会涉及伦理道德问题，但这些道德问题对他们来说，不属于新闻职业道德问题，而是属于一般的社会道德或者其他方面的道德（比如对新闻控制者来说，就涉及行政道德问题等）问题。

然而，问题并不是如此简单。如果把非职业的新闻活动者"在新闻活动中"面对的道德问题也看作是新闻道德问题中的一类，那就在逻辑上意味着，将新闻道德概念运用在非职业新闻活动者身上也是恰当的。也就是说，在区别的意义上，在新闻职业道德之外还有一个更为一般的新闻道德概念。果真认可这样的区分，也就意味着"新闻道德论"和"新闻职业道德论"所涉及的问题范围是不完全相同的。新闻道德论除了要探讨职业新闻活动者的道德问题外，还需要把非职业新闻活动者的道德问题纳入讨论的范围；而新闻职业道德论只讨论职业新闻活动者的道德问题，或者说只是从职业新闻活动者的角度讨论新闻道德问题，当然这也是新闻道德论的核心内容。我们可以把前者称为"广义新闻道德论"，把后者称为"狭义新闻道德论"。

做出这样的区分，并不是咬文嚼字的理论游戏，而是具有很强的现实意义，因为在今天这样的传播环境中，越来越多的非职业新闻活动者在高度发达的传受技术支持下，可以成为公共化、社会化或大众化的信息传播者、新闻传播者[1]，他们的某些新闻行为不再是简单的狭小空间的个人行为，而会影响到广大的社会成员和公共利益，在这样的情景下，他们的新闻行为恐怕不只是应该受到一般社会道德的约束，同时也应该受到更为严格的新闻职业道德的某种约束。这实质上意味着，在社会道德与新闻职业道德之间，不只是存在着新闻职业道德对一般社会道德的凝结、提炼和升华问题；在新的时代条件下，在新的传播环境中，还出现了新的现象，这就是作为职业道德的新闻道德，正在被社会化、被普遍化——社会化为一种普遍的社会道德形式。事实上，在职业道德与社会道德之间，本身就没有绝对的界限，不存在对立的关系。因此，在我们看来，尽管新闻道德论的核心仍然是职业道德论，但它的外延会伴随新闻传播图景的变化而得到扩展，内涵也会得到不断的丰富。而对生活在新媒介时代的人们来说，具有媒介道德、新闻道德是时代提出的基本要求，诚如有学者已经指出的那样，"责任范围不断扩大"是新技术革命时代一个重大的"理论主题"[2]。事实上，仅就新闻活动来说，人类已经开启了"后新闻传播业"时代，这就实质性地意味着"我们正处在一种与以往不同的新地位，负有各种前所未有的责任：如果我们无知、疏忽、目光短浅和愚蠢，那么我们将会造成

---

① 杨保军．简论网络语境下的民间新闻 [J]．新闻记者，2008 (3)：20-23.
② 郭金鸿．道德责任论 [M]．北京：人民出版社，2008：88.

一个灾难性的未来"①。

这样，在新的传播环境下，我们就可以对新闻道德主体的构成作一种扩展性理解，也就是，除了新闻职业主体之外，我们还可以在特定的情境中把非职业的新闻活动者当作新闻道德主体，或者说当作"准新闻道德主体"，这一"当作"尤其适用于充当"公民新闻"或者"民间新闻"的传播者。但我也确实知道，这种"扩展性理解"只能是一种理解或意见，我们并不能用职业新闻道德规范去实际地约束职业新闻人以外的社会公众。如果将职业要求推及、扩展到、普及到整个社会，转化成所有人的相关行为准则，"那就意味着对一般人自主意志的一种苛求"②。因此，我的扩展性理解，实质上表达的是一种道德情感和道德愿望，当然这种愿望乃是基于新闻传播活动的实际变化和未来发展趋势。

（二）新闻道德客体

道德客体是道德主体道德行为的施予对象。道德客体像道德主体一样，只能是一定道德关系中的存在，并没有离开道德关系而存在的绝对道德客体。由于任何道德行为指向的对象直接地或者间接地只能是作为主体的人③，因此，如果拗口一点说，那么道德主体是主体，道德客体不过是作为客体的主体。我们只是为了论说的方便，才把同样是道德关系中的另一主体称为道德客体。当然，我们把道德关系中的某一方称为道德客体，

---

① 郭金鸿. 道德责任论［M］. 北京：人民出版社，2008：87.
② 甘绍平. 人权伦理学［M］. 北京：中国发展出版社，2009：205.
③ 任何道德只能是人与人之间的道德，人与物之间的任何所谓伦理道德关系，反映的都是人与人之间的伦理道德关系，至少实质上是为了人自身的伦理道德关系。试想，如果人与物包括与动物之间的关系，在客观上人可以任意处理，并且不对人自己的生存发展带来负面影响，人还能讲环境伦理和动物伦理吗？

更为重要的根据是不同主体在一定的道德关系中，在客观上确实处于不同的状态，担当着不同的角色。在特定的道德关系中，必定存在着相对主动的一方和相对被动的另一方，必定存在着应该承担道德责任或者道德义务的一方和应该"享受"道德权利的一方。如果在道德关系中，一方把另一方看成客体，本身就含有不道德的意味。在人与人的道德关系中，道德主体与道德客体之间的关系，首先是，也应该是一种主体间的关系。即使在通过人与物的伦理道德关系所反映的人与人之间的伦理道德关系中，本质上当然也是主体间的关系。

新闻道德客体也是相对新闻道德主体而存在的概念。新闻道德客体就是新闻道德对象，是指新闻道德主体道德行为的指向或施予对象。在职业化的新闻活动中，由于职业新闻主体有责任履行自己的新闻道德义务，因此，在与新闻源主体、新闻报道对象主体、新闻收受主体、新闻控制主体等的道德关系中[①]，通常把新闻职业主体看作是新闻道德主体，而把其他主体看作是新闻道德关系中的客体。

这里需要特别强调的是，我们是在新闻职业道德论的视野中，把新闻职业主体作为当然的道德主体，把职业道德主体道德行为施予的对象主体称为道德客体。如果在一般社会道德论的视野中观察新闻活动中的道德关系，那情况可能就复杂多了。充当新闻报道对象的主体、提供新闻信息的新闻源主体，并不总是作为道德客体存在、活动的，在特定的关系中，他们也会充当道德主体的角色；对于新闻收受者来说，同样也会在特定的关系中担当道德主体的角色。

在新闻职业主体内部或者主体之间，同样存在着因具体职业工作而生

---

① 关于"新闻源主体、新闻报道对象主体、新闻收受主体、新闻控制主体"等概念的含义，可参阅杨保军所著《新闻活动论》和《新闻真实论》中的相关内容，两部著作均由中国人民大学出版社于2006年出版。

成的伦理道德关系。在这样的关系中，在特定的具体情境中，有些人充当着道德主体的角色，而另一些人则充当着道德客体的角色，有时则互为主客体角色。在职业个体与所在的新闻媒介组织之间，也存在着个体与媒体之间的伦理道德关系，这种关系往往表现为不同的组织人事结构中不同上下级之间的伦理道德关系。事实上，新闻媒体作为道德实体，其内部道德关系是由各种横向关系和纵向关系结构而成的道德网络。

在我们上文所说的广义新闻道德主体的意义上，以公共化身份面向社会大众传播新闻的人就是新闻道德主体，而充当新闻源主体、新闻报道对象主体和收受主体角色的人就是新闻道德客体。其中，充当传播者角色的主体能否道德地对待新闻源主体、新闻报道对象主体和收受主体是最为重要的一面。

（三）新闻道德中介

新闻道德中介是我分析新闻道德结构时提出的一个概念，它主要是针对间接性新闻道德关系而言的。所谓新闻道德中介，是指将新闻道德主体和新闻道德客体连接或联系起来的事物；在新闻道德结构关系中，这个中介主要是由新闻道德主体生产或创制的新闻作品或新闻报道充当的。

根据新闻道德主体与新闻道德客体之间关系的直接性和间接性，我把新闻道德关系结构模式分为两种。

第一种是直接新闻道德结构关系模式：

新闻道德主体-新闻道德客体

或者：

通常情况下，职业新闻主体作为新闻道德主体，与新闻源主体、新闻报道对象主体构成直接的新闻道德关系。在这种关系模式中，新闻道德主体与新闻道德客体之间的伦理道德关系是直接的，是在他们主体间直接的新闻互动关系中生成的。所谓新闻互动关系，是指职业新闻工作者为了获得新闻、创制新闻、传播新闻而与新闻源主体、新闻报道对象主体建构的互动关系。只有在这种关系中的道德关系，才能称为新闻道德关系。也就是说，职业新闻活动者为了完成职责而与一定主体生成的道德关系，才能称为严格的新闻道德关系。这种情形中，职业新闻主体与新闻源主体、新闻报道对象主体的新闻言行就是他们建构新闻道德关系的直接中介或手段，不存在可以脱离他们而存在，同时又将他们联系起来的中介物。即从整体上说，他们自身在新闻道德关系的建构过程中，互为中介。或者再准确一点说，他们的行为是将他们互动起来的直接中介。

第二种是间接道德关系模式：

新闻道德主体-新闻道德中介（新闻作品或新闻报道）-新闻道德客体

或者：

| 新闻道德主体 | ⇄ | 新闻道德中介 | ⇄ | 新闻道德客体 |

通常情况下，职业新闻主体作为新闻道德主体，与新闻收受主体、新闻控制主体之间构成间接的新闻道德关系。这是由这些不同新闻活动者在新闻活动中的角色特征、功能作用所决定的。新闻收受主体作为信息的收受者，主要是通过新闻作品和新闻报道与新闻媒体、职业新闻工作者联系在一起的；新闻控制主体作为新闻传播活动的外在控制者（媒体之外施加的控制），主要是通过控制新闻传播内容和传播方式与新闻媒体、职业新闻工作者联系在一起的。具体一点讲：新闻道德主体与作为新闻道德客体的新闻收受主体之间的道德关系，是通过新闻作品或者新闻报道联系起来

的。在一般意义上说，"职业活动主体对待客体的态度，实质上是对待其他人类主体的态度，或者说，职业活动的主体通过对待特定客体的道德态度，而体现了他对待其他人类主体的态度"①。在职业新闻活动中，新闻道德主体如何以主动的道德态度、道德方式处理其与新闻道德客体的关系，是通过其对待自己生产的、创制的、作为一定"中介"的新闻作品或新闻报道生成的完整过程体现的。而一旦有了中介，就意味着道德主体与道德客体对象的某种分离，也就是说，新闻作品或新闻报道在此发挥着"道德传导"或者"道德中介"的作用。如此一来，新闻作品或新闻报道的道德性，直接关系到新闻道德主客体之间道德关系的质量和水平，诚如有人所说，"尽管有的职业活动并不直接与对象性主体（人）接触（所谓对象性主体，就是指作为道德客体而存在的主体——引者注），但是，只有有着这种为对象性主体负责的责任感与使命感，才能使得自己的职业活动见成效"②。

新闻道德主体与新闻控制主体之间的道德关系比较复杂。控制主体主要是通过对新闻传播内容和新闻传播方式的控制来实现对新闻媒体的控制，这在实质上就是通过对新闻作品或新闻报道的控制来实现对新闻媒体，从而也是对新闻职业工作者的控制③。新闻控制的合理性和正当性，直接反映着控制的道德性（是否应该和应该的程度）。因此，作为新闻控制者，必须充分认识到新闻控制中存在着道德合理性问题，必须不断反省新闻控制的道德尺度。毫无疑问，控制有控制的合理限度和边界，控制有

---

① 龚群. 社会伦理十讲 [M]. 北京：中国人民大学出版社，2008：146.
② 同①.
③ "新闻控制"这一概念，有两方面的基本含义：一是指新闻控制主体对新闻媒体之新闻行为的控制；二是指一定社会主体通过"新闻手段"对社会的控制。自然，一般来讲，要实现第二种意义上的新闻控制，首先要实现第一种意义上的新闻控制。具体可参阅：杨保军. 试论作为社会控制手段的新闻控制 [J]. 当代传播，2008（3）：8-12.

控制的基本道德。

反过来说，如果我们从新闻职业道德的角度观察新闻媒体以及职业新闻工作者与新闻控制主体的关系，就会发现，新闻媒体和职业新闻工作者，正是通过对新闻作品或新闻报道的处理，来调整其与控制主体的各种关系的，其中自然包括道德关系。这种道德关系，在职业新闻活动的视野里，可以把职业新闻主体看作是道德主体，而把新闻控制者看作道德关系中的客体，而道德中介的集中体现就是新闻内容。在与新闻控制主体的道德关系中，作为道德主体的职业新闻主体，面临的核心或者实质性问题是：如何判断并处理不符合新闻职业道德规范的控制。在控制道德与新闻道德之间，有着难以纠缠清楚的诸多问题，有着诸多的道德风险、道德冲突，考验着职业新闻道德主体的道德能力，当然也考验着在新闻道德关系中充当着道德客体的新闻控制者的道德能力以及其他能力，但这些都是需要专门进行讨论的问题，不是这里三言两语能够说清楚的。

（四）新闻道德主客体间的一般关系

伦理道德关系是新闻活动中不同角色间始终存在的、发生的基本关系，在这样的关系中，道德主体、道德客体的角色身份既具有一定的绝对性，也具有一定的相对性，他们之间的关系实质，是主体间的关系，而非主客体间的关系。下面，我们主要从职业新闻道德角度、从职业新闻工作者身份角度出发，对新闻道德主客体间的一般关系做一些简要的说明。

首先，在新闻职业道德的视野中，职业道德主体的主体地位具有一定的绝对性。职业新闻道德责任、职业道德义务只能由职业新闻主体来承担和完成（这是因为职业道德主体同时拥有一定的特殊的职业权力和职业道德权利），在这一意义上，职业新闻主体是绝对的职业道德主体。

作为具有绝对意义的新闻职业道德主体，职业新闻工作者在道义上始终是社会公共利益的维护者，是社会大众的服务者或公仆。这就意味着，在任何具体的职业新闻行为中，新闻工作者都应该自觉按照新闻职业道德规范的要求履行自己的职责。进一步说，职业新闻工作者作为职业道德主体的绝对性，意味着在新闻道德价值关系中，总是处于道德价值客体的位置，而社会大众则成了新闻道德价值的主体。职业新闻工作者的道德行为总是创造着一定的新闻道德价值，正是由于这种不断创造的道德价值，社会大众才能从职业新闻主体的新闻报道中满足自己的知情权，实现自己对新闻信息的需要或者可能的其他需要。

其次，职业新闻主体作为道德主体地位的绝对性，决定了其在新闻道德关系中，具有更强的主动性和自由性。在新闻道德关系中，职业新闻工作者作为道德主体，尽管会受到作为道德客体的新闻源主体、新闻报道对象主体、新闻收受主体、新闻控制主体等的限制，但职业新闻工作者拥有更强的道德主动性，拥有更为广泛的道德自由，也就是说，新闻工作者在道德与不道德之间，怎样实施道德行为之间等，有更多的行为选择空间或可能性。诚如有学者指出的那样，"职业伦理关系与其他伦理关系（如亲属伦理关系）的不同在于，主要施动者是职业活动的主体，或者说，职业领域中的活动主体是造成一定的伦理环境、伦理气氛的施动者。在职业伦理关系中，职业从业人员应当是调动、创造和形成一种伦理氛围的中心"[1]。比如，是否选择报道不符合职业道德规范的新闻内容，是否选择职业道德规范限制的新闻信息获取手段，作为职业工作者往往有着更多的自由，而作为道德客体的对象则没有或者很少有这样的自由。

再次，在现实的职业新闻活动中，新闻道德主体、客体的地位、角色

---

① 龚群. 社会伦理十讲 [M]. 北京：中国人民大学出版社，2008：146.

具有相对性，往往是两种角色在同一主体身上融为一体，即不管是职业新闻工作者，还是以职业活动对象存在的新闻源主体、新闻报道对象主体、新闻收受主体、新闻控制主体等，在新闻活动的实际展开过程中，都既是主体又是客体，主客体角色处于不断的转换中。这就是说，即使在职业新闻活动中，职业新闻工作者也并非总是处于主动的、主导性的地位，很多情况下，在新闻道德主客体关系中，作为道德客体对象而存在的新闻活动者——新闻源主体、新闻报道对象主体、新闻收受主体、新闻控制主体等，对新闻道德主体的新闻行为有着很大的制约和影响，不管这种制约和影响是直接的还是间接的。可以说，新闻道德客体在新闻活动中表现出的道德性和道德水平，往往影响着新闻道德主体新闻活动过程及其活动结果（主要表现为新闻作品或新闻报道）的道德性，并且，有时这种过程和结果的不道德性，并不是新闻道德主体能够完全控制驾驭的。因此，只有这些作为客体角色的主体，能够以道德主体的意识支配自己参与新闻活动的言行，新闻才能给社会提供普遍的善的结果，即为社会的公共利益服务。因此，当有学者说"新闻受众和新闻工作者一样，都必须深思，怎样才能使新闻报道的要求与人性的要求达到和谐一致，这是理解职业道德的关键"[1]，我以为是非常切中要害的。至于"民间新闻"和"公民新闻"中的传播者角色，则如前文所说，更具有道德主体的意义，应该担当更多的道德责任。

　　这也再次表明，新闻道德关系中的不同角色，本质上都是主体性的角色，都应该担当各自的道德责任，尽管并不都是职业道德责任。扩展开来讲，一定社会新闻传播业（以及其他社会领域、社会系统）的道德表现，新闻职业工作者的道德水平，是由整个社会的道德环境决定的，是由整个

---

　　[1]　SEIB，FITZPATRICK. Journalism ethics［M］. Orlando：Wadsorth Publishing Company，1996：161.

社会道德文化氛围决定的。对于一定的社会共同体来讲，每个社会成员都是道德主体，他们在参与任何领域的活动时，特别是像新闻这样有着广泛社会影响的活动时，都应该担当一定的社会道德责任。

最后，需要特别注意的是，这里我们只是从新闻道德主客体结构关系的角度进行了分析和描述，并不是说，在一定的新闻道德关系中，职业新闻工作者把自己当作主体，而把处于新闻伦理关系或者道德关系中的其他人，比如新闻源主体、新闻报道对象主体、新闻收受主体、新闻控制主体等当作简单的、被动的客体对象。果真如此，那本身就是不道德的。

道德主体之所以能够成为道德主体，就是因为这样的主体能够以道德的态度、道德的方式对待处于道德关系中的他者，能够把道德关系中的他者看作是和自己一样的主体，能够平等地对待他者，能够真诚地尊重他者，"把对方看作同等的有道德需要的行为主体和人格主体"①，与他者建立的是一种主体间的关系，而不是简单的主客体间的关系，是一种"我—你"性关系，而不是简单的"我—他"性关系②。

互为主体的道德观念，要求在职业新闻活动中相对处于主动地位的职业新闻工作者，不应该把新闻活动对象主体（新闻源主体、新闻报道对象主体、新闻收受主体、新闻控制主体等）仅仅看作是实现自己职业目的的工具或手段，更应该把他们看作是和自己一样的主体，平等地对待他们，诚心地尊重他们的独立地位和人格，以及他们拥有的法律权利和道德权利，而不管这些对象具体是些什么样的人。也就是说，对于处在具体新闻活动（采写编评等等）中的职业新闻工作者来说，要始终能够尊重活动对

---

① 龚群. 社会伦理十讲 [M]. 北京：中国人民大学出版社，2008：206.

② 这里，我只是借用了德国哲学家马丁·布伯"我—他""我—你"概念，用前者表示主体间的"主—主"关系，用后者表示一方把自己当作主体而把他方当作客体的"主—客"关系。有兴趣的读者可参阅：布伯. 我与你 [M]. 陈维纲，译. 北京：三联书店，2002.

象，平等地对待活动对象，而不是把自己看得比活动对象高人一等。正像先哲康德所说的那样："不论是谁在任何时候都不应把自己和他人仅仅当作工具，而应该永远看作自身就是目的。"① 当然，如果从新闻源主体、新闻报道对象主体、新闻收受主体、新闻控制主体的角度说，他们同样需要以道德主体的态度和方式参与和进入新闻活动。

三、新闻道德的意义分析

新闻道德的意义，也就是新闻道德的价值。这里要回答的核心问题是，新闻活动者，主要是职业新闻工作者，为什么要追求"道德化"或"讲道德"的新闻活动？道德化新闻活动的意义或价值是什么？新闻道德观念、新闻道德规范、新闻道德品质等，对于新闻活动本身的意义是直接的、内在的，其目标指向就是以道德的方式生产出道德的新闻——符合优良新闻职业道德要求的新闻②，但新闻道德对于新闻活动环境（社会环境）的意义是间接的、外在的，是需要通过"道德新闻"这一中介来生成的。

（一）新闻道德意义的内在与外在

关注新闻道德，研究新闻道德，实践新闻道德，最直接的目的就是使新闻活动本身成为有道德的新闻活动，新闻业成为有道德的新闻业，新闻职业成为有道德的职业，新闻人成为有新闻职业道德的人。说到底，是要

---

① 康德. 道德形而上学原理［M］. 苗力田，译. 上海：上海人民出版社，1986：86.
② 如果考虑到职业道德与社会道德的可能冲突与矛盾，关于到底什么是道德新闻马上就会发生争论，对此，我们将在第七章进行相关讨论，这里暂且假定道德新闻是符合社会主流道德的新闻，也是符合新闻职业道德的新闻，即假定两类道德属性是一致的。

职业新闻活动以道德的方式（手段）生产出道德性的或道德化的新闻，可以简称为道德新闻。扩展开来说，关注新闻道德，研究新闻道德，实践新闻道德，传扬新闻道德，还有一个重要的目的，就是努力使社会大众成为有媒介素养、新闻素养的大众，因为今天的新闻传播已经进入"后新闻传播业时代"，社会大众已经在网络时代成为新型的社会化、公共化的新闻传播者、意见表达者，民间新闻对社会整体新闻图景的再现、建构、塑造具有越来越大的作用和影响。这是从新闻活动内部对新闻道德意义的考察，因而，这些意义可以说都是新闻道德对新闻活动自身的内在意义和直接价值。

新闻活动作为社会系统的一个子系统，与社会各个领域、各个子系统有着不可分割的关系，与社会大众的生产、生活更是有着天然的密切关系。并且，随着整个社会与新闻业的不断发展，它们之间的关系会变得越来越紧密，新闻活动对整个社会的作用与影响也越来越大，人们对媒介、新闻媒介的依赖程度会越来越高。这是人们通过对历史了解、现实观察可以看到的、感受到的事实。如今的社会，被人们称为信息社会，时代也被人们称为信息时代，其实质意味就是：我们面对的社会，在一定程度上已经成为媒介化的社会，或者说社会已经被媒介化了，媒介正在编织着人们学习、工作、生活的网络和空间，媒介生存已经成了人们基本生存方式的重要一面或一个不可或缺的维度。在这样的时代、这样的社会，仅仅从新闻角度说，新闻传播的内容与方式，新闻传播的质量和水平，新闻传播的追求与价值取向，都会实质性地影响人们的生活和工作、生存和发展。新闻需要已经成为人们基本的需要，新闻符号世界已经成为人们重要的符号空间、符号世界。[①] 因而，如果从新闻道德论的角度看，新闻活动，特别

---

① 杨保军. 新闻活动论 [M]. 北京：中国人民大学出版社，2006：244-252.

是职业新闻活动的道德表现、道德水平，对于新闻之社会功能的发挥，新闻对社会大众的作用和影响，都有着必然的关系。

　　毫无疑问，有道德的新闻活动与缺乏道德的新闻活动相比，或者说道德的新闻与不道德的新闻相比，对一定社会和大众的作用与影响必然是不一样的。显然，不一样的根源就是"新闻道德"这个因素。那么，新闻道德到底会对新闻自身之外的社会有什么样特别的意义呢？这正是新闻道德意义问题需要分析的另一个向度——外在的或延伸的意义。

　　与新闻道德的内在意义或者直接意义（最直接的内在意义就是上文所说的生产出道德新闻）相对，我们可以把这个角度的意义称为新闻道德的外在意义或者延伸意义。由于新闻活动并不是为了新闻自身的目的（为新闻而新闻），而是为了新闻以外的目的，因此，我们这里所说的外在的或延伸的意义是更为重要的，这正像我们在讨论新闻的功能时，尽管反复强调新闻的本体功能（信息功能）是新闻的基础功能，但在新闻功能系统中，更为重要的往往是新闻的派生功能或延伸功能（新闻在与各种社会系统关系中产生的功能）一样[①]。

　　新闻道德的直接意义，就在于使新闻活动以道德的方式生产出道德新闻；新闻道德的外在意义或延伸意义，则需要通过新闻道德内在意义的结果"道德新闻"作为中介来产生。当然，需要注意的是，这里的道德新闻不只是从结果上而说的，还包含着生产新闻的整个过程与方式的道德性。因此，仅就新闻道德的外在意义而言，我们讨论"新闻道德"的意义和讨论"道德新闻"的意义，本质上是相通的、一致的。也就是说，尽管"新闻道德"和"道德新闻"是两个措辞不同的概念，但在讨论新闻道德外在意义时，它们有着内在的关联性，在逻辑上是可以互换的概念。

---

　　① 杨保军.新闻本体论 [M]. 北京：中国人民大学出版社，2008：184-245.

因此，读者会在下面的论述中看到，我会在基本相同的含义上使用这两个概念。

新闻道德的内外意义大小不可能相同，新闻道德的内外意义产生方式和发挥意义的途径方式也不会完全相同。内在意义相对的是新闻系统自身，新闻道德对新闻活动的意义主要是以规范约束的方式产生的；而外在意义相对的是整个社会及其大众，新闻道德并不构成对人们行为的直接约束，主要是以新闻生产的方式特别是新闻的结果样式为中介间接产生意义的。新闻道德意义的大小，不管是内在的还是外在的，很难以准确的量化方式测定；新闻道德意义的产生方式，也难以做统一清晰的分类。① 但是，在一定的历史尺度中，新闻道德到底对新闻活动自身和整个社会产生了什么样的意义和价值，既是可以实际经验的，也是可以通过科学研究描述和证实的。但就目前来说，这仍然是个课题，至少在国内还缺少恰当的研究方法，也没有看到有影响的研究案例。

道德新闻既是新闻活动自身的内在目标，也是一定社会及其大众的重要需要，显而易见，这两个方面在新闻实践与社会的实际运行中是融合在一起的，并不存在孤立的内在目标或孤立的社会需要，实质上不过是一个事物从两个不同向度上的观察，即我们上文所说的新闻道德的内在意义与外在意义在客观上是一体化的。我们之所以加以区分，一是因为在逻辑上，新闻道德的意义或价值确实存在着内外区别的事实，二是为了更好地认识新闻道德的意义。在实际中，新闻道德内外意义的产生，是共时的，道德新闻在对新闻系统产生意义时，同时就会对新闻系统外的社会产生意义。并且，仅就经验事实和常理来说，新闻道德的内在意义与外在意义，

---

① 目前关于新闻界道德状况的多数研究，主要是对职业新闻界新闻道德水平的测量和评价，并没有重点研究"新闻道德"（观念、规范、品质等）对新闻活动的道德表现有什么样的影响和作用，即意义和价值。

总是同质的，也就是说，新闻道德的内在意义与外在意义不可能是冲突的，对职业新闻活动有利的新闻道德，其促成的道德新闻生产方式和道德新闻，必然对一定社会的良性运行和社会大众合理的新闻需求带来好处。因此，我们将把内在与外在两个角度综合起来，简要分析一下新闻道德也即道德新闻在宏观层面的基本意义。

（二）新闻道德意义的宏观表现

如果要对新闻道德的意义进行深入细致的分析，则需要专门的著作来完成。我们这里只是从宏观层面选取几个重要的角度，对新闻道德的意义加以分析。其实，在某种意义上说，整部新闻道德论本身就是对新闻道德意义、价值比较系统的阐释和说明。

1. 促使新闻业服务社会的良性手段

新闻道德的最大意义就在于，它能够促使一定社会拥有的新闻传播业、新闻活动，成为为社会普遍利益或共同利益（或者叫做普遍善、共同善）服务的良好的、独特的手段。这就是说，作为手段的"新闻"，能否为社会发挥良好的作用和影响，在道德理论的视野中，关键要看"新闻"本身是否道德。

从"新闻关系论"的角度考察①，新闻传播的主要目的不是自律性的，而是他律性的，在于促进社会的良性运行和发展，维护社会公众的根

---

① 我把广义的新闻理论分为三大部分：新闻本体论、新闻业态和新闻关系论，贯穿其间的红线式范畴是"新闻活动"，红线式精神是新闻精神。新闻关系论主要讨论新闻业、新闻传播、新闻与整个社会的关系，与社会其他子系统的关系。（参见：杨保军. 新闻理论研究引论 [M]. 北京：中国人民大学出版社，2009.1 - 33，169 - 278.）

本利益①，增加人们的快乐和幸福，或者说以新闻特有的方式促进人的全面自由发展。在新闻道德论的视野中，只有道德新闻才是良性社会形成与发展的重要手段，不道德的新闻，只能发挥相反的作用，至多也是以"恶"的方式发挥作用。美国《基督教科学箴言报》② 主编约翰·伊玛（John Yemma）说："新闻的目的在于造福人类，而不是伤害人类。"但"新闻只有找到合适的方式继续生存（这里所说的方式，主要指媒介形态方式——引者注），它才能把福音带给人间"③。这种合适的方式在我看来并不只是不断更新的媒介形态，更重要的是不断提供高质量的、负责任的、道德的、符合一定社会真实合理需要的新闻。道德地获取新闻、选择

---

① 需要我们注意的是，并不是所有人都一致同意新闻媒体、新闻业应该维护社会公共利益，为公共利益服务。比如，有人认为，如果承认新闻媒体是商业企业、商业实体，那么"商业企业主要而且也是唯一的社会责任就是增加利润"。还有人认为，"一家私有企业（在西方，大多数新闻媒体，特别是报业实体集团或组织，是私有制的——引者注），与公众毫无关系。公众没有给报纸任何特权，所以，报纸也与公共利益不沾边。报纸看重的是出资人的财产，而出资人以自己承担风险方式销售产品"。这样的看法，对于我们认识西方私有制新闻媒体的性质以及改革中国新闻媒体的所有制都有着重要的启示。（参见：贝特朗.媒体职业道德规范与责任体系 [M]. 宋建新，译. 北京：商务印书馆，2006：26.）

② 2008 年 10 月 28 日，《基督教科学箴言报》现任主编约翰·伊玛向世界宣布，具有百年历史的《基督教科学箴言报》在 2009 年 4 月将停止出版日报，转而专注于经营报纸网站。《基督教科学箴言报》纸媒介的停刊，也引起了又一轮关于报纸是否会消亡的热烈争论。在我看来，这样的讨论具有很小的意义。在报纸还活着的时候，并且活得不错的时候，人们更应该关注的是如何做好当前的事情，而不是设想 50 年或 100 年之后的事情。当然，关注未来，基于现实预测可能的未来，对做好当下的事情是有意义的。因此，对于报纸的未来命运问题，我想顺便表达几点看法：第一，人类拥有的一切都会消亡，因此，讨论报纸是否会消亡一定要设定前提和条件，清楚讨论的问题是什么，对象是什么，是保证讨论有价值、有意义的基础。第二，不同媒介形态之间有着历史的扬弃关系，这已经是被历史经验事实证明了的规律性的现象。从这一意义上说，现存的所有媒介，都在消亡，也都在获得新的存在形式。第三，就现在的技术支持和可能的发展来看，媒介形态的电子融合性存在是大势所向，但短期内不可能从根本上摧毁大众媒介形态的生态结构方式。第四，不同媒介形态的媒介，在历史的演变过程中，传播的内容领域和主导方式会不断转变。传播硬新闻的报纸很有可能前途暗淡，但传播其他内容的报纸就未必。我的基本结论是：报纸作为一种人类创制的媒介形态不会消亡，但报纸作为新闻纸的功能，与它的鼎盛期相比，将会发生很大的变化。事实上，这种变化在广播、电视产生以后，就已经开始。网络时代的到来，更是加速了变化。第五，后新闻传播业时代的开启，根本上说，就是新的媒介结构方式的开启，融合与独立将是长期的并驾齐驱的历史现象。

③ 部书锴."找到合适的方式继续生存"：本刊记者对话《基督教科学箴言报》高层 [J]. 新闻与写作，2009（1）：25.

新闻、制作新闻、传播新闻，是新闻不"伤害人类""把福音带给人间"的根本条件。而怎样使新闻成为道德的新闻，正是新闻道德论要追求的实践目标。

新闻道德的意义与价值，始终与新闻传播业、新闻媒介、新闻传播、新闻的意义与价值紧密关联在一起。当人类从传统媒介时代进入新的媒介时代，人类社会也进一步成为媒介化的社会，世界也在一定意义上成为媒介符号塑造的世界，人也在一定程度上、一定意义上成为"信息人""媒介人"，媒介生存、媒介生活已经成为人们重要的生存、生活维度，在这样的时代大背景下，新闻传播业、新闻媒介、新闻传播、新闻对于一定社会的意义、价值、影响是不言而喻的。我国伦理学者万俊人这样说："现代媒体被称为继经济、政治、军事帝国之后的'第四帝国'，具有宰制性的社会能量。"① 我国另一伦理学者说，媒体舆论的作用迅速、可视、有效、有力，正因为如此，在一个由选举制度保障的、由民众意志主宰的社会里，媒体力量几乎成为次于经济力量而高于政治力量的第二大势力，在体现道德诉求方面当然占据着极其重要的地位。② 法国媒介伦理学者贝特朗非常通俗地写道："过去，很多人做自己的事情可以不需要媒体，而现在，即使在乡村，人们已经不是需不需要媒体，而是离不开好的媒体。"③ "媒体对个人的影响现在已经贯穿于人生的全过程。"④

人们已经看到，新闻活动，早已通过自己的优势和特征，与社会建立起全面的联系，以自己真实新鲜的报道内容，及时公开的传播方式，客观公正的新闻精神（最起码名义上是这样），以及"冲锋陷阵"的利益追求，积极广泛参与、渗透到社会政治、经济、文化、技术等各种运作、变动之

① 万俊人. 公民道德建设的制度之维 [J]. 绿叶，2009（1）：84.
② 甘绍平. 人权伦理学 [M]. 北京：中国发展出版社，2009：273.
③ 贝特朗. 媒体职业道德规范与责任体系 [M]. 宋建新，译. 北京：商务印书馆，2006：2.
④ 同③11.

中，成为影响一定社会实际运行的重要力量[①]，这种力量不仅表现为新闻的力量、舆论的力量、文化的力量，也表现为强劲而明显的政治力量、经济力量、社会（动员或复员）力量和技术力量。因此，使新闻传播业为社会的良性运行、人们的自由全面发展提供服务，已经成为所有社会战略性的事务，成为所有社会管理应对各种问题时往往需要首先考虑的事情。可以毫不夸张地说，"新闻事务"越来越成为几乎所有社会政治、经济、文化的"前台事务"，处于一定社会各种变动的"前沿阵地"，各国政府、各个政党、各种利益集团无不关注"新闻事务"，各种各样的国际交往同样把"新闻交往"摆在了极为重要的位置。有学者说，"在现代性条件下，随着传统社会向传媒社会的转换，随着信息技术的不断发展及信息传播规律的不断被发现，通过自觉的规则建构维护、调整、建构民族信念、国家信仰等，已经成为任何共同体为取得存在合法性所不得不面对、从事的一项工作"[②]。因此，"控制新闻"和"新闻控制"已经成为所有重要社会力量，特别是政治力量管理控制社会的基本手段。

如此看来，一定社会以至于整个人类，拥有一种什么样品质的新闻传播业、新闻媒介、新闻传播、新闻，说到底，拥有什么样品质的新闻人，不再是无足轻重的问题，而是举足轻重的大事。新闻传播行业的道德与否，新闻媒体的道德与否，新闻职业人的道德与否，不只是传媒业内的事情，不只是媒体范围内的事情，不只是新闻职业共同体之内的事情，而是

---

① 比如，在西方国家，特别是在英美，尽管"实际上新闻媒介做不到其他三个部门（指立法、行政、司法三大部门——引者注）能做的事"，但是，"没有人会否认新闻媒体是强大的政治势力"（李普曼. 新闻与正义［M］. 展江，译. 修订版. 北京：中国人民大学出版社，2008：15）。当然，新闻媒体不只是政治力量，也是经济力量、文化力量等。贝特朗说："民主制度可以保证人类文明代代传承，可是，没有受到良好信息服务的公民就没有民主制度可言，而没有高质量的传媒服务就没有文明社会的公民。"（贝特朗. 媒体职业道德规范与责任体系［M］. 宋建新，译. 北京：商务印书馆，2006：2.）

② 陈忠. 规则论：研究视阈与核心问题［M］. 北京：人民出版社，2008：359.

一定社会以至整个人类共同的事情。

　　道德的新闻，直接的意义乃是符合新闻道德规范的新闻。如果我们再深入一步，就能发现，所谓道德的新闻，就是能够真正维护社会大众利益的新闻，能够维护合理社会信息秩序的新闻，能够为社会大众带来合理信息安全的新闻，能够为社会大众提供充分自主参政议政信息的新闻，能够广泛开展社会监督、社会批评的新闻，能够促进社会整体道德建设的新闻……道德的新闻，不仅是如此结果上的合理有用，它还要求获取新闻、选择新闻、制作新闻、传播新闻等整个过程都是道德的，都是不违背一定社会道德信念的，不背离新闻职业道德精神的。这样的新闻，自然有利于促进社会的良性运行和发展，有利于增加人们的快乐和幸福。事实上，诚如有学者指出的那样，"职业道德的终极意义不在职业道德自身，而在于社会整体的利益"，"职业职责的根本要求应当是社会整体的利益以及全人类的长远利益"①。这恐怕也是新闻职业道德的终极意义之所在，当然也是新闻道德的最大意义之所在。因此，在今天的环境中，追问新闻道德的意义或价值，首先需要在社会的宏观层面上进行考察，需要从新闻与整个社会发展的关系层面进行分析。

　　在宏观层面上，特别是在新闻道德论的视野中，新闻道德对于一定社会整体的道德建设有着特殊的意义和价值。有学者指出："在公民道德观念的改变、公民自身道德意识的引导，乃至整个公民道德文化的建设方面，现代媒体都可以且应该发挥积极作用"②。新闻职业是个特殊的职业，职业工作者占有特殊的社会位置，扮演着特殊的社会角色，有着特殊的社会影响力和示范作用，其行为的道德性、品质的美德化，具有特殊的社会意义和价值。有学者断然写道："媒体绝对具有公民示范和公共引导的社

---

　　① 龚群. 社会伦理十讲 [M]. 北京：中国人民大学出版社，2008：164.
　　② 万俊人. 公民道德建设的制度之维 [J]. 绿叶，2009（1）：84.

会作用。它创造什么样的公民典范，歌颂什么，激励什么，倡导什么，对公民道德的影响至关重要，对公民道德意识和社会公共道德观念的引导十分关键"①。因此，"任何媒介的行为，包括发表什么观点，如何报道新闻事件，创造和表现什么样的公共形象，都要首先对社会和公民负责，当然也要对政府负责"②。然而，令人非常遗憾和愤慨的是，一些新闻媒介、一些所谓的职业新闻工作者的新闻（行为）报道，不要说保持崇高的职业道德情操，甚至连基本的职业道德规范都不顾③，其行为早已冲破了社会的"道德底线"，对社会道德风气的恶化、道德秩序的混乱，产生了恶劣的助长作用，而"一种基本的道德秩序是我们个人生活和社会生活的基础性平台。任何社会、任何个人都必须立足于此。损坏了这一基本平台，其他一切高处的东西，一切灿烂和辉煌最后都无法维持"④。

也许我们没有充足的理由要求职业新闻工作者必须拥有比一般社会成员更高的道德境界。但是，正像教师是一个特殊的职业，应该向学生做出道德示范一样，这是责任也是义务。新闻工作者也是一种特殊的职业角色，他们的行为在客观上确实具有广泛的社会示范作用，因此，对他们提出更高的道德要求是必要的，是由他们的职业角色本身的社会处境所决定的。但这里需要提醒的是，这并不是说，新闻职业工作者可以充当道德真理的代言人，或者说职业新闻工作者拥有什么道德上的特权，是道德上的先知先觉者，可以因自己的职业而享有道德优越感，可以充当社会大众的"道德导师"，对社会大众的行为可以指手画脚、说三道四，进行所谓的道

---

① 万俊人. 公民道德建设的制度之维 [J]. 绿叶，2009 (1)：85.

② 同①.

③ 比如：名目繁多的有偿新闻、有偿不闻、寻租新闻，各种造谣生事的虚假新闻、传言新闻、小道新闻、娱乐新闻，极尽煽情之能事的公安新闻、法院新闻、犯罪新闻，近乎诲淫诲盗的所谓言情新闻、隐私新闻、明星新闻，背离人道情怀的歧视新闻，等等。

④ 何怀宏. 底线伦理是公民道德建设的可行之路 [J]. 绿叶，2009 (1)：79.

德引导。我们只是说，新闻职业工作者应该对自己的工作特征、角色特点有一种必要的自觉，能够充分意识到作为职业新闻工作者的特殊社会影响方式，因而，需要在道德上做出更大的努力，对自己的行为有更严格的要求。事实上，新闻媒介是一个巨大的信息平台，新闻职业工作者最重要的职责就是向社会大众提供充足的真实信息，为社会公众的各种判断，包括道德判断提供信息基础。因此，我赞同这样的看法："若没有媒体所提供的完整信息，公民的判断力就永远不会有出现与成熟的可能。没有一个自主的道德判断力的社会，是一个最不道德的社会"[①]。

新闻实践的历史与现实告诉人们，职业新闻传播者采集、制作、传播的新闻，并不必然都是对人类、对一定社会、对个人有益的新闻，职业新闻传播并不总是给社会带来建设性的作用和影响，有时也会产生破坏性的作用和影响[②]，有学者这样写道："由于媒体所塑造的世界仅仅是对现实本真状况的映现，因此媒体的塑造行为本身就承受着巨大的责任。媒体对社会的贡献可以是巨大的，但对社会的损害也同样可以达到非常深重的程度。"[③] 同样，有关研究也一再证明，不当的信息传播、新闻传播总会给一定的人群带来负面效应，不仅会影响人们对世界的正确认识和理解，也会影响人们正常的社会行为，甚至导致犯罪和一定社会的整体动荡和混乱，破坏人们希望和珍重的社会秩序。有学者不无担心地写道："媒体现在只根据市场来定位，而不根据社会道德文化建设来定位，不考虑自己作为一种文化、一种观念、一种精神的公共传播者角色，这是一个大问题"[④]。

---

① 甘绍平 . 人权伦理学［M］. 北京：中国发展出版社，2009：283.

② 比如，中国"文化大革命"期间的新闻业（如果还能称为新闻业的话），被新闻史学家们描述为"发动和开展'文化大革命'的舆论工具"（方汉奇 . 中国新闻事业通史：第3卷［M］. 北京：中国人民大学出版社，1999：319）。

③ 同①272.

④ 万俊人 . 公民道德建设的制度之维［J］. 绿叶，2009（1）：85.

而在人类层面上、世界范围内，不当的、不道德的新闻传播和新闻，甚至会造成不同国家之间、不同民族之间、不同文化之间的误解和仇恨。事实上，人们早已发现，不当的新闻传播、不道德的新闻，往往成为很多矛盾、冲突直接的导火索，成为不少灾难的制造者。所有这些现象恰好从反面说明，拥有道德的新闻传播业、道德的新闻活动，对整个人类的发展都有着重要的意义和价值。

2. 健康新闻业形成的手段和标志

新闻道德促成的道德新闻或者道德的新闻活动，乃是健康新闻业得以形成的重要手段和核心标志；新闻道德如何也是促成和评价判断新闻职业群体、新闻职业个体能否健康和是否健康的有力手段和重要标志。

亚里士多德在《尼各马可伦理学》开篇中写道："每种技艺与研究，同样地，人的每种实践与选择，都以某种善为目的"[①]。新闻道德的意义，首先是使新闻传播业自身成为道德的存在、道德的事业，也即成为善的存在、善的事业，新闻活动成为一种善的活动，新闻行为成为有德性的行为，新闻人成为有新闻品德的人。也就是说，它既是使新闻传播业、新闻活动、新闻行为、新闻人成为健康的事业、健康的活动、健康的行为、健康的人的手段，也是新闻传播业、新闻活动、新闻行为、新闻人处于健康状态的标志。一句话，新闻道德既是精神动力，又是精神标志。

针对一定的新闻传播业来说，能否在一定的社会环境中健康发展，尽管环境条件（主要指一定社会的政治、经济、文化、技术环境）有着根本性的制约和影响[②]，但作为新闻传播业主体的新闻媒介组织、新闻职业工

---

① 亚里士多德. 尼各马可伦理学 [M]. 廖申白，译注. 北京：商务印书馆，2003：3.
② 复旦大学的李良荣教授认为，"大众传媒是社会的一个子系统，它的生存、变化、发展依赖于、受制于社会的总系统"（李良荣. 李良荣自选集：新闻改革的探索 [M]. 上海：复旦大学出版社，2004：27）。

作者，能否道德地采集新闻、制作新闻、传播新闻，更是至关重要的内在因素。当环境条件处于基本稳定的状态时，新闻业能够呈现出什么样的图景，显示出什么样的形象，必然与整个行业的利益追求、价值取向、道德理想有着内在的、根本性的关联，必然与从事新闻行业的工作者们的道德素质有着内在的、根本性的关联。新闻媒体能否成为道德实体、道德组织，在环境条件确定的情况下，主要是由新闻媒体自身的新闻行为决定的，是由新闻媒体自身的道德品性、道德人格决定的。[①] 只有每一媒体，至少是绝大多数新闻媒体成为道德的实体，只有整个职业群体，至少是职业群体中的绝大多数个体成为有新闻道德的主体，整个新闻行业才能成为道德的行业、健康的新闻业。

追求道德新闻，首先是健康新闻业、新闻媒体、新闻人形成的基本的手段。塑造健康新闻业、新闻媒体、新闻人的手段一定是多种多样的，比如法制的、政策的、道德的、经济的、文化的、技术的手段，等等，但从新闻行业内部看，从新闻职业本身看，遵循行业规范、职业道德规范采集、制作、传播道德的新闻，恐怕是最核心的手段。著名制度经济学家诺思这样说："一个社会的健全的伦理道德准则是社会稳定、经济制度富有活力的黏合剂"[②]。我以为对一个行业领域、职业范围，这一判断也是没有问题的。尽管"接受职业道德规范的人，并不总是有意向或有可能遵守这些规则"，但接受职业道德规则，就"表明他们认为这是必须遵守的原

---

① 当然，我们必须指出，在有些社会环境中，新闻业和新闻传播，很有可能失去其本性，无法履行其基本的职能，是一种名存实亡的状态。这时，谈论新闻职业道德是滑稽的、荒谬的，谈论健康的新闻业、新闻传播等也是极为可笑的，没有前提的。在一些特殊的社会环境条件下，新闻媒体、新闻工作者不仅难以承担本应承担的责任，即难以道德地展开新闻工作，甚至还可能干出罪恶的勾当，成为某种邪恶的帮凶或直接制造罪恶。新闻，作为社会系统中的工具性存在，其善恶良邪的表现，与社会环境的属性、环境质量有着直接的联系。不同社会环境中，新闻传播业的表现一定会有一些差别，但新闻业能被定性为新闻业，应该有其基本的规定性。我们这里的讨论，显然假设了这种基本规定性的存在。

② 诺思.经济史上的结构和变革［M］.厉以平，译.北京：商务印书馆，1992：48.

则。他们为自己提出了一种理想，通过明确全行业一致认同的价值观和原则，努力强化道德意识。这样的职业道德规范能提供安全感和凝聚力"①。事实上，"职业道德规范能增加对记者的保护，增强他们的团结，提高他们的尊严，增加他们的影响，由此激发他们的士气，激发他们的创造力"②。也就是说，讲职业道德，实践职业道德，就能够促进职业道德水平的提升，就有利于新闻业成为道德的新闻业，有利于新闻媒体、新闻职业人成为维护社会公众利益的主体。

每个行业都有自己的特色文化，而一个行业的道德文化乃是行业文化、行业精神的价值内核，反映着一个行业的利益追求、理想目标。对于一个与社会联系广泛而紧密的行业来说，它的利益追求、价值追求，不仅影响着它对社会的作用方式和作用结果，同时也在影响着它自身的整体发展，塑造着它自身的整体形象。有学者这样说："新闻（媒介）的影响越是广泛，就越是需要道德地传播新闻。这看来是个简单的公理，但在实践中却是无限地复杂。"③ 但无论多么艰难复杂，道德的新闻图景，只能通过日复一日的道德的具体新闻传播活动去塑造。只有遵循良好的道德规范，才有可能把新闻传播业建设成为道德的事业。但我们也不要忘记，道德，任何类型的道德，也像其他各种社会规则一样，其作用是有限的，有其影响主体言行的边界和限度。并且，道德的作用，也并不都是纯粹的好作用，可能还有负面的作用。不要把道德神圣化，道德本身是世俗世界的产物，只能以世俗的方式在世俗的世界中发挥世俗的作用和价值。研究道德的人，容易把道德的作用说得过头，说得不切实际。我们应该有这个自觉。

---

① 贝特朗. 媒体职业道德规范与责任体系 [M]. 宋建新，译. 北京：商务印书馆，2006：2.

② 同①.

③ SEIB, FITZPATRICK. Journalism ethics [M]. Orlando：Wadsorth Publishing Company, 1996：208.

　　能够常态性地、道德地展开新闻活动，既是健康新闻业形成的手段，同时也是健康新闻业实现的标志。当我们说一定社会的新闻业是良好的、健康的，在道德论的视野中，就等于说新闻业是道德的。新闻道德，是衡量新闻业是否健康的试金石。当然，健康新闻业的形成是一个历史的过程，是一个永不停歇的历史过程，一定新闻业的道德水平会有起伏，健康新闻业只能表现为一种动态的历史状态。这里需要特别强调的是，衡量新闻业是否健康、衡量新闻人是否健康的道德尺度，第一必须是新闻职业道德的尺度，第二这个道德尺度本身必须是健康的、优良的。如果衡量的尺度歪了，自然不能衡量对象的端正与否。这就意味着，对于非专业化的新闻业、非职业化的新闻人，我们很难简单遵循这样的衡量逻辑。恰当的逻辑是，我们只能在具体的历史环境中、具体的社会环境中，做出具体的、历史的道德衡量和评价。也就是说，我们需要用历史的眼光观察一定社会新闻传播业的健康属性与健康程度。任何抽象的评价都是没有实质意义和价值的，至多是悬置了一个空洞的理想。

　　在新闻活动中，如果没有建构起合理的新闻伦理道德关系，即如果在不同新闻活动主体之间没有建构起合理的新闻伦理道德关系，作为人类或一定社会范围内特有的新闻活动、新闻业，就不可能处于健康的状态，也不可能健康地发展。一定程度上必要的自由性和独立性，乃是任何新闻业、新闻媒体保持自主性的基础，也是新闻业、新闻媒体能否与社会公众、政府以及各种社会力量建构起健康伦理关系的基础。没有道德自由的新闻业不是健康的新闻业，没有道德自由的新闻媒体不是健康的新闻媒体，没有道德自由的新闻人不是健康的职业新闻人。在道德上完全丧失独立自主性的新闻媒体、新闻业，必然是残废的新闻媒体、新闻业，而"残废的传媒业只能沦为愚民和灌输的工具"①，新闻人这时也只能是残废的职业新闻人。因此，新闻道德是新闻业健康性的重要标志。健康的新闻业是有能力反映一定社会真实图景的新闻业，是有能力担当自身行业责任的新闻业。

如果从一定的行业内部来看，一个行业的健康发展，是以拥有健康的活动实体或组织实体以及健康的从业者为根本条件的。很难想象，一个行业的活动实体、从业者缺乏道德，却能建设出一个健康的行业来。因而，有人这样说："一个共同体的健康几乎是共同体有道德的永恒标志之一。"② 如果反过来说，那就是，如果一个共同体是道德的共同体，那么，由这个共同体作为主体承担的社会事业或者行业就一定是健康的，而共同体的道德表现本身就是他们事业或者行业健康发展的标志。因此，一定社会中新闻传播业的健康，是以新闻媒体组织的健康和职业新闻工作者的健康为基本标志的。道德的媒体、道德的职业新闻人，永远是道德新闻业的核心。

健康新闻业的标志或者说指标一定是多种多样的，会有各方面的、各个向度上的标志。但从结果上看，生产出道德的新闻产品乃是一个最为明显的标志。媒体可以是企业，但它不是一般的企业，它还是一种社会机构，一种进行文化生产、道德生产、精神生产的社会机构；新闻人是职业人，但不是一般的职业人，而是时时刻刻向整个社会、向所有大众提供着特殊社会影响力产品的职业人。有学者说得好："媒体企业并不仅仅是一部赚钱的机器，它还承载着应有的社会责任"，"在民主社会中媒体还享有以新闻自由为核心的法律特权，因此它向社会提供的就不是一种普通的产品，而是拥有高度社会影响力的特殊产品。这也就决定了媒体作为企业

---

① 贝特朗. 媒体职业道德规范与责任体系 [M]. 宋建新，译. 北京：商务印书馆，2006：4.
② RIVERS, MATHEWS. Ethics for the media [M]. Englewood Cliffs, N. J.：Prentice Hall, 1988：10.

必须承担一种不同于一般企业的更重大的社会责任"①。如果一个行业的各种指标都是健康的，就是生产不出合格的产品，那实在是莫大的讽刺。如果一定社会的新闻传播业在各个方面都是健康的，就是在整体上生产不出道德的新闻、塑造不出道德的新闻图景来，同样是莫大的讽刺。

3. 新闻自由实现的保障和标志

在新闻道德与新闻自由之间，新闻自由是新闻道德的前提条件，同时，追求新闻道德的新闻活动，是追求新闻自由的新闻活动的基本路径，是实现新闻自由的基本条件。新闻道德是对实现新闻自由的基本保障，新闻道德是新闻自由实现的重要标志。

在自由与道德之间，"我们道德的可能性建立在自由的基础上；如果人类不自由，行动就不再是道德的——事实就是如此"②。自由是道德的前提，自由是道德的理由，自由的新闻才有可能是道德的新闻。不自由的新闻缺乏担当道德责任的主体基础，被迫的新闻传播或者不传播，是不能担当道德责任的。一句话，自由是道德的前提和条件。由于作为主体的人的行为选择，并不存在绝对的不自由（当然也不存在绝对的自由），因而，为每一条新闻（新闻是新闻行为选择的结果）担当一定的道德责任总有一定的根据，这就是说，对职业新闻工作者来说，任何新闻行为从原则上都包含着不可推卸、不可逃避的道德责任。

自由是道德的前提条件，但道德也是能够自由和应该自由的条件，道德也是自由的理由。正因为是道德的，才应该拥有自由，才能够自由、值得自由。拥有自由权利，并不必然产生道德行为；但如果是道德行为，就

---

① 甘绍平. 人权伦理学［M］. 北京：中国发展出版社，2009：273.

② 尼罗，贝里，等. 最后的权利：重议《报刊的四种理论》［M］. 周翔，译. 汕头：汕头大学出版社，2008：116.

应该获得自由。道德的新闻，会由于其道德性而得到一定社会的普遍认可，获得自由传播、自由收受的机会。因而，道德的新闻应该成为自由的新闻。不道德的新闻，社会是不应该允许其自由传播的（虽然不道德的新闻有时也会获得自由传受的机会和空间），社会也会采取一定的措施限制不道德新闻的传播。新闻传播者（不管是职业的还是民间的）要想真正拥有自由传播新闻的能力和资格，一个最基本的条件就是拥有对自身新闻行为的道德约束能力。美国人格主义伦理学家弗留耶林讲得不错："在伦理行动中，约束的松懈不仅带来伦理能力的衰败和虚脱，而且也将带来伦理敏感性的衰败和虚脱，带来自由能力的丧失……这是因为，自由不是一种物质的占有，而是一种道德的能动性。"[①] 主体一旦失去道德能动性，失去德性，就很难获得自由活动的机会，人类社会必定是拥有道德秩序的社会，人必定是具有道德属性的人。

道德，无论在规范意义上，还是在作为主体品质的意义上，都对主体言行构成某种约束。依此来看，道德与自由总是矛盾的、冲突的，道德空间与自由空间总是不完全重合的。自由似乎总在追求无限的活动空间，而道德总要划出有限的活动范围。在这种无限与有限之间，自由总是受到道德限制的对象，道德似乎成了自由的"裁剪刀"。但这是把自由理解为绝对自由的结果，在人类的实际社会生活中，并不存在绝对的自由。文明社会中，也从来没有实行过所谓的绝对自由；在野蛮状态中，则根本谈不上真正意义上的人的自由。对于新闻活动来说，追求自由是人们的理想，但"无约束的新闻自由将是无法忍受的"，"世界上每一个民主国家都有这样的规定：新闻应该是自由的，但不能是无约束的自由"[②]。

自由总是在各种条件下的自由，人们不可能超越一定社会政治、经

---

① 万俊人. 现代西方伦理学史：下卷 [M]. 北京：北京大学出版社，1992：361.

② 贝特朗. 媒体职业道德规范与责任体系 [M]. 宋建新，译. 北京：商务印书馆，2006：5.

济、文化、技术事实为自由提供的可能空间，也很难超越一定社会传统、社会心理、社会道德等既有状况为自由提供的实现条件。而在自由具体实现的层面上，任何人的真实自由，不管是什么样具体的自由，都超越不了自己的能力范围。自由，总是与社会的整体发展水平、与个体的总体素质相适应的。道德，既是主体活动的一种社会条件，也是一种主体能力，它对主体活动的自由性，始终是一种约束。

超越一定社会道德规范（这种规范不一定是成文性的规范）的自由追求，没有一定道德品质支撑的自由追求，总是存在着一定的风险，它既可能闯出新的天地，也可能带来某种不幸或灾难。更为复杂的事实是，在一定社会的历史时代、历史时期，社会具有的各种道德观念、道德习惯、道德规范等并不必然都是"善"的、良性的，也有一些是"恶"的、不良的。以自由精神挑战那些恶的、不良的"道德"是应该的。但在现实社会中，常见的情况是，不管对什么样性质、什么样道德的冲破或超越，都要冒一定的道德风险①。其实，人们知道，任何一种言行，只要对现实社会的各种"界限"，诸如法律的、行政的、道德的、纪律的、习惯的等等有所超越或者撞击，都会受到这些"界限"或强或弱的反弹或制裁。因此，道德与自由之间的矛盾具有必然性和长期性。

自由本身就是一种秩序，是对人类活动状态和活动方式的描述，是人类追求的生活目标之一，因而"自由并不意味着摆脱一切引导性的原则"②。自由、新闻自由是有边界的自由，道德边界就是其中之一。道德

---

① 这里所说的道德风险，一是指行为选择可能会带来不良的社会后果，造成道德失误，从而遭到社会舆论的道德谴责；二是指即使从长远意义上看，对现有道德规范的冲破是正当的，但在当下仍然可能受到道德责备。简单点说，道德风险，就是有可能被人们普遍地认为"不道德"，当一个人的行为要挑战既有的道德观念、道德规范时，就面临着道德风险。

② 弗罗姆语，转引自：万俊人．现代西方伦理学史：下卷［M］．北京：北京大学出版社，1992：215.

也像法律和其他社会规范一样，是划定自由边界的一只彩笔。良性的道德规范就是理想性的引导原则，是为了维护和保障自由的原则。如果说法律边界是硬边界，冒犯就是违法甚或犯罪，就会遭到法律的制裁，那么，道德边界就是软边界，冒犯就是背德，就会遭到社会舆论的谴责。

自由、新闻自由能否产生善的效应，能否给新闻活动自身及其活动环境带来好处，在现实社会中，首先要看限制自由、新闻自由的那些"边界"是否设定得正当合理。所谓良性新闻道德，是指能够体现新闻传播规律自身内在要求的道德，是指能够体现人类新闻活动在历史过程中逐步形成的内在目的的道德，即良性的新闻道德，是既能反映新闻活动规律尺度，又能体现主体合理需要尺度的道德，是能够体现两种尺度统一的道德。[①] 因而，仅从道德角度说，"自由并不是一件简单的好事，只有在由智慧、独立，因此而有德行的公民所组成的健康社会中，它才是好事。没有道德的社会，自由是无用的，甚至是邪恶的"[②]。有道德的自由，并且是有良性道德的自由，才是真正的自由；缺乏真实道德或者无道德的自由，是难以得到一定社会认可和适应社会发展的自由，因而结果必然是不自由。只有在良性新闻道德界限内，新闻自由才是应该的，才是善的，超越良性新闻的道德界限，新闻自由就是恶的、不善的自由。

不管新闻活动现实是如何表现的，如何令人赞叹或者不满[③]，新闻道德的目的、目标都是明确的：新闻道德的直接目的在于生产道德新闻，使新闻业成为道德的新闻业，新闻职业成为道德的职业，新闻职业人成为道

---

① 关于良性新闻道德的根据问题，我们将在下一章进行专门的讨论，它是整个新闻道德论或者新闻伦理学的一个根本问题。

② 尼罗，贝里，等. 最后的权利：重议《报刊的四种理论》[M]. 周翔，译. 汕头：汕头大学出版社，2008：70.

③ 实际情况是，在世界范围内，人们对新闻界的信任度普遍不高，对新闻界的表现越来越不满。美国的一些研究者发现，美国民众对美国新闻界的信任程度，从 20 世纪 80 年代以来在持续下降。中国的一些研究者也发现，中国民众对中国新闻界的信任度也不高。

德的新闻人；在最终目的或最终意义上说，则是通过道德新闻服务社会、服务大众，为一定社会的良性运行做出贡献。一位西方学者说得不错，"传媒业追求的终极目的，不能仅仅为了赚钱，也不是仅仅为了自由。自由是必需的，但不是全部。传媒业的目的应该是为全体公民服务得更好"①。

新闻信息能否得到自由的采集、编辑、制作和传播，有一个重要的条件，那就是这些活动是否是在道德的条件下进行的、展开的。不管是新闻信息的传播还是新闻言论的表达，一定社会总要设定合法、合德、合理等等规范性的标准，尽管这些规范中总有一些设定本身可能是不正当、不合德、不合理的，但历史就是在合理与不合理的不断斗争中曲折前进的。那种一劳永逸的"正确"法律、"正确"道德或者其他"正确"规范等等是不存在的，只能是人们不断追求的理想目标。人类永远都是在以相对正确、正当、合理的方式追求着理想中的绝对正确、正当和合理。历史、经验以及人类的理性一再证明：只有相对本身是绝对的，而绝对本身则是永远相对的。人类大概只能把握相对中的绝对，很难完全理解和把握绝对中的绝对。

因此，我们发现，人们并不一般地相信善必然战胜恶，也并不一般地相信真理总是能够战胜谬误。我们甚至可以说，人类从来就没有绝对地相信过真理一定会自由地、自然地战胜谬误。正因为如此，我们同样发现，在人类历史演变过程中，人类（以不同社会形式存在的人类）总是采取一定的措施和方式，限制他们认为谬误的、非真理性的东西，限制他们认为对他们所在的一定社会有害的思想或信息，包括我们这里正在讨论的新闻②。

---

① 贝特朗.媒体职业道德规范与责任体系［M］.宋建新，译.北京：商务印书馆，2006：4.
② 需要说明的是，这里的"他们"并不就是一定社会中的所有成员。在真实的历史演变过程中，不管在哪个具体的社会，"他们"都更多的是作为统治者的"他们"。只有在真实的民主社会中，"他们"才是普遍意义上的社会大众，至少是社会大众中的多数。正是如此历史事实的真实存在，说明了各种"限制"本身合理性的有限性和历史性。

在这一意义上，绝对自由主义的思想并没有真正在哪个具体的社会中实行过，它只是一种被设想的主义，带有乌托邦的色彩。在现实世界中，不管在世界的哪片土地上，哪个角落里，都会对人们的言行范围、方式做出某种限制，差别只在于限制的范围、限制的方式有所不同，从而在一定意义上显示出不同社会文明水平甚至文明方式的不同。体现在新闻活动领域中，人们看到，任何社会并不对新闻传播放任自流，总是只允许有些新闻得到自由传受的机会和空间，不允许另一些新闻获得自由传受的机会和空间。允许的方式之一便是新闻道德，即只有符合一定社会新闻道德的道德新闻，才能获得自由传受的资格。那些被认为是不道德的新闻（包括不道德的新闻手段），总会或多或少地受到谴责，传受的自由也会受到或多或少的限制。

如果假设一定社会中的新闻道德是良性的，那就可以说，道德的传播才可能实现自由的传播，是应该的传播。也就是说，只有新闻自由与新闻道德达到统一，传播自由、收受自由才会成为现实、才会成为真实的自由。不道德的新闻，不管是内容上的不道德，还是获取新闻之手段上的不道德，抑或是传播新闻方式上的不道德，只会破坏自由的新闻活动秩序，使新闻活动陷入道德混乱。

道德的才是善的，道德的才是应该的，道德的才是对社会有益的，自由市场主义创始人亚当·斯密曾说："一种事业若对社会有益，就应该任其自由，广其竞争"①。因而，新闻事业只有成为道德的事业，才应该是自由的事业，才应该成为享有自由的事业；新闻，只有是道德的新闻，才应该获得自由传受的资格。因此，我们可以说，如果一定社会中的新闻活动缺乏足够的道德性，也就意味着它缺乏真实的新闻自由。缺乏新闻道德

---

① 王小锡. 简论经济德性［J］. 道德与文明，2008（6）：52.

的"新闻繁荣"，只能是商业利益至上的新闻景象，只能是政治投机新闻横行的新闻景象，只能是"有偿新闻"泛滥的新闻景象，只能是娱乐新闻漫天飞的新闻景象，只能是煽情新闻"遍地开花"的新闻景象……这样的景象是泛滥的新闻自由景象，是玷污了新闻自由精神的新闻景象。① 一句话，是不真实的、虚假的新闻自由。

这样，如果从另一个角度看，则道德新闻是新闻自由的重要标志，新闻道德是新闻自由的真正保证，至少是核心手段之一。传播收受道德的新闻，才是新闻自由的内在实质。

职业新闻传播者的新闻自由权是一种公共权（这种公共权在新闻实践中表现为职业新闻工作者的新闻权利，即采访、写作、编辑、传播等具体权利），本质上是一定社会中的人民通过宪法或法律赋予的权利。因此，这种权利行使的根本目的是为人民服务，为社会公共利益服务，也就是满足人们的知情权。实现这样的服务，已经被看作是新闻媒介、新闻职业工作者的社会责任、道德责任。任何偏离这一根本目的的权力行使在道德上都是不应该的，法律上是不正当的，都会造成对新闻自由的实质性伤害甚至破坏。

但人们也常常看到，维护公共利益往往成为新闻媒介、新闻职业工作者滥用新闻道德权利的借口。自以为是的道德优越感常常使一些职业新闻工作者滥用获取新闻信息的手段，也常常使一些新闻媒介滥用它们的新闻编辑权和刊播权。这样的滥用实质上就是不讲新闻职业道德的表现，当然也是不讲一般社会道德的表现。可以说，滥用新闻道德权利或者道德自由权利与滥用新闻自由权利并没有实质性的区别，因为，如上所述，新闻道德与新闻自由在本质上是统一的。

---

① 关于新闻自由精神问题的阐释，可参阅：杨保军. 新闻精神论 [M]. 北京：中国人民大学出版社，2007：170-209.

　　道德的新闻是负责任的新闻，道德的新闻才是自由的新闻，如何使新闻自由得到正当地实施、健康地成长，仅就新闻道德与新闻自由而言，两位美国媒介伦理研究者说得好："就今天的新闻界来说，对新闻自由最好的保护方法就是承担社会责任。"① "使用使自由得以存活，但不负责任的使用会侵蚀自由的根基。因而，媒介伦理不只是为了公平，它还能保护、维持自由本身。"②新闻道德是防止滥用新闻自由的一种手段、一个屏障。然而，即使是所有可能的手段都被恰当地使用，滥用新闻自由的现象也不可能得到彻底的根除，造成滥用新闻自由的原因并不仅仅是新闻道德范围内的问题。因此，追求道德的新闻传播是新闻媒介、新闻职业工作者以至社会公民的永远的责任。但是，滥用新闻自由的一些现象，永远不能成为拒绝新闻自由、过度限制新闻自由的借口，这正像疼痛不能成为限制治疗的借口一样，我们必须给医生提供自由治疗的权利。"某种程度上的滥用与对任何东西的正当使用都是不可分离的，而且这在媒体中比在任何情况下都更加真实。为其茂盛的成长留一些腐坏的分枝，比将其完全裁剪而伤害那些能结出正果的枝叶的生命力要好得多，这一直是由国家的实践所决定的。"③因此，我们需要做的是更多地提倡道德自律，而不是更多地限制新闻自由。当新闻道德自律水平逐步提高了，真实的新闻自由也就一步一步实现了。同样，只有提供足够的新闻自由空间，道德新闻才有足够的成长空间和丰厚的成长土壤。

　　还有必要说明的是，网络时代的到来，不仅开启了一个新的传播时

　　① RIVERS，MATHEWS. Ethics for the media［M］. Englewood Cliffs，N. J.：Prentice Hall，1988：26.

　　② 同①28.

　　③ 尼罗，贝里，等. 最后的权利：重议《报刊的四种理论》［M］. 周翔，译. 汕头：汕头大学出版社，2008：118 页.

代、新的新闻传播业时代①，也给自由与道德之间，特别是新闻自由与新闻道德之间带来了大量的新的问题。

虚拟空间中的信息传播、新闻信息传播，具有强烈的无政府主义表现，网络空间的自由性、弥漫性（无明确的边界）、匿名性等特征，使一些传播成了放纵的传播、非理性的传播，很多情形下成了一种滥用自由、滥用新闻自由的传播。一些人只是在利用网络提供的自由传播收受的平台和机会，却没有承担应有的道德责任，诚如一些学者所说："一些人希望获得自主的权利，却没有学会争取自主权利的现代方式，更不具备行使自主权利应该承担责任与义务的现代观念"②。因此，如何确立正确的自由观念，塑造良好的道德观念，已经成为网络传播健康发展的重大课题。

网络自由，如果要想成为真实的自由、健康成长的自由、不被异化的自由，就需要自觉的道德约束，"无政府主义并不会自动抵达民主与自由"，因此，"理性、严肃不仅是一种社会责任，同时也是对自己的保护"③。如果网络空间变成了非理性的空间，每个人的传播自由、收受自由都会受到实质性的伤害，整个社会的民主、自由发展当然也会受到伤害。尽管我们相信理性传播、理性表达的形成过程中，不可能没有非理性的传播、非理性的表达，我们甚至可以说理性传播一定是在与非理性传播的博弈中逐步成长的、成熟的，但放任非理性的传播、非理性的表达必定不是道德的，是不利于真实的言论自由、新闻自由健康成长的。如果自由被自由的使用所伤害，实在是莫大的悲哀，而现实在很大程度上正在上演这样的悲哀。因此，道德地使用网络，道德地传播信息，道德地表达意

---

① 杨保军. 简论"后新闻传播时代"的开启 [J]. 现代传播—中国传媒大学学报，2008（6）：33-36.

② 韩庆祥. 社会层级结构理论：面向"中国问题"的政治哲学 [J]. 中国社会科学，2009（1）：31-43，204-205.

③ 南帆. 虚拟的意义：社会与文化 [J]. 东南学术，2009（1）：7.

见，已经成为每个人的责任，这种道德责任最基本的目的是保护我们每个人使用网络的自由。

网络空间既然是一个新兴的公共空间，网络平台既然是一个公共平台、公共媒介，那就意味着一旦登上这个平台"说话"，一个人就是在对社会公众传播信息，向社会公众表达意见，也就意味着一个人自己的身份不再仅仅是简单的自我，而是一个同时被社会化了、公共化了的"自我"，这样的"自我"必须承担也应该承担进行公共传播的公共责任。① 承担社会责任必然意味着一个进入公共空间、登上公共平台的人，必须和应该道德地使用平台，道德地在平台上"表演"。只有这样，才能既尊重他人的自由，也从根本上维护自己的自由，从而实现整体的社会自由。我们相信："自由只有在真正的善中，才能展现它的本质规定。"②

① 杨保军．简论网络语境下的民间新闻 [J]．新闻记者，2008，(3)：20-23.
② 龚群．社会伦理十讲 [M]．北京：中国人民大学出版社，2008：43.

第二章　新闻道德根据

合乎理性的准则只能从事物的本性（在这里就是自由）中取得。

——马克思

……伦理学中的正当理由问题就具有首要的实践重要性。

——S.E. 图尔闵

道德需要的根源、其有效性的标准、内容的来源和实现的力量，所有这些都只能够根据人类存在和宇宙存在来解释。对存在的本质如果没有一个或明确或含蓄的主张，在道德规范上就没有答案。

——保罗·蒂利希

新闻道德理论的前提性问题是新闻道德根据论。新闻道德根据论的核心任务大致包括两个方面：一是在整体上为新闻道德寻求根源和根据，说明新闻道德的必然和必须；二是为一定的新闻道德体系，特别是一定体系中的每一新闻道德原则、道德规范寻求得以成立的正当的、合理的理由。

人类新闻活动是关涉道德问题的活动①，也就是说，新闻活动过程中包含着大量需要处理的伦理道德问题、价值性问题、应然性问题，这是新闻道德理论能够产生和存在的客观根据。不同的新闻主体可以持有不同的新闻道德原则，人可以制定各种各样的道德规范，人们针对一种行为可以制定无数的具体规范，但科学的、合理的规范在一定的环境条件下可能只有一种，因此，探究新闻道德合理性的根据，其实是非常艰难的理论任务。②

一、根据论是新闻道德论的根基③

探究分析新闻道德的根据，不仅是为了从学理上说明新闻道德产生的根源，也不仅是为了说明为什么要确立新闻道德观念、建立新闻道德规范、培养新闻道德品质、进行新闻道德评价，更为重要的意义在于通过学理上对新闻道德根据的探寻、分析和阐释，使新闻职业活动者真正能够在认识论意义上理解新闻道德的必然性和客观性，在价值论意义上从内心认可和相信新闻道德的必要性和正当性，进而愿意自觉按照新闻道德规范从事新闻活动，成为道德的新闻传播实践者。因为说到底，自律才是道德的本性，道德只有是自觉自愿的、内心认可的，道德才真正获得了道德性的存在和表现。构成新闻道德论的每一部分都有其特殊的地位和意义，而我

---

① 新闻活动是否关涉道德问题，从理论上是需要证明的，这里自然要从道德哲学的层次对道德、非道德以及反道德等做出前提性的回答。如果对这些前提性的问题不能理清，就很难清楚地讨论新闻道德问题。只有我们能够在实践上、理论上证实、证明新闻活动的道德性，我们关于新闻道德的学术研究才是正当的。

② 我国伦理学者王海明说："道德都是人制定的。但是，只有恶劣的道德才可以随意制定；而优良的道德却只能通过社会创造道德的目的，亦即道德终极标准，从行为事实中推导、制定出来：所制定的行为应该如何的道德规范之优劣，完全取决于对行为事实如何的客观规律与道德目的的认识之真假。"（王海明．新伦理学：优良道德的制定与实现之研究［M］．北京：商务印书馆，2001．）他的这一认识具有重要的方法论意义，可以帮助我们思考规范的制定根源，以及良性规范的根源。

③ 我们探究新闻道德根据的意义，价值在于方法论，在于说明新闻道德根据论与新闻道德论中其他部分内容的关系，并不是新闻道德根据论自身的必需构成。

们之所以在此特别阐释新闻道德根据论的意义，直接的理由主要有以下两个方面。

（一）根据论是学理上的必需

在新闻道德理论自身的完备性上说，新闻道德根据论是必不可少的、根本性的组成部分，它可以说是对整个新闻道德理论合理性进行辩护的必需。也就是说，如果一个道德论者、一个新闻道德论者不能提供自己的新闻道德根据论，也就很难建构自己完整的、有说服力的道德理论体系。合理的道德根据论，是合理道德理论得以成立的根本。道德论、新闻道德论（其他关于具体领域、职业领域的道德理论也一样）的根本，就在于持有什么样的根据论。根据论所阐明的其实是道德与否的最后标准，也是道德与否的最后证实原则。

在完整的新闻道德理论体系中，所有的新闻道德观念，总是对新闻道德根据的某种反映和体现；所有的新闻道德规范，背后都隐藏着规范得以生成的根据（理由），而这样的根据是否正当合理，都需要新闻道德根据论加以最后的论证和阐释；所有的新闻道德品质建构，都需要新闻道德根据论说明必需的根据；所有的新闻道德评价，最后的标准，都不可能离开新闻道德根据论的说明；所有具体情境中行为选择的合理性与正当性，只能通过一定的新闻道德根据论，做出最终的原则性说明。因此，仅仅停留在新闻道德现象层面上进行所谓的新闻道德研究是远远不够的。事实上，任何道德学说的论说者和实践者，都在自觉或者不自觉地坚持着某种道德根据论，都在自觉不自觉地用自己的道德根据论为自己的道德理论、道德观念、道德行为进行最终意义上的论证或辩护。因此，在我看来，道德根据论所阐明的内容，也就是某一道德体系所确立的道德信念的最后根源。

顺便可以指出的是，某种道德理论是否坚持了理论的统一性、一贯性，就看它是否始终坚持和贯彻了它的道德根据论。在道德根据论上不能令人信服的道德理论，其论说的道德观念、道德规范、道德评价标准等，很难令人从根本上接受。科学的、合理的道德根据论，是建立科学的、合理的道德理论的基本前提。

在我们的行为中，总有一个理想性的"应该"存在着，在召唤我们。但问题的关键是我们能否发现这个"应该"，能否认识到这个"应该"（我们完全有可能弄错什么是应该，什么是不应该），我们用什么样的标准去衡量、判断我们找到的那个历史性的"应该"的正当性和合理性，这其实就是新闻观念论的核心问题，也正是新闻根据论要去回答的问题。只有从根本上回答了这样的问题，一系列的新闻道德观念问题才有了一个根本的出发点。

作为道德理论或者自觉的道德学说，当然必须首先观察道德现象，从道德实践出发，但理论研究的重点恰好应该是透过现象探究本质，需要对现实进行理论批判和反思，诚如我国伦理学者万俊人所说："伦理学不能只停留在经验描述的层次上，而要为道德经验和道德规范提供更深刻的基本理论说明"[1]。对于新闻道德论来说，新闻道德根据论承担的任务就是要为新闻道德经验、新闻道德规范、新闻道德行为等提供根本性的说明，"如果我们不能对道德选择做出解释，如果我们不能为我们的所作所为提供依据，我们就可能会被认为在智慧和道德上有缺陷"[2]。

也许有人会认为，道德根据问题，是一般道德哲学研究的任务，新闻道德研究没有必要做这样的工作，只要将道德哲学的相关研究结论搬过来就行了。其实不然，一般道德哲学研究，在道德根据问题上关注的对象是

---

① 万俊人. 现代西方伦理学史：上卷 [M]. 北京：北京大学出版社，1990：229.
② 桑德斯. 道德与新闻 [M]. 洪伟，高蕊，钟文倩，译. 上海：复旦大学出版社，2007：216.

一般社会道德。尽管一般社会道德与职业道德有着紧密的、同质性的联系（参阅第一章相关内容），并且，对于同一道德理论体系、同一学派、同一道德研究者来说，一般情况下，总会把一般道德根据理论贯彻在所有具体的道德领域，但是，一般与特殊之间，或者一般与个别之间并不能够直接等同，一般道德根据论研究不能等同于对一些特殊领域的道德根据研究。何况，现实一点说，一般道德根据论研究者通常不会去专门探究新闻道德或者其他具体道德类别的具体根据；这样的学术"任务"只能由具体道德领域研究者去承担。显然，探究新闻道德的根据，乃是新闻道德论研究者的当然任务，是一种新闻哲学层面上的基本任务。其实，也只有新闻道德研究者最有资格和可能探究这样的问题。在我看来，如果我们在某一研究领域缺乏对一些基本问题相对独立的哲学思维，就很难有根本性的理论创新。有学者这样写道："哲学理论思维是全部理论思维的基础。没有一个哲学贫困的民族会在别的学科上出现真正的理论创新，而没有理论创新的民族在如今的全球化体系中最多只能成为理论生产大国的附属实验基地、制作车间与倾销市场。没有能力从事理论思维的民族是可怜的，而有理论思维能力却自限甚至自残其能力的民族则是可悲的。"① 我以为，这样的判断富有启发，值得深思。道德理论，新闻职业道德理论，都具有一定的文化相对性特征，这就意味着简单的理论输入（不管从哪里输入）很难真正建构出解决中国新闻职业道德问题的理论。中国有中国的事实根据，解决中国问题需要我们自己的理论创新。如果在一定的实践领域和相应的研究领域缺乏基本的、基础性的理论思维，理论的意义和价值就很可能永远处于就事论事的层次上，也永远不可能有自己独立的关于某一领域的基本理论体系。

---

① 徐长福. 从《大同书》的原创性看现行哲学分科的弊端 [J]. 东南学术，2009（3）：19.

（二）弥补研究缺陷的需要

在截至目前的新闻道德研究中，存在着严重的认识偏差，主要表现是重应用，轻理论，认为新闻道德理论研究价值不大，结果自然是缺乏像样的新闻道德理论研究成果，也缺乏相对比较完整的新闻道德理论体系。其中，最为严重的就是缺乏关于新闻道德根据的学理探讨。

一些人在"新闻学是应用性学科"的口实下，不仅贬低新闻基础理论研究的价值，也在实际贬低新闻道德理论研究的价值，认为新闻道德研究是纯粹的应用性研究，新闻道德或新闻伦理属于应用伦理学的一部分，属于应用伦理学的层次，只要研究如何将新闻道德规范应用到新闻实践当中去就行了，没有必要在基础理论上大费工夫。有些人甚至认为，对新闻基础理论包括新闻道德基础理论的深入研究是"钻牛角尖"，没有多少实际应用价值，大可不必。因此，在新闻道德理论上，研究的重点应该放在规范伦理、应用伦理的范围内，放在制定具有可操作性的新闻道德规范的层面上，没有必要"故弄玄虚"地探讨什么新闻道德的根据问题，即使要探究这些问题，也是道德哲学家们或者伦理学家们的事情。他们弄清楚了，我们拿来用用就可以了。

我以为，这样的认识是模糊的，甚至是错误的。这样的认识，一定程度上仍然是"新闻无学论"或者"新闻勿学论"在新闻道德研究领域的表现①，或者说是企望新闻无学的表现，这实在是一种不可理喻的、"怪怪"的心态②。每一学科，甚至每一学科的具体学科方向，都有自身的本体论

---

① 我所概括的"新闻勿学论"，是这样一种现象：一些人认为，新闻研究本身就没有什么学问，也不可能做出什么学问，因此，就不要干那些出力不讨好的事情，不要做新闻学问了。

② 直到今天，一些人在骨子里还没有改变对新闻学的看法，实在是时代的瞎子，因而也必然成为行动上的瘸子。如此这般，一些人也就只能对他人的理论研究说三道四、指手画脚，而自己并不真实地知道要做什么，其实，这样的人根本就没有资格对新闻研究进行所谓的学术批评。

问题，都有自身的基础理论领域。一个学科，只有基本建构起比较科学、合理的基础理论体系，才可以说它是一门比较成型的、成熟的学科。对于新闻道德或者新闻伦理学来说，我以为它有自己的"元（层次）理论"——核心就是新闻道德的根据问题[①]；也有自己的"应用（层次）理论"——核心就是新闻道德规范问题；还有自己的"美德理论"——核心就是职业主体的新闻道德品性问题。它们共同构成比较完整的新闻道德理论。就我目前的认识水平来看，在这几个板块中，失去任何一个，新闻道德理论都是不完整的。这几个板块有相对的独立性，有各自需要在理论上解决的重点问题；同时，它们又是紧密地、内在地联系在一起的，共同结构为统一的新闻道德理论。新闻实践中常态的道德问题或者特殊境遇中碰到的两难或多难问题，对于一种系统的新闻道德理论来说，都应该有自己基本的理论解决思路。

新闻活动，特别是职业新闻传播活动，为什么要遵循特定的道德原则，按照特定的道德规范、依据特定的职业标准约束、指导和激励新闻传播行为？这些原则、规范、标准等形成的根据是什么？按照这些原则、规范、标准展开的新闻活动为什么就是合理的、正当的？我们怎样才能证明、证实这些原则、规范、标准等的正当性和合理性？如果我们挖掘不出使道德原则、道德观念、道德规范获得合理性和正当性的根据，我们也就没有充足的理由和能力说服人们，特别是说服职业新闻活动者按照新闻道德原则和道德规范从事新闻活动。比如：为什么在新闻传播中必须、应该坚持真实性原则，记者为什么必须、应该在新闻报道中具有诚实的品质，为什么必须、应该保持新闻报道的平衡性？又比如：为什么在我国的新闻传播中，新闻记者必须、应该坚持党性原则？为什么必须、应该忠诚于党

---

① 新闻道德根据论是新闻道德理论研究中最重要的基础理论之一，可以说是新闻道德理论的基础理论部分。

性原则的要求①，为什么只有这样做才被看作是正当的、高尚的、符合道德的，反之则不是？如此等等，这一系列非常实际的道德原则、道德规范的根据问题，如果得不到合理的回答，一些新闻职业道德原则、道德规范就难以让职业新闻工作者从内心认可；如果得不到内心认可，相关主体也就很难真正按照这样一些原则和道德性的要求去做。我国道德哲学学者赵汀阳说："这些关于'应当'的规劝对于那些善于反思并且富于怀疑精神的人很可能失去效力，他们不会因为传统、风尚或权威的力量而承认某种规范，除非能够给出足够的理由来证明规范的合法性（the justified legitimacy）。对规范的怀疑并不意味着准备反对规范，只是要求合法性的证明。"② 新闻道德根据论，正是要在新闻道德范围内努力做出这种"合法性"的证明。可见，新闻道德根据是建立新闻道德认同的根据、新闻道德信任的根据，新闻道德根据论因而也就具有了特别的价值和意义。如果没有道德根据层面的认同，一种道德对于某个共同体来说，就是外在的。而对于一个共同体的成员来说，如果在道德根据层面达不到认同，他们实质上就不能看作是道德共同体的成员。

因此，仅从理论层面看，我们认为新闻道德根据论是新闻道德理论中最根本的问题，当然也是比较艰难的问题，它不仅需要一般性的理论分析，更需要针对特定社会形态、社会制度、社会环境中的新闻传播现象进行具体的考察和研究。只有发现了一般的新闻道德根据，才有可能为建立基本的、稳定的新闻道德规范奠定基础；只有发现了具体的新闻道德根

---

① 党性原则在我国新闻工作中既是纪律性规范，也是道德性的要求，甚至可以说等同于道德规范。我们的新闻工作者被认定为党的新闻宣传工作者，遵守党的宣传纪律既是必需的也是应该的。因此，能够从道德根据论角度说明这种应该性也是中国新闻道德研究者必须承担的任务，并且是首先的任务。把如何制定可操作的规范作为逻辑在先的理论任务，实在是一种颠倒。逻辑在先的是寻求和论证可能规范的根据。

② 赵汀阳. 论可能生活：一种关于幸福和公正的理论 [M]. 修订版. 北京：中国人民大学出版社，2004：27.

据，才有可能为在一定社会范围内、一定历史时代内建立有效的、合理的道德规范奠定基础。

另外，就我国目前的新闻道德研究现状来看，由于受新闻学是一门应用性学科观念的长期影响，新闻道德研究更多做的是一些直接的应用性研究，更多的是属于规范伦理学意义上的研究①，而且，研究水平也并不高。

人们看到，许多关于新闻道德观念、新闻道德规范、新闻道德评价、新闻道德品质的论说，只是直接提出"必须"或"应该"这样或者那样的判断，至于为什么，根据何在，却难觅踪迹，这使理论研究多多少少陷入一种非理性的状态。客观地说，关于新闻道德根据的探讨，对于我国新闻学术界来说，还远没有达到十分自觉的程度，也远没有像样的成果。任何把既有规范本身当作道德与否的根据，实在是对道德根据论的误解。道德根据论是要寻找道德规范的根据，有合理根据的规范才是良性的规范。任何权威主义的方式、命令主义的方式，都不可能解决新闻道德的根据问题。任何权威并不天然拥有道德真理。道德真理，也像其他真理一样，需要有根有据的论证。研究者应该以科学的态度寻求道德根据，不能简单地把权力话语、政治宣示当作道德论的根据。我想顺便指出的是，在当下的新闻学术界，确实有一种不太好的现象，就是，总有一些人喜欢把学术和权力结合起来，用权力来证明自己学术的合理性和正确性，用权力为自己的学术开道和造势。在我看来，权力可以证明有用和有效，但有用的并不一定就是真理。当然，是真理总会有用。至于那种把某种理论、学说、观点、看法通过某种权力设定为唯一合理的、正确的东西，本身就是对科学

---

① 就新闻道德研究的总体状况来说，道德根据论的相关研究实在少得可怜。有关新闻道德品性的研究其实也可以说是"浮皮潦草"，还缺乏从职业特性、职业心理、职业认同等角度或层次展开的研究。

研究、学术探索的最大嘲弄和扼杀，这不仅仅是专制性的学术思维，也可以说是计划经济思维在学术领域的后遗症。对于真理的探索者来说，保持学术独立和学术自由，是必须有的姿态和精神，是必须有的学风和人格。

就当下的新闻道德研究来看，更多的是对有关新闻事件中道德问题的个案分析，而这些个案研究，大多是用现有的道德规范说明有关新闻行为的道德与否。在运用这些规范作为标准时，分析者、评价者往往把它们看作是自明的、当然合理正当的标准，缺乏关于道德与否的深度分析，道德与否的根据分析。还有一些人在做相关新闻个案分析时，所做的一些新闻道德评价几乎就是评价者个人的情感表达、信念表达，并没有充分的说理和论证，似乎也说不出什么样的道理，有些人也不知道如何去寻求说明道德评价合理性的根据。尽管道德是充满道德直觉、道德情感的社会现象，但建立在道德非理性基础上的道德判断，总是没有足够的力量说服人们。

需要特别说明的是，个案研究本身有着重要的意义和价值，不仅对新闻实践有着直接的指导意义，同样也能发现和提出一些最基本的问题，包括新闻道德的根据问题。事实上，新闻道德根据问题一定存在于每一新闻道德事件、新闻道德困境之中。研究者完全可以通过个案研究的手段，实现道德根据研究的目的。但是，关于新闻道德根据的研究，仅仅通过个案方法还是远远不够的，需要专门的系统的理论探讨。

二、新闻道德根源与根据问题的构成

新闻道德的根据，在大的方面，到底要寻找"什么"的根据，这就是新闻道德根据的"问题构成"问题。弄清楚新闻道德根据的问题结构，就等于把新闻道德根据问题具体化了。具体化意味着明确的针对性，意味着我们能够确立真实的问题意识，从而展开有意义的探讨。从逻辑上说，新闻道德根据关涉的核心问题包括两个大的方面：其一是新闻道德本身的一般根据问题，人们通常定性为新闻道德的根源问题；二是针对不同层次（也可以说是范围）新闻道德的具体存在，诸如普遍新闻道德、特殊新闻道德、个体和民间新闻道德，说明它们的共同根据和特殊根据所在。我们将针对第一方面，对新闻道德本身的根源做出阐释；针对第二方面，我们只是提出相关的具体问题。关于根据的具体构成分析，将在随后的部分做专门的分析。

（一）新闻道德的基本根源

所谓新闻道德本身的基本根源或者一般根据问题，核心就是要分析说明，人类的新闻活动为什么是有道德的、讲道德的活动，人类的新闻现象为什么是包含着伦理道德的现象，也就是生成新闻道德的原因是什么，讲新闻道德的理由是什么。回答这一问题的根本目的，主要不在于寻求新闻道德的起源，而在于解决新闻道德的客观性问题。新闻道德如果没有客观的根源或根据，新闻行为的道德与否也将失去客观的衡量标准。而新闻道德的根据、标准一旦成为纯粹主观的东西，道德的价值也就一文不值。

作为道德现象的新闻道德现象，其实是一种普遍的道德存在或道德现象，并不限于职业新闻活动范围之内，只在职业新闻道德范围内寻求新闻道德的根源，实质上割断了新闻道德自身的历史血脉。人们当然明白，在职业新闻活动诞生之前，人们对新闻活动中的道德现象还没有用明确的道德概念指称，但新闻道德关系已经实际存在于人类的新闻活动之中。我们很难说，新闻活动已经存在了，人们之间的新闻伦理道德关系却不存在。果真如此，新闻道德现象就成了纯粹的主观建构而不是主观发现。在职业新闻活动诞生前，人类并没有十分自觉地把新闻活动当成是人类的一种特殊活动，或者说，人类在自觉和不自觉之中，把新闻活动当作普通的社会活动中的一种，因此，人类也在用一般的各种各样的社会规则、规范（包括道德规范）调整着新闻活动中的伦理道德关系。因此，从原则上说，新闻活动的道德性与人类其他活动的道德性的根源没有什么根本性的区别，人们给出的解释方法基本上是相同的。道德是人类社会生存演变过程的产物，是人类自身发展需要的产物，是人作为社会动物的必然，"在伦理学诞生之前，道德早就存在了：有社会，斯有道德焉"[①]。"道德不但与政治和法一样，普遍源于经济活动、文化产业和人际交往的存在与发展之需要，目的是保障经济活动、文化产业和人际交往的存在与发展，而且普遍源于政治、法和德治的存在与发展之需要，目的在于造成优良政治、良法和优良德治：促进经济发展和繁荣文化以及保障人际交往自由安全，是道德与法和政治的共同的普遍目的；造就优良政治、良法和优良德治则是道德的特有的普遍目的。"[②]新闻活动的道德性，也超越不了这宏观的解释路径。但是，新闻活动必定有其自身的特征，它在人类的生存、生活中必定具有其他活动不可替代的特殊功能，因此，有必要从新闻活动自身出发进一步说明新闻道德的根源。

新闻活动或新闻现象，从其相伴人类产生之时起，便是人类认识和把握自己周围生存、生活环境的手段，也可以说是人类生存发展的中介性手段、基础性手段。直到今天，这一点并没有发生根本的改变。新闻活动是人与人之间相互交流新鲜信息的活动，是人与人之间进行精神交往的活动，是人与人之间进行实践交往的中介，因而，新闻活动本身也构成了人类生存、生活的一部分，构成了人类整体文化生活的一部分。[③] 在最为一

---

① 王海明．伦理学与人生［M］．上海：复旦大学出版社，2009：4.
② 同①30.
③ 关于人类新闻活动的起源，可参阅杨保军《新闻理论教程》（中国人民大学出版社，2005）；关于新闻活动的本质，可参阅杨保军《新闻活动论》（中国人民大学出版社，2006）。

般的意义上说，"如果社会的成员之间不能交流，复杂的社会就不能存在"①，我们也就没有了谈论任何道德问题的客观基础。

　　伴随着人类自身的自然衍变、社会演进，新闻活动在人类文明水平不断提高、各种技术发明不断出现的历史进程中，从"前新闻业时代"过渡到"新闻业时代"，再发展到今天已经露出端倪的"后新闻业时代"②，新闻活动的形态和样式在时代的转换更迭中不断更新和提升，新闻活动在人类生活中的影响越来越广泛、功能作用变得越来越大。但是，新闻活动作为人类生存发展的基础性手段，作为人与人之间相互交流新鲜信息的仪式与方式，作为人与人之间进行精神交往的活动，作为人与人之间进行实践交往的中介等等，在抽象层面上或一般意义上并没有发生原则性的变化，变化的只是不同时代的新闻交往方式和交往内容，变化的当然还有新闻本身在整个人类生活中的地位和作用。简单说，新闻活动仍然是人类不同主体间一种基本的也是重要的交往方式和交往中介。正是这种由交往建构的主体间性，以及与主体间性必然相关的利益间性（包括物质利益和精神利益）、需要间性（包括物质需要和精神需要），从根本上决定了新闻活动是一种生发道德和需要道德的交往活动。法国思想家、格言体道德作家拉罗什福科说得好："利益在后面推动着所有种类的德性和恶行"③。形成人类新闻现象的直接原因，乃是人类之间信息交往的需要。④ 利益是道德的根本，利益关系是道德关系的实质，"我们需要道德规范，只是因为我们的利益有时会发生冲突——如果它们从不冲突，那么就没有需要解决的问

　　① 雷切尔斯 J，雷切尔斯 S. 道德的理由 [M]. 杨宗元，译. 5 版. 北京：中国人民大学出版社，2009：27.
　　② 关于人类新闻活动的历史时代转换历程，可参阅杨保军《新闻活动论》（中国人民大学出版社，2006）第六章相关内容.
　　③ 拉罗什福科. 道德箴言录 [M]. 何怀宏，译. 北京：新世界出版社，2008：51.
　　④ 杨保军. 新闻理论教程 [M]. 北京：中国人民大学出版社，2005：30 - 45.

题，也就不需要道德提供某种指导"①。

道德、新闻道德（新闻交往中的道德，不限于职业新闻产生后的职业新闻道德），首先是人类生存、生活的自发产物，是在没有道德意识、新闻道德意识情况下自然而然的产物，只是那种情况下还很难称为道德现象。只是在文明人的眼光中，人类的行为，才有了道德与不道德的区分。而一旦人类生出道德意识、道德自觉，道德也就同时会成为人类根据需要建构的结果。对于今天的人类来说，道德在更多意义上属于人类自觉的产物，对于职业道德，包括新闻职业道德来说，它就更是属于主体根据自身需要积极建构的产物。当然，这种建构不可能离开人类新闻活动自身的内在特征。

新闻活动，不管是民间新闻活动，还是职业新闻活动，或者是由它们共同构成的混合型的或者融合型的新闻活动②，在客观上是必然的主体间活动，即不管什么类型的新闻活动，若是要正常地形成和展开，就得有充当不同新闻活动者角色（不管人类有没有关于角色划分的意识和概念）之间的互动和协作，比如在新闻传播者与新闻源主体之间、与报道对象主体之间、与新闻收受主体之间，以及新闻源主体与新闻收受主体之间，还有其他各种可能的角色之间，都会在新闻活动展开过程中形成各种关系，在互动、协作或矛盾、冲突中有着诸多的利益关系。正是在处理、协调利益关系的过程中，在历史长河中慢慢生成了各种调整利益关系的观念、原则和规范，这其中就包括被我们称为新闻道德的规范。因此，我们可以说新

---

① 雷切尔斯 J，雷切尔斯 S. 道德的理由 [M]. 杨宗元，译. 5 版. 北京：中国人民大学出版社，2009：85.

② 如果用民间新闻、职业新闻及其相互关系描述人类整体的新闻活动历史，我以为大致可以将新闻活动的历史时代划分成三个：首先是民间新闻独塑人类新闻图景的时代，然后是职业新闻主导人类新闻图景的时代，随后则是民间新闻与职业新闻融合一体、共同再现和建构人类新闻图景的时代。这一关于人类新闻活动时代划分的思路或角度，对于我们准确理解和把握今天的新闻传播景象、新闻文化特征及新闻活动的未来发展趋势有着更为直接的方法论意义。

闻道德根源于新闻活动者之间以"新闻"为中介的利益关系。不过需要提醒的是，这里的"利益"，并不是狭义的物质利益，而是包括人类在新闻活动过程中以"新闻"为中介生成的各种利益关系。

（二）不同层面的新闻道德根据问题

从哪里寻找新闻道德的根据，这是新闻道德根据论的前提性问题。找不到根据，道德就是偶然的、盲目的；找不到合理的根据，道德的合理性就没有根本的保障，根据道德行事就没有充分的理由。因此，这里先对新闻道德根据关涉的核心问题以及新闻道德的根据所在加以说明，为我们随后关于新闻道德根据构成的具体分析奠定阐释的基础。即使暂时抛开过于繁芜的新闻历史景象，站在我们所处时代的平台上，并以职业新闻存在为基本参照背景（不考虑民间或公民新闻），去考察分析新闻道德的根据，仍然会发现我们面对的问题是十分艰难的、复杂的。此处，我们先按照新闻道德关涉的范围或新闻道德构成的不同层次表现，提出新闻道德根据必须讨论的关键性问题，为随后的具体分析设定一个基本的范围。

1. 普遍新闻道德的根据问题

人们通常所说的新闻道德根据问题，主要就是指普遍新闻道德的根据问题。但事实上，尽管普遍新闻道德的根据问题非常重要，关系到新闻道德、新闻职业道德的最终目的问题，可它只是新闻道德根据问题很小的一个部分或一个方面。

探讨普遍新闻道德的根据，是以普遍新闻道德的存在为前提的。所谓普遍新闻道德，是指全球范围内（或者说在人类意义上），新闻职业从业者超越具体民族国家、社会制度、社会形态、意识形态、文化差异等而共同拥有的职业道德观念、共同遵守的职业道德规范、共同追求的基本新闻职业道德品质。也就是说，普遍新闻道德是以超越差异性为条件的，是以求同为目标的结果。如果说普遍新闻道德的根据问题在过去具有更多的逻辑意义，那么，在新全球化时代到来之后，特别是在全球新闻传播已经在一定程度上现实化的今天，便成为直接现实的问题，也可以说为研究者们提供了探寻普遍道德根据的新机会。

这里的核心问题有三个：一是事实上有无这样普遍的新闻道德存在，即我们能否通过对世界各国新闻业、新闻职业的考察和分析，比如对已有的新闻道德观念、新闻道德规范等的考察分析，发现一些共同的道德观念或者道德规范（包括规则、习惯等）？如果有，那就说明在我们所处时代的水平上，已经存在着共同的关于新闻道德的理念或规范。二是更为根本的问题，为什么存在普遍的新闻道德或不存在普遍的新闻道德，根据或者理由是什么？这是根据论的核心所在。第三个问题，也是进一步可以发问的问题是：新闻职业"应该"有普遍的道德吗？能够有普遍的道德吗？简单点说，对于新闻职业来说，在世界范围内，是否应该有共同认可的职业道德底线？或者说，是否应该有和是否能够达到共同认可的职业底线道德？为什么？

需要再次说明的是，新闻业、新闻职业本身就是历史性的产物，它在世界不同地区发育、诞生、成长的过程是不完全相同的，即使在当今，有些国家仍然没有成型的、成体系的新闻业。因此，所谓的人类意义、世界范围，不能进行绝对的理解，只能从总体上进行把握。就像我们说人类今天已经进入信息时代，那只是从整体的发展方向上、态势上的一种定性描述，并不意味着世界上每个国家、民族或每一地区都已经进入了这样的实际状态。因此，当我们设问新闻职业在世界范围内有无普遍的、共同认可的职业道德，在逻辑上是以现代新闻业的普遍存在为前提的，同时我们也设定了（这是基于客观事实）现代新闻业在不同时空的存在方式是有所差别的。

2. 特殊新闻道德的根据问题

我们这里所说的特殊新闻道德根据问题，主要针对这样一种现象，即新闻活动在人类历史上存在的方式是特殊的、具体的，在不同时代、不同国家有着不同的表现。新闻业、新闻职业在不同时代、不同国家实质上有着不同的属性定位、功能定位，产生、发挥着不同的、有差异的社会作用。与此相对应，新闻道德的存在也是历史的、特殊的、具体的，至少新闻道德总是有其与具体社会环境相适应的一面，总是在满足一定社会主体的需要①。因而，仅仅在普遍道德意义上回答新闻道德根据问题，并不能完成新闻道德根据论的实际任务和学理要求，而且很有可能省掉了新闻道德根据论的核心问题和难题。因为普遍意义的新闻道德根据问题必定比较抽象或"超脱"，而特殊层面新闻道德的根据问题，直接与各种不同的新闻现实相"碰撞"，需要具体的考察和分析。

说明特殊的或具体新闻道德的根据所在，就是针对一定具体的新闻道德存在（这种存在有可能是成体系的存在，也可能是零散性的不成体系的存在），特别是一定具体新闻道德存在中的新闻道德观念、新闻道德规范（有可能是成文的，也有可能是不成文的），揭示其形成的根据，特别要对根据的合理性（是否合理）做出论证和说明。因为有根据的存在，并不等于合理的存在。有些根据本身就是不合理的，就是需要消除的，并且有可能已经具备了消除的条件。建立在缺乏合理性根据之上的道德观念、道德

---

① 这里的社会主体，主要是指社会的统治阶级或统治阶层。只有社会大众成为一定社会的真实主人，也就是说只有一定社会是真实的民主社会时，新闻道德才是满足他们需要或者说符合他们目的的道德。

规范的合理性当然是值得怀疑的。在现实社会中，一些不合理的陈规旧则，包括不合理的道德规范，之所以能够延续和得到维护，就是因为总有人从他们自己个人的或者小集团的利益出发，为那些陈规旧则寻找所谓的根据和理由。因此，如果不从根本上——也就是从规则、规范存在的根据上——证明它们的不合理性或无理由性，就很难彻底根除那些不正当的规则、规范。因此，对根据的合理性做出分析，才是根据论面临的真正难题。顺便可以指出的是，这也是新闻道德根据论研究的真正意义之所在。当我们能以理性方式论证某种道德观念、道德规范缺乏合理根据时，我们才有可能在实践层面上说服人们放弃这样的道德观念，修正相关的道德规范，从而促成新闻道德的进步，促成新的更加合理的道德规范的制定和出台。

寻求特殊新闻道德的根据，也可以说是在文化差异论（内在包含新闻文化差异论）、社会差异论的视野中，对新闻道德根源的进一步说明，因而它更多关注的是具体社会形态、具体社会环境中具体新闻传播业所属的新闻职业的新闻道德根据问题。仅就当下来说，人们能够看到这样的事实：不同国家新闻职业工作者坚持着有差异的新闻工作规范、新闻道德规范。也就是说，在不同国家范围内，人们对职业新闻工作者的职业行为、职业品质，以及对新闻媒体作为组织主体（也是道德或伦理实体）的媒介行为、媒介品质等持有差异性的道德评价标准。因而就产生了这样一些问题：这些有差异性的标准之间是一种什么样的关系？它们都是合理的吗？它们在道德上都是正当的吗？为什么？因此，作为新闻道德根据论，就需要回答这样的问题：特殊的新闻道德有无特殊的根据？根据何在？理由是什么？这里关系到的一个前提性问题——也是极其重要的问题——就是：一定社会新闻制度本身的道德合理性问题，即一定社会要为其确立建构的新闻制度的合理性提供道德根据、进行道德论证。显然，这属于制度伦理学的构成部分，但我们在回答特殊新闻道德的根据问题时，它也是不可回避的前提性问题。

如果再细致一些，还有更为具体的新闻道德根据问题需要讨论。即使在同一社会环境中，仍然存在着不同价值取向的新闻媒体，比如，有些新闻媒体坚持商业利益至上，有些可能坚持政治利益至上，有些则可能宣称社会利益至上，更多的新闻媒体，在利益追求或价值取向上实质是多元的，在不同的历史境遇中有着侧重不同的追求。为了生存和发展，总是在求得各种利益取向的平衡。这样，在一定社会统一的新闻职业共同体（由所有的新闻从业人员组成）下，就存在着众多的小的职业组织共同体（由不同新闻媒体组织中的新闻从业人员组成），在这些小的共同体之间，实际奉行的职业道德观念、职业道德规范也是有差异的，它们都有各自的道德根据，也都会为各自的道德观念、道德规范寻求所谓的合理根据和理由。但对于研究者来说，其合理性也是需要分析批判的。当然，对于这一现象，我们也可以在全球范围内进行考察，即我们可以根据不同新闻媒体实际奉行的新闻传播价值取向、利益取向，将新闻媒体的属性分成不同的类别，然后探寻它们有差异的道德根据，并对其合理与否做出批判性的阐释。

3. 个体新闻道德的根据问题

在新闻活动现实中，人们注意到这样的客观事实：职业个体持有的新闻道德观念以及他或她所认同的职业道德规范，既有和普遍新闻道德存在、特殊新闻道德存在相同、相似的内容，也有和它们相异、不同的内容，甚至会有和它们相矛盾和相冲突的内容。也就是说，在职业个体与整个职业之间，在职业个体与职业的具体社会表现、具体媒体表现之间，存在着一定的张力，道德上的一致与不一致是客观事实。因此，提出职业个体新闻道德这个概念是有根据的，也是合理的，有利于我们对相关问题的细致清理和分析。

在道德问题上，另一个明显的事实是：任何道德，说到底，只有最终落实在个体身上、个体行为之中，才能真实地发挥作用。道德观念、道德规范，只有得到个体主体的认同和接受，才能更好地以道德所特有的"自律"方式产生效用。因此，搞清楚个体的道德根据问题，对于道德根据论和实际的道德建设都具有特别的意义和价值。

职业个体持有的那些与普遍新闻道德存在、特殊新闻道德存在相同、相似的内容，来源于他或她所处的活动环境，包括社会环境和职业环境、客观环境和观念环境，其根据问题也就是普遍新闻道德存在、特殊新闻道德存在的根据问题。因此，只要我们把普遍新闻道德存在、特殊新闻道德存在的根据问题解释清楚了，职业个体层面的道德根据也就自然清楚了。在通常情况下（事实上也是主导性的情况），职业个体拥有的职业道德观念、认可的职业道德规范，主要是从外灌输的、接收、接受的，是在相关教育和职业实践中逐步形成的。这大概也是新闻道德研究通常不大重视职业个体新闻道德根据问题的重要原因吧。

这样，剩下的问题就是：职业个体持有的那些与普遍新闻道德存在、特殊新闻道德存在相异、不同、矛盾、冲突的内容，它们的根源在哪里？职业个体为什么会持有这样一些道德观念？而进一步的问题是：职业个体持有的具有个性化的新闻道德（不同于普遍道德存在和特殊道德存在）根据是否合理？如何判断？

不管是在现实性上还是在逻辑性上，普遍新闻道德存在、特殊新闻道德存在（主要表现为观念和规范）并不都是合理的、正确的，具有较强主体能动性、反思性的新闻职业个体（包括认识性的实践性的反思），总会通过自己对社会变化的认识和理解，特别是通过自己的职业学习与实践，对既有的职业道德观念和职业道德规范产生一些批判性的看法和创造一些"叛逆"性的行为,从而形成富有自己个性特色的新闻道德观念和自己内心认可的行为规范。尽管这样的行为并不总是合适和正确,但它确实是形成新的道德观念的基本路径。因而,对于任何具有创造性的个体,社会都应该给予宽松的环境。

我们需要相信,每个具有正常理性的人,都会为自己持有的道德观念寻求根据,为自己认可、相信和遵守的道德规范寻求理由,这实质上就是为自己可能行为的正当性寻求、提供根据和理由。没有这样的根据和理由,一个人难以说服自己的良心,难以"放心"地去做事。而对于新闻道德根据论而言,关注和研究这样的现象,回答相关的问题,是基本的职责。美国伦理学者詹姆斯·雷切尔斯和斯图亚特·雷切尔斯说,"道德判断必须基于充足的理由(good reason)"①,"道德首要的是向理性咨询的问题。在任何条件下,道德上正当的事都是有最充分的理由去做的事"②。在一般意义上,道德哲学的重要任务之一,就是发现这样的理由;新闻道德论的重要任务之一,就是要为新闻道德观念、新闻道德规范、新闻道德品质提供这样的理由。作为个体,什么样的观念都可以有,什么样的规范都可以遵守,什么样的品质都可以塑造,但合理的、正当的、优良的观念、规范、品质不是任意的,不是任意的就需要说明什么样的才是必需的、应该的,就需要说明根据在哪里,理由是什么。

4. 民间新闻道德的根据

这既是一个老问题,但更多的是一个新问题;既可以看作是一个普遍

---

① 雷切尔斯J,雷切尔斯S. 道德的理由 [M]. 杨宗元,译. 5版. 北京:中国人民大学出版社,2009:11.
② 同①12.

意义上的新闻道德根据问题，也可以看作是一个个体新闻道德的根据问题。或者说，这是一个我们不能简单归入某个新闻道德层次或范围的大问题。

人们看到，由人类社会整体文明进步，特别是由新技术带来的个体（全民或公民）新闻传播时代已经到来①，人类新闻传播的整体图景，包括所有具体社会的整体新闻图景，正在职业新闻与新民间新闻混合或融合的进程中，全方位地发生着变化和变革，尽管未来的景象是什么还很难准确预测。但在新闻道德论的视野中，人们已经看得比较清楚，传统职业新闻道德的范围界限正在受到冲击，甚至可以说已经被冲破。在这样一个新闻传播时代正在成为现实的过程中，新闻道德无疑会进一步社会化，转化成为一般的社会道德，或者说成为明确的社会公共道德的一类。当然，也可以说，社会道德中的一些内容，正在新的民间新闻传播时代中获得新的"身份"——新闻道德的身份。

由于民间新闻传播已经成为普遍的时代现象，个人新闻传播主体在这样的时代，已经在很大程度上成为面向社会公众的传播者，其身份正在社会化和公共化②，其新闻传播行为已经实际地影响到社会公众的利益，影响到一些个体、群体的利益，一些非职业的民间新闻活动甚至已经直接影响到国家和民族的利益。因此，对民间新闻活动除了法律、政策等等的规范之外，还确实需要道德的约束。这种道德既不是简单的社会道德的"挪用"，也不是职业新闻道德的"转移"（民间新闻活动者毕竟不是职业新闻活动者），而是介乎二者之间的某种道德形式或类型，我们可以称为新闻道德，也可以称为"民间新闻道德"，但不管如何指称，它在事实上都是

---

① 我在前面的一个注释中说过，依据民间新闻与职业新闻的关系，我们可以把整个人类的新闻活动历程划分为三个宏观的时代：民间新闻主导时代，职业新闻主导时代和职业新闻与民间新闻混合或融合的时代。

② 杨保军，新闻本体论［M］．北京：中国人民大学出版社，2008：290－297．

一种新的道德现象，不同于传统职业新闻道德观念的观念，不同于传统新闻道德规范的规范。因此，对于新的公共化民间新闻活动，到底需要什么样的道德，提供怎样的道德根据和理由，都是需要探讨的新问题。

三、新闻道德根据构成的具体分析

新闻活动为什么要讲道德，为什么要讲这样的道德而不是那样的道德，这就是新闻道德根据论需要探究阐释的问题。我们在上文中从新闻道德构成的不同层面、范围或不同向度分析了这些问题的基本构成。要回答所有具体的新闻道德根据问题，需要新闻道德根据论专著来完成，我们这里难以全面论及。人们知道，新闻活动本质上是人类进行的一种特殊的社会性认识活动、精神交往活动，但又不单纯是认识活动和精神交往活动，而是具有政治活动、经济活动、文化活动、宣传活动、舆论活动、信息活动等多个方面的属性与特征，因而新闻活动具有多种多样的社会功能，对社会个体也有着各种各样的作用和影响。这就意味着，我们必须从新闻活动本身以及新闻活动关涉的对象环境中寻求新闻道德的根据。新闻活动是相对独立的一种人类活动，其活动的道德根据必然源于自身的规律、特性和目的，这是普遍新闻道德要求的基本根据，也可以称为内在根据。新闻活动系统是整个社会有机系统的一部分、一个子系统，其活动的道德根据自然不可能超越所处的特定社会环境和一定的时代特点，即新闻道德也像其他任何人类道德一样，总有自己特殊的社会根据，这恐怕是特殊新闻道德根据形成的基本路径。职业个体与不同层次职业群体的共同性是他们拥有共同新闻道德的基本根据，而职业个体之间的特殊性、差异性是其拥有个性化、差异化新闻道德的主要根据。不管哪个层面的新闻道德，都是新闻道德，它们有着内在的统一性，因此，这三个大的方面的新闻道德根据又是相互联系融合在一起的。我们只有把它们统一在一起，才能比较好地说明新闻道德的根据问题，并进而探索合理的新闻道德根据。因此，我将把上述问题凝结概括为新闻道德的内在根据、新闻道德的社会根据和新闻道德的主体特色根据几个大的方面，加以回答和阐释。

（一）新闻道德的内在根据

新闻道德是新闻活动主体（主要是新闻职业主体）"应该如何"进行新闻活动的观念、规范和品性[①]。新闻活动中的"应有观念、应有规范、应有品性"，既离不开新闻活动本身客观属性对活动主体的内在诉求，也离不开新闻活动者自身寄予新闻活动的希望和目的。因此，从新闻活动本身出发，我们至少需要从这三个向度——客体向度、主体向度以及主客体统一向度——出发，寻求新闻道德"应该如何"的根据。

1. 新闻道德的客体根据

新闻活动，特别是职业新闻活动所具有的合理的、优良的道德规则或规范，从根本上说，不可能从新闻活动之外的其他领域中灌输进来，像一件外衣一样套在新闻活动的身上。也就是说，我们不可能从新闻活动之外寻找到新闻道德充分而正当的根据，正像我们不可能在人类活动之外寻找到人类道德的根据一样。新闻道德首先是新闻活动展开过程中内生的或内在的产物，是新闻活动内生的或内在的需要；新闻道德首要的根据只能存在于新闻活动自身。美国著名政治哲学家、伦理学家罗尔斯说："任何事

---

① 人们通常只在道德规范的意义上理解道德，所以，一提到道德根据，指的就是道德规范的根据。其实，完全意义上的道德根据，应该包括新道德观念和道德品性，它们的根据尽管有统一性，但必定并不完全相同。在逻辑上，道德观念的生成是道德规范生成的前提，道德品质则是观念和规范的人格化。

物的正确调节原则依赖于该事物的本性。"① 我国科学哲学研究者李醒民先生在讨论科学家的品德和秉性时指出，"在国家和教条似乎总是或威胁、或欺骗的世界上，科学家的本体被训练得回避，或被组织得拒绝除事实之外的其他说服形式。破坏这个准则的科学家发现这是在扼杀自己。没有必要把这些美德追溯到科学家的个人之善，并非其气质使科学家成为如此坚定不移的强有力的社会。这一切是由作为一种职业的科学本性和传统决定的"，"谦虚或谦逊是科学家普遍具有的美德，这显然与科学的本性和规范结构有关"②。美国伦理学者保罗·蒂利希则这样写道："道德需要的根源、其有效性的标准、内容的来源和实现的力量，所有这些都只能够根据人类存在和宇宙存在来解释。对存在的本质如果没有一个或明确或含蓄的主张，在道德规范上就没有答案"③。说到底，"规律从本体论上决定规则的基础构成，不符合规律的规则只具有形式的意义"④，也就是说，它在形式上确实是规范，但它不可能是优良的规范，不可能指导主体行为走向合理的成功。

　　新闻活动，特别是职业新闻活动的观念、原则、规范以及对专门活动者的品质要求，都首要地自生于新闻活动内部。也就是说，如果我们不知道一种活动的本质，弄不清楚一种职业活动的本性，我们就不可能弄明白一种活动、一种职业活动为什么应该有这样的道德，而不应该有那样的道德，我们也不可能弄明白一种职业活动者为什么会有这样的德性，为什么应该有这样的而不是那样的德性或品质。这就像如果我们弄不清楚人类的

　　① 罗尔斯. 正义论 [M]. 何怀宏，何包钢，廖申白，译. 北京：中国社会科学出版社，1988：25-27.

　　② 李醒民. 科学家的品德和秉性 [J]. 自然辩证法通讯，2009，31 (1)：2.

　　③ 尼罗，贝里，等. 最后的权利：重议《报刊的四种理论》[M]. 周翔，译. 汕头：汕头大学出版社，2008：115.

　　④ 陈忠. 规则论：研究视阈与核心问题 [M]. 北京：人民出版社，2008：249.

本性，也就很难找到人类的道德根据一样。人类的新闻活动，有其在历史演变过程中形成的内在属性，如果偏离新闻活动的规律、违背新闻活动的内在属性进行所谓的新闻报道，新闻就不再是新闻，而是别的什么东西，这时也就无所谓新闻道德了。有位学者说得好，"如果哪天你的写作是为了所有人的愉悦，那你从此开始就不再属于新闻领域了，你已经进入了演艺行业"①。因为，即使从功能角度看，新闻的本性也首先并不是为了娱乐，而是传达关于事实是什么的信息。"最好的记者能够做的，就是努力实现新闻工作的目标，把新鲜的信息准确有效地传播出去，以使社会公众成员头脑中的世界图景在接收了记者的报道后更加准确"②。一句话，新闻活动是有自身的规律性的，不是可以任意打扮的小姑娘。人们只有从它的规律性出发，才能寻找到新闻道德的根据；人们只有准确地或正确地认识和把握它的规律性，才能从客体向度上寻找到优良道德的根据，进而形成优良的新闻道德观念，制定出与其相适应的优良新闻道德。当然，我们不会忽视和忘记，新闻活动与整个社会环境客观的紧密关联性，特别是社会政治、经济等系统对它整体上的决定性，而这决定了新闻道德也要根源于它所依存的环境，决定了我们还必须在新闻活动的环境中寻找新闻道德的根据，但这是我们从另一个角度需要探讨的问题（见下文）。

正像在众多神话的底层隐藏着同一的结构或者建构规则一样，也正像在千千万万话语背后存在着语言规则一样，在人类的任何一类活动中，也总是存在着客观的、内在的活动结构或规则，这种结构或规则当然会随着某类活动本身的历史变化而表现出不同的历史特征，但对于任何特定时代的人类来说，只有在时代水平上认识和把握了这样的结构或规则，才有可

---

① RIVERS, MATHEWS. Ethics for the media [M]. Englewood Cliffs, N. J. : Prentice Hall, 1988: 26.

② 同①38.

能有效行动，即通过自身的活动实现自己的目的，满足自己的需要。因此，活动的客观结构和规则也是应该遵循的。不遵循，不仅意味着活动的失败，也可能对其他相关活动者或活动的相关者带来伤害或损害。因此，我们进而可以说，按照客观规则办事，也是道德性的要求，或者说，客观规则是道德规范得以形成的重要根据。

新闻活动讲什么样的道德，似乎是可以随意规定的。但是，随意制定的道德只能是纯粹主观的，极容易导致道德上的权威主义或者专制主义，因而随意制定的道德并不就是必然优良的道德。优良的道德是不可随意规定的，优良的道德应该不是主观随意的结果，而是由新闻活动自身的性质、特征、规律决定的，或者说是由新闻活动的本性决定的。脱离一定活动本身的属性特征去寻求关于该活动的道德规范，没有了客观的前提或根据，没有了对象性，在方法论或者理论路径上就是错误的。因此，寻求新闻道德的根据，首先需要弄清楚新闻活动本身的真实面目是什么。

新闻活动有其自身的本性，有其自身的规律性；职业新闻活动有其自身的内在特征和客观规则。对此，马克思早就有过生动形象的揭示和表达，他说："要使报刊完成自己的使命，首先必须不从外部为它规定任何使命，必须承认它具有连植物也具有的那种通常为人们所承认的东西，即承认它具有自己的内在规律，这种规律是它所不应该而且也不可能任意摆脱的。"① 这就是说，新闻活动有其自身的客观规律②，有其内在的要求，活动主体可以认识、遵循、运用规律，但不能主观任意而为。从理论逻辑上说，不按照新闻活动规律展开的所谓新闻活动，很难说是真实的新闻活动，至多是徒有虚名的新闻活动。而这样的"新闻活动"，当然谈不上新

---

① 马克思恩格斯全集：第 1 卷 [M]. 2 版. 北京：人民出版社，1995：397.
② 关于新闻规律的比较系统的论述，可参阅：杨保军. 新闻理论教程 [M]. 北京：中国人民大学出版社，2005：240－251.

闻道德问题，如果有也是假新闻道德。

新闻活动作为人类的一种活动，其规律性必然是主体活动的规律性，是在新闻活动历史中形成的，并且是通过历史性新闻活动过程表现的规律性。因此，必然存在着普遍层次上的规律性（所谓普遍规律），同时存在着特殊层次上的规律性（所谓特殊规律）。这样的普遍性和特殊性，正是我们从客体角度发掘新闻道德普遍根据和特殊根据的源泉。明确些说，这里的基本逻辑是：正因为人类的新闻活动有着共同的、普遍的、统一的规律性，所以，才有可能遵循共同的、普遍的、统一的规律性活动规范，而遵循共同的、普遍的、统一的规律性活动规范，是新闻活动能够满足新闻需要以及延伸性需要的必需或前提①，那么，其就"应该"遵循共同的、普遍的、统一的规律性活动规范，这便是共同的、普遍的、统一的新闻道德规范的根据。因而，新闻活动普遍规律性的存在，是形成普遍新闻道德的基本根据，也是形成优良性普遍新闻道德的根据。对于特殊新闻道德的客体根据，我们可以运用同样的逻辑加以说明：由于新闻活动存在客观的历史性、特殊性和具体性，从根本上决定了新闻活动在一定的环境中存在着特殊的、客观的规律性，因此，特殊环境中的新闻活动主体，要想通过新闻活动满足社会的新闻需要和新闻需要基础上的延伸性需要，就不得不按照特殊的新闻规律办事，就应该遵守新闻规律办事。"任何实践主体都应该依据时间、地点、性质等社会历史条件去认识和运用实践规律"②，新闻传播活动的实践者当然不能例外。这样，特殊规律如何便成为活动主

---

① 在一般意义上说，新闻活动直接满足的是人们的新闻需要，但人们展开新闻活动，并不只是为了满足新闻需要，往往是把新闻需要作为中介手段，以实现新闻需要基础上的其他需要，这样的需要就可以叫做新闻需要基础上的延伸性需要。而且，实际的事实告诉人们，延伸性需要常常是更为重要的需要、更为重要的新闻活动目的，这也正是"新闻关系论"应该研究的重要内容。"新闻需要与延伸需要"与新闻具有直接功能和延伸或派生功能是相一致的。（参见：杨保军. 新闻本体论［M］. 北京：中国人民大学出版社，2008：204-224.）

② 田心铭. 认识的反思［M］. 北京：人民出版社，2000：187.

体应该如何的重要根据，即特殊环境中新闻活动的事实如何是新闻活动
者应该如何的重要根据。需要注意的是，我们在上面的逻辑分析中，已
经加入了主体需要的尺度，说明新闻道德根据不可能是单一的客体根
据，还有主体根据，这正是我们在"新闻道德的主体根据"中将要讨论
的问题。

规律，作为事物运行的客观法则，总是能以它特有的客观力量，对人
们的行为和意愿、活动的目的形成客观的约束，从而纠偏人们的不当行为
和不当的目标设定。规律总是可认识的、可把握的、可运用的，因而人们
可以根据客观规律调整自己的行为方式和行为目的。"人类的新闻传播实
践，与人类的其他实践活动一起，在不断发展变化，不断推陈出新，因此
新闻传播规律的具体表现样式、客观的作用方式也会发生变化。新闻传播
规律的历史性、变动性、特殊性等特征，要求人们必须实事求是、具体问
题具体分析。"①这也就意味着，人们总是可以根据对相关活动领域属性、
特征、规律的不断认识，不断优化相关道德规范的合理性和正确性。对于
日新月异的新闻活动来说更是这样，其自身的客观规律性会在不断变化的
新闻时代形成不同的表现样式，人们只有进行不断的认识和理解，才能准
确把握这一新闻道德的普遍根据，确立普遍有效的新闻道德。

2. 新闻道德的主体根据

人是目的性动物，人的活动在总体上说是有目的的，这个目的就是为
了人自身的利益。对此，恩格斯曾经讲过一段反复被人引用的名言，他
说："在社会历史领域内进行活动的，是具有意识的、经过思虑或凭激情
行动的、追求某种目的的人；任何事情的发生都不是没有自觉的意图，没

① 杨保军．新闻活动论［M］．北京：中国人民大学出版社，2006：417.

有预期的目的的"①。因此，人不可能只是在纯粹的客观规律支配下活动，而总是还要按照自己的活动目的来设计活动、展开活动。这就是说，人会按照自己的需要和目的活动，为自己的活动建构各种各样的行动规范。也就是说，人的需要和目的，或者说人的主体尺度，也会成为人的活动根据，人的活动规范的根据。对于新闻活动来说，一点也不会例外。新闻道德，作为主体活动的规范，有其自身的主体根据。

如上所说，新闻活动实际展开的事实如何，永远都是人们形成新闻道德观念、制定新闻道德规范的基础。客体尺度是规范形成的基础性根据，对规范的内容有着客观的约束性和限制性，"任何规则都最终与客观规律相联系，规律的客观性决定了规则选择中的不可选择性"②。因此，离开"事实如何"来谈论"应该如何"一定是荒谬的、可笑的。但是，从事实如何怎样推出应该如何是一个难题，必须通过一定的中介。马克思主义认识论和实践论的研究成果告诉我们，只有正确认识了事实如何，形成正确的理论观念，才能再根据主体的需要和目的，建构实践观念，建构合理的实践规则或规范，进而展开有效的、合理的实践活动。因此，从逻辑上说，从事实如何推出应该如何的中介，其实就是主体的需要和目的。道德是为人的，人才是道德的目的。道德必须从人的需要和目的出发，以人的需要和目的为根据。我国道德哲学学者王海明指出："从'事实如何'能够推导出'应该如何'。但不是直接推导，而是通过一个中介，这个中介就是主体的需要、欲望、目的：行为事实符合人的需要、欲望、目的，就是'应当'的，行为事实不符合、违背人的需要、欲望、目的，就是'不应当'"③。由于人的需要、欲望、目的有一个是否合理的问题，合理的才

---

① 马克思恩格斯选集：第 4 卷 [M]．3 版．北京：人民出版社，2012：253．
② 陈忠．规则论——研究视阈与核心问题 [M]．北京：人民出版社，2008：249．
③ 王海明．伦理学与人生 [M]．上海：复旦大学出版社，2009：7．

是应该的，因此，进一步说，只要主体的需要是合理的，目的是正当的，行为在操作上是科学可行的，某种实践行为就是"应该"的。看来，能否准确把握推导出应该如何的这个"主体需要中介"，也就意味着能否把握好应该如何的主体根据，也是能否制定出优良新闻道德规范的关键。

因此，从主体角度看，新闻活动讲什么样的道德是由主体从事新闻活动的目的决定的。尽管具体的新闻行为目的是多样的，但新闻活动作为人类的一种活动样式，经过历史的"历练"，其基本目的是稳定的、不变的。新闻的最基本的目的就是满足人们合理的新闻需要，并通过新闻需要实现诸多延伸性的需要。当人类新闻活动从相对单一的民间新闻时代，演变发展到职业新闻主导的新闻业时代，再到今天这样职业新闻与民间新闻相融合的时代，人们对新闻活动，特别是职业新闻活动的"目标"或"功能"的普遍期望是：监测环境、守望社会、服务大众，即通过新闻手段，为社会大众服务，维护社会公众的利益，维护社会的良性运行。这就意味着，从原则上说，符合这样目的的新闻行为才是应该的，不符合如此目的的新闻行为，就是不应该的。这样的目的事实上构成了新闻道德评价的总标准和最后标准。所有具体的新闻活动、新闻行为，不管是媒介组织的还是职业个体的，甚至是民间新闻活动主体的，其具体手段和目的的合理性、正当性，或者说道德与否，最终的评价标准就是新闻活动的目标标准。[①] 从规范论的角度说则是：符合这样目的的新闻道德规范才是合理的、优良的，不符合如此目的的新闻道德规范，就是不合理的、不优良的，甚至可能是恶的规范。如果从新闻道德根据论的角度说，这样的目的就是新闻道德的总的主体根据，并且是唯一的、优良的新闻道德的总体主体根据。只有通过这样的根据和理由，才能对新闻道德规范做出令人信服的道德论

---

① 关于新闻道德的评价问题，我们将在第六章进行具体讨论。

证。当然，必须立即说明的是，这只是我们从主体角度的阐释，只是说主体根据是新闻道德成立的必要根据，并不是充分的根据。

新闻道德根源于人对新闻的需要，也就是根源于人的新闻活动的目的性。这里的目的是抽象的，不是具体的。但在具体情境中，比如在一定的社会中，抽象的人便具体化了、现实化了。新闻道德就根源于一定社会中现实的人对新闻的价值诉求。其实，正是为了保证一定社会中，以至整体人类对新闻的价值诉求，才产生了新闻道德，才有了职业新闻人应该如何的道德规范。然而，这里存在一个问题：由于主体总是具体的、有差异的存在者和活动者，因此新闻活动的目的也总是具体的、有差异的，这就从主体角度决定了新闻道德规范的具体性和差异性。也就是说，不同的新闻活动主体，以及他们所依托的，或者代表的社会主体，都会根据自己的需要和目的，并把自己的需要和目的作为合理的主体根据，去制定新闻道德规范。因此，如上所论，从主体向度上说，能否发现和论证主体需要的合理性，以及能否发现和论证不同主体之间需要的共同合理性，将是能否制定优良新闻道德规范的根本。至于不良的规范，那是可以随意制定的。

由此也可以明确看出，道德规范实质上是主体需要的反映、利益的体现，人们只有找到一定社会在一定历史时期整体的、合理的新闻需要，才有可能真正找到合理的新闻道德主体根据，制定出优良的新闻道德规范。同样，在人类意义上或者在全球范围内，只有找到人类共同的、合理的新闻需要及其延伸性需要，才能为全球性新闻职业群体应该遵守的职业道德规范找到合理的主体根据，进而制定出基本的、优良的新闻职业道德规范。我们相信，在今天这样的全球化时代，不管是在一定的社会范围内，还是在全球意义上，由于不同社会群体之间、不同国家之间、不同民族之间、不同文化之间的共同利益诉求越来越多、越来越广泛，人们面临的共同问题，只能通过共同的努力才能解决。因此，存在基于一定人群共同利益的新闻需要是必然的事实,新闻道德的共同主体根据存在因而也是必然的事实。至于怎样才能发现和确认一定社会中所有人的新闻价值诉求,以至整个人类主体对新闻的共同价值诉求,如何才能制定出有效的、合理的职业新闻人在一定社会范围内以至全球范围内应该遵守的共同新闻道德规范,就不是这里能够解决的问题,我们将在后面的有关章节中进行专门的讨论(参见第四章相关内容)。

3. 新闻道德的最终根据——主客体尺度的统一

如果人们把单一的客体尺度当作行为的尺度,失却主体自由意志的能动选择,那就意味着没有应该如何的道德要求;如果人们把单一的主体尺度当作行为尺度,那就意味着行为是主观任意的,没有基本的客观标准,道德与否因而也是无所谓的。而经验事实告诉人们,人类的活动既超脱不了活动对象的客观限制,又离不开活动者自身的需要诉求。因此,有效的活动方式,道德的(或应该的)活动方式,也就是能够给人类自身带来正当利益的活动方式,只能是把两种尺度有机地结合起来。也就是说,"道德规范的合理性、正当性,就在于一方面符合社会发展的规律,有客观规律的根据;另一方面,合乎人性的发展要求"①。把两种尺度有机结合起来,才是人类应该有的活动观念和活动方式。我国著名哲学家冯契先生写道:"如果人的目的以客观规律为依据,又符合进步人类的需要,那么目的就是正当的;由正当目的所规定的活动规则,就是当然之则——怎样运用手段、创造条件使理想化为现实,使目的得以实现的准则、规则。而由'当然之则'所体现的善指合理的利益,即广义的善"②。英国新闻道德研

---

① 陈泽环. 道德结构与伦理学:当代实践哲学的思考 [M]. 上海:上海人民出版社,2009:261.

② 同①261.

究者桑德斯则针对新闻道德问题直接指出："关于新闻道德的思考就是考虑新闻是什么和记者要做什么"①。"新闻是什么"主要属于客体方面的问题，"记者要做什么"属于主体方面的问题，而将这两方面统一起来则包含了新闻道德研究需要关注的基本问题。因此，对于新闻道德的根据问题，也就必须从这两个方面同时出发进行考虑。

对于新闻活动来说，也不能超越这一普遍的要求，"合理的新闻传播活动的展开，应该是合规律性与合目的性的统一"②。因此，从一定意义上说，整个新闻理论研究甚至是整个新闻学的研究，都在为发现和制定正当的、合理的新闻道德规范提供根据。事实上，新闻学的所有研究，在实践价值上，最终就是为了实现道德性的新闻传播、道德性的新闻活动。道德性的新闻活动就是既合规律、又合目的的新闻活动，是理想境界中的新闻活动。在更为一般的意义上说，追求主客体尺度的有机统一，是人类所有活动重要的、普遍的规律。大概正是基于这样的发现和理由，有学者指出，"理想的道德论证方式应该是把主观的和客观的论证有机地结合起来"③。关于新闻道德根据的论证，最好的方式也应该是把主客尺度统一起来。

前述两方面的阐释说明，新闻道德的根据既是事实性的，也是价值性的。事实性是说，新闻道德产生的根据在于客观的新闻活动，特别是职业新闻活动实际上是什么样的，即新闻传播规律性的要求是什么，这可以说是新闻道德的客体根据；价值性是说，新闻道德产生的根据在于一定社会主体对新闻活动，主要是职业新闻活动的价值诉求或价值期望，即社会主体希望通过新闻活动达到什么样的目的，实现什么样的目标，满足什么样

---

① 桑德斯.道德与新闻［M］.洪伟，高蕊，钟文倩，译.上海：复旦大学出版社，2007：17.
② 杨保军.新闻活动论［M］.北京：中国人民大学出版社，2006：416.
③ 陈泽环.道德结构与伦理学：当代实践哲学的思考［M］.上海：上海人民出版社，2009：96.

的需要，这可以说是新闻道德的主体根据。我们只有认识清楚人类新闻活动的本质，揭示出职业新闻活动的实质，才能发现和制定出科学的新闻活动规范；我们只有认识清楚人类新闻活动的根本目的，揭示出职业新闻活动的价值追求，才能为制定合理的新闻道德原则、道德规范提供合理的根据。前者是事实根据，后者是价值根据，只有达到事实与价值的统一，客体尺度和主体尺度的统一，理论观念和实践观念的统一，才能制定出科学的、合理的新闻道德原则和道德规范。因此，主客体尺度统一就是形成优良新闻道德的总根据。

需要进一步说明的是：这两方面的根据以及相互统一的总根据，都是在具体的历史进程中体现出来的，都是在一定的社会环境中体现出来的。两种尺度不管是在哪种程度上的统一，都只能在一定的时代水平上和一定的社会环境中实现。[①] 因此，新闻道德的总根据、总的优良根据——主体尺度与客体尺度的有机统一，只能在抽象意义上说是唯一的、绝对的，可以超越不同的人类新闻活动时代和不同的新闻活动环境。但在真实的社会中，在真实的新闻活动演变过程中，新闻道德的根据是存在历史差异性的，同样也存在着不同社会形态、社会制度中的差异性。规律是普遍的，但普遍的规律总是实现在具体环境中、具体活动中，这就决定了，只有根据具体环境的特点、具体环境中主体的需要，才能形成合理的活动规范。也就是说，这两大根据在具体时代、具体社会中有着具体的表现，实现的统一也只能是时代性的、社会性的，高度依赖于一定社会主体对这两种尺度的认识和把握。理解了这一点，我们才能在根本上理解为什么实际中的新闻道德规范，在历史的纵向比较和共时的横向比较中是有所不同的，也

---

① 需要说明的是，我们这里只是提出一些原则性的看法。运用这些原则性看法分析具体的新闻道德规范根据，或者运用这些原则性看法针对一定社会环境中的新闻道德现象展开仔细的分析，是专门性著作的任务。

才能真正理解新闻道德规范优良性之绝对性和相对性的关系。

这里需要特别强调的是，任何主体在寻求道德根据、进行道德论证、制定新闻道德规范时，应该特别注意客体尺度，注意对新闻活动规律的准确认识和把握。因为我们看到，不管是在现实的民间新闻活动中还是在职业新闻活动中，人们都更倾向于按照自己的需要和目的展开新闻活动，制定新闻活动规范（其实，有时也并不知道自己的真实需要是什么，只是按照自己的欲望进行活动），而忽视对新闻活动规律的把握和自觉运用。人们确实反反复复地发现，为了实现自己的目的，追求自己需要或者欲望的满足，一些主体（包括作为组织主体的国家、政党、新闻媒体和个体）不顾新闻活动自身的特点和规律，随意扭曲新闻活动的本性，把新闻活动搞成了纯粹的宣传活动、公关活动，并依此来建构新闻活动的道德规范，那只能是南辕北辙，只能把新闻活动搞成"四不象"的活动，结果是新闻本身发挥不了新闻的功能作用，主体自己的目的需要也同样实现不了或实现不好。经验事实直接告诉我们，新闻活动本身就是人类有目的性的活动，这种活动有其自身的特点和规律，但目的的实现不能违背新闻活动自身的特点和规律性要求，这是客观性的尺度，是必须遵守的前提条件。正如我在《新闻活动论》中所说："历史的和现实的传播事实一再告诉我们，人们确实是在按照自己的目的性从事新闻传播活动，但却并不能够始终按照新闻传播规律进行新闻传受活动，从而导致新闻传受活动的低效或失败，这就使自觉认识和运用新闻传播规律成为必要。'人们的活动确有合乎规律与违背规律之别，因而自觉地认识规律、遵循规律才成为必要'①。自觉才不至于使人们成为规律的奴隶，掉进宿命的陷阱。"② 把握了规律尺度，才能恰当运用需要的尺度。事实上，客体尺度是主体尺度的前提。新

---

① 田心铭. 认识的反思 [M]. 北京：人民出版社，2000：234.
② 杨保军. 新闻活动论 [M]. 北京：中国人民大学出版社，2006：416.

闻活动中，运用主体尺度是必然的、必需的，但主体应该做的是两种尺度的统一。只有统一了，才是应该的。这样的应该就是正当，就是善，就是道德。将这两种尺度统一起来的理性是超越单一理论理性和单一目的理性的价值理性，从道德论的角度看，这样的理性可以称为道德理性。

最后需要说明的是，发现新闻道德根据的过程，并不仅仅是对新闻活动不断认识、反思的过程，不仅仅是一个纯粹的理论逻辑过程或者是获取道德真理的过程，更重要的是，发现和论证道德根据的过程也是一个新闻实践的过程。什么样的道德原则、什么样的道德规范是符合新闻活动规律的，是符合人们合理新闻需求的，是有利于新闻传播业良性发展的，是有利于促进社会文明进步的，并不是通过纯粹的理论分析就能做到的、就能证明证实的，更需要的是新闻实践本身的检验和证实，以及相关社会实践的检验和证实。因此，任何良性新闻道德规范根据的发现过程，都是一个不断认识、不断实践的过程，是建立在新闻实践基础上的具体过程，不是单一的理论抽象过程。试图仅仅通过坐在书斋中发现和制定正当、合理的新闻道德规范，寻求正当合理的道德根据是不完全可能的。通过新闻实践、新闻反思，形成科学、合理的新闻道德观念，进而通过合理科学的程序，乃是形成和制定新闻道德规范的逻辑前提。

（二）新闻道德的社会根据

上一部分，我们是把新闻活动作为相对独立的社会系统，在宏观层面上，以主客二元关系论的角度，从其内部说明新闻道德的根据。然而，真实的新闻活动，是在整个社会系统、社会环境中展开的现实社会活动，与社会系统、社会环境有着紧密的、千丝万缕的关系，社会的政治经济存在从根本上决定着新闻活动的基本样式。因此，新闻活动，特别是职业新闻活动能够拥有什么样的道德观念、道德规范，还必须从社会环境角度加以说明，这就是新闻道德的社会根据问题。我们将从一般社会根据和特殊社会根据两个向度上展开阐释。

1. 新闻道德的一般社会根据

新闻活动自身的社会性特征，从根本上决定了新闻道德根据并不只是限于新闻活动自身的实际所是，而且还要从整个社会的实际所是出发来进行探究。新闻道德只有相对的独立性，并不具有绝对的封闭性。新闻活动与整个社会联系广泛、紧密的程度几乎超过了任何一个社会意识形态子系统。因而，新闻道德的客观根据必然基于整个社会的政治、经济、文化、技术等状况。这就是说，一定社会能够拥有什么样的新闻道德景象，比如，什么样的新闻的道德观念、道德规范，要求新闻职业工作者具有什么样具体的品质和美德，与该社会的政治、经济、文化、技术等是根本不可分离的。事实上，"对人们的行为、观点、信念给予重大影响的，是周围的环境。人世间不仅不存在绝对孤立和封闭的传播系统，而且人类的传播活动根本无法摆脱环境对它的影响和制约"①。李良荣先生讲得更为直接，"大众传媒是社会的一个子系统，它的生存、变化、发展依赖于、受制于社会总系统"②。我国伦理学者何怀宏说："伦理道德的巨变与社会经济，尤其与政治的巨变密切相关，甚至常常受到它们的支配性影响"③。当然，我们不应忽视事情的另一方面（只是这里我们不从这向度上展开讨论而已），新闻活动始终与社会是一种互动的关系，英国一位媒介伦理学学者讲得很好："事实上，如果不考虑媒介专业行为与实践活动对社会变革的

---

① 孙旭培. 华夏传播论：中国传统文化中的传播 [M]. 北京：人民出版社，1997：206.
② 李良荣. 李良荣自选集：新闻改革的探索 [M]. 上海：复旦大学出版社，2004：27.
③ 何怀宏. 底线伦理是公民道德建设的可行之路 [J]. 绿叶，2009，(1)：76.

作用和影响，就不可能去思考媒介伦理、媒介责任的诸多问题。"① 因此，大众传播中的道德问题、新闻传播中的道德问题，必须置于与社会环境的互动关系中去考虑。

作为手段性或工具性存在的职业新闻活动，实际上以及应该以怎样的方式展开，都与新闻活动所处的社会环境高度相关。仅从新闻道德角度看，新闻活动为什么要遵循某种道德规范，应该遵循什么样的道德规范，都根源于社会的内在需要，根源于社会的目标追求，根源于社会的实际运行状况。因此，我们应该从社会的整体结构出发，对新闻道德的根据做出说明。而所谓新闻道德的"一般"社会根据，则是暂时抛开或不考虑具体社会的特殊性和个别性，主要从社会的普遍结构出发，说明新闻道德的社会来源或社会根据。

在马克思主义社会哲学、历史哲学的视野中，社会被一般性地分为二元结构——经济基础和上层建筑，二者之间基本的、根本性的关系是：经济基础决定上层建筑，上层建筑对经济基础具有反作用，在特定历史条件下，上层建筑对经济基础具有决定性的反作用。在这样的社会结构理论中，新闻活动属于精神领域，属于社会上层建筑的思想意识形态领域。因此，新闻业能够展现出什么样的景象，从根本上说，首先是由社会经济基础决定的，其次是由社会政治上层建筑决定的。② 在这两种基本的决定关系中，有两点基本的也是深刻的相应意味。

其一，有什么样的经济基础，就会有什么样的新闻道德。道德，本质上是主体间利益关系的反映，社会有什么样根本的利益生产方式和调整方式，也就意味着会有什么样的道德观念和道德规范，对人们提出什么样的

---

① ALIA. Media ethics and social change [M]. Edinburgh：Edinburgh University Press，2004：Preface，ix.

② 关于这两种基本决定关系的具体理解，可参阅：杨保军. 新闻理论教程 [M]. 北京：中国人民大学出版社，2005：252 - 281.

道德品质要求。构成社会的任何一个领域、任何一个子系统从原则上说都不可能超脱这个基本的逻辑。社会的经济生产方式是社会拥有的各种道德的最后根据。人们生产什么、怎样生产，从根本上决定了他们能够拥有什么样基本的道德观念。

其二，有什么样的政治制度，就会有什么样的新闻道德。政治制度根源于经济制度，政治制度的直接目的就是通过体系化的政治权力维护其根源的经济制度。经济制度与政治制度之间的这种基本关系，说明政治制度诉求的道德体系与经济制度诉求的道德体系是一致的。一种政治制度，一旦不能适应经济制度甚至背离经济制度的要求，社会的稳定结构就会分离。因此，我们可以顺便说一句，社会的政治改革从原则上说，必须和经济改革同步进行、配合进行，不然，就会埋下社会动荡的祸根。

在任何社会的基本结构中，由于统治阶级（掌握着社会根本的政治权力）总是占有和支配社会物质资源的主要力量，因而作为思想意识形态的新闻业在整体上也总是掌握在统治阶级的手中，主要为统治阶级的利益服务，诚如马克思恩格斯所说："占统治地位的思想不过是占统治地位的物质关系在观念上的表现，不过是以思想的形式表现出来的占统治地位的物质关系"[1]。因此，我们在上文所阐释的经济基础决定新闻道德、经济基础是新闻道德的社会根据的逻辑，同样适用于政治制度与新闻道德之间的关系，也就是说，在现实的人类社会中，政治制度始终是新闻道德的重要根据，政治制度的道德与否将在很大程度上决定新闻道德的真实性。

再细致一点说，在上层建筑内部，政治属于政治上层建筑的构成部分，新闻则属于上层建筑思想意识形态的组成部分，而政治上层建筑通常决定着上层建筑思想意识形态，依照这样的事实和逻辑，新闻制度不过是

---

① 马克思恩格斯选集：第 1 卷 [M]. 3 版. 北京：人民出版社，2012：178.

政治制度体系的一部分，并且，新闻制度从属于政治制度，即有什么样的政治制度，就有什么样的新闻制度。试想，在专制主义的政治制度下，会有民主式的新闻制度吗？在民主政治制度下，新闻制度会是专制主义类型的吗？政治制度总要通过新闻的方式、舆论的方式、意识形态的方式，维护和张扬自己的合理性和正当性，这就从根本上决定了，掌控政治制度的统治者（不管统治者是以阶级、阶层方式存在，还是以特殊社会利益集团的形式出现），必然要求新闻活动者按照与政治制度相适应的道德方式展开新闻活动，也就是说，新闻道德首先要根源于政治的诉求，要把政治要求作为重要的新闻道德根据。

如果从"社会道德系统"在社会整体结构中的地位出发，讨论新闻道德的根据问题，则结论与上述结论是必然一致的，即与我们上面从新闻与经济、政治关系的分析逻辑是一致的。因为，社会道德本身属于上层建筑思想意识的构成部分，也决定于社会的经济基础，受制于社会政治制度，受制于社会主导性的统治思想和价值观念。因此，就不再赘述了。但是，新闻道德与社会道德本身之间的关系，还需要加以解释。从社会历史根源上说，新闻道德与社会道德很难有谁先谁后的渊源关系。在最初的人类活动中，尽管各种活动可能混沌不分或者分得不是那么清楚（各种领域的道德，是在漫长的历史过程中孕育生成的），但其中必然包含着新闻活动，在客观上就存在着文明社会所说的新闻道德。因此，在原则上，一般社会道德和新闻道德①在客观上应该是同生的。但就新闻职业道德来说，我们则可以明确地说，它首先来源于社会道德，其次则是对新闻业、新闻活动内在要求、新闻职业自身特点进行自省、反思、自觉化的产物。这样，我

---

① 这里所说的新闻活动中的道德，并不是职业新闻活动中的职业道德。这里，"新闻道德"与"新闻职业道德"显然是两个不同的概念。同时也表明，在历史逻辑上，先有新闻道德，而后在新闻业的诞生发展过程中，才出现了新闻职业道德。

们就既能解释新闻职业道德与社会道德的一致性，也能说明新闻职业道德的特殊性。同时，我们可以说，一般社会道德也是新闻职业道德的社会根据，即职业新闻活动应该遵守什么样的道德规范，一般社会道德为其提供了根据或者参照标准。① 因此，当职业新闻工作者的新闻行为违背了普遍的社会道德规范，人们就会发出道德批评或道德谴责，深层的原因就是一般社会道德是新闻职业道德的社会根据之一，并且因同属道德系统而在根据上具有更强的直接性。

除此之外，新闻活动作为思想意识形态领域的一部分，必然与其他意识形态系统发生相互作用。为了叙述的方便，我们把其他意识形态系统（诸如文学艺术、哲学宗教等）统一称为社会的文化系统。这样，就可以做出如此判断：其三（与上面"其一"和"其二"相并列），有什么样的社会文化传统、文化现实环境和文化价值追求，就会有什么样的新闻道德。也就是说，社会的文化系统也是新闻道德的重要根据，而一定社会的新闻文化传统往往以"根深蒂固"的方式直接影响着不同社会新闻道德的个性特点。传统就是仍然活在今天的历史，我们不可能随意抛弃，正如庞朴先生所言："传统不是一件大褂，我可以穿在身上，也可以把它脱掉。传统好比你身体的一部分，想彻底地、痛快地把它抛弃掉是不可能的。在激进的年代，有些激进分子会提出某些激进的口号。虽然能够震撼人心，兴奋一时，但是事实上办不到。"②

社会的文化传统以及由历史积淀而成的文化现实与基于现实的文化追求，特别是哲学文化、宗教文化、道德文化传统与现实，从文化价值观念的深层次上影响着新闻道德的理想追求和基本道德信念。比如，笼统地

① 大概正是因为如此，一些人直到今天仍在怀疑新闻道德自身的独立性。其实，社会的道德系统在本质上是统一的，但社会生活的丰富性、复杂性，各个社会领域的差异性等，从客观上决定了道德要求的特殊性。

② 庞朴.文化的界说 [N].解放日报，2009-08-02 (8).

说，以自由、平等、博爱、自我实现、个人为本等为基本价值观念的西方世界，从根本上塑造了以实现新闻自由为基本精神的个人主义的新闻道德观念以及相应的新闻道德规范；而以提倡奉献精神、集体优先、社会为本、以民为本、天人合一等基本价值观念的中国文化，从根本上塑造了追求为国家服务、为政党集团服务、为人民服务、为社会服务的集体主义性质的新闻道德观念和相应的新闻道德规范。事实上，主导性的社会文化价值观念总要通过不同的渠道"弥漫"和体现在社会的所有具体领域，新闻领域不过更明显一些罢了。

像其他一般道德观念会来源于异质文化资源间的交流一样，新闻道德也会直接或间接地来源于跨文化交流，特别是具有异质性新闻文化之间的交流，这在信息时代和全球化的今天显得更加突出。相关研究已经证明，文化流（本质上是一种思想流、知识流、价值流）多是从强势文化流向弱势文化，从而形成强势文化对弱势文化的更大影响。对于现当代社会来说，世界为人们呈现的文化交流事实是：西方文化处于相对强势的地位，而世界其他地方的文化处于相对弱势的地位。这种局面是由整个人类社会整体的现代转型以及西方世界已经开始的后现代转型所造成的。① 当然，社会文化的强势流动方向不会是永恒单一的（历史提供的事实已经证明了这一点），而是会在人类演变过程中发生变化的。但就当今的现实来看，新闻文化价值观念，就像新闻信息流一样，主要是由西方世界特别是西方发达国家流向世界其他地方。我们看到，有些处于现代性转型中的国家，其新闻职业道德观念往往直接来源于西方新闻文化，有些甚至是直接搬用

---

① 法国哲学家利奥塔早在 20 世纪 70 年代就这样写道："我们的社会正在走向后工业社会，我们的文化正在走向后现代时代。"（转引自：马特拉 A，马特拉 M. 传播学简史 [M]. 孙五三，译. 北京：中国人民大学出版社，2008：113.）确实，人类社会的现代转型以及西方世界的后现代转型是一个巨大的问题，需要整个人类予以高度关注。事实上，关于这方面的研究文献在西方学术界已经汗牛充栋，但在现代化中的中国学术界才刚刚开始。

西方国家的新闻道德规范，把它们直接当作合理优良的新闻道德根据或道德规范。实际上，由于新闻领域本身处于信息、文化、思想交流的前沿阵地，因而在道德观念方面确实更易受到西方文化的影响，更易于把西方的新闻道德直接作为本国的道德根据。但在各种文化交流中需要人们注意的是，异质性本身已经说明，以其他新闻文化为根据的新闻道德不可能完全适应本土的"胃口"，一定要有一个"本土化"的改造。

新闻道德的一般社会根据，也像我们上面讨论的内在根据一样，只在抽象意义上是不变的，但在真实的历史环境、社会环境中，社会根据本身也是不断变化的。对此，需要加以必要的说明。

人类社会是历史的产物、历史的动态存在，其中的一切事物也都是历史的、变化的。我们在考察新闻道德的一般社会根据问题时，同样要加以历史的分析。实践的唯物主义为我们揭示出这样的道理："人的存在方式是历史性变革的，人对世界的现实关系是历史性变革的，人的世界图景是历史性变革的，人对自己与世界的关系的自我意识是历史性变革的"①。这一系列客观的、必然的历史性变革，从根本上决定了我们必须以历史的方法论观念去对待我们的研究对象和问题，我们只有在具体的历史环境中才能真切地、具体地把握我们所研究的对象和问题。

新闻道德的根据，应该到新闻的历史实践中去寻求。新闻活动的特征、目的、理想，都是在新闻活动的历史实践过程中形成的，并且也是历史地表现的，绝不是上天决定的。新闻道德的诸多要求与变化不可能超脱新闻实践的历史性追求和理想。我们可以说，有什么样的新闻实践事实，就会产生什么样的新闻道德要求。当然，一定历史时期的新闻道德理想，也会成为引导新闻实践发展的观念和精神力量。

---

① 孙正聿. 改革开放以来中国哲学发展的历史与逻辑［J］. 吉林大学社会科学学报，2008（5）：8.

新闻活动，特别是作为社会分工而成的职业化新闻活动，到底应该遵循什么样的道德，并不是固定不变的、预先存在的或者抽象永恒的，而是在新闻活动的历史过程中逐步形成的、慢慢积淀的。新闻活动自身的形象只能在新闻活动的历史过程中塑造，新闻活动的道德支柱也只能在这样的过程中塑造出来。那些今天看来属于普遍性的道德要求，其实是在历史演变中一步一步形成的，是在历史变迁的"试错"或"代价"中逐渐确立的。

历史把新闻活动特别是职业新闻活动塑造成什么样的活动——什么样目的、什么样功能、什么样价值、什么样理想的活动，也就意味着职业新闻活动是讲什么样规范和应该讲什么样规范的活动。由新闻活动历史为新闻塑造的目的性，从根本上也塑造了新闻道德的根据，新闻的目的其实就是新闻的根据。我们反复论说的就是：新闻的目的是新闻活动的历史塑造的，合乎这样目的的新闻活动才是道德的，否则便是不道德的。

社会是变化的，时代也是不断更新的，伴随整个社会物质文明、精神文明、政治文明、生态文明的演进和变革，社会的道德景象必然也会不断变化，社会为新闻活动提供的道德根据也会不断发生变化。

2. 新闻道德的特殊社会根据

新闻活动，是人类共有的普遍活动，是人类的本体性活动[①]；新闻需要，是人类普遍的共有的一种基本需要。但这些普遍的东西，又只能在具体的历史条件下、具体的社会环境中存在和实现。因此，新闻伦理道德，也只能像一般的社会伦理道德一样，既有普遍的内容，也有特殊的一面，诚如有学者所说的那样，"一定社会的伦理观念，既有为特定社会的背景

---

① 杨保军. 新闻本体论 [M]. 北京：中国人民大学出版社，2008：1-30.

条件所决定的内容，也有为人类社会的共同生活所需要的内容"①。新闻道德，作为意识形态的一部分，高度根源于、依赖于具体的社会存在情况，有什么样的社会存在，就有什么样的道德表现。新闻道德，也像其他具体道德现象一样，在实际社会中的存在与表现是历史的、具体的。因此，新闻道德根据论的任务之一，就是要回答历史的、具体的新闻道德为什么是这样的，而不是那样的，特别要回答如此道德的合理性何在、根据在哪里。这就是说，寻找新闻道德根据的另一条路径是：认识特殊的、具体的社会存在。不理解一定的社会存在，就不可能理解一定社会中的道德存在。

尽管在全球范围内或人类视野中，新闻业、新闻传播有着共同的特征，但新闻业、新闻传播在不同社会中的存在总是特殊的、具体的、个别的，有其自身的个性特征。一般的、普遍的新闻道德根据，只有在具体的社会环境中、文化环境中才能真正落实和生根。只有这样，我们才能真正理解，为什么不同社会中的新闻工作者有着差别性的新闻职业道德观念，遵循着并不完全相同的新闻职业道德规范，社会对职业新闻工作者的新闻品质也有不同的期望。

一定社会环境中的新闻传播业、新闻职业，能够拥有什么样的新闻道德观念，建构起什么样内容、什么样形式和什么样水平的新闻道德规范，职业新闻工作者在整体上能够具有怎样的新闻道德品质，并不是道德理论家们进行道德设计的结果，而是整体社会现实存在情况决定的结果。进一步说，正是一定社会存在的特殊性，即一定社会经济、政治、文化、技术以及习惯、传统、社会心理等等的特殊性，从根本上决定了其新闻存在、新闻活动的特殊性（这里我们暂且不考虑新闻活动对其环境要素、环境系

---

① 龚群. 社会伦理十讲 [M]. 北京：中国人民大学出版社，2008：307.

统的作用和影响），从根本上决定了不同历史环境、现实环境中新闻道德表现的特殊性。在一般意义上说，新闻道德的实际表现形式，是一定社会中新闻活动与整个社会系统相互作用的结果，既不是新闻活动系统纯粹自生的，也不是社会环境纯粹赋予的、强加的。因此，"任何撇开历史的逻辑分析和远离道德现实的理论建构都不能获得真正的科学结论"[1]。一定社会能够建构什么样的新闻道德图景，必须根源于这个社会的实际，道德根据还得从现实的社会中去寻找和发掘。

新闻活动者特别是职业新闻工作者在一定的社会环境中能够做什么，不能做什么，应该做什么，不应该做什么，等等，是由该社会基本制度（经济制度、政治制度）所决定的新闻制度从宏观层面上所决定的。要想理解一定社会中的媒介道德、新闻道德，离开对这个社会政治、经济、文化等特殊性的理解，是不大可能的，我相信这样的判断："将政治（还至少可以加上经济——引者注）与道德割裂的人，永远不会懂得二者中的任何一个。"[2] 新闻业、新闻传播尽管在不同历史时代、不同民族国家有过、有着一些相似的功能，但人们也十分清楚地看到，它们在不同时代、不同民族国家有过、有着不同的功能，发挥着不同的作用，因而也诉求着不同的道德要求。这就是说，职业新闻工作者职业行为的正当性界限，不仅仅是由新闻活动、新闻职业的普遍性质所划定的，还是由职业新闻工作者所处社会环境划定的，所处社会的经济制度、政治制度划定的。因此，由社会环境确定的新闻制度本身的道德性，将在宏观层面上直接影响职业新闻工作者职业行为的道德性。这就是说，如果一种新闻制度本身是不道德的或不合理的，在这种制度约束下的新闻行为很难在整体上是道德的，或者

---

① 万俊人 . 现代西方伦理学史：上卷 [M]. 北京：北京大学出版社，1990：471.
② RIVERS, MATHEWS. Ethics for the media [M]. Englewood Cliffs, N. J.：Prentice Hall, 1988：9.

根本就不属于新闻道德的范畴。我们需要明白，"制度之善优于、先于、也重要于个体的善"①，"与个人行为相比，制度性行为的力量和影响是更为强大和深远的……制度本身的价值取向对人们的价值选择和价值取向有着重要的导向作用；合理的制度安排能够给人们的道德行为提供强有力的支持"②。因此，怎样的新闻制度才是合理的、道德的新闻制度，是我们必须在制度伦理层面上关注的大问题。探究新闻道德的根据，永远离不开一定社会的特殊根据。一个社会需要什么样的新闻，甚至是统治者认为他们需要什么样的新闻，新闻往往就会成为什么样，新闻道德规范就会成为什么样。即使在新闻业高度发达的社会，其拥有的动态变化的新闻图景也并不是由职业新闻活动者独立建构的，而是由整个社会特别是社会的统治者建构的③，新闻道德观念、道德规范的"命运"也基本如此。至于道德是否合理优良，那是另一个问题。关键要看一定社会能否真正认识到、自觉到适应社会良性发展的新闻需要，能否真正认识到、自觉到适应社会大众自身完善发展的新闻需要，它们是能够制定优良新闻道德规范的主要社会根据、社会主体根据。

如果从整体的文化角度看，文化的特殊性，使形式上普遍的道德观念、道德规范、道德品质都会受到文化特殊性的"特殊化"，也就是说，形式上普遍的道德观念、道德规范、道德品质一旦落实在具体的文化环境中，便都会获得特殊的界定，获得特殊的内涵。"有些观念可以跨越文化界限，有些则不能，甚至大多数基本的道德规则都因特殊的环境而有所不

---

① 甘绍平．人权伦理学［M］．北京：中国发展出版社，2009：序言6.
② 杨通进．回顾与展望：改革开放以来我国伦理学研究的思考［J］．社会科学，2009（7）：111.
③ 关于新闻的社会建构、社会统治建构问题，可参阅：杨保军．新闻理论研究引论［M］．北京：中国人民大学出版社，2009：207-212.

同。"①道德的文化特殊性、新闻道德的文化特殊性都是既存的事实，并不是我们想象的产物。也许在人类生存发展方式的全球化过程中，随着交流、融合的增多和加快，特殊内涵会减少，普适的内容会增多，但把人类未来的文化价值、道德文化价值想象为单一的、一元的，本身就是不可想象的，也是一种可怕的、恐怖的想象。当人类多元文化的景象，变成了单一的文化景象，当丰富多彩的世界图景变成了单色的世界，真不知那将是一个什么样的世界。多元文化可以通过交流对话达成一定范围和一定程度的共识，但同时可以保持不同文化的个性特色。

一定社会中的新闻，首先是由社会需求决定其基本命运的，因此，"要想恰如其分地理解媒介，就必须明白媒介生存其中的社会"②。即使在今天这样所谓的全球化时代，那些"全球性的媒介并不是中立的信息供应商，而是文化的创造者和塑造者"③。也就是说，那些跨越国界的媒介组织、新闻媒介组织，在传播新闻和其他信息的过程中，并不是简单地、崇高地按照人类的利益传播新闻的，也不是简单地按照传播指向的国家或地区的利益传播新闻的，它们有自己的利益，不仅有自己的物质经济利益，也有它们的精神文化利益，甚至可以说有自己代表的、赞赏的政治的、意识形态利益。从道德论角度说就是，它们有着各自的道德信念和道德理想。

但是，我们也必须指出，特殊的存在，并不都是合理的存在，并不都是应该的存在，有些存在是必须彻底改造的，有些存在是必须彻底铲除的、消灭的。我们绝不能把暂时的历史合理性当作永恒的合理性。事实

① ALIA. Media ethics and social change [M]. Edinburgh：Edinburgh University Press，2004：Preface，12.

② RIVERS，MATHEWS. Ethics for the media [M]. Englewood Cliffs，N. J.：Prentice Hall，1988：29.

③ 同①Preface，x.

上，不存在永恒的合理性。合理性本身就是一个历史的过程。把社会特殊性、文化特殊性作为借口，用来压制新闻传播自身规律性的任何做法都是反历史的，当然也是不道德的。职业新闻活动在一定社会环境中，为什么要讲这样的道德，而不讲那样的道德，必然有其特殊的社会根据，但有些社会根据是需要改变的，并且是能够改变的。特别是当历史已经提供了改变的条件，人们还不加改变的话，这种根据支持的所谓道德其实是不道德的。不同文化之间是有差异的，这是不可否认的客观事实。但是，我们也不能过高夸大文化之间的差异性，美国道德哲学研究者詹姆斯·雷切尔斯就说："过高地估计文化之间的差异是错误的，从一个文化到另一个文化，不是每一条道德规范都会发生变化的"①。我们不能在文化差异的名义下维护那些明显违背人类普遍价值的东西，也不能在文化差异的名义下维护那些明显落后于一定社会文明水平和实践的方式，不管这种实践方式发生在哪个社会领域，哪个职业领域。任何以差异性、特殊性为借口所保护的落后"道德"，都应该消除。

在我国，在新闻职业道德领域中，最具特色的、相当普遍的，同时也是比较突出的现象就是：政治要求的道德化、伦理化，或者说道德要求的政治化。一些政治上的要求，意识形态宣扬的诉求，成为职业新闻工作者的道德责任。之所以出现这样的情况，其根本原因在于我国的新闻传播业，一开始就是党和政府的事业，是党和政府的耳目喉舌，这就从根本上决定了我国的新闻工作者，不是纯粹的职业化、专业化的新闻工作者，新闻工作者只是他们担当的一种角色，他们同时还担当着党和政府工作的宣传者的重要角色，并且这一角色往往具有优先的地位。规范我国新闻工作者的主要道德规范至少是由三大块构成的：一是正在形成的新闻职业道德

---

① 雷切尔斯 J，雷切尔斯 S. 道德的理由 [M]. 杨宗元，译. 5 版. 北京：中国人民大学出版社，2009：28.

规范；二是长期形成的党的新闻宣传工作①纪律规范（纪律规范已经道德化了）；三是新闻工作者所在的行业规范、新闻媒介组织的组织规范，也可以叫做行业伦理规范和组织（企业）伦理规范，这类规范和第一类有重合的地方，但常常有所不同，所以单列一类。就实际情况来看，第二方面的规范比第一方面、第三方面的规范更加严格有效。这当然是可以理解的，因为纪律本身具有类似法律规范的硬性作用，另外则是因为在以往的历史中，我国新闻工作者更重视宣传纪律的观念，更看重纪律约束而不是道德限制。进一步说，就目前来看，中国共产党的宣传纪律要求，实质上是我国新闻从业者道德观念、道德规范的直接的、重要的来源或根据之一，并且，其他根据如果与纪律要求相冲突，则被认为是不正当的。

伴随中国改革开放的不断深入，新闻宣传工作至少在形式上开始向职业化转变，直接表现就是：新闻工作者已经自觉到在遵守宣传纪律的前提下，也要讲职业道德，遵守职业规范，承担社会责任，维护社会公众利益，为社会公众服务。并且，有不少优秀的新闻人，以此作为自己的职业理想和职业目标，将之贯彻在自己的新闻行为之中。新闻理论界也在大量引介西方学术界关于新闻职业化的著述，同时也有不少学者根据中国新闻历史、现实及未来的发展可能，探讨并发表关于新闻职业化的著述。从道德根据论的角度看，这实质上就是要把新闻道德同时建立在新闻活动内在要求的基础之上，就是要寻求新闻道德相对独立的职业根据，背后蕴涵着对以往把政治意识形态要求作为道德全部根据的某种反拨。

---

① 从事中国共产党宣传工作的组织和人很多，有各种各样的类别，新闻宣传工作者只是其中一类，他们的核心特点就是通过"新闻手段"——新闻报道和新闻评论为主——宣传党的路线、方针、政策，宣传党的基本理论和基本思想，以及党所提倡的各种观念、价值等等。

（三）新闻道德的个体特色根据

如上所说，新闻道德是关于新闻活动的道德，是关于新闻活动者的道德，主要是关于新闻活动主体的道德，集中表现就是关于职业活动者个体的道德。这样的新闻道德表现为新闻职业道德观念、新闻职业道德规范、新闻职业道德品质，而所谓新闻道德根据的源泉，就是要寻找和探索这些观念、规范、品质是从哪里来的，是以什么为根据而产生的、成立的。上面的分析与阐述说明：新闻道德源于新闻活动自身的本性，源于新闻职业自身的属性和特征；新闻道德源于一定社会对新闻价值的诉求；新闻道德源于社会环境对新闻活动的约束；新闻道德源于新闻职业角色的内在要求。但对一个具体的职业个体来说，他或她的从业道德根据，还会根源于自己的个性特点、个性追求和个性需要，这正是我们要在"新闻道德的个体特色根据"中讨论的问题。

什么样的人就应该讲什么样的道德，什么样的社会角色就应该讲什么样的道德，角色与角色道德是统一的，"从根本上说，一个人要弄清楚他应该做什么，最好的办法是先找出他是谁，他是什么样的人"①。角色自觉是角色道德的认知前提。每一种职业都有自身的本性，因而才有自己独特的面孔，有自己独特的活动规则或规范。职业的本性才是面孔的根据，也是其规范的根据。法国思想家、格言体道德作家拉罗什福科说："在所有职业中，每种职业都规定出一副面孔，以表示它想成为人们认为它应当是的那副样子"②。显然，道德面孔是最能显示职业特色的，因为道德面孔最能显示一种职业的价值追求。

---

① 马斯洛. 人性能达的境界 [M]. 林方，译. 昆明：云南人民出版社，1987：112.
② 拉罗什福科. 道德箴言录 [M]. 何怀宏，译. 北京：新世界出版社，2008：51.

　　新闻从业人员的价值取向有着共同的内容，也有差异性的内容。在坚守底线性职业道德之外，不同职业人的道德境界之间可能会有相当大的差别。我国学者的相关实证研究表明：人们普遍认为，目前"职业伦理的突出问题是伦理意义祛魅，职业活动工具化，表现为：把职业当手段，缺乏责任感与奉献精神"①。看来，就目前来说，在职业范围内达成基本的职业共识，形成共同的职业追求，仍然是一个艰难的任务，对于我们这样处于整体社会转型期的国家的各个职业领域尤为艰难，对于职业意识、专业意识还比较弱的新闻职业来说，就更艰难了。但是，对于每一个职业个体来说，既然从事了一种职业，就必须认同所在行业、所从事职业的基本职责，就不能不顾基本的职业道德规范，不守本行业、本职业最基本的道德根据。道德世界是人的单一性与普遍性统一的世界，道德世界是个体与道德法则的统一；人，只有超越自己的个别存在而达到伦与理的统一，道与德的统一，才会有伦理精神或道德精神②。从事新闻职业的任何职业个体，在原则上首先要把普遍的职业道德作为自我道德的直接根据，这是不能动摇的基础，本身就是一种道德性要求。"人之为人，在于有其超越于个别性之上的公共本质；伦理的可能性，道德的可能性，在于个体对其公共本质的信念和坚守。"③对于每一职业个体来说，能够成为某一职业领域从业人员的重要根基，就在于能够认同职业共同体的基本道德和共同信念，并为基本道德和共同信念的实现做出行为上的努力。

　　但是，对于职业个体来说，其实对于任何个人主体来说也一样，除了拥有某种共同遵守的道德规范和道德信念之外，持有自己个性化的伦理观或道德观也是必然的。任何一种职业领域也像一般的社会领域一样，是以

①　樊浩. 当前中国伦理道德状况及其精神哲学分析 [J]. 中国社会科学，2009 (4)：31.

②　同①27－42.

③　同①30.

个体为本位而存在的，个体必定是相对独立的存在，是具有道德自主意识、道德自主行为的存在。每一个体都会拥有特殊的、个性化的人生环境、人生历程、人生经验；每一个体的先天资质、后天机遇都会有所差异；每一个体在社会化过程中、职业化过程中能够做出的认知努力、意志磨砺、行为历练都会有所差别。如此等等，都会积淀和体现在一个人作为社会人、职业人的道德信念之中。这就是说，每个人，不管作为社会人，还是作为职业人，其坚守的道德信念、认可的行为规范，都有自身的特殊根据。因此，我们在讨论新闻道德根据问题时，不应该忽视这种具有更多差异性的根据。事实上，只有我们充分注意到这种根据，我们才能更好理解不同职业个体的道德差异性表现，也才能更好地培养职业道德人格。如果能够解决道德根据上的合理性问题，也就从根源上为优良道德的形成找到了途径。

一个人能够讲什么样的道德，包括职业个体能够讲什么样的职业道德，从原则上说是离不开由社会政治、经济、文化等等所塑造的社会环境、道德环境的，是离不开总的制度环境和具体领域的制度环境的。这就是说，特定社会中的新闻职业工作者，讲什么样的新闻道德，遵守什么样的新闻道德规范，首先取决于新闻业的性质，取决于社会所确立的新闻制度。扩展开来说，就是离不开社会制度的道德性和具体领域制度的道德性。邓小平就曾讲过这样的话："制度好可以使坏人无法任意横行，制度不好可以使好人无法充分做好事，甚至会走向反面"[①]。但是，上述关于道德根据的主体特色解释，使我们明白：人们既不能把良好的个体道德表现完全归属于社会的道德环境、职业道德环境，也不能把道德缺陷完全归罪于社会制度不公正，社会环境不好，不能完全归罪于一定领域制度的不

① 邓小平文选：第2卷 [M]. 2版. 北京：人民出版社，1994：333.

公正或道德环境不好。有学者指出，"德性伦理学表明，不是所有的道德缺陷都可以归结于诸如政治和经济等框架条件或社会关系的；有些道德缺陷确实出于个人责任范围内的道德错误。社会的特定道德质量与其成员的立场、态度和情感能力相关。没有相应的感受，我们的道德行为就会脱离具体境况"①。尽管好的制度使人容易从事道德行为，能够支持个人道德，但"制度不能取代个人道德"②。事实确实如此，换个角度看，社会道德如何，一定社会领域、职业领域的道德如何，是与每个相关成员都相关的事情。一个人或职业个体，都可以超越一定环境的影响，拥有自己相对独立的道德信念、道德理想，每一个人都有可能和机会成为有德性的主体，每一个人都可以为自己优良的道德找到理由和根据。再进一步说，制度伦理或制度道德的改善，不是凭空而来的，而是通过每一个体的道德努力实现的。制度是人为的，其中的人如果不讲道德，制度的道德性也就必然落空了。

---

① 陈泽环. 道德结构与伦理学：当代实践哲学的思考 [M]. 上海：上海人民出版社，2009：107.

② 同①127.

第三章　新闻道德观念

观念改变着世界。新观念的力量是变革我们生活和思维方式的引擎。

——理查德·司登格尔

从一种道德观念转向另一种道德观念，在知识和情感方面存在着巨大的困难。

——莱恩·多亚尔、伊恩·高夫

相信我们的生存必然是以某些全球共享的价值观为基础的。

——卡瑞·桑德斯

新闻道德理论的核心是新闻道德观念论。对新闻道德是什么的认识，对新闻道德根据在哪里的探寻，实际上生成了我们最基本的新闻道德观念。具体一些说，当我们发现新闻活动是一种事实上讲道德并且必须讲道德的活动时，当我们发现新闻活动事实上是怎样一种活动时，当我们认定在什么样的范围内应该讲新闻道德时，当我们进而发现和反思新闻活动（在一定历史时代、一定社会环境中）应该坚持什么样的道德时，我们实际上已经形成了基本的新闻道德观念，我们实际上已经描绘了道德性新闻活动的基本模样。如果先从单向的、自觉的逻辑考虑，就可以说，道德规范不过是道德观念的外化物或规则化产物，道德观念是道德规范得以形成的重要前提。[①]

一、新闻道德观念的生成

新闻道德观念不是天生的，它像任何其他道德观念一样，有一个历史的生成过程。新闻传播业时代的职业新闻道德观念是在漫长的前新闻传播业时代相关观念基础上生成的。职业新闻道德观念是在职业新闻活动的历史过程中逐步生成的、演化的，并将继续随着新闻传播现象的演变、新闻传播职业的变化而变化。我们这里讨论的主要是作为整体职业道德观念的生成问题，而不是职业个体的新闻职业道德观念是如何生成的。

（一）新闻道德观念生成的历史逻辑

"职业道德不是在一般社会实践的意义上形成的，而是在特定的职业实践、角色实践的基础上形成的。"[②]职业道德观念的形成，应该以职业产生为前提，应该以专门性的社会分工为前提，如果没有专门的职业，哪来专门性的职业观念？如果没有基本的职业观念，那就更不可能有职业道德

---

① 这里之所以说单向的逻辑，是因为在实际中，特别是从历史的角度考察，人类很可能是在自然而然的生存、生活中形成一些活动规则、规范，后来才有关于规则、规范的意识和观念。但是，当人类进入理性时代，就开始自觉建构规范，这时应该说道德观念往往先于道德规范。可一旦二者成为共时性存在，它们之间的关系就会显示出明显的互动作用。我之所以把新闻道德观念论置于新闻道德规范论前面，是因为作为职业道德规范的新闻道德规范，是现代理性的产物，是人类对职业新闻活动规则自觉的产物，在逻辑上是先有道德观念，后有道德规范的。

② 龚群. 社会伦理十讲［M］. 北京：中国人民大学出版社，2008：164.

观念。职业观念、职业道德观念，只能是在长期的职业实践中慢慢孕育、产生和成长。我们这里只是说明新闻道德观念生成中必然具有历史演变过程的客观逻辑，具体考察新闻道德观念的历史形成则需要专门的研究。

从历史逻辑看，职业新闻传播活动本身就是一个历史的形成过程。新闻活动成为一种职业有其自身的职业化生成过程，是在社会分工的不断进化过程中形成的，也是民间新闻活动不断发育成长的结果，更是近现代新闻传播业诞生发展的结果。"从时间上讲，新闻事业是伴随现代文明的生成而兴起的……具体说来，新闻事业最早在文艺复兴时代的意大利显露晨曦，随后在工业化进程中日趋兴旺，最终在现代文明的浪潮席卷天下之际，新闻事业也成为当代世界不可或缺的一大系统。"① 在这一切的背后，是整个人类社会在政治、经济、文化、技术等等方面整体进步的结果，并首先出现在世界上一些发展较快的地区②。只有当社会生产、社会生活有

① 李彬. 全球新闻传播史，公元 1500—2000 年 [M]. 北京：清华大学出版社，2005：40. 关于现代新闻传播业诞生和发展过程的详细情况，可参阅上书。新闻报道成为一种职业，也是以人们在整体上具备新闻意识为基本前提的。有学者说："关于传播信息中的一类——新闻，能够从一般信息传播中分离出来，仅是最近几百年的事情。"（陈力丹. 世界新闻传播史 [M]. 上海：上海交通大学出版社，2002：1.）而明确的、普遍的新闻意识，是与西方近代报纸相伴而生的，直到 19 世纪三四十年代大众化、商业化的报纸真正勃兴起来，人们才将新闻信息与意见信息、广告信息等自觉地加以区分，与其他信息相分离的新闻传播观念才得以逐步形成和确立，人们对什么应该是新闻，什么不应该是新闻才有了比较稳定的标准。（参见：杨保军. 新闻理论教程 [M]. 北京：中国人民大学出版社，2005：90.）美国学者舒德森说："新闻大致是 1830 年代的产物，记者是 1880 年代到 1890 年代的社会创造"，新闻报道由此成为一种职业。

② 所谓发展较快地区，主要表现为规模化商品经济的出现和近代工业生产方式的形成。其实，正如李彬所说："不妨把新闻事业视为现代文明的一个表征。"（李彬. 全球新闻传播史，公元 1500—2000 年 [M]. 北京：清华大学出版社，2005：40.）当然，事情还有不能忘记的另外一面，这就是由印刷技术促成的近代新闻业的诞生和发展，对整个社会的文明进步产生了巨大的作用和影响，这是一个相互作用的历史过程。阿特休尔在《权力的媒介》中写道："正是印刷术的发明（而不是别的）使历史从中世纪发展到近代；这期间，能够阅读的大众日益增多导致了思想的广泛传播，思想的广泛传播又推动了哲学与科技的变革。这些变革最终推翻了教士和贵族的统治，从而产生崭新的政治、经济、社会、文化和宗教制度。在这个发展过程中，新闻事业从未与之分离，始终是这些发展的有机组成部分。遗忘了这一简单的道理，就不可能理解新闻事业。"（阿特休尔. 权力的媒介 [M]. 黄煜，等译. 北京：华夏出版社，1989：4.）

了规模化的信息需求、新闻需求，规模化、组织化、目的化的信息生产、新闻生产以及相关的传播才有可能，专门性的新闻职业活动机构和活动人员才可能出现。与此相适应，新闻活动必然是一个从没有道德自觉到具有道德自觉的演变过程；自觉的过程就是新闻道德意识生成的过程，更进一步，则是新闻道德观念、职业新闻道德观念生成的过程。

在新闻道德意识、新闻道德观念还没有形成的情况下，新闻活动仍然是有一定规则的（哪怕是"自由自在"的民间新闻活动），但其中的规则主要是新闻活动内在的、客观的规律性规则，也会有一些主观创造的规则。在这种情况下，新闻活动在客观上既有道德的表现，也存在着不道德的现象，但人们对它们还没有新闻道德意义上的自觉和评价。在比较单纯的民间新闻时代（前新闻业时代），调整新闻活动的道德观念、道德规范只能是普遍的社会道德规范，新闻活动只不过是人类普通的一种社会活动形式，不可能有专门的道德观念。在人类新闻活动进入职业新闻活动为主的时代（新闻业时代），职业意识的产生就有了必然性，与职业特征相适应的职业道德意识、职业道德观念的产生也有了客观的根据。一旦有了新闻道德观念，新闻活动从原则上就可能成为在一定职业道德观念导引下的活动。当人类新闻活动进入今天这样民间新闻与职业新闻混合或融合的新时代（后新闻业时代），新闻道德问题也具有了新的时代特色：一方面，新闻职业道德面临着不断向新的新闻传播领域（比如网络传播、手机传播领域）的扩展，面临着在各种社会力量压力下，特别是在政治力量、商业力量压力下，如何提升职业道德水平的问题。另一方面，也是更具新鲜性和挑战性的问题是，民间新闻传播行为是否应该受到更加严格的道德规范问题。因为，进入后新闻传播业时代，民间新闻中的传播者更加社会化了、公共化了，他们的新闻行为不再是简单的私人领域的事情，而是会影响到社会公共领域的实际运行，需要担当更多的公共责任和社会责任。

世界不同地区、不同国家发展的历史差异性、现代化过程的非同步性，同样体现在新闻活动领域中。历史提供的事实是，现代新闻业在不同国家出现的时间是相当不同的，发展的速度快慢也是大不一样的，这也意味着职业新闻在世界不同地区、不同国家的出现是非同步的、不一样的。因而，职业新闻道德意识、职业新闻道德观念在世界各国诞生的先后、成长成熟的先后会有不同程度的差异。这既造成了不同新闻观念之间相互交流的客观基础，同时也是新闻观念之间发生冲突的重要原因之一。

如果就粗线条的、统一的人类新闻事业史来看①，人类新闻活动、新闻业在历史发展中有着不同的历史存在方式、呈现出不同的历史性的新闻图景，与此相适应，新闻观念、新闻道德观念同样有着不同的历史表现和历史建构方式。新闻道德观念也像其他社会观念或职业道德观念一样，始终是一个开放的、进化的系统。尽管不同时代之间有一些统一的、稳定的道德观念，但从根本上说，由于不同时代总是有不同时代的问题，有不同时代的主题，因而不同时代新闻道德观念系统中不仅会有新观念的诞生，而且不同时代主导性的新闻观念和新闻道德观念也可能是不一样的。历史的宏观走向永远决定着新闻业的基本走向，决定着新闻观念的主流走向，而体现新闻活动深层价值追求的新闻道德观念总要和时代相适应，为时代服务。

在人类历史向度上，人们看到新闻道德观念，作为一种集中体现新闻价值观念的观念，也像其他文化价值观念一样，也像新闻信息流一样，在进入现代社会以来，可以说一直以西方世界为中心，向世界各地传播扩散。直到今天全球化进入一个新的时代，更是如此，而且更加猛烈强大。

---

① 我们这样观察时，往往形成西方中心主义的视角，根本原因在于现代新闻业最初是西方世界的产物，尽管中国为新闻业的现代化提供了最早的技术发明，但对现代新闻业的诞生的作用和影响至今仍然是个有待探索的问题。

历史提供的逻辑就是这样：文化，不管是物质文化还是精神文化，不管是哪个具体的思想领域、意识形态领域，体现一种文化精神内核的价值观念，总是要从强势一方传播扩散到弱势一方，这是文化交往传播的基本规律。比如，仅从观念层次上看，西方新闻专业理念（其中蕴涵着自身的新闻道德理念）能够流向世界各地，其中的重要原因就是西方文化在整体上处于强势地位，它们的新闻文化同样处于强势地位。当然，从深层次上说，观念的流转方式受制于一定社会的根本需要，受制于一定社会生产方式、政治方式的变革和需要，受制于人类历史整体的发展方向或潮流。总是有一些文化更多地反映着人类社会发展的方向，总是有一些新闻文化更多地体现着人类新闻传播业的主导性取向。先进的影响落后的、带动落后的，也被历史证明是基本的规律。但需要我们充分自觉的是：世界各国必定处于不同的发展水平，甚至处于实质上的不同历史阶段。因而，在形式上处于共时态的不同地区和国家，可能在形式上拥有同样的新闻道德观念，但实质上会有不同的具体内涵和表现。新闻道德观念在不同社会中的内容差异，新闻道德行为表现的差异，使职业新闻活动在不同社会中的道德性具有了实质上不同的属性和不同色彩。我们经常看到，在一个社会中所谓道德的新闻传播行为，在另一个社会中则可能完全被看作是不道德的新闻传播行为[①]，甚至根本就不被看作是新闻行为。在如今这样一个地球村时代，展开不同新闻观念、新闻道德观念之间的对话，是形成共同的、相互可以理解的新闻观念、新闻道德观念的重要方法和途径。但从历史的逻辑看，社会差异的必然性、文化存在的多元性，从根本上决定了即使在遥远的将来，在新闻活动领域，人类不同地区和国家，只能形成具有"底线性"的共同道德观念，不可能在全球范围内形成统一的、无差别的绝对

---

① 事实上，新闻道德观念上的普遍性和差异性，本身就是新闻道德观念论需要研究的重要内容。我们在本章第三部分将做比较细致的讨论。

共同认同的新闻道德观念。

对于任何一个具体的地区和国家来说，由于都有自己独特的、个性化的历史演变轨迹、文明轨迹，有自己独特的、个性化的新闻活动史、新闻事业史、新闻文化史，因而其新闻价值观念、新闻道德观念的形成也都有自己特殊的、具体的历史逻辑。因此，在客观上，在整个社会的现代化过程中，不同地区和国家都有自己的新闻史、新闻职业史、新闻记者史、新闻道德观念演变史①。而对于一个具体的对象（地区或国家）来说，它在不同历史时代、历史阶段的新闻观念、新闻道德观念尽管也有内在的、统一的、连贯的内容，但历史时代、历史阶段之间的差别性是必然的。试想，在美国，处于政党报刊时期的新闻业与处于传统自由报刊时期（商业报刊时期）的新闻业，以及强调新闻界社会责任的所谓新自由主义报刊时期的新闻业，其新闻观念和新闻道德观念能一样吗？在中国，处于革命时代的新闻业和处于建设时代的新闻业，特别是处于改革开放中的新闻业，其新闻观念和新闻道德要求能够一样吗？

对中国新闻传播业来说，自从新时期整个中国社会转型以来，职业道德观念才开始新的萌生和逐步成长②，这是仍在进行的一个过程。其突出的表现，就是新闻界的新闻道德观念从过去纯粹的"新闻宣传纪律观念"开始增加"新闻职业道德观念"；至少可以说，尽管新时期以来，"新闻宣传纪律观念"在新闻界依旧占主导地位，但"新闻职业道德观念"却在不

---

① 这些不同的"史"之间，本质上是统一的，是从不同向度上对同一对象的考察。樊亚平在他的博士学位论文《发现记者：中国新闻从业者职业认同研究（1815—1927）》中，探究了中国"记者"的成长史，实质上等于探究了记者职业史，也等于在一定程度上探究了职业观念、职业道德观念史。具体可参见：樊亚平. 发现记者：中国新闻从业者职业认同研究（1815—1927）[D]. 北京：中国人民大学，2009.

② 之所以是"新"的萌生和成长，是因为早在20世纪上半叶，新闻职业意识、新闻职业道德意识和观念等，就在中国大地上萌生过、成长过。但后来尤其"文化大革命"中，新闻职业观念的生长曾一度停滞。

断地强化。恐怕正是因为有了这样的历史性转变，职业道德观念才成为中国新闻界以至整个中国社会熟悉的问题，制定职业道德规范、职业伦理守则才能成为新闻界的普遍现象和社会的一种普遍呼吁与愿望。

改革开放 30 多年来，中国新闻业到底需要和应该确立、建构什么样的新闻观念、新闻道德观念，其实是一个根本性的问题，是一个正在进行讨论和实践的重大问题。在我看来，历史提供的经验事实是，新闻观念是一个从其他各种观念不断向新闻本位观念回归的过程。中国人民大学新闻学院的陈力丹教授在一篇文章中写道："正是最近 30 年来持续的社会改革进程，才使得我国的新闻理论教材所叙述的内容逐步回归新闻学本身"[1]。其实，回归"新闻学"就是回归"以新闻为本位"的新闻学[2]。与此相应，新闻道德观念是一个从比较单一严格的"宣传纪律观念"向"新闻职业道德观念"转变的过程。这是一个十分艰难的过程，其背后蕴藏的东西实在是太多了，并不是一个简单的观念从甲向乙转变的问题。有人说："从一种道德观念转向另一种道德观念，在知识和情感方面存在着巨大的困难"[3]。其实，那巨大的困难又何止知识和情感方面，还有更为重要的权力、权利、利益、心理、习惯和传统等等方面的困难。因此，我以为，新闻道德观念的转化才刚刚开始，步子才刚刚迈开，更多的问题还在等待着我们去探讨，更多的困难还在等待着我们去攻坚和克服。

（二）新闻道德观念生成的内在机制

人类是能够自觉反思的动物，是能够"回头望"也能"望未来"的动

---

① 陈力丹. 解析中国新闻传播学 2009 [M]. 北京：人民日报出版社，2009：126.
② "以新闻为本位"，是邵飘萍在他 1923 年出版的《实际应用新闻学》中提出来的。具体可参阅：松本君平，等. 新闻文存 [M]. 余家宏，等，编注. 北京：中国新闻出版社，1987：422.
③ 多亚尔，高夫. 人的需要理论 [M]. 汪淳波，等译. 北京：商务印书馆，2008：134.

物。也就是说，人类能够不断总结实践经验、思想经验并能设计未来，能够为自身的利益实现、需要满足铺设道路、创造方法。道德意识、道德观念就是这样反思的产物，是生存发展实践需要的产物。人们现在看到的道德规范，不管是哪个领域的道德规范，既是实践过程的自然产物①，也是人类有意识的、自觉建构的产物，是人为的也是为人的产物。

观念是以观念方式直接生成的，感性实践并不直接生成观念性的事物。尽管新闻实践是新闻道德观念产生的最终根据，但新闻反思（指对新闻实践和新闻认识的双重反思）才是新闻道德观念形成的直接的、心理的、精神的、理论的路径。新闻反思是对新闻活动者"大家"（共同体）都应该如何行为的反思，是对"大家"如何行为，才能保证"大家"通过新闻手段获取共同利益，至少是多数人利益的反思，"道德主要作为经过提炼、反思的共同意识、共同心理而存在"②。当有了"大家"在新闻活动中都应该如何行为的意识和观念，也就意味着有了关于新闻行为的"共同的"应该如何的意识和观念，也就意味着新闻道德意识、新闻道德观念基本生成了。

如果把新闻道德意识、新闻道德观念生成的内在过程加以进一步的细化，大致包括这样几个环节。

首先，新闻道德观念根源于对新闻实践中伦理问题、道德问题的感受与发现，实质上就是对新闻活动中主体之间各种利益关系的感受和发现。"在马克思哲学视野中，规则源于人的实践活动，规则是处于交往过程、感性实践活动过程中的人的创造物。交往的需要、实践的需要是规则产生的根本动力，并不存在超越于人之外的规则创造主体。一方面，规则是人

---

① 所谓自然产物，是说道德观念、道德规范的生成和出现具有必然性，是人类生存发展过程中自生的一种秩序化方式，不是某种外来的东西。关于道德来源的任何上帝论解释，都是不能成立的。

② 陈忠. 规则论：研究视阈与核心问题 [M]. 北京：人民出版社，2008：139.

的实践创造物；另一方面，人对规则的创造、构建又是具体的、历史的、有条件的。"① 人的活动规则或活动规范，要想成为自觉的规则和规范，其间必须有一个自觉的过程，这个过程的标志性产物，就是关于规则、规范的观念。苏联伦理学家阿尼西莫夫说："如果离开人们的实践活动，离开他们的多种多样的实际行为，而孤立地研究道德意识的本质、特性、结构的话，显然是不可能完全、充分地理解它们的。……行为之外没有道德。"② 在对实际的新闻行为的体验和观察中，人们能够发现什么样的行为能够给社会带来好处，什么样的行为给社会造成了危害；人们赞成什么样的新闻行为，反对和谴责什么样的新闻行为；等等。实质上等于人们能够发现新闻行为所造成的各种利弊现象。当如何处理利弊现象中的矛盾和冲突成为问题，当什么样的行为是应该的、什么样的行为是不应该的成为问题，新闻伦理问题、道德问题也就生成了，而对这些问题的认识和反思，就能形成新闻道德观念，这就进入了下一个环节。

其次，对上述问题的认识与反思。我们这里所说的新闻反思，是指对新闻实践活动的认识和再认识，其中主要是对新闻实践活动中道德现象的认识和再认识。只有经过对新闻实践中伦理道德问题的认识和反思，才能发现问题的实质到底是什么——是否是伦理道德范围内的问题，属于什么样的伦理道德问题等，进而为形成自觉的、明确的和比较完整的新闻道德意识和新闻道德观念作好准备。

我们知道，实践是直接的、具体的感性存在，实践中出现的任何道德问题、伦理问题也是具体的、感性的个别存在，人们只有对新闻实践过程中表现出的这些问题进行分析和认知，凝结为理论问题，抽象为普遍问题，才可能形成一般的观念，这是任何认识活动包括道德认识中相当艰难

---

① 陈忠. 规则论——研究视阈与核心问题 [M]. 北京：人民出版社，2008：129.
② 胡林英. 道德内化论 [M]. 北京：科学文献出版社，2006：31-32.

的一步。个别问题能否普遍化、一般化是理论研究的一个核心问题，对于新闻道德问题来说，我们能否通过个别的道德问题形成普遍的道德观念，不仅是我们能否形成有效的新闻指导观念的前提，也是我们能否制定出具有普遍约束力之新闻道德规范的前提。因此，对于理论研究来说，关键不在于发现一个现象、一个特殊的事例，关键在于能够认识和反思现象中蕴涵的普遍问题。同时，我们也要注意到另一侧面，通过对个别事例的认识与反思，人们能够发现一些特殊的新闻道德问题。道德是实践的，道德问题根源于实践，实践中的新问题、新现象往往可以打破常规，形成对既有观念的挑战，因而，从道德理论研究的角度说，典型事例分析往往有着特别的价值，可以刺激人们提出新的道德观念，进入新的研究境界，诚如何怀宏所说："一个自己突然遇到或想到的事例，有时可以引发一个相当有意义的思想成果，甚至导致一种理论上的重要突破"①。

再次，寻求对上述问题的解决，从而形成比较完整的新闻道德观念。发现了实践中的问题，反思了实践中的问题，人们就会试图解决实践中的问题。正是在这一系列的"问题意识"过程中，特别是在试图解决问题的过程中，探索解决问题方式方法的过程中，逐步形成了具有普遍性特征的比较完整和成熟的规则意识、规范意识。当应该如何的观念形成，道德观念也就诞生了；当应该如何解决某类问题的观念形成并相对固定下来，某种比较稳定的道德观念也就形成了；当为这些"应该如何"的观念找到了根据或者说进行论证的理由，成熟的道德观念就形成了。而这样的观念一旦转换成了行为规范，也就是稳定的、有根据的、有理由的道德规范；当为这样的观念找到了优良的根据、有充分理由的根据，优良的道德观念、优良的道德规范就有了坚实的基础。

---

① 何怀宏．良心论［M］．北京：北京大学出版社，2009：331.

从新闻实践中发现问题，然后认识反思问题，再寻求对问题的解决，只是一个逻辑的周期，并不完全是新闻道德观念形成的一次性路径。在实际中，这一逻辑不仅会有反复，而且它们很可能交汇融合在一起。"实践、认识、反思、再实践、再反思"循环往复，只是新闻道德观念形成的内在机制。

最后，还需要特别指出的是，尽管一种新闻道德观念一旦形成，就有稳定性，但从历史角度看，新闻道德观念也像其他任何观念一样，会伴随社会的变化发展而不断更新。新的新闻实践会不断生出新的伦理道德问题，比如，媒介形态的历史演变过程，生成了新的新闻活动方式，也生成了新的新闻道德问题，因而就需要不断进行实践、认识和反思，形成新的新闻伦理道德观念，为制定新的新闻道德规范做好观念上的准备。

（三）观念环境对新闻道德观念形成的作用

如上所说，新闻观念、新闻道德观念，是在新闻实践、认识、反思，以及再实践、再认识、再反思的循环往复中逐步生成的、逐步清晰的、逐步稳定并不断完善的。但是，有关新闻活动所有观念的生成与演变过程，并不是纯粹新闻传播领域内部的事情，不可能是新闻活动系统内部一个纯粹"自组织"的过程。从根本上说，新闻道德观念（包括有关新闻的其他观念）的形成，也像其他任何一种具体的社会观念一样，始终发生在社会系统之中，发生在社会"观念环境"之中。新闻观念、新闻道德观念的生成变化过程，也是它们与整个社会系统相互作用的过程，与各种社会观念相互作用的过程，是受社会观念环境进行"他组织"的过程。这就是说：新闻道德观念是在新闻传播与社会（包括观念系统）的相互作用过程中逐步形成的，这种相互作用是新闻道德观念以及其他相关观念生成的重要机制之一。但这样的阐释未免过于笼统，因此，很有必要就新闻道德观念与社会观念系统在新闻道德观念形成过程中的具体形成机制做出进一步的说明。

我们这里所用的"观念环境"概念，是个比喻性的说法，与符号环境、虚拟环境、信息环境等概念具有家族相似性，即观念环境是指由各种社会观念建构塑造的环境，它虽然不是实体性的存在，但确实又存在着。对于一定的社会来说，它的观念环境主要是由反映其经济制度、政治制度的观念系统，是由反映和体现其社会文化传统与文化现实的观念系统（我这里主要指社会思想意识形态系统）以及文化交流观念系统（主要指相对一定社会文化系统的外来文化）共同构成的。因此，我们主要从这三个大的方面讨论社会观念环境对新闻道德观念生成演变的作用和影响。

首先，一定社会整体的制度事实和制度观念，是构成该社会所有领域能够拥有什么样核心观念或基础观念的前提。在一般意义上说（即不能绝对化地理解），新闻媒体以怎样的经济制度观念（核心是所有制观念）指导新闻媒体的经济制度建设，是与整个社会实行的宏观经济制度观念相适应的。在计划经济的制度下，社会的某个领域不可能拥有市场经济的观念；而在市场经济制度下，社会的某个领域不可能拥有计划经济的观念。但是，我们要特别注意，这只是纯粹的理论逻辑，在现实中，任何社会的经济制度、经济制度观念都不是单一的，而是多元的，不是纯粹的，而是混合的，差别在于不同社会有着不同的根本性经济制度，有着不同的根本性经济制度观念。也就是说，在现代社会，除了极端情况外，一定社会的经济制度及其制度观念（实质上体现的是社会生产方式与生产观念），总是计划中有市场，市场中有计划，并且在有些社会领域计划多一些，在有些领域市场多一些，有些领域"看不见的手"硬一些，有些领域则是"看得见的手"硬一些。比如，在美国，其新闻制度是在自由市场经济观念支配下建设的，与此相适应，其新闻业的核心观念也是所谓自由主义的，其新闻道德观念也是建立在所谓自由主义观念基础之上的，其所强调的新闻媒介和职业新闻传播者的社会责任同样建立在所谓自由主义观念基础之上，强调的是新闻权利和新闻自由。在我国，主导性的经济制度是社会主义市场经济，这是一种强调公有制为主体、多种所有制共同发展的经济制度。在媒介领域实行的是公有制为主体的经济制度，与此相适应，我国新闻业的核心观念是工具论观念，是耳目喉舌观念，是为党政和人民服务的观念，其基本的新闻道德观念建立在集体主义观念基础之上，建立在党建观念之上，强调的是义务和责任。

政治制度及其观念对新闻道德观念的作用与影响就更为直接了，政治制度作为政治上层建筑对新闻制度及其观念有着直接的决定作用。在专制政治制度观念下，社会的某个领域不可能拥有民主政治的观念[①]；同样，在自由民主的政治观念环境中，不可能用专制主义的政治观念支配新闻制度的建设，也不可能用专制主义政治观念去确立新闻观念和新闻道德观念。历史提供的事实说明：统治阶级的思想，也总是一定社会中占统治地位的思想。[②] 统治阶级的思想观念，也就是它的政治意识形态，总是想方设法要渗透贯穿在社会的各个领域，成为每一领域的统治思想，事实上，它也拥有这样的资源和充分的机会。因此，人们发现，统治阶级总是试图将本阶级的思想观念、价值观念、意识形态合理化、神圣化，总是试图把本阶级的思想观念塑造成为人们应该拥有的、唯一的正确观念，总是试图让人们相信只有拥有和维护统治阶级的思想观念，人们的言行才是道德

---

① 注意，我们这里是从整体角度讨论的，并不是针对每一个具体的社会个体谈论的。因为，一些个体通过一定的渠道，可以在一定程度上超越其所处的环境，生长出不同于社会主导观念的观念来。

② 马克思、恩格斯在《德意志意识形态》一著中写道："统治阶级的思想在每一时代都是占统治地位的思想。""他们调节着自己时代的思想的生产和分配；而这就意味着他们的思想是一个时代的占统治地位的思想"（马克思恩格斯选集：第 1 卷 [M]. 3 版. 北京：人民出版社，2012：178，179）。

的、正当的。正如有学者指出的那样，"道德观念更容易受一个社会的利
益集团，尤其是占统治地位的利益集团所左右，他们往往会将向自己利益
倾斜的'道德观念'视为正确的道德观念，而这在某种程度上会干扰人们
对真正的道德价值的认识。"[①] 而要达到这样的目的，实现这样的目标，
在道德论的视野中，统治阶级总是想方设法把自己的思想观念转化成为社
会的道德观念，渗透贯穿在社会的各个道德领域，包括各种职业道德观念
之中。作为社会重要意识形态构成部分的新闻领域，当然是任何一个社会
中统治阶级重点关注、控制的领域，统治阶级力求把自己的价值观念、意
识形态观念贯彻在新闻观念、新闻道德观念之中。因此，对一定社会中的
新闻领域来说，统治阶级的思想意识、思想观念，乃是影响职业观念、职
业道德观念中最有力量的观念环境要素。其实，就基本事实来看，一定社
会中的主流新闻媒体总是维护基本政治制度和政治观念的重要力量。

　　除了上述所说的，新闻道德观念也像一般道德观念一样，在其生成和
更新变革的过程中，会受到政府、政党利益集团以外的其他社会利益集团
制约和影响。也就是说，构成社会观念环境的其他观念，同样会以各种方
式影响新闻职业观念、新闻道德观念的形成和变化，这里我们就不再展开
论述了。

　　其次，作为整个社会文化观念系统的有机构成部分，新闻观念、新闻
道德观念在其形成和演变过程中必然会与处于同一系统的其他观念发生互
动作用和影响，特别是与一定社会或国家奉行的总体道德观念、道德原则
高度相关。我国伦理学者王海明写道："一个国家国民品德高低变化，不
仅取决于该国经济发展的快慢、财富分配的公平程度和政治的清明与否以
及科教文化发达与否，而且——最为直接地——取决于该国所奉行的道德

---

① 陈真.道德相对主义与道德的客观性［J］.学术月刊，2008（12）：46.

之优劣：道德优良则品德良好；道德恶劣则品德败坏"①。一定社会中某一领域的道德观念如何，是否优良，必然会受到整个社会一般道德观念优劣的影响，即受到社会整体道德环境的影响。体现时代精神之精华的哲学观念，体现时代文学艺术潮流的美学观念，体现人们精神追求、内心信仰的宗教观念，体现社会整体文化精神、文化取向的价值观念，体现人们基本道德认知、道德情怀、道德理想的普遍社会道德观念，以及其他各种社会领域的职业观念，等等，或以整体观念环境的方式，或以个别观念直接互动的方式，影响新闻观念、新闻道德观念的生成与演变。新闻活动本身与社会联系的广泛性、普遍性、及时性，特别是新闻活动高度关注环境（包括观念环境）最新变化的内在本质特征，决定了与其他观念系统相比，新闻观念系统（包括我们这里讨论的新闻道德观念）更易于从其他社会文化观念系统吸收自己所需要的营养，更易于得风气之先，不仅反映最新的观念变化，而且有更好的机会及时更新自身的观念。总而言之，新闻道德观念的生成与变化，是与整个社会道德观念的变化密切相关的，是与整个社会意识形态观念演变密切相关的事情。职业领域的观念改变，包括道德观念转化或变革，是与整个社会的思想变化、观念变革紧密联系在一起的。如果观念环境不变化，环境中的各种具体观念就很难发生根本性的变化。

最后，新闻活动，不仅处于一定社会的环境（包括观念环境）之中，同时也处于整体的世界环境（包括观念环境）之中。当新闻传播已经进入全球化传播时代，就更是这样了。这无疑意味着不同新闻文化之间的交流不仅变得越来越容易，也变得越来越常态化了；这又意味着处于强势文化地位，特别是强势新闻文化地位的地区和国家，在新闻观念、新闻道德观

①　王海明 . 伦理学与人生［M］. 上海：复旦大学出版社，2009：350.

念上对相对弱势的地区和国家形成或强或弱的作用和影响，而这也正是人们看到的事实。人们发现，每当一些比较敏感的新闻事件发生，西方新闻媒介往往以自己的新闻文化精神、新闻理念，抢占道德制高点的地位，它们的新闻报道往往能够迅速营造出主导性的世界性舆论环境。这种现象的反复出现，无疑会对弱势一方的新闻观念和新闻道德观念构成更大的影响。双方针对对方的一味批判反击，包括新闻道德反击，并不能从根本上解决不同新闻文化、不同新闻观念之间的差异、矛盾和冲突，正确的、合理的做法是互相尊重、反思自身、展开对话，努力建构共同认可的最低新闻道德规范和道德观念。这一定是一个长久的过程，因为深藏背后的并不是简单的新闻问题，而是各自的根本利益问题。

新闻交流，处于不同文化间交流（合作与斗争、矛盾与冲突等）的前沿阵地。这样的交流，在新闻活动范围内看，直接交流的是新闻信息，但背后交流的则是以新闻价值观念、新闻功能观念、新闻道德观念为核心的新闻观念，是新闻文化之间的交流。在新闻活动之外看，则可能有着更多的交流内容，关涉到地区之间、国家与国家之间的各种可能事务关系与利益关系，但这不是我们这里要讨论的问题。在如此交流的过程中，双方或者多方实际上会建构起交流的环境系统，往往形成彼此的观念观照，以使新闻交流得以顺利进行。因此，针对某一具体对象来说，其新闻道德观念的形成和演变，自然会受到与它展开交流的外来观念的作用和影响。并且，外来的观念并不限于新闻观念和新闻道德观念，与新闻传播一并进入的其他观念，特别是政治观念、文化价值观念等，也会以直接的或间接的方式影响新闻观念和新闻道德观念的建构与改造。

二、新闻道德观念形成的意义

新闻道德意识、道德观念从无到有、从零散到系统有一个长期的历史形成过程，并且是一个不间断的历史形成过程。但我们也应该注意到，伴随一种行业、一种社会职业的诞生、演变、发展与相对成熟，一定职业的道德观念系统或道德框架也会在一定的历史时代建构起来，形成比较稳定的基本观念结构体系[①]。当这样的职业道德观念系统基本形成，它对一定的职业就有了特殊的意义和价值。我们就是在假定基本新闻道德观念已经形成的前提下，讨论它的可能意义和价值。

（一）职业新闻共同体形成的精神标志

相对独立的职业共同体的形成，有多方面的条件或标志，比如：拥有相对独立的知识系统、技能系统和观念体系；拥有相对独立的社会地位和自主的工作方式或者说是服务社会的方式；不受其他社会系统、社会力量的随意干涉等。拥有共同的或者基本一致的核心价值观念、价值理想，是职业共同体形成的核心精神标志。这些价值观念、价值理想都会贯穿、体现在职业道德观念、职业道德规范之中，或者说，职业道德观念、职业道德规范本身就是对职业价值观念、职业价值理想的集中反映和体现。因此，从道德论的角度看，我们可以说，职业道德观念的基本成型，是一定职业共同体形成的重要道德标志，是一种特殊的精神标志。如果一定社会中一个职业共同体没有自己基本稳定的职业道德观念体系，这个共同体就不能说是成型的，更谈不上是成熟的。

职业共同体是比较松散的共同体存在形式，并且越是在比较大的空间范围或社会范围上看，就越是松散（全球范围内的新闻职业共同体就比一

---

① 需要注意的是，如我们在上文所说，这样的过程不仅是世界性的，也是具体的社会性的。也就是说，新闻道德观念体系的形成，在不同的社会中，就像新闻业和新闻职业本身一样，有着各自不同的历史过程和历史表现。

定国家范围内的新闻职业共同体要更为松散）。职业共同体不像组织共同体那样，有比较严格的组织结构系统，各种具体的人事制度、管理制度、工作制度等，每个组织共同体还拥有自身独特的组织文化等。职业共同体不是主要通过组织化方式体现自身的共同体特征，而是主要通过工作内容、工作方式的相似性和价值观念的统一性显示自身的存在。因而，作为职业共同体，可以说它更具有某种精神实体的存在特征，这也是我们把职业新闻道德观念作为新闻职业共同体精神标志的根本原因。当然，对于一定的职业组织来说，比如对于具体的新闻媒体组织来说，组织内的职业群体往往有着双重的道德观念：组织道德观念和作为普遍职业群体之一部分的道德观念；这二者之间有时是一致的，有时是有差异的，有时则可能是矛盾的（对此，我们在下文还将做进一步的阐释）。

职业共同体也就是从业共同体，就是从事相同或相似工作的人群。这样的人群之所以被称为共同体，一定意义上说，不只在于他们从事相似的工作，更在于从业人群对自己从事的工作有着共同的价值追求、共同的道德理想。某一职业个体，之所以感受到、认识到自己与其他某些人群或个体是同行、从事的是同样的职业，不仅仅是因为自己做的工作与别人一样，还因为他或她会感受到、认识到自己与那些人在精神上是相通的，价值追求上是一致的，心理上是接近的，所谓有"共同语言"。也就是说，同一职业共同体中的人们，他们对自己所从事的工作的意义、价值、功能作用，以及对应该做什么、不应该做什么，什么应该坚守、什么应该放弃，等等，有着基本一致的看法和信念。进一步说，他们有着共同的或者相似的身份认同标准、角色认同标准，这也就是职业认同。如果形式上做着相似的工作，但还没有形成价值观念上的认同，还没有基本一致的行为观念，就很难说某一职业共同体形成了。因此，在道德论的视野中，职业共同体就是拥有相似的或共同的道德理念的群体。

　　换个角度考察，一定职业共同体的特征可以通过职业工作内容、工作方式等表现，职业共同体的外在形象主要就是通过工作内容、工作方式显现的。教师、律师、医生、工程师等等不同职业共同体的差异性首先是通过工作内容和工作方式区分的、标示的，这样的标志看得见、摸得着，属于外在的东西。但同时，一定职业共同体也有自己无形的、内在的精神性的、观念性的标志，这些精神性、观念性标志可以通过向外宣示的方式展现，即向社会宣称"我们"追求什么、应该追求什么，以什么作为基本信念和崇高理想。一定职业共同体的外在标志与内在标志其实是统一的，精神标志总是会以有形的方式表现或体现在职业主体的职业行为中。当精神标志没有落实职业行为中，也就成了空话；当没有了共同的职业道德观念，职业共同体也就不存在了。

　　依据这样的道德观念或精神标准，我们现在还很难说，已经形成了严格的全球性的新闻职业共同体，因为在世界范围内，尽管一些观念在语言形式或概念形式的表达上是一致的，但在实质上还远没有形成共同的新闻职业价值观念和职业道德观念[①]。比如，中国的新闻工作者在西方一些"同行"的眼中，做的主要不是新闻工作，而是宣传工作，至多是"新闻"宣传工作（把新闻当作为政党、政府进行宣传的手段）；而在中国一些新闻工作者的眼中，西方一些"新闻人"做的也不是新闻工作，而是商业工作，新闻人不过是商人，新闻只是赚钱的手段。但另一方面，在世界范围内，我们可以说已经大致地（不是严格地）形成了新闻职业共同体。这是因为，除了新闻职业已经拥有相对独有的知识系统、技能

---

　　① 比如，在中西新闻选择标准中，同样都要求新闻媒介要报道"重要的"事实，但对"什么是重要的""对谁是重要的"却有不同的理解。因此，人们看到，大致相似的新闻，在不同国家的新闻媒介上，处理方式会有巨大的不同。一方可能是置于头条大张旗鼓地报道，另一方则可能轻描淡写地放在最不显著的版面或时段报道。而在不同的选择背后，都有职业道德观念的支配，不同的选择者都会认为自己的选择是道德的选择。

系统，拥有相对独立的社会地位和自主的工作方式，以及不受其他社会系统、社会力量的随意干涉等等之外（这几条在不同国家、不同社会的表现程度是不一样的），新闻职业至少已经形成了一些共同认可的、底线性的基本职业道德观念和业务操作观念，诸如新闻媒介、新闻职业工作者应该监测环境，守望社会，应该为社会公共利益服务，新闻职业工作者应该真实、客观、公正、全面、及时、公开地报道新闻等，这些观念恰好是职业共同体形成的基本的也可以说是最低的观念标志、精神标志。

比起工作方式、工作形式的相似性来，职业共同体精神上的一致性更难达到。不要说在全球范围内，就是在一定国家范围内来说，达到新闻职业共同体精神上的一致性也是相当困难的。对于处在现代性转型中的社会或者国家来说，就更是这样。在形式上成型的职业共同体内部，不同职业个体和不同职业组织主体（比如新闻媒体），对职业的追求和职业理想往往有着不同的理解，对于什么是职业的根本道德义务（职责），什么是职业的道德理想，常常有着不同的解释，甚至会出现对立性的观点和看法。因此，作为职业共同体重要标志的新闻道德观念到底是什么、应该是什么的问题，在我国（更不要说在全球范围内）并没有得到完全的解决，或者说需要在新的环境下做出新的思考和回答。新闻业到底应该成为一种什么样的事业，新闻人到底应该成为什么样的人，他们（它们——新闻媒体）到底与政党、政府、社会建立怎样的关系才是道德的、合理的，才是有利于社会良性运行的，对我们来说，仍然是没有解答完的问题。关于这些问题的新的回答，蕴藏着新的新闻道德观念，也许我们正处于关键的历史时期，新的新闻道德观念、新的新闻职业共同体的精神标志，还需要整个社会，特别是整个新闻界的实践探索和理论探索。

（二）建构新闻道德规范的逻辑前提

新闻道德观念论（关于新闻道德观念的具体论述，我们将在本章后面展开）的核心问题是：什么样的新闻道德观念，才是合理的、正确的新闻道德观念？怎样才能形成正确合理的新闻道德观念？实际解决的难题是：什么样的新闻行为是正当的？什么样的新闻行为是不正当的？对于我们来说，这都还是远没有解决的问题，是刚刚开始着手解决的问题。与此相应，什么样的新闻道德规范才是良性的新闻道德规范，对我们来说，仍然是一个有待解决的大问题。

从历史逻辑的先后顺序来看，新闻道德意识、新闻道德观念先于新闻道德规范而生成。新闻道德观念，是建构新闻道德规范的逻辑前提。也就是说，道德规范总是在一定的道德观念指导下制定的。显然，能否形成良好的、正确的新闻道德观念，是能否建构起良性道德规范的关键；能否形成良好的、正确的新闻道德观念，也是新的新闻实践能否拥有良好精神支柱的关键。"人们制定任何道德规范，无疑都是在一定的道德价值判断的指导下进行的。显而易见，只有在关于道德价值的判断是真理的条件下所制定的道德的规范，才能够与道德价值相符，从而才能够是优良的道德规范；相反，如果关于道德价值的判断是谬误，那么，在其指导下所制定的道德规范，必定与道德价值不符，因而必定是恶劣的道德规范。"[①]因此，在新闻理论视野中，新闻道德观念论乃是新闻道德理论的核心。新闻道德论，其实就是首先在观念层次上、观念范围内讨论和解决新闻实践中的道德问题。新闻道德规范，就是新闻道德观念条文化、规则化的体现。新闻

---

① 王海明．伦理学与人生［M］．上海：复旦大学出版社，2009：5．

道德观念与新闻道德规范之间的这种逻辑关系，充分说明了新闻道德理论研究的重要性和必要性。新闻道德理论就是要从理论上清理新闻实践中的道德问题，形成正确的新闻道德观念，进而制定合理的新闻道德规范，为实现良好的新闻道德秩序服务。如果人们不能对相关道德事实有一个正确的认识，如果人们不能对自身的需要和目的有一个符合时代条件的合理把握，如果人们对所处社会环境没有一个比较准确的认知，一言以蔽之，如果人们对新闻道德的根据没有一个相对准确、全面的理解和把握，就难以形成正确的新闻道德认识，难以形成合理的新闻道德观念，也就失去了制定合理、优良新闻道德规范的重要前提①。

现实的、形式化的规范、道德规范的形成，必然有一个主体自觉认识反思的前提、阶段或环节。在相关主体没有制定相关规范、道德规范之前，他们仍然是在一定的客观规则支配下展开活动的，这些规则中有些属于客观的规律性规则，有些属于一定实践活动在其长期运行展开过程中形成的习惯。也正是在实际的、具有一定持久性的活动中，活动主体会体验到、认识到、反思到客观规则的存在、习惯的存在，也会体验到、认识到、反思到要想在一定的活动中实现主体的目的和需要，就得把主体的追求与各种规则的内在要求有机结合起来，形成一种新的规范、规范观念、道德观念。所有道德观念，包括所有的职业道德观念正是这样逐步孕育的、形成的，"人们规则体验的不断自觉化，也就是规则的不断自为化。没有人们的规则体验、规则意识，也就没有真正的规则"②。体验的结果、自觉意识的结果，就是相关规范观念的逐步成型。而新的规范观念成型了，也就意味着为新的规范的建立确定了前提。在新闻道德论的视野中，新闻道德观念的产生与成型，乃是新闻道德规范制定的前提，而

---

① 需要说明的是，道德观念不是制定道德规范的唯一前提，制定道德规范，特别是制定优良道德规范还需要其他前提条件，需要遵循一系列的基本原则。对此，我们将在下章讨论。

② 陈忠. 规则论——研究视阈与核心问题 [M]. 北京：人民出版社，2008：314.

新闻道德观念的不断更新完善，更是直接引发新闻道德规范改变完善的前提。

事实上，我们已经看到，在中国新闻界，仅就新时期以来的情况来说，每一次相关职业道德规范的修订和完善，都是以新闻道德观念的变革为前提的，而新闻道德观念变革又是以新闻观念变革为前提的①。因此，新闻应该成为怎样的新闻，新闻传播应该追求怎样的目标，新闻媒体应该成为怎样的一种社会机构，新闻人应该成为怎样的一种社会主体角色，始终是我国新闻改革中的核心问题。对所有这些问题的回答不可能是抽象的、一劳永逸的，只能是具体的、历史性的回答；所有这些问题，最终追问的是我们需要和我们应该以及我们能够建立起什么样的新闻制度，即什么样的新闻制度才是合理的、道德的、符合新闻本性的。我想，对这些问题的每一次历史性回答，都会生成新的新闻观念、新的新闻道德观念，进而又生成新的新闻道德规范。新闻业就是在这样的历史逻辑中螺旋上升、不断进化发展的。当然，这样的上升过程、进化发展过程并不像我们在理论逻辑上说的那么容易，这是一个不断实事求是、解放思想的过程，是一个不断同旧观念、旧认识斗争的过程，而在根本上说，则是社会公共利益与其他各种利益合作斗争的过程，是新闻回归自身功能和本性的过程。诚如有学者所指出的，"认识的局限、社会习俗的惯性和既得利益集团有可能延缓对正当的道德要求或客观价值的接受和承认，但随着历史的进程，陈腐过时的观念终将会被大浪淘沙，和人们切身利益密切相连的客观的道德观念终将会被人们所接受，成为合理的社会和政治的基石"②。

---

① 新闻观念的变革也不是纯粹自律的，而是受整个社会政治观念、经济观念、文化观念等等变革的左右。从一般意义上说，它们之间是一种互动的关系，但社会观念变革具有更为根本的意义。

② 陈真. 道德相对主义与道德的客观性 [J]. 学术月刊，2008 (12)：50.

（三）个体职业化的精神工具

怎样使一个非职业的个体成长为职业个体，怎样使一个职业个体成长为优秀的职业个体，其中必然有一个职业化、专业化和不断职业化、专业化的过程。毫无疑问，这既是一个实践的过程、行为模仿的过程，也是一个观念建构、精神塑造的过程，是一个"自律"和"他律"方式共同发挥作用的过程。仅从观念角度看，对于准备成为职业新闻人的个体、新入行的个体以及继续成长的个体来说，既有的、现存的新闻道德观念和理想的新闻道德追求，正是（主动或被动）进行职业观念建构、职业精神塑造的基本工具，并且是个体职业化过程中最基本的工具，同时，这种工具也是职业观念建构、职业精神塑造的基本内容。

个体成为职业个体同样应该具备很多基本素质或条件，诸如专业知识、专业思维、专业技能等等，但在诸多条件中，有一条是绝对不可少的，那就是看起来似乎无形的、实质上意义重大的职业精神（职业精神是职业品质的实质内容）——它是职业人成为职业人的重要精神标志、观念标志。个体，只有当他或她拥有了基本的职业观念图式，职业价值观念、职业道德观念图式，才可以说在"心理结构"上具有了成为一定职业人的条件，具有了能够用职业观念观察世界的精神基础和心理基础，具有了能够用职业价值观念观照世界、对待世界的基本情怀。职业道德观念的建构和基本稳定，标志着一个人作为职业主体深层价值观念的确立，标志着职业人格的基本形成。要使某一个体成为某个行业的职业人，最重要的一条就是要其从内心认可、赞同这个职业的基本价值追求和道德理想（这实质上就是所谓的个体职业认同）。因此，反过来说，现存的职业道德观念始终是塑造（不管是"外塑"还是主动"内化"）职业心灵、职业人格的重要精神工具。这一观念或精神工具的优劣好坏，将直接影响用它塑造出来的"产品"的质量。正是在这一意义上，我们强调新闻道德观念论乃是新闻道德论的核心内容。

作为现实的个体，人们基本上是在自己人生"中途"或"途中"进入新闻行业、新闻职业领域的，他或她面对的是已经存在的新闻传播业，已经存在的新闻道德观念和已经存在的新闻道德规范，因此，他或她的新闻道德意识的产生过程和新闻道德观念的形成过程，可以说既是一个社会化的过程，也是一个社会角色职业化的过程（如果想从事新闻职业的话）。一般来说，这一过程是从精神世界开始的，是从接受相关观念教育、灌输开始的；也就是说，是从基本观念的生成展开的（我们在后文中还会有专门的讨论）。职业道德观念，作为塑造职业个体的精神工具，在被个体作为内容以主动或被动的方式接受之后，就会转变成为支配、指导或影响个体新闻行为的意识和观念。一个有了职业道德意识、职业道德观念的职业人，就是一个有了独立职业道德心理、职业道德人格的人；正像"有什么样的道德思想，就会有什么样的道德生活一样"①，有什么样的新闻职业道德思想、意识、观念，就会成为什么样的职业人。在个体成长为职业个体的过程中，职业道德观念（包括其他职业观念性的内容）首先是作为知识、道德知识存在的，是作为个体职业化过程中学习的对象存在的，它是社会或一定职业领域用来进行职业教育、职业培训的精神工具，职业化的过程就是用这样的观念"型塑"主体的过程。如果个体比较系统、完整地接受了职业道德观念，那就意味着他或她在观念层次上、精神世界里已经成为一个职业个体。从这一意义上说，职业道德观念不仅是塑造职业个体的精神工具，而且一旦被当作内容接受，也就会成为职业个体独立化的精

---

① 王泽应. 论道德生活史研究的独特视阈及原则要求 [J]. 伦理学研究，2008 (6)：4.

神标志、观念标志。当然，任何观念在被个体接受之后，都会发生"个性化"的变形，但这不是我们在此讨论的问题。另外，我们必须说明的是，个体职业观念（包括职业道德观念）的形成渠道是多样的，并且对不同个体来说，到底哪个渠道或哪几个渠道更重要，可能并不一致，但这也不是我们这里要阐释的问题。我们这里主要只是想说明既有或现存新闻职业道德观念对于个体成为职业个体的作用。

由以上的简要分析可以看出，现存的或既有的新闻道德观念，对于个体的职业个体化具有前提性的工具价值和意义，因而，使现存职业道德观念合理化、正确化、优良化始终是一个社会、一个行业、一种职业的基本任务。一个人成长为职业新闻工作者的过程，实质上就是其工作观念职业化的过程，其人格品质职业道德化的过程，并且，这是一个伴随职业生涯永不停歇的过程。当然，职业化过程并不只是既有职业道德观念、职业道德规范范导一个人、规训一个人的简单的单向过程，也是一个人主动建构自己职业观念、职业理想的过程。而既有职业道德观念系统的改造和更新，也是在职业主体不断新老更替的过程中实现的。职业道德观念系统是开放的，是伴随一定行业、一定职业自身的变化而不断变化更新的。

三、新闻道德观念的表现

作为一种精神或观念存在物，新闻道德观念有着多样化和多层次的表现。这种多样化或多层次的表现，既说明了新闻道德观念构成的丰富性，也说明了新闻道德观念构成的复杂性、差异性和矛盾性。理解新闻道德观念多样化中的共同表现与差异特征，是我们理解不同新闻活动模式、不同新闻活动方式的一个重要方面，也是我们理解不同新闻道德规范之间共同性与差异性的一个重要的前提性根据。

（一）普遍层次的职业道德观念

新闻活动对于人类来说是与生俱来的，新闻活动是人类的本体性活动，新闻现象是普遍的社会现象，新闻需要是人类的基本需要。这就从根本上决定了，人类已经实践了几百年的职业形式的、组织化的、制度化的新闻活动，演变发展到今天，会有一些（绝不是全部）基本的、全球化普遍认同的职业观念，集中表现在对职业新闻活动基本原则、基本目标的认同上，这些认同体现为应该性的观念时，便是新闻职业道德观念。毫无疑问，这种普遍范围内的认同本身也有一个历史的过程，因为世界不同国家和地区社会发展以及新闻传播业的发展必定是一个不平衡的过程。

1. 普遍新闻道德观念的基本含义

普遍的新闻道德观念，也可以称为"底线性新闻道德观念"，与其对应的新闻道德规范，则可以称为"底线性新闻道德规范"或者稳定的固性的道德规范（参见下一章）。显然看得出，这是我们对道德哲学界"底线道德"概念的推用或化用[①]。普遍层次的新闻道德观念，其实就是最为基本的、基础性的新闻道德观念，它实际指的就是新闻职业主体（主要是职业个体），要想成为一个合格的职业新闻工作者，必须拥有的起码的职业

---

① 关于"底线道德"，道德哲学界有两种最基本的理解：一种主要是从道德层次论的角度，把底线道德理解为最低层次的道德。（参阅：陈新汉，冯溪屏．现代化与价值冲突［M］．上海：上海人民出版社，2003：225.）另一种主要是从道德结构角度，把底线道德在一定程度上理解为道德的一类、道德的一种范式。（参阅：何怀宏．良心论：传统良知的社会转化［M］．上海：上海三联书店，1988：416.）这两种理解或者界定尽管侧重是不一样的，但也有着内在的联系。因为，即使把底线道德看成是道德结构的一种类别或者范式，在道德层次论的视野中，它也必然属于道德层次中的一个层次。

道德观念。这样的道德观念，是任何一个人进入新闻行业，担当新闻职业的观念界限或观念底线。也就是说，如果连这样的观念都不具备或者都不认同，都不愿意接受和拥有，都不愿意用它指导自己的新闻行为，那就不能从事也最好不要从事新闻职业工作。这样的普遍道德观念，在我看来应该是全球性的，即应该是全球范围内从事新闻职业工作的人都应该具有的基本道德观念。

作为职业新闻活动，为什么会有普遍相似（在抽象层面上）的职业道德观念，会有应该普遍遵守的职业道德准则（包括不成文的和成文的），会对职业工作者有大致相似的新闻道德品质要求，其中最主要的根据就是：不管发生在哪个环境中的新闻活动，都有着一致的内在的普遍规律，有着相似的基本目的要求。其实，人类的一般道德生活中也存在着同样的现象，人类生存、生活提供的客观经验事实告诉我们"存在一些所有社会必须共同拥有的道德规范，因为这些规范对社会存在是必要的。反对撒谎和谋杀的规范就是两个例子"①。这些统一的规范，根源于人类的生存、生活，无论发生在哪个时空，都有作为类的相似的一面，都会自觉或不自觉地追求客体尺度与主体尺度的统一性。

人类社会是由各个具体社会领域有机构成的，因此，人类范围内的道德共识，不仅包括关于一般社会生活的道德共识，还包括各个社会领域、各个职业活动领域的道德共识。这样的道德共识就是基本的共有的道德观念。在新闻职业领域，人类如果不可能达成完全的道德共识，但至少应该建构最低限度的道德共识，这样才能保证不同国家、地区、民族之间比较正常的、有效的新闻交流，并通过新闻手段促进整体的文化（包括物质文化、精神文化）交流。瑞士神学、伦理学家汉斯·昆（Hans Kung）关于

---

① 雷切尔斯J，雷切尔斯S. 道德的理由 [M]. 杨宗元，译. 5版. 北京：中国人民大学出版社，2009：27.

"世界伦理"的构想，对我们理解为什么要寻求最低限度的道德共识有着重要的方法论启示。他说，为了人类能够继续生存下去，"一种适用于全人类的伦理是必不可少的"，"只有当这个世界上不再存在不同的、相互矛盾的，甚而相互斗争的伦理学地带，那么，我们生活的这个世界才有一个生存的机会，这样一个世界需要这样一种基础伦理；这样一个世界共同体无疑不需要一种统一的宗教或统一的意识形态，但是，它却需要一些相互有联系的、有约束力的准则、价值、理想与目标"①。人类的共同利益，以及每个国家、民族的个别利益，就是这种最低共识的最大根据。人类需要道德共识，需要不同共同体范围内的道德共识，这是生存发展的客观需要。事实上，就现实世界来说，"不仅存在特定共同体内部的普遍有效的道德观念和规范，还存在全球交往中普遍有效的道德观念和规范"②。英国新闻道德研究者卡瑞·桑德斯说："相信我们的生存必然是以某些全球共享的价值观为基础的"③。新闻领域的道德共识，包括职业新闻领域以至民间新闻领域的道德共识，对于今天的人类来说，更是有着特别的意义和价值。因为，新闻交流是最快、最新的交流，往往是国家、民族之间进行其他交流的前沿阵地，或者说是其他交流的基础。如果没有一个最低限度的共识，没有最低限度的基本职业道德规范，只是把各自的政治意识形态、各自的文化价值特别是新闻文化价值理念当作支配职业新闻活动的基本观念，当作必须遵循的道德法则，那新闻更多的时候可能成为引发矛盾和冲突的手段。

达成关于新闻活动应该如何的最低道德共识，对于已经进入新的全球

① 陈泽环. 道德结构与伦理学：当代实践哲学的思考 ［M］. 上海：上海人民出版社，2009：95.
② 张言亮，卢风. 道德相对主义的界标 ［J］. 道德与文明，2009（1）：29.
③ 桑德斯. 道德与新闻 ［M］. 洪伟，高蕊，钟文倩，译. 上海：复旦大学出版社，2007：238.

化时代的人类来说，确实成为必要的、重要的事情①，全球范围内不同性
质的新闻业（资本主义性质、社会主义性质以及介乎其间的其他性质等）
和不同价值取向的新闻媒体，应该努力探求达成道德共识的路径和方法；
至于一定社会范围内不同价值取向的新闻媒体，则更应该也更容易达成道
德共识。新闻领域的人们应该认识到，实现新闻与新闻传播的本体或本位
功能或目的②，是所有新闻媒体、所有新闻职业工作者应尽的基本职责。
为人类的共同利益服务，促进人类之间的善意交流，为社会大众的利益服
务，维护人类最基本的价值信念等等，则是所有新闻媒体、所有职业新闻
工作者应该追求的新闻理想。为了实现新闻、新闻传播的本体目的，为了
实现新闻、新闻传播对于整个人类的利益维护，新闻职业工作者应该达成
最基本的职业道德共识，形成一些最低限度的职业道德观念，遵守一些最
低限度的职业道德规范。

2. 普遍新闻道德观念的核心构成

哪些道德观念可以作为核心的或基本的新闻道德观念，我们依据什么
标准确立这样的观念，以什么样的理由说服（或论证）人们这些观念就
是、就应该是基本的新闻道德观念？在我看来，站在我们所处的时代平台

---

① 全球化已经开启了人类新的类意识，人类已经在新的层次上认识到自己作为同类的一体性，认识到人类的相互依赖性（著名社会学理论家吉登斯说："全球化最简单的意思就是互相依赖"），认识到作为同类所面对的共同问题。如果说我们一直强调"民族的才是世界的"观念，那么，在今天这样一个时代，"世界的才是民族的"观念也应该得到同样的重视。（参见：杨保军. 新闻理论研究引论 [M]. 北京：中国人民大学出版社，2009：4-5.）

② 所谓新闻的本体功能，就是新闻的新闻功能，也可以称为新闻的本位功能、本（质）性功能、原生功能，就是新闻作为一种特殊的事实信息的直接功能，它是新闻作为新闻最基本的功能、定位功能，是新闻的第一位的或元目的性的功能。就是说，新闻的本体功能在目的论意义上反映了新闻（传播）的直接目的。作为事实信息，新闻的本体功能实际上就是信息功能，就是表征和认识客观事实本身面目的功能。与本体功能对应的是新闻的派生功能，指的就是从本体功能派生出来的各种其他功能。关于两种功能的具体含义及其关系，可参阅：杨保军. 新闻本体论 [M]. 北京：中国人民大学出版社，2008：204-224.

上，某些观念之所以能够和应该成为普遍的新闻道德观念，主要依据有这样几个方面：一是依据新闻活动自身的客观属性和功能；二是依据人类新闻活动的目的或者说是人类通过新闻活动试图实现或满足的基本需要，其中包含着人类对新闻活动特别是职业新闻活动的期望；三是依据新闻活动的传统和历史，因为一种活动、一个行业、一种职业的道德观念、道德习惯，是在其历史过程中自觉不自觉地形成的。当然，这几个方面本身是融合在一起的，共同构成了普遍新闻道德观念形成的基础和根据。其实，我们在"新闻道德根据论"中已经在普遍意义上对此做了分析和论述，这里就不再展开了。

就当今时代形成的基本观念来说，从上面几个方面的依据出发，人类在总体上已经对职业新闻活动、职业新闻活动者建构出了这样的基本价值期望、道德期望：新闻媒介具有天然的公共属性，是社会大众平等展开信息传受、意见交流的平台；新闻职业工作者是社会公仆，以新闻专业方式维护社会公共利益是其最基本的职责。我之所以说是价值期望、道德期望，就是因为这还不是完全的现实，并且离成为现实还有相当的距离，但这始终是现代新闻业、现代新闻职业主导性的追求和理想，是人们始终的期望，也符合新闻与生俱来的本性。因此，新闻职业工作者应该确立的普遍的、总的价值观念、职业道德观念是：以合理的新闻手段为中介，尽可能满足社会大众合理的新闻需要，实现社会大众的知情权，为（一定）社会的良性运行服务，为社会公共利益服务。简单说就是：监测环境，守望社会，服务大众。这样的社会职责、职业责任就是新闻职业工作者的"道德应该"，就是新闻职业工作者应该确立的最基本的职责观念、价值观念、道德观念。

需要预先说明的是，下面将要讨论的作为普遍层次的几种主要新闻职业道德观念，是伴随人类职业新闻活动逐步形成的观念，但这些观念本身并不限于新闻活动，也很难说是职业新闻活动所特有的道德观念或价值观念。实际上，它们有着更为古老、更为深厚的历史根源和社会根据。按照客观的历史逻辑，作为职业新闻活动的普遍道德观念，不过是对一些社会基本价值观念、道德观念的"职业化"改造，或者说是职业化意义的赋予过程，同时也是对民间新闻活动中形成的基本道德观念的提炼和凝结。还需要说明的一点是，就今天的情况看，在世界范围，尽管我们下面将要阐释的这些基本观念是得到普遍认同的，但是，不同社会范围内的职业工作者以至于相关的整个社会，对这些基本观念以及它们内在的道德要求的具体阐释仍然是各有特点的。我们的阐释更多的是在抽象层面上，而不是针对某一具体社会环境的具体情况。但我们也相信，作为基本的价值观念、道德观念，它们既是普遍有效的，也是长久稳定的，并且可以超越职业新闻活动的范围，适用于越来越加兴盛的民间新闻现象。

第一，诚信观念。真实陈述事实或报道新闻是职业新闻活动的首要原则，其实也是民间新闻活动的基本原则，放弃真实原则，就是放弃新闻。真实是新闻存在的根据，是新闻存在的根本条件；真实是新闻媒介的立身之本，真实是新闻媒体的根本追求；真实是新闻传播的优势之源，真实是新闻传播社会影响力的根基；真实是新闻媒介作为民主工具的基本保障，真实是信息社会的安全前提；真实是知识社会的成长基础；真实是道德社会的内在诉求。[①] 一言以蔽之，尽管真实的新闻并不总是必然产生善的结果，但新闻要产成真正善的结果，必须建立在真实的基础之上。"真实是完善和美的基础和根据：一件事情，不管它是什么性质，假如它不是它所应是的那样完全真的，假如它没有它应有的一切，它就不会是美的和完善的。"[②] 路透社总编辑史进德说，"新闻的最高目标就是成为一面镜

---

① 杨保军. 新闻真实论 [M]. 北京：中国人民大学出版社，2006：356 - 383.
② 拉罗什福科. 道德箴言录 [M]. 何怀宏，译. 北京：新世界出版社，2008：126.

子，向人们呈现社会最真实的一面"，"如果我们没有做到这点，呈现的画面不够清晰或者扭曲了，那我们就应该受到批评。我们必须努力成为完美的镜子"①。

　　真实对新闻活动如此必要和重要，那要实现新闻真实，所依托的最基本的道德支持、新闻道德观念是什么呢？我以为就是诚信的道德观念，它是所有新闻道德观念中最基本的也是最根本的观念。善是以真为前提的，善是以真诚为前提的，新闻的真实是以新闻工作者拥有真诚观念、诚实品质为主体前提的。在更一般的意义上说，诚信，是人类精神交往、信息交往、新闻交往活动中第一位的道德要求，第一位的道德观念，也是第一位的道德品质（对此，我们将在"新闻道德品质"一章中做专门的论述）。这是人类交往实践、交往历史得出的客观结论，当然也是"新闻交往"内在的观念要求，具有逻辑的必然性。

　　诚信，作为道德观念，就是以"我"之诚实、真诚取信于人，而不是以瞒哄、欺骗使人相信。"'诚信'的意思就是要立足于道德自我，但却是面向他人，在人际关系中讲诚信。"②诚信的道德观念，体现在职业新闻活动中，就是指整个新闻行业、所有新闻媒体，最终则是落实在每个职业新闻工作者身上，都要对作为新闻收受主体的社会公众诚实，要对新闻报道对象主体、新闻源主体、新闻控制主体诚实；就是传播主体在为社会提供新闻服务的过程中不怀假意，以坦然公开的方式面对社会，"真诚是一种心灵的开放"③。诚信观念是建立新闻活动中不同主体之间互相尊重的前

　　① 吴楠.峰会领袖激辩媒体应变之道 [N].北京晚报，2009-10-09（2）."峰会"是指"世界媒体峰会"，新华社和各大全球媒体共同发起，由新华社承办，于2009年10月8日至10日在北京举行，大会的主题是"合作、应对、共赢、发展"，时任中国国家主席胡锦涛出席了开幕式并发表了讲话。
　　② 何怀宏.良心论 [M].北京：北京大学出版社，2009：132。
　　③ 拉罗什福科.道德箴言录 [M].何怀宏，译.北京：新世界出版社，2008：13。

提，没有相互的信任和真诚相待，也就不可能有相互的尊重。也就是说，要想在新闻职业主体与相关主体之间建立起相互尊重的伦理关系、平等的伦理关系，首先需要的是传播者能够真诚对待新闻活动中的相关主体。在具体新闻工作中，诚信最为直接的表现就是：新闻工作者应该忠于事实。只有忠于事实，才能忠于真实，忠于真理，将新闻事实的真相揭示出来、呈现出来。这是一种求真的科学精神，但支持这种科学精神得以实现的道德观念就是诚信。反映新闻事实真实面目的新闻认识活动，并不是纯粹的类似自然科学认识的活动，而是充满了传播主体自身需要、目的、意图、理想的选择性认识活动，是一种典型的社会认识活动，有着强烈的价值选择意味。因此，能否以专业精神的方式，以职业精神观念真诚地为社会公众服务，始终考验着职业新闻工作者的道德信念和道德品质。

诚信观念，在现实新闻传播活动中的体现是具体的，集中表现在能否遵守新闻传播的诸多基本原则上①，但最重要的是两个大的方面：一是能否公正对待新闻活动中的所有主体（"公正"本身就是一种基本的新闻道德观念，我们将在下文专门讨论）；二是能否以客观理念和态度、通过客观的方法陈述、呈现新闻事实，能否以全面的理念和态度全面地而不是片面地反映报道新闻事实。客观理念的精髓在于真诚地、理性地对待事实，不用主观意图和偏好改变事实、扭曲事实。客观方法的要义在于把属于新闻事实的内容和属于主观情感、意见的内容自觉、明显地区分开来，不得

---

① 报道、传播新闻的基本原则，乃是形成新闻道德要求的内在客观根据之一，这些规律性的要求从根本上说，也符合人类追求新闻的目的性。因此，普遍的规律性的要求，在与主体需要的相互作用过程中，也逐步转换成对职业新闻工作者的道德化要求，转化成新闻职业工作者普遍认同的职业道德观念。具体一点说就是：真实、客观、全面、公正、及时、公开，是普遍认同的新闻传播规律性的基本要求（关于这些观念内涵的详细讨论，可参阅：杨保军. 新闻理论教程［M］. 北京：中国人民大学出版社，2005：143-196），也是职业新闻工作者必须和"应该"做到的。这些规律性的要求，构成讨论新闻活动应有的道德观念的事实论基础，但它们本身并不就是直接的普遍的新闻道德观念。作为新闻道德观念，还必须反映主体的需要和目的。

故意混淆，所谓"事实是事实，意见是意见"。全面理念与方法的核心在于系统把握对象，正确反映事实各个方面、各个部分及其之间的关系。真实的报道，诚实的或真诚的报道，必然是全面的报道，"片面的真实就是不真实。一些新闻所陈述的、呈现出来的确实是事实的实际情况，但却是事实的部分实际情况，而这部分实际情况，有时和事实整体的实际情况是一致的，性质上是统一的，有时则恰好和事实的整体情况是不一致的，性质上是对立的"①。"新闻事件有多个方面，不只是两个方面，道德的新闻报道要揭示事件尽可能多的方面。"②

第二，公正观念。公正，是新闻界普遍认同的新闻道德观念③，是新闻界应该坚守的报道新闻的价值态度。公正，不仅被新闻界，也被整个社会认为是新闻媒体、新闻职业工作者应该追求的价值目标、道德目标。公正观念，作为一种道德追求，核心就是追求正义、实现公平。美国著名学者约翰·罗尔斯在其名著《正义论》开宗明义指出："正义是社会制度的第一价值，正像真理是思想体系的首要价值一样……作为人类活动的首要价值，正义和真理是绝不妥协的。"④ 其实，基本社会正义是任何一定社会能够持续平稳发展的前提，"一旦社会缺少基本的正义，那么社会不稳定甚至无秩序就成为可能"⑤。"不论一个社会共同体特定的文化和价值如何，有一种东西是每个成员都应该得到和给予的，这就是公平待遇。"⑥在

① 杨保军.如何理解新闻真实论中所讲的"符合"[J].国际新闻界，2008（5）：46.

② ALIA. Media ethics and social change [M]. Edinburgh：Edinburgh University Press，2004：Preface，94.

③ 关于新闻公正或者正义观念内涵的详细讨论，可参阅：杨保军.新闻理论教程[M].北京：中国人民大学出版社，2005：143-196.

④ 罗尔斯.正义论[M].何怀宏，何包钢，廖申白，等译.北京：中国社会科学出版社，1988：2.

⑤ 郑永年.国际发展格局中的中国模式[J].中国社会科学，2009（5）：23.

⑥ 米尔恩.人的权利与人的多样性：人权哲学[M].夏勇，等译.北京：中国大百科全书出版社，1995：58.

我看来，在今天这样的信息时代、媒介社会，新闻是维护社会正义、实现社会公正的重要手段，是社会发展秩序化的核心中介。因而，新闻同样应该把维护社会正义、实现社会公正置于自身道德目标的核心位置①，诚如一位英国媒介伦理学者所言："作为新闻媒体，其基本的社会道义，同样是维护社会正义，揭露和鞭挞社会丑恶，推动社会的发展和进步。这是公众的社会道德期望，也是媒体存在和发展的社会道德基础。"②

我们知道，现代职业新闻活动是从民间新闻活动中逐步分离出来的专门性活动，是社会发展演变、社会不断分工的结果。一种人类活动的形式，一旦分化成专门性的、相对独立的活动形式，并且由专门的人群（表现为职业群体或者职业共同体）来从事，这就意味着对整个社会共同体的界分，从而意味着职业共同体与自身以外的社会群体之间的某种分离关系成为事实性的问题，同时也就形成了必然的伦理道德关系。也就是说，一定的职业共同体如何对待自身以外的其他相关社会主体，将成为职业共同体首要的道德课题。

如何对待和应该如何对待其他社会主体的观念，并不是现成的某种天赋观念，只能在历史过程中、职业实践过程中逐步形成，并随时代的发展而变化。我们现在谈论的当然是我们时代能够形成的和应该形成的观念，其中包含着理想的成分。新闻业演变到今天，新闻职业内外在如何建立新闻职业主体与其他相关社会主体的关系问题上，已经形成了共同的观念，这就是：从职业主体角度说，新闻职业主体应该公正对待所有新闻活动中的相关主体。公正，作为新闻职业主体的基本道德观念和新闻活动应该追求的基本目标，其内涵是丰富的，主要包括尊重观念、正义观念和关爱观

---

① "正义至上的人文精神"被我看作是新闻精神的观念之一，可参阅：杨保军. 新闻精神论 [M]. 北京：中国人民大学出版社，2007：107-169.
② 陈汝东. 传播伦理学 [M]. 北京：北京大学出版社，2006：127.

念等。下面我们分别加以简要的阐述。

公正观念的出发点，是对所有相关主体的同等尊重，是对所有相关主体的平等对待，尊重他者是公正对待他者的前提。所谓"尊重"或"平等对待"新闻活动中的相关主体，一个总的观念是：新闻活动中的所有参与者，是一种主体间的关系，是平等的主体间的关系，不是主客体间的关系，因为，"他们在新闻活动中具有不同的地位和作用。从主体角度看，新闻活动的全面展开过程，就是各种活动主体相互配合、相互作用、相互制约的过程。不同活动主体之间的关系，实质上决定着新闻传播的整体面貌"①。职业新闻主体应该在这样总的观念指导下，对待和处理与新闻源主体、新闻报道对象主体、新闻收受主体、新闻控制主体之间的各种可能关系。职业新闻主体在新闻采写活动中要与新闻源主体、新闻报道对象主体建立平等的、互相尊重的关系，切不可高高在上。对于作为受众的广大社会公众来说，职业新闻主体是为他们服务的主体，是公仆性的主体，应该充分运用新闻自由权利、充分发挥新闻传播的功能，满足社会大众正当合理的新闻需求，为他们知情权的实现提供良好的服务。在新闻控制主体面前，职业主体应该保持独立和自主，遵守法律和道德，维护新闻职业的尊严。

如上所说，以怎样的态度、观念对待受众主体、报道对象主体、新闻源主体、新闻控制主体，是新闻道德观念重要的也是核心的组成部分。受众主体、报道对象主体、新闻源主体、控制主体都是和传播主体一样的主体，都是可以自主的主体，传播者与他们之间的关系，是主体间的关系，应该是相互尊重、相互平等的关系。但在所有这些关系中，人们通常认为最重要的一对关系是传播主体与收受主体之间的关系，传播者与收受者被描述为新闻活动中的双重主体。因此，职业新闻传播者应该如何对待收受

---

① 杨保军. 新闻活动论 [M]. 北京：中国人民大学出版社，2006：154.

者显得更为重要，我们稍微多说几句。国际记者联合会在记者行为准则的第一条明确写道："尊重事实，尊重公众获知真相的权利是记者的首要职责。"[①] 而"作为受众，我们总是受到新闻工作者决定报道什么、怎样报道的引导……我们在寻求信息，但同时我们也在寻求准确、权威和诚实的信息，也在寻求新闻工作者把我们的利益放在他们心上的感觉"[②]。这其实也就是在寻求新闻工作者对受众的尊重。新闻媒体或者职业个体在媒体行为或职业行为中，如果在态度上、动机上或目的上，只是把新闻收受主体，当作实现自身利益的手段（无论把这种利益说得多么崇高和必要），这本身就是缺乏道德态度、道德情怀的表现，就是对相关主体的不尊重。比如，在媒介经济二次销售理论[③]的支配下，一些媒介一味或单纯性地把受众当成媒体实现经济利益的手段；其突出表现就是不顾受众的合理需求，拼命迎合广告商的胃口，甚至违背新闻传播规律，按照广告商的诉求安排报纸的版面、编排节目的播出方式。这种做法，在新闻道德观念的视野中，实质上就是把受众当作客体，而不是当作主体，在一定意义上就是对受众的不尊重，没有把受众当作目的去对待，当作应该尊重的服务对象去对待。那种只想把他人当作手段，而不当作目的的主体，是非道德的、非伦理的主体。"如果大众媒介把受众当作简单的获取利润的手段，而不是当作一个个自主性的人，那么，大众媒介就只是把受众当成了达到自身目的的手段。"[④] 新闻媒介如果把自己的受众当作一种中介性的商品卖给

　　① KEEBLE. Ethics for journalists [M]. London and New York：Routledge Taylor & Francis Group，2001：22.

　　② KOVACH，ROSENSTIEL. The elements of journalism：what newspeople should know and the public should expect [M]. New York：Crown Publishers，2001：184.

　　③ 媒介先把新闻信息和其他信息卖给受众，再把受众卖给广告商，然后从广告商那里获取媒介自己的利益。

　　④ ENGLEHARDT，BARNEY. Media and ethics：principles for moral decisions [M]. Thomson Learning，Inc. 2002：14.

广告商，特别是通过低俗的节目或者煽情的不负责任的新闻报道，刺激人们不太合理的需要欲望，从而达到提高收视率、收听率、发行量、浏览量的目的，那就确实存在着道德冒险，那就是把传播者和收受者之间的关系，从精神交往为主的关系实质性地异化为金钱交往关系，把主体之间的关系变成了主客之间的关系，而更为可悲的是，受众在其中变成了媒体或者其他利益主体赚钱的纯粹手段。

公正对待新闻活动中的相关主体，并不是通常理解的简单的平衡报道，那不过是实现形式公正的基本手段和技巧。公正观念有其更高的职业价值追求和职业道德理想，这就是通过新闻手段维护社会正义、实现社会公正。也就是说，公正的道德观念，要求职业新闻工作者应该通过职业新闻行为维护社会正义，通过新闻手段为实现社会公平服务。

运用新闻传播手段维护社会正义是一件十分复杂的事情，不仅需要新闻媒体和新闻职业工作者拥有正义的情怀，更需要新闻媒体和新闻职业工作者做许许多多实实在在的事情。一般意义上说，职业新闻工作者，只要履行了他们的职业使命，按照新闻传播的规律办事，也就意味着维护了社会的公正和正义。在我看来，可以对维护社会正义、实现社会公正的主要途径做出这样的概括①：第一，让事实说话——报道应该报道的事实。报

---

① 新闻传播要成为维护社会正义的手段，首先需要确立为公众服务的精神，这是新闻业作为公共事业的基本要求，也是新闻精神的基本内核。那么，怎样才能为公众服务，或者说社会能向新闻界"索取什么"，早在 1947 年，美国新闻自由委员会在它的一份报告——《一个自由而负责的新闻界》——中就对新闻界提出这样的要求：第一，报刊要在揭示事件意义的情境下，真实、全面而智慧地报道当日事件。可信地报道事实已经不够了，必须报道关于事实的真相。第二，大型大众传播机构应该将自己视为公共讨论的共同载体，成为一个交流评论和批评的论坛。社会中所有重要的观点与利益都应该在大众传播机构上得到反映。第三，媒介应该反映社会组成群体的典型画面。关于任何社会群体的真相，虽然其缺点与恶习不应被排除，但是还应包括对其价值观、抱负和普遍人性的认可。如果人们能接触到某个特定群体生活的核心真相，他们就将逐渐建立起对它的尊重与理解。第四，呈现和阐明社会的价值目标与价值观。大众传播机构是一种教育工具，而且也许是最强大的，它们必须在陈述和阐明共同体应该为之奋斗的理想中，承担起教育者的责任。第五，使公众能够完全接触到每天的信息。（参见：新闻自由委员会. 一个自由而负责的新闻界 [M]. 展江，等译. 北京：中国人民大学出版社，2004：11-16.）

道应该报道的事实是正义的，报道了不应该报道的事实，没有报道应该报道的事实就是不正义的，对社会公众就是不公正的。这里应该与否的标准，一是规律性的标准，二是规范性的标准。① 第二，用事实说话——表达应该表达的意见。新闻媒介不只是反映事实，报道新闻，而且要评论事实，发表意见，还要为社会公众提供意见交流的平台。但作为新闻媒介，它必须用"事实"，用"新闻事实"说话②。它必须公正地说话，说公正的话，这样，才能维护社会正义。第三，为事实说话——维护应该维护的利益。客观世界发生的一些新闻事实，往往是不会说话的哑巴，需要媒体、需要传播者为它们说话。一些事实，只有作为环境监测者、社会守望者的新闻媒体、新闻工作者去主动地、积极地、勇敢地、智慧地去发现、去揭示才能公之于众，才能成为社会公众关注的问题。只有通过为事实说话的方式，一些正当的利益才能得到应有的维护；只有通过为事实说话的方式，一些应该维护的正义原则才能得到维护，一些应该张扬的真理才能得到传播。当然，为事实说话要守规则。为事实说话，是为了实现公正，维护正义，不是为了张扬新闻媒体或者新闻工作者的无法无天。对于新闻从业者来说，在运用新闻手段维护社会正义的过程中，为一些事实说话的过程中，为一些弱势群体说话的过程中，最容易忘乎所以，自以为是。在一个法律制度不够健全，法治意识仍然比较淡薄的国家，新闻从业者极易把自己看成"无冕之王"，当成"包青天"，利用人民赋予的职业话语权力

---

① 规律性标准主要是指新闻价值标准、媒介形态标准等；规范性标准主要是指法律标准、道德标准、政策标准等。关于确定新闻报道内容的标准问题，可参阅：杨保军. 新闻理论教程［M］. 北京：中国人民大学出版社，2005：143-196.

② 《中国青年报》的一位资深编辑讲过这样一段话，关注社会公正和正义，关注那些使国家和民众健康生存的基本价值观（包括真、善、美）的传递，监督政府……预测国家和社会在发展道路上有哪些陷阱……主流媒体引导舆论的责任，并不是顺应某些读者、观众的直接需要，满足其直接兴趣，像一个采购员一样代表读者去采购事实，而是发挥新闻媒体的主体性，独立观察、独立思考，通过报道事实对社会"发言"。（参见：张征. 新闻发现论纲［M］. 北京：中国人民大学出版社，2006：86.）这样的发言，就是我们所说的用事实说话。

进行"媒介审判"，从而造成新的不公正。果真如此，为事实说话就不仅没有维护社会正义，反而成了制造不正义的手段。因而，维护社会正义，对于新闻媒体、新闻从业人员来说，最低限度是守法，守法就是正义的表现。[1] 按照宪法和法律的精神、规范以及法治精神从事新闻职业活动，乃是对新闻职业人员的最低要求。除了法律规范，新闻工作者当然还要遵守社会基本的道德规范，奉行新闻职业道德规范，还要按照国家的新闻政策等办事。一言以蔽之，为事实说话是为了维护正义，而不是破坏社会正义。

公正的更高道德境界是关爱。公正并不是简单的不偏不倚。关爱应该关爱的主体，同样是公正的表现。关爱，是一种更高的道德境界，是一种只讲付出、不讲回报的道德境界。作为理想，新闻业应该成为社会的公共事业，新闻媒介应该成为社会公共平台，它在为社会公众利益服务的同时，还要特别关注社会的弱势群体，维护社会弱势群体的利益，这是积极的公正，为实现社会公平而追求的公正。

新闻传播是为社会公共利益服务的，是为所有人提供平等服务的。但是，具体的新闻报道很可能是先要为正在困难中的人服务，这是人文精神的当然倾向（资源有限的情况下，首先倾向弱者，这是人文关怀的基本诉求之一），是人类的正义感、同情心能够允许、可以接受的倾向。新闻媒体、新闻从业者应该把更多的笔墨、镜头、声音"投撒"在一定情境中的弱者身上，以引起社会的关注、人们的同情和帮助，这是正义的，也是人文精神的体现。[2] 对于贫富差距越来越大、社会公平越来越令人不

---

① 早在 2500 多年前，人类历史上最伟大的哲人之一苏格拉底就已明确表达了这样的思想：守法就是正义，正义也就是守法，两者其实是一回事。他还以他特有的"助产婆"方式论证了这一命题。（参见：色诺芬. 回忆苏格拉底 [M]. 吴永泉，译. 北京：商务印书馆，1986：166.）当一项法律是公意的结果，它就意味着守法是维护社会公正、坚持社会正义最基本的途径，是每个公民的义务。在法治社会里，守法是良民的品格，也是社会良性运行的保障。当然，在道德诉求上法应该是良法。但我以为，在法未被公意以正当的程序废除或者修正之前，遵守它仍是每个公民的义务。

② 当然，新闻媒体及其从业者有时会把更多的笔墨、镜头、声音"投撒"在一定情境中的强者身上，也会"投撒"在一定情境中的恶者身上，只要是按照新闻传播规律进行传播，原则上都是正义的。

安的现实来说，新闻媒介先为、多为社会弱势群体说话，显得更为紧迫和必要。

我们看到，在世界范围内，现实社会很难说是平等的社会，总是有精英群体和一般人群、弱势人群之分，总是有富人、穷人的差别，总是存在着不同的权力阶层、文化阶层。笼统一些说，各种社会精英本身就有足够的话语能力反映自身的生存状态，表达自己的各种愿望，他们也有足够的政治、经济、文化、技术能力接近新闻媒介、利用新闻媒介。[①] 因此，新闻媒体只要为他们提供公正的媒介平台就可以了。但另一方面，新闻媒体应该有意为社会弱势群体提供"说话"的机会，更多代表他们反映生活的真实状况，表达他们的基本愿望，这是一种基本的平衡方式，也是新闻媒体坚持社会公正、维护社会正义的基本方式之一，是对社会弱势群体表达关爱的基本方式之一，也可以说是新闻媒体在一定程度上、一定范围内分配作为公共资源的新闻媒介的一种方式，正如罗尔斯所说："为了平等地对待所有人，提供真正的同等的机会，社会必须更多地注意那些天赋较低和出生较不利的社会地位的人们。"[②] 此处，我想借用一个比喻：媒体可以也应该发扬声器给一些弱势群体，从而让他们的声音能够广为人知[③]。1999年，美国前总统比尔·克林顿在给罗尔斯颁奖的致辞中说："社会给

---

① 美国学者费斯这样写道："富人在传媒和其他公共领域的传播空间中是如此具有支配性，以至于公众实际上只能听到他们的声音。其结果是，穷人的声音可能被完全淹没。"（费斯. 言论自由的反讽 [M]. 刘擎，殷莹，译. 北京：新星出版社，2005：14.）这就是号称最为自由、民主的美国的公共领域的现实。在那些还不够自由、不够民主的地方，公共领域的情形又当如何？

② 罗尔斯. 正义论 [M]. 何怀宏，等译. 北京：中国社会科学出版社，1988：95-96.

③ 费斯. 言论自由的反讽 [M]. 刘擎，殷莹，译. 北京：新星出版社，2005：导论4. 费斯先生在美国语境下说："如果国家之外的权力正压制着言论，那么国家可能必须采取行动，来增强公共辩论的活力。国家可能必须给那些公共广场中声音弱小的人配置公共资源——分发扩音器——使他们的声音能被听见。国家甚至不得不压制一些人的声音，为了能听到另一些人的声音。有时这就是别无选择的方式。"我这里只是把费斯先生的论述作为方法论来应用。至于他在美国语境下阐述的观点是否适用当下的中国语境，我赞同贺卫方教授的看法，他说："简单地将费斯教授的结论用于中国可能会出现某种类似'直把杭州作汴州'的时空错位。"参阅贺卫方为该书写的"中译本序"。

予弱势群体以帮助不仅是道德的要求，而且是理性的逻辑要求。"①

　　除了为弱势群体说话之外，新闻媒体、新闻工作者还应该从社会公众利益的角度出发，为那些更有意义的新闻事件、新闻事实说话，这其实是对社会的关爱，是对社会公众的关爱。我们知道，事实世界精彩纷呈，千变万化。因而新闻是多样化的，新闻的功能也是多样化的。新闻媒体在真实反映自身目标报道领域的前提下，应该对什么样的新闻事实给予更多的关注，即对什么样的事实给予更多的报道机会，使公众对一些事件、事实有更多、更深入的了解，这是一个并不好回答的问题。在合法范围内，报道什么，不报道什么，多报道什么，少报道什么，是新闻媒体的自由。但是，"新闻工作关涉的不仅仅是信息的传播，还有一部分工作是在'新闻'传到公众之前进行的，就是要对新闻的价值和准确性做出明确的判断"②。因此，负责任的新闻媒体，应该更多关注、更多报道与社会公众利益关系比较大、关系比较密切的新闻事实（不管是正面事实还是负面事实）。客观世界中产生着各种各样的新闻事实，但不同事实与社会（公众）的价值关系、意义关系必定不是一样的，有些价值关系、意义关系紧密，有些则比较松散，有些新闻事实对社会的价值大，有些则小。这样的客观现象要求以公众利益为最高道德目标的新闻媒介和新闻工作者，用那些有更大价值或更大意义的事实说话，这是责任和义务，是应该具有的一种新闻精神，应该具有的一种道德情怀。

　　第三，自由观念。实现自由传播、自由收受，始终是人类的理想，也是一种伟大的道德应该，是公正传播、平等传受等理想实现的条件和重要标志。新闻自由是自由体系的重要组成部分，甚至具有优先自由的性质。

---

　　① 江绪林. 解释和严密化：作为理性选择模型的罗尔斯契约论证 [J]. 中国社会科学，2009 (5)：60.

　　② SEIB, FITZPATRICK. Journalism ethics [M]. Orlando：Harcourt Brace & Company，1997：207.

新闻自由的实质内涵包括两个大的方面：一是狭义的事实信息（新闻）传受的自由；二是新闻意见（表现为新闻评论，对新闻现象、新闻事实的评论）传受的自由，在这一意义上其实和言论自由没有本质的区别（言论自由的范围在逻辑上更大一些）。新闻自由观念作为道德观念，基本的意思就是这两方面的自由都是应该的，对社会发展、对个体的自我实现既是善的目标，也是善的手段。

"自由是人类的一种基本需要、基本欲望、基本目的"，"是最深刻的人性需要"[①]，"是达成自我实现和社会进步的根本条件"[②]。自由本身因而就是人类必然追求的、应该追求的目标和使用的手段，就是人类的道德手段和道德目标。自由本身就具有道德价值，是人类最基本的道德生活观念。新闻需要是人类的基本需要，"新闻乃是任何社会生活的基本需要之一"[③]。新闻自由是最基本的自由，或者说，对新闻的需要就是对基本自由的需要——知的需要、说的需要、行的需要，所有这些需要都是以信息（新闻信息）为基础的。新闻自由的应该，最大的根据就在这里。也正是因为人类发现、自觉到了这一点，新闻自由才被当作优先的自由、每个人应该享有的自由。

在人权道德哲学或者人权伦理学视野中，自由传受信息、意见是人类一种重要的道德权利、基本人权。[④] 新闻自由权利的道德性，是其平等性、普遍性的根基。如果把新闻自由仅仅看作是法律权利，那就意味着它是可有可无的权利，是可以约定的权利——约定了就有，不约定就没有。

---

① 王海明. 新伦理学［M］. 北京：商务印书馆，2001：415.

② 同①416.

③ 阿贝尔，泰鲁. 世界新闻简史［M］. 陈崇山，等译. 北京：中国新闻出版社，1985：3.

④ 所谓道德权利，就是基于道德信念而非基于法律规范的权利。道德权利是道德上得到论证的要求，也就是说，权利理由完全是道德上的。具体可参阅：甘绍平. 关于人权概念的两个哲学论争［J］. 哲学动态，2009（1）：18-23.

因而，新闻自由不仅应该是权利观念、法律观念，也应该是十分重要的道德观念、伦理观念。也就是说，新闻自由就像言论自由、出版自由等自由权利一样，不仅是一种法律权利，更是一种道德权利。自由是应该的，不是什么权威赋予的，法律不是为了限制自由，而是为了更好地保护自由。作为一种道德权利，新闻自由应该是所有人平等地、共同地享有的一种自由权利。① 如果只在实证范围、法律层面讨论新闻自由必然会出现偏差，把自由观念当作道德观念因而显得异常重要。新闻媒体应该成为社会公共平台，"应该为所有公民享用，而不是为政治统治者或商人谋取个人所得或利润"②。这既是一种道德理想，也是一种制定法律的道德原则，它要求人们在把新闻自由作为一种政治权利规定下来时，必须从所有人的利益出发，而不是仅从一些人或个别人的利益出发。这可以看作是新闻自由作为一种道德权利的实质。作为道德权利的新闻自由，是一种应然的目标，是社会永远应该追求的方向。

自由的基本内涵——独立、自主、不受不当限制，是人人应该拥有的基本主体素质、道德品质和最重要的发展条件。新闻制度应该是民主的，新闻媒介应该属于人民，这样的制度，才是道德的。马克思当年就表达过这样的思想：在人民报刊正常发展的情况下，构成人民报刊实质的各个分子都应当首先各自形成自己的特征。只有在人民报刊的各个分子都有可能毫无阻碍地、独立自主地各向一面发展，并使自己成为各种不同的独立报刊的条件下，好的人民报刊，即和谐地融合了人民精神的一切真正要素的人民报刊才能形成。那时，每家报纸都会充分地体现出真正的道德精神，就像每一片玫瑰花瓣都散发出玫瑰的芬芳并表现出玫瑰的特质一样。③ 在

① 彭伯. 大众传媒法 [M]. 张金玺，赵刚，译. 13 版. 北京：中国人民大学出版社，2005：译序15-16.
② 基恩. 媒体与民主 [M]. 郐继红，刘士军，译. 北京：社会科学文献出版社，2003：4.
③ 马克思恩格斯全集：第1卷 [M]. 北京：人民出版社，1956：189-190.

民主的新闻制度下，新闻自由才能真正成为有保障的政治自由，才能成为全体人民享有的自由。自由是道德的前提，自由是道德的理由，新闻的道德性，始终是以新闻的自由性为前提的。没有新闻自由，本质上就没有新闻道德。讲道德的新闻必须以讲自由的新闻为根据。因此，对于全体人民来说，特别是对于职业新闻工作者来说，必须确立新闻自由的观念，拥有追求新闻自由的道德精神。

自主的新闻并不必然以公共利益为目标，正像自主的人并不必然是理性的人，也并不必然是道德的人一样，自主的新闻也可能以媒体或职业人的自利为核心，甚至损害公众的利益。自由只是道德的条件，并不必然是道德的保证。当职业新闻不能保持公共利益与媒体利益、职业人利益的平衡时，自由的新闻将不再自由。当媒体、职业人把新闻自由过度当作追求自利的手段时，他们也就玷污了新闻自由的道德性，也就没有了新闻自由的道德观念。社会总是会通过政治手段、法律手段、道德手段限制新闻自由的滥用。另一方面，谁都明白，新闻工作者并不是生活在真空之中，但他们应该努力确保自己的工作不受外界不良力量的干扰，美国学者巴格迪坎说："任何在金钱利益影响下做出的新闻选择都是不道德的。"[①] "一旦特殊利益被允许影响媒介行为，新闻扭曲变形就不可避免"[②]。新闻媒体、新闻职业工作者要有勇于拒绝、排除外界各种不当干扰的道德勇气和品质。

（二）特殊层次的职业道德观念

我们这里所说的特殊层次的职业道德观念，包括两个方面：一是指不

---

① SEIB, FITZPATRICK. Journalism ethics [M]. Orlando：Harcourt Brace & Company, 1997：32.

② 同①10.

同社会的特殊性，也可以说是不同社会形态中、社会制度下、文化环境
（包括新闻文化环境）中新闻传播业的特殊性，这种特殊性会将普遍新闻
道德观念的内涵特殊化，同时也会使比较抽象的普遍道德观念具体化，从
而形成特定社会中新闻职业道德观念的特殊性。二是指不同（或不同类别
的）新闻媒体的特殊性，不同新闻媒体的价值追求是有差别的，因此不同
新闻媒体实际上坚持的新闻道德观念是有差别的。总而言之，在不同社会
中，不同新闻媒体中，它们会有一些特殊的职业道德观念，对职业新闻工
作者个体的新闻行为有一些特殊性的要求。我们只有在这样特殊的层次
上，才能真正具体地、真实地把握新闻道德观念的现实表现。

1. 社会层次的特殊性

如果缩小范围、降低层次，在中观层面上进行考察，人们通常理解的
普遍层次的新闻道德观念，主要是指一定历史时代、历史时期特别是一定
社会范围内新闻职业共同体普遍认同、普遍信奉的共同的职业道德信念。
正是这样共同的新闻道德信念，反映和体现了他们拥有相似的新闻观以及
一系列相似的、基本的新闻观念，特别是相似的新闻价值观，说明他们追
求着共同的职业新闻活动的目标和理想。这也正是我们这里所说的特殊层
次的新闻道德观念①。

职业新闻道德观念植根于整个社会化的新闻活动，植根于制度化的新
闻业、新闻职业，植根于新闻活动所处的特定社会状态。因此，在一定社
会中，作为具有共同体特征的职业新闻工作者，必然会拥有一些共同的新
闻观念、新闻道德观念。事实上，即使在一般道德意义上说，一定社会共

---

① 对于一些特定的社会来说，这样的观念有时更多地表现为关于"新闻工作"的价值观念。比
如，在当下中国，"新闻职业工作"主要表现为"新闻宣传工作"，很难谈得上新闻职业道德观念，更
准确的应该是新闻宣传工作中的道德观念，这样的道德观念实质上是各种观念的融合体——新闻道
德、宣传道德等的融合体，并不是比较纯粹的职业道德观念。

同体的存在，也总是意味着共同道德观念的存在，诚如有学者指出的那样，"任何一个社会都有普遍有效的道德观念和道德规范"①。

职业新闻共同体并不是抽象的存在，总是属于一定社会中的新闻职业共同体，因而，同样是职业新闻工作者，在不同社会中往往拥有不同的新闻观念、新闻道德观念。不同社会拥有由政治、经济、技术等共同塑造出来的不同的文化传统与现实、新闻文化传统与现实，这就从根本上决定了不可能在所有的具体社会中只有一种新闻观念、一种新闻道德观念。我们很难发现和找到普适于所有社会的、绝对实质性一致的新闻观念、新闻道德观念，这也就是说，不同社会总是寻求适应于自身的观念与规范，总是拥有自己的相对统一的职业新闻道德观念。

新闻道德观念在世界范围内的统一性大多是抽象的、目标性的、理想性的，而不是完全现实的。恩格斯曾经这样说过："我们拒绝想把任何道德教条当做永恒的、终极的、从此不变的伦理规律强加给我们的一切无理要求，这种要求的借口是，道德世界也有凌驾于历史和民族差别之上的不变的原则。相反，我们断定，一切以往的道德论归根到底都是当时的社会经济状况的产物"②。恩格斯将道德根源置于经济基础或经济关系，意味着道德现象从根本上说既是社会的，也是历史的，道德观念从根本上说总是与一定社会及其历史状况相适应的，具有相对性。新闻道德现象当然不能例外。英国新闻道德研究者卡瑞·桑德斯写道："我们必须承认，新闻业是一种建立在文化基础上的实践活动，是在不同国家、不同的历史环境下发展起来的。中国的新闻业与美国的新闻业有天壤之别，英国报纸又极其不同于颇具学者风度的德国报纸"③。不同社会的新闻业在事实上、客

---

① 张言亮，卢风. 道德相对主义的界标 [J]. 道德与文明，2009 (1)：29.
② 马克思恩格斯选集：第 3 卷 [M]. 3 版. 北京：人民出版社，2012：471.
③ 桑德斯. 道德与新闻 [M]. 洪伟，高蕊，钟文倩，译. 上海：复旦大学出版社，2007：240.

观上的不同与差别（主要是性质和功能上的不同与差别），从根本上决定
了不同社会中的新闻职业共同体拥有相对特殊的新闻职业道德观念。人们
看到，有些新闻观念、新闻价值观念、新闻道德观念，在不同社会之间，
只是在抽象意义上是一致的，或者说只是在表面上、名义说法上是一致
的，而在实质内容上是不一样的。比如，所有社会中的新闻传播业，都要
求媒体或记者的新闻报道必须真实，也应该真实，但到底什么是真实，不
同社会中的新闻业和不同媒体的理解和重点追求是不完全一样的。尽管都
强调具体报道的真实性，但有些社会中的新闻业则更强调新闻要反映整个
社会事实图景的真实性[①]，即所谓的整体真实、本质真实等等，有些更强
调对负面新闻事实的报道，有些更强调对正面事实的报道，这样就会显现
出不同的社会真实图景。这就意味着，尽管都讲真实，但他们实际拥有的
新闻真实观是不完全一样的。而不同的新闻真实观并不是简单的、纯粹的
认识论问题，而是内含着深层的价值论问题和道德追求问题。至于那些直
接与新闻价值观念、新闻道德观念相关的问题实质性的差异就更大了。

　　总而言之，职业道德观念的社会差别或社会特殊性，背后的根本原因
是新闻业的社会差别，而新闻业的社会差别原因在于不同社会的差别，不
同社会的差别则是由不同社会的历史、传统以及现实状况与未来追求设想
等等造成的。因此，新闻道德观念的特殊性从根本上说是因为特殊社会根
据的存在。由于社会特殊性的存在将是长期的，这也就意味着新闻道德观
念的特殊性存在将是长期的。特殊性的存在表明了新闻道德观念、道德实
践的相对性特征[②]，但并没有说新闻道德就是相对主义的，道德与否有其
客观的、普遍的标准，承认道德的相对性并不必然意味着我们非要赞成道

①　杨保军.新闻真实论［M］.北京：中国人民大学出版社，2006：1-42.
②　道德的相对性就是指道德判断、道德学说和道德实践总是与特定文化传统、具体情景因素等
有关。具体可参阅：张言亮，卢风.道德相对主义的界标［J］.道德与文明，2009（1）：26-29.

德相对主义不可。事实上，"道德相对主义源自对道德相对性的夸大。夸大了道德的相对性，便会否认善恶之间的明晰界限"①，如此，必然会走向荒唐的境地。这就又意味着我们不能总是以特色为借口进行道德辩护，道德与否有其公共的尺度。从长远看，随着人类社会一体化的进程，道德的相对性只能越来越小，而不是越来越大，至于职业范围内的道德普遍性，则是更加容易达成统一的认识。

2. 媒体层次的特殊性

在新闻媒体层面上，我们看到，尽管不同新闻媒介组织制定的新闻道德规范（或者类似规范的要求），在主导性的内容上是基本相同的，但我们也能看到，不同媒体的道德规范是有一定差异的。这就是说，在道德与不道德之间，在道德与"更"道德之间，在如何实现道德之间，不同新闻媒介组织的认识是有差异的，其坚持的道德观念也是有所不同的，表现出了各自的特殊性。这种不同新闻媒体基于自身属性特征、自身认识而形成的、拥有的特殊道德观念，就是我们所说的特殊层次新闻道德观念的另一种表现形式。

人们知道，不要说在世界范围内，就是在一定社会特定的历史时期中，也存在着多元性质或多元价值取向的新闻媒体。如果它们之间形不成关于新闻活动的共同信念，即形不成关于新闻应该与社会、与大众、与政府建立什么样正当关系的基本观念，那就很难在一定社会范围内，即在一定社会的职业群体内形成共同的新闻道德观念。也就是说，如果没有这样基本的、共同的新闻道德观念，只存在以不同新闻媒体组织为主体而表现出的多元新闻价值观、新闻道德观，只存在以不同新闻职业个体为主体而

---

① 张言亮，卢风. 道德相对主义的界标［J］. 道德与文明，2009（1）：27.

表现出的多元的新闻价值观和新闻道德观念，那就实在难以想象：新闻行业在一定社会中将成为怎样的一个"共同"行业，还能算作一个行业吗？新闻职业群体将成为一个怎样的职业群体，还能算作一个职业共同体吗？作为共同体，不管它是什么规模的共同体，其标志不仅是组织形式或群体形式的一体化，更为重要的是拥有共同的精神信念，有着一致的内在的精神灵魂，有着一致的道德理想或道德目标。但是，现实就是现实，在现实的一定社会中，不同新闻媒体除了拥有一些共同的行业道德观念之外，总是拥有一些各自特殊的道德观念。因此，这就成为新闻道德观念论必须关注的问题。

新闻媒体之间的客观差异性[①]，决定了它们在主观的道德追求上是不会完全相同的，而会显示出各自的特色。比如，在中国，党报、党台、党站（指网站），与商业色彩比较浓的媒体相比，在传播内容、传播方式的定位选择上就有比较大的差别，由此决定的在道德观念的建构侧重点上也有所不同。

不同新闻媒体"实际"利益取向（不能仅仅看媒体自己的口号宣称）的不同，直接表明它们的道德理想是不一样的。比如，有些媒体特别重视政治性，有些媒体特别重视商业利益追求，有些媒体把社会公众利益置于优先地位，如此等等的事实性存在，说明了不同新闻媒体坚持的新闻观念、新闻道德观念有着或大或小的差异。现实中，人们看到，不同新闻媒体有着不同的媒介品性，有着不同的媒介风格，这既反映了不同新闻媒体本身的性质、功能、传播目标，也与不同新闻媒体坚持的新闻道德观念有着直接的联系。

---

① 新闻媒体之间的客观差异性有多方面的表现，但重要的有这样几个方面：第一，不同新闻媒体有不同的性质定位，包括经济所有制性质、政治性质、意识形态取向；第二，不同新闻媒体有不同的利益取向，往往反映和代表着不同社会群体的利益；第三，不同新闻媒体有着不同的历史传统；第四，不同新闻媒体拥有的主导性媒介形态也往往不同。

同样需要指出的是，不同新闻媒体之间有差异的新闻道德观念存在尽管是正常的，但这并不必然意味着所有新闻媒体持有的道德观念都是合理的、正确的。这正像不同的学校可以倡导侧重不同的教师职业道德观念，但这并不意味着学校可以任意按照自身的理解倡导教师职业道德观念，或者说，不同学校不能以为自己倡导的观念都一定是道德的、应该的。但所有新闻媒体，只要它还是新闻媒体，就有其应该坚持的新闻职业道德观念，这就是那些基本的职业道德观念，它们作为底线性的观念是不可缺少的，是规定新闻媒体性质的基本观念标准。因此，对于当下中国的新闻业、新闻媒体来说，观念变革与解放仍然是重要的、长期的任务。新闻道德观念的变革，首先需要新闻观念的变革、新闻工作观念的变革。如果把职业新闻活动完全等同于宣传活动、公关活动，那就根本不可能生产出新闻道德观念，更不要说职业新闻道德观念。因此，我们仍然需要更新的、变革的是新闻观念、新闻工作观念、新闻功能观念，"观念改变着世界。新观念的力量是变革我们生活和思维方式的引擎"①。只有这些观念真正回归本位，回归到新闻传播自身的内在目的，回归到新闻业应有的社会功能，崭新的、符合新闻工作本性的职业道德观念才能真正诞生。这其实是一个十分艰难的过程。

（三）个体层次的职业道德观念

尽管普遍层次与特殊层次的新闻道德观念，可以在宏观层面、中观层面上指导和影响新闻实践，它们能够营造出整体的新闻道德观念环境氛围，使生活在一定社会中的大众能够普遍感受到新闻行业或者一些新闻媒

① 韩震. 公平正义的和谐社会与核心价值观念 [J]. 中国社会科学，2009（1）：45.

体的精神气质与风格，但是，要使普遍层次与特殊层次的新闻道德观念真正现实化和效应（或效果）化，还需要更为重要的一个环节，这就是它们能够转变为、内化为新闻职业个体（包括准备成为新闻职业人的个体）的道德观念。只有转变为、内化为职业新闻工作者个体的新闻道德观念、新闻实践观念，普遍的、特殊的新闻道德观念才能最终实现它们的作用和影响。因此，为了论说的方便和重点的突出，我们在下文中着重从新闻观念特别是新闻道德规范、新闻道德观念内化为新闻职业个体道德观念的角度讨论职业主体的职业道德观念。它既是新闻道德观念真实、具体的存在方式，也是职业道德观念存在的微观个体层次。

　　观念的普遍存在是抽象的，新闻道德观念真实的、具体的存在是个体化的心理存在、个体化的观念存在。有研究者指出："相对于新闻记者个人的处事原则而言，行为准则（指普遍的道德准则——引者注）对新闻记者作出日常的决定影响要小得多"①。因此，就直接的现实性说，职业新闻个体拥有什么样的新闻观念、新闻道德观念，可以说是更为重要的事情，也是新闻职业道德观念最为重要的、现实的表现样态。有媒介伦理学者指出，"对媒介职业人员来说，建构个人的道德理论是重要的，它可以帮助个人在遇到困难的道德境遇时做出决定"②，从而表现出职业人的道德智慧。其实，不光是遇到道德困境时，更多的是在常态工作中，职业个体自己拥有的、认可的道德理论、道德图式，自己拥有的新闻道德观念，时时刻刻都在影响着自己的道德判断和道德选择。顺便可以指出的是，在一般意义上，道德智慧是一种生活智慧、实践智慧，是与每个人生命相伴一生的智慧。因此，有人说，"在所有的智慧当中，至少有一种是必不可

---

① 桑德斯. 道德与新闻 [M]. 洪伟，高蕊，钟文倩，译. 上海：复旦大学出版社，2007：197.
② ENGLEHARDT, BARNEY. Media and ethics: principles for moral decisions [M]. Thomson Learning, Inc. 2002：44.

少的，那就是判定哪些事适合做，哪些事不适合做"① 的智慧，而这样的智慧在我看来就是建立在个人道德实践、道德体验、道德理论、道德观念基础之上的智慧。

　　个体层次的新闻观念、新闻道德观念、新闻道德理论不是凭空任意建构的，总是在一定的社会环境中、行业环境中、媒介环境中建构的，总是依据一些既有的新闻观念、新闻道德观念建构的，总是依据一定的社会道德规范、新闻道德规范或者其他道德规范建构的。一句话，任何个体面对的，首先是先在于、外在于自己的物质世界和精神世界（也可以说有一个道德世界），外在于和先在于自己的观念和规则。而对于一个准备进入或刚刚进入新闻行业的个体来说，只能是"中途"进入，因此，他或她首先必然面对的是客观存在的新闻业，客观存在的新闻观念世界、精神世界，以及在他或她之先已经进入行业的从业者等。英国学者卡瑞·桑德斯说得朴素到位："道德行为（道德观念也一样——引者注）并不存在于真空之中，没有人可以从头开始。我们所有的人都是从中途起跑，都受到了来自历史、家庭、基因和文化遗传等因素的制约。在每一个既定的时刻，我们必须面对现实"②，我们只能从现实出发，这是每个人生存发展的方式，也是每个职业人生存发展的方式。

　　个体职业道德观念的形成过程，本质上是一个道德观念"内化"的过程③，就是把外在于个体的道德观念、道德规范"化为己有"的过程。这

---

① 萨瓦特尔. 伦理学的邀请：做个好人 [M]. 于施洋，译. 北京：北京大学出版社，2008：3.
② 桑德斯. 道德与新闻 [M]. 洪伟，高蕊，钟文倩，译. 上海：复旦大学出版社，2007：194.
③ 也可以称为个体化的过程。在一般意义上，对道德内化可作这样的理解：道德内化是关于社会道德意识、道德规范和道德观念与道德主体之间互动关系的范畴。道德内化是指人们的精神被提升到普遍状态，化天性为德性，从而实现完善的道德自我的过程。（参阅：胡林英. 道德内化论 [M]. 北京：社会科学文献出版社，2007：25 - 76.）道德内化是指社会道德由外部的教育、灌输、示范和引导，通过个体的学习、选择和认同，将社会道德转化为个体自己内在的行为准则和价值目标，形成相应的个体道德品质，实现向主体自觉的道德行为实践升华的过程。具体可参阅：龙静云. 试论道德内化的主客观条件 [J]. 思想理论教育导刊，2009（6）：52 - 56.

一过程在现实中是相当复杂的,在逻辑上大概包括这样两个主要方面:一是"外"对"内"的作用过程,就是个体所处的社会环境①、所面对的行业和组织等等,通过各种各样的方式方法,对其进行教育、灌输、示范、引导等的过程,目的在于使个体认识、接受本来外在于他(她)的道德观念、道德规范等,这是个体"被职业化"的过程;二是从"内"到"外"的作用过程,就是个体从其所处的社会环境中学习、选择、认同和接受相关道德观念、道德规范的过程,这是个体"主动职业化"的过程。在实际中,内化的这两个方面本质上是一体化的过程、共时性的过程。看得出,在这一不间断的历史过程中,作为内化主体的个体,既有被动的一面,更有主动的一面,是在主动与被动的共同作用过程中不断进行内化的,诚如有学者所说的,在道德内化过程中,"每一个体虽然受到一定外在因素的影响和制约,具有一定的受动性;但每一个个体又是在自身社会实践的基础上,通过自我意识作为心理机制和进行'自组织活动'来实现道德内化的"②。

普遍观念、特殊观念的内化或个体化过程,既是一个"同化"的过程,也是一个"异化"的过程,即内化或个体化过程,既是指一定环境中不同职业个体能够拥有基本一致的新闻观念、新闻道德观念,实现与普遍观念、特殊观念的一致性,同时也是普遍观念、特殊观念被每一个体转化成、内化成个性化新闻观念、新闻道德观念的过程。或者说,对于个体职业新闻人员来说,这既是一个对新闻行业道德观念、媒体道德观念、不同层次和不同范围类别新闻道德规范认同、接受的过程,也是一个从职业道

---

① 在全球化时代,社会环境并不一定仅仅是一定职业个体现实生存生活、学习工作的"国家环境",很可能是全球性的"人类环境"。这在网络世界已经成为现实世界之一部分(网络世界不能简单理解为虚拟世界,或者说对虚拟性必须做出准确的解释),人类新闻传播业已经开始进入"后传播业时代"的情况下,变得很好理解。

② 龙静云.试论道德内化的主客观条件 [J].思想理论教育导刊,2009 (6):55.

德观念层面确立个性化自我的过程。可以说，这是一个职业个体展开行业认同、组织认同和自我认同的整合过程。这样的过程，就在解决"我属于谁"或"我是谁"的问题，明确自身角色的过程。角色意识当然是角色道德的逻辑前提，因此，自觉到自身的角色，自觉到自己的身份，对于一个职业人来说至关重要。"知道你是谁，就是在道德空间中有方向感；在道德空间中出现的问题是，什么是好的或坏的，什么值得做和什么不值得做，什么是对你有意义的和重要的，以及什么是浅薄的和次要的。"①既有的行业道德观念、道德规范以及各个新闻媒体的道德观念、道德规范等，都会在一定程度上设定新闻道德空间，设定新闻活动空间中善恶好坏的基本边界。也就是说，对于职业个体来说，只要他或者她试图进入新闻职业领域，进入某个具体的新闻媒介组织，就总是要面对一个或者几个既有的、现成的新闻图式、新闻道德图式以及新闻道德规范，这些外在于他或她的东西，随时准备着改造每一新进个体的新闻观念和新闻道德观念，使其成为"合格"的一分子。

但是，如上文所说，任何新闻职业个体（或者准备成为新闻人的个体），并不只是时刻准备着接受外界灌输的"容器"，而是作为主体，总会主动地用自己既有的图式②，与外在不同的新闻图式、不同的新闻道德图式展开交流与对话，从而形成自己新的新闻图式、新闻道德图式，或调整旧的图式，或保持自己原有的各种图式不变。这就是说，任何一个个体，都不会原封不动地接受某种观念，不会原封不动地按照某种观念支配自己的行为。在面对既有的任何观念之前，个体的大脑并不是白纸一张，而是拥有自己知情意相统一的观念模式、情感模式和价值模式，当然还有道德

---

① 泰勒. 自我的根源：现代认同的形成 [M]. 韩震，等译. 南京：译林出版社，2001：38.

② 注意：职业个体拥有的观念、图式等，并不一定是新闻观念、新闻道德观念图式，而往往是一般社会道德观念图式，或者自己以为的新闻观念图式、新闻道德图式。关于"新闻图式"问题，可参阅：杨保军. 新闻理论教程 [M]. 北京：中国人民大学出版社，2005：143-196.

观念、道德情感、道德意志等模式。每一种外在的新观念，要想成为一个
个体的内在新观念，总是有一个原有内在观念与外在观念相互作用、对
话、交流、斗争的过程，而非一个纯粹的外在观念取代内在观念的过程。
在新闻道德论的视野中，新闻行业道德观念、新闻媒体的道德观念或者新
闻界的其他的一些什么观念，只有在和个体原有相关观念相互作用后，才
能在个体的精神世界中真正形成新的相关观念，建构起新的观念图式、价
值图式和道德图式。造成外在观念与个体内在观念相互作用的动力机制或
者原因也是相当复杂的，不只是精神范围、观念范围内的事情，而是会关
系到支配精神、观念生成、运作的诸多需要问题和利益问题，根源于相关
的实践活动。对此，我们就不再展开详细论述了。

　　普遍道德观念、特殊道德观念的个体化或内化过程，当然是以个体自
身的存在与特性为根源的，因此，职业个体之间的差异性，从根本上决定
了个体职业道德观念的差异性和多元性。实际中，每个人，不管他或她是
什么样的社会角色、职业角色，都是独立自主的个体，都有自己一套做
人、做事的原则。同样，作为一个职业新闻工作者，对自己在新闻活动中
应该如何做的看法也是有差异的，持有的一些道德观念、职业道德观念也
是有所不同的。1998 年的一项针对 21 个国家的新闻记者所做的调查发
现，"记者对新闻业的社会角色、道德规范和价值观很少有一致的看
法"[①]。而个体之间一旦形成了不同的或有差异的职业道德观念，又将表
现在他们的职业行为之中，因为道德观念差异性是形成道德动机、道德行
为差异性的重要原因。正是这种个性化、差异化的存在，才能构成个性多
样的职业共同体队伍，形成丰富多彩的职业行为表现。而我们只有理解了
这种道德观念上的差异性、不一致性，才能从新闻道德观念论的角度理解

---

① 桑德斯 . 道德与新闻 [M]. 洪伟，高蕊，钟文倩，译 . 上海：复旦大学出版社，2007：211.

新闻道德选择的差异性、新闻道德行为的不一致性。事实上，在现实生活和实践工作的常态中，每个人都主要是用自己理解了的道德观念、职业道德观念有意或者无意指导自己所作所为的。一个人拥有的道德观念、各种角色的道德观念，特别是一个人形成的、拥有的比较系统的道德（包括职业道德）观念，对于一个人的实际行为表现有着直接的也是重要的支配、指导作用，正如有关学者所说的那样，"个人道德理论是我们拥有的正式的认知结构，通过这样的结构我们进行道德推理，通过推理我们做出更为重要的关于我们的生活，特别是我们的职业行为中的道德决定"①。

"同化"和"异化"在普遍道德观念、特殊道德观念个体化过程的同时性发生，使人们常常能够看到这样的结果：从业者个体的职业道德观念相同于或者相异于普遍道德观念、特殊道德观念；从业者个体层面的职业道德水平，在实际中既可能高于也可能低于普遍的道德观念水平，既可能高于也可能低于媒体层面所要求的道德观念水平。因而，如何看待普遍观念、特殊观念与个体观念之间的这种差别，也是需要解释的问题。假如普遍的、特殊的职业道德观念要求是正当的、合理的，那么，如果一个职业个体的职业道德观念水平达不到普遍的职业道德观念水平要求，他或她就难以履行新闻职业担当的职责或义务，难以为新闻职业最基本的目标实现去工作。因此，如前所说，任何个体进入一定的职业领域，都必须具备基本的门槛性的职业道德观念，能够认可、尊重和遵守门槛性的"职业道德底线"。这也就是我们前面所说的，在一般意义上，普遍道德观念、特殊道德观念的存在，实际上设定了个体化新闻道德观念的最小空间和边界。作为个体，只能拥有更高的职业道德观念水平，只能拥有更高职业道德追求。就实际情况来看，如果个体与其他个体的道德观念发生矛盾，他们在

---

① ENGLEHARDT，BARNEY. Media and ethics：principles for moral decisions ［M］. Thomson Learning，Inc. 2002：43.

一般情况下可以展开相对平等的辩论。但如果个体的道德观念与媒介组织的道德观念甚至是普遍的道德观念产生冲突，在一般情况下，职业个体往往以屈服于、接受组织的道德观念来结束冲突，如果个体对组织的道德观念、道德规范表示不满甚至对立，最常见的现象是个体受到社会或者新闻媒介组织的某种惩罚，当然会有例外（我们还将在第七章专题讨论这一问题）。

（四）不同层次新闻道德观念的基本关系

上述三个层面的新闻道德观念，都有各自的客观根据，都有各自的表现特征。它们之间的关系，在抽象意义上，就是个别、特殊与普遍之间的关系。有位学者对这三者之间的关系做了很形象的概括和描述："在'个别—特殊—普遍'三者关系中，个别象征着多样、差异，代表着'世界上没有两片相同的树叶'；普遍代表着统一、共同，代表着'区别不同的树叶成为不同树叶的潜在前提是它们都是树叶'；特殊代表着间性、过程、现世，代表着'都是树叶的不同树叶分属于不同的种和属'。个别、特殊、普遍三极相共生、相转换，个别同时也是特殊与普遍，特殊同时也是个别与普遍，普遍同时也是个别与特殊。同时，个别、特殊、普遍又在自身内部分别存在着相对自身而言的'个别—特殊—普遍'的内循环。"① 我以为，三个不同层次新闻道德观念之间的基本关系，从原则上说也是如此。

每个职业工作者都有自己的道德观念，但他们的道德观念无不来自最先外在于他们的普遍的和特殊的道德观念和道德规范；每个新闻媒介组织都有自身的道德观念，但任何一个新闻机构或组织的道德观念，无不来自

---

① 陈忠. 规则论：研究视阈与核心问题 [M]. 北京：人民出版社，2008：19.

一定社会新闻传播业共享的、基本的、普遍的道德观念；而普遍的道德观念，又无不体现、显示于媒介的和个体的新闻道德观念之中。正是在特殊和个别之中，普遍的道德观念获得了真实的存在样态；也正是在个别与特殊的历史变动中，普遍的道德观念不断获得更新或改变自身面貌的根本的动力；同时，我们也相信，个别之间、特殊与特殊之间、个别与特殊之间的相互交流，特别是不同社会层面新闻道德观念之间的长久的相互交流与对话，是今后能够形成更加统一的普遍新闻职业道德观念的基本路径，试图把某一具体社会中的新闻职业道德观念推广为普遍新闻道德观念是难以实现的。

就一定社会范围内来说，行业、媒体、个体道德观念的统一性更加突出，也更易于实现。没有超职业个体的媒体和行业，同样也没有超行业、超组织的职业个体。不同类型的主体实质上是一体化的，互相依存的，行业主体、组织主体是通过职业个体的行业化、组织化而实际成型的、存在的。因此，不管是从行业层面，还是从媒体层面，直至职业个体层面，新闻职业道德观念在主导意义上、方向上应该是一致的。

职业道德观念最终的具体存在形式——也就是最终的能够对新闻行为直接发挥指导或影响作用存在的形式——是个体化的。职业道德观念的真实（现实）存在方式，就是职业道德观念的个别主体化。因此，只有当一类职业群体的多数成员拥有了大致相同或相似的职业道德观念，我们才能说某种职业道德观念有了普遍而真实的存在。如果不是这样，所谓普遍职业道德观念的存在就只能是抽象的观念性存在，甚至可以说是虚假的存在。试想，如果一个社会中新闻职业群体里的大多数成员没有基本一致的职业道德观念，我们能说这个社会中拥有统一的、普遍的新闻道德观念吗？试想，如果在一个新闻媒介组织内部，它的大多数成员没有基本一致的关于新闻职业的道德观念，我们能说这个媒介组织有普遍的、统一的道

德观念吗？因此，不管是在哪个层面上，衡量或评价新闻职业道德观念的
水平与状态，最终意义上还是要看大多数职业个体拥有职业道德观念的实
际情况。在一定的社会范围或者媒体范围内，多数个体职业道德观念的成
型和水平，不仅标志着个体的职业道德品格状态和水平，也标志着一定社
会和媒体的职业道德品格状态和水平。正因为如此，新闻道德论的研究，
从主体角度上看，始终关注的核心乃是职业个体，而非媒体主体或者是行
业主体。

在普遍新闻职业道德观念与一定社会范围内的新闻职业道德观念之
间，实际关系也是相当复杂的。我以为，对于中国的新闻学者特别是新闻
业界来说，我们在高度关注新闻道德观念的社会特殊性时，也应该特别重
视新闻道德观念的普遍性问题，也就是我们在上文所讨论的新闻职业道德
观念的普遍性问题。有些核心的职业道德观念是所有职业新闻工作者都应
该拥有的，也是迟早需要拥有和会拥有的。如果我们承认新闻活动存在着
普遍规律，如果我们承认职业新闻活动有着共同的追求——监测环境、守
望社会、服务大众（这样的追求体现在人类社会整体和具体社会两个基本
层面上），如果我们认为职业化是良好新闻业的基本方向的话①，那么，
就应该承认，所有新闻职业工作者应该拥有基本的、核心的也是共同的一
些职业道德观念（比如上文阐释的真诚、公正和自由），应该坚持基本的
新闻传播原则（比如真实、客观、全面、平衡、及时、公开等）。这就像
民主观念一样，只要我们承认民主是人类政治、社会发展的基本方向，那
就意味着，不管是哪里的民主，民主就是民主，不民主就是不民主，只要
是民主，就应该有它基本的规定性和基本的品质，任何社会只有拥有了能
够体现民主的基本观念、实现民主的基本程序，民主才能是真实的、真正

---

① 所有这些"承认"，至少都是已经经过实践证明和理论论证的结论，是良好新闻业得以成长
的必需的基本条件，并不是我们作为论者的任意罗列。

的民主。我们不能过度使用特殊或特色概念，遮蔽普遍观念的一些实质性要求。正是在这一意义上，我以为这样的判断值得玩味："民族的特色是客观存在，个体之间也会有差异，这是自然的，但第一位的是大家的共性，大家都生活在现代社会里，都要过现代化的生活，特性附属于这共性之下。所以我们不能用强调特殊性来否定普遍性，普遍性是第一位的，特殊性是第二位的"[1]。这几句话对于我们理解新闻道德观念的普遍性与特殊性之间的关系具有很好的方法论意义。实际上，我在主要写给研究生阅读的《新闻理论研究引论》"导论"中也写道："如果说我们一直强调'民族的才是世界的'观念，那么，在今天这样一个时代，'世界的才是民族的'观念也应该得到同样的重视。"[2] 确实，不同社会有不同的实际，但这并不是说，所有的新闻道德观念都是合理的、正确的，果真如此，那就变成了道德论上的主观主义和相对主义。

---

① 何兆武. 中学、西学与近代化 [J]. 社会科学战线，2009（4）：18.
② 杨保军. 新闻理论研究引论 [M]. 北京：中国人民大学出版社，2009：5.

第四章　新闻道德规范

栽篱笆不是为了阻碍行人，而只是为了使他们往路上走。

——霍布斯

任何能够在整体社会中占据一席之地的活动方式，要想不陷入混乱无序的形态，就不能脱离所有明确的道德规定。一旦这种力量松懈下来，就无法将其自身引向正常的发展，因为它不能指出究竟在哪里应该适可而止。

——埃米尔·涂尔干

如果遵守规则与达到目的完全没有关系或很少有关系，遵守规则将变成毫无意义的事或者它本身就成了一个目的。

——阿拉斯代尔·麦金太尔

"道德由道德理念与道德规范（或实在道德）两部分构成，道德理念是道德的形而上的价值反思，道德规范则是实在的规范要求。"[1]我们研究

---

① 高兆明.伦理学理论与方法［M］.北京：人民出版社，2005：98.

新闻道德的目的，不仅仅是从理论上阐释清楚新闻活动中道德现象或道德问题背后的缘由与关系，更重要的是以理论理性的力量，促进道德性新闻活动的实现和不断提升。法国社会学家涂尔干在论述职业伦理道德问题时这样写道："任何能够在整体社会中占据一席之地的活动形式，要想不陷入混乱无序的形态，就不能脱离所有明确的道德规定。一旦这种力量松懈下来，就无法将其自身引向正常的发展，因为它不能指出究竟在哪里应该适可而止。"① 因而，必须在新闻道德观念与新闻实践之间建构起有效的规则性桥梁——新闻道德规范。这就是说，将道德观念转换为优良合适的道德规范，是非常重要的事情。这正是本章将要讨论的问题。其实，规则伦理总是处在职业道德领域的中心地位②，新闻道德理论的重点当然也是新闻道德规范论，新闻道德观念只有转化为明确的道德规范后，才能更加明确有效地对新闻行为发挥直接的调整、引导和约束作用，才能更加有效地塑造职业新闻人的新闻品德。

一、建构良性新闻道德规范的逻辑环节

针对某个领域、某种职业、某类行为制定一些规则、规范（不管是什么性质的类型的规范），在形式上是非常简单的事情，几乎可以任意制定。但要制定出合理的、科学的规范，制定出"符合道德"的法律规范、道德规范就不那么容易了，也绝不是随意而为的事情。③ 因此，如何制定出高

---

① 涂尔干. 职业伦理与公民道德 [M]. 渠东，等译. 上海：上海人民出版社，2001：13.
② 龚群. 德性伦理与现代社会：回应德性伦理的现代困境论 [J]. 哲学动态，2009 (5)：40-45.
③ 美国总统亚当斯（1797—1801）在 1815 年写给朋友的信中说："人类的命运如果有所改变的话，哲学家、理论家、立法家、政治家、道德家都将发现制定新闻管理条例是他们必须解决的最困难、最危险、最重要的事情。"（贝特朗. 媒体职业道德规范与责任体系 [M]. 宋建新，译. 北京：商务印书馆，2006：6.）

质量的、良性的新闻道德规范才是真正的问题。这就是说，人可以为自己立法，但人不能随意为自己立法；一定的职业共同体可以为自己制定职业道德规范，但不能随意制定职业道德规范。要制定出比较合理优良的规范，需要把握一定的前提条件，遵循一定的规范建构原则，通过一定的方式方法。这里，我们先来分析建构良性新闻道德规范需要的主要逻辑环节[①]。

（一）前提环节：准确把握优良道德规范成立的根据

所谓优良的道德规范，就是能够准确反映规范对象本性的规范，正确体现主体合理需要的规范，符合规范对象所在客观环境的规范，只有把这几方面有机统一起来的规范才是优良的道德规范，才是既可能符合现实要求又可能反映主体道德理想追求的规范。显然，要制定或者建构这样特性的新闻道德规范，首要的环节是准确把握能使如此规范成立的诸多根据。只有在认识论意义上把握了这样的根据，才能为优良规范的建构奠定基础。关于这些根据的具体构成我们在第二章"新闻道德根据"中已经做了专门的讨论，这里再从规范建构的角度做出必要的分析和补充。

需要预先说明的是，一定社会中的新闻职业群体（当然离不开其他社会群体的支持和帮助），能否制定出优良的新闻职业道德规范，并不是纯粹主观决定或主观努力能够做到的事情。优良规范能否生成，首先依赖的是一定社会是否提供了能够产生优良道德规范的客观条件。在一个连新闻职业成型条件还不具备的社会中，要建构制定职业新闻道德规范只能是奢望。原则上说，一种职业在一定社会成熟到什么程度，人们才能建构起相

---

① 之所以说是逻辑环节，是因为在实际的规范建构中，我们下文分列的环节有时是交叉融合的，因此，我们所分析的环节构成，只是一般意义的逻辑构成。

应成熟度的道德规范。其次才是规范制定主体的主观能动性问题。也就是说，如果一定社会已经具备了建构优良新闻职业道德的客观基础或条件，而新闻职业主体又能够准确把握这些条件，并且能够遵循合理的规范建构原则，那就可以通过一定的方式方法建构出优良的新闻道德规范。相反，即使一定社会已经具备了建构优良新闻职业道德的客观基础或条件，但规范的建构者、制定者没有正确认识这些条件，仍然不可能形成优良的道德规范。优良的道德规范本身就是一定社会中新闻职业基本成熟的重要标志。这里，在讨论规范制定的前提环节时，我们不对客观条件本身进行批判分析，只是把它作为既有的条件，看在既有的条件下如何制定相对优良的道德规范。因此，我们这里讨论的实质问题主要是优良规范制定的认识论前提。也就是说，不管是谁，要想制定出适应一定客观条件下的相对优良的新闻职业道德规范，首先要准确把握优良道德规范成立的根据。

1. 准确认识优良新闻道德规范成立的客观根据

新闻职业工作者应该遵守什么样的道德规范，在逻辑上是一个并不复杂的问题。"我是一个社会成员，是一个公民"（人的本质乃是社会关系总和），所以"我应该遵守社会道德规范"；"我是一个职业新闻工作者"，所以"我应该遵守新闻职业道德规范"。担当每一种社会角色，都意味着主体人必须担当相应的道德责任，遵守相应的道德规范。一个人一旦选择了某种职业，这个职业所承担的、内在的职业责任便是不可选择的，而是必须承担的。一个人一旦选择了新闻职业，就必须也应该承担作为一个新闻职业工作者的职责。为了实现和完成这种职责，就得遵守一系列相应的规范，这其中最重要的当然是新闻职业道德规范。但这只是简单的逻辑解说，实质性的问题是：我们怎样才能制定出合理的、优良的、得到职业工作者内心认可的道德规范，如此规范的根据在哪里？

我们认为，对新闻活动实际状况是什么的准确认识，构成了新闻活动应该是什么、应该追求什么的基础，特别是构成了设想新闻活动能够如何、能够成为什么的前提条件。道德规范就是在主体行为能够成为什么的基础上，进一步规定应该成为什么的行为约束、引导准则。因此，准确认识职业新闻活动的现实状况，永远是能够建构制定出优良职业道德规范的前提条件。换句话说就是，建构良性新闻道德规范是以对新闻活动特别是职业新闻活动的准确认识为前提的，即首先要依赖于新闻道德根据论的发现（参见第二章），认识规范得以建立的事实基础或者事实根据，从根本上解决新闻道德规范内容的合理性问题。任何规范总是针对一定的现实情况制定的，如果缺乏对相关事实状况的准确认识和把握，制定出的规范便是悬空的、脱离实际的。

要对新闻活动特别是职业新闻活动做出比较准确的认识，需要解决两个层面的问题：一是在一般层面上认识职业新闻活动的特征。制定新闻道德规范之前，我们首先面对的是客观存在的新闻活动。作为人类认识世界、认识自身的一种活动，新闻活动有其自身的内在特点和规律，对此，马克思有着明确的表达，他说："要使报刊完成自己的使命，首先不应该从外部施加任何压力，必须承认它具有连植物也具有的那种为我们所承认的东西，即承认它具有自己的内在规律，这种规律它不能而且也不应该由于专横暴戾而丧失掉。"[1] 新闻活动本身是怎样的，即人类是如何进行或展开新闻活动的，这样的行为事实是制定新闻道德规范的出发点和客观基础。二是认识具体环境中职业新闻活动的特性[2]，对此我们在后文会有专门的分析。对这两个层面的准确认识，意味着制定出的道德规范既符合新

---

[1]　马克思恩格斯全集：第1卷 [M]. 北京：人民出版社，1956：190.
[2]　这两个问题的另一种形式是：第一，规范是为谁制定的；第二，是为什么样的行为制定的。一般性回答是：为职业新闻工作者的职业新闻行为制定的；具体回答是：为特定环境中的职业新闻行为制定的。

闻职业的普遍内在要求，同时又能够体现具体环境中的特殊要求。但这两种要求之间常常是有矛盾的，因此，如何把握两者之间能够达到的统一性和统一程度，是规范制定过程中必须解决的难题。

可见，依据具体新闻道德规范涉及的不同层次和范围，关于客观根据的认识也包括不同的层次、不同的范围。如果要建构、制定全球性的、国际化的普遍的新闻道德规范，就需要对全球新闻传播业、新闻职业的总体状况有一个比较全面准确的把握。如果要为一定国家、一定社会范围内的职业行为主体制定新闻道德规范，重点要认识清楚的就是一定国家、一定社会范围内新闻传播业以及新闻职业发展的整体状况，只有把握了一定社会环境中特定性质、特定功能的新闻传播业，才能在认识论上解决制定良性新闻道德规范的根据问题。如果要为特定新闻媒介形态（比如报纸、广播、电视、广播、网络等不同媒介形态）中的新闻行为制定道德规范，那就必须充分认识不同媒介形态的特性和相应的工作特征。如果一定新闻媒介组织要为本组织的新闻工作者制定新闻道德规范，充分认识本组织的个性特点就是至关重要的。如果要为某一类特定的工作人员制定规范（比如专门为新闻主持人制定道德规范等等），那就需要特别关注他们工作的特征。当然，无论是哪个层次的、哪个范围的新闻道德规范，作为新闻道德规范，都有着内在的联系，其基本精神应该是一致的。

需要说明的是，尽管人们对新闻活动、新闻现象的认识，包括对新闻活动中的伦理道德现象的认识，是建构良性新闻道德规范的认识论基础或前提条件，但这样的认识并不是一劳永逸的事情，而是一个历史的过程，因为不管哪个层面、哪个范围的客观新闻活动，都在不断的变动之中。也就是说，人们的认识在不断地变化。伴随新闻活动的历史演变过程，通过新闻道德理论的探索，新闻实践的检验和证实，人们能够逐步形成不断完善的新闻观念、新闻道德观念。也就是说，通过对新闻活动中道德现象、道德关系的不断发现和研究，人们能够越来越清楚地认识到新闻传播活动特别是职业新闻传播活动应该成为什么样式、应该展现出什么样的图景，人们能够建构起历史性的合理的新闻实践观念、新闻道德观念。这些不断更新的认识观念是不断更新新闻道德规范的认识论基础。

2. 准确认识职业主体的职业价值诉求

我们在第一章的相关论述中已经指出，新闻道德的终极意义不在新闻道德自身，而在于社会整体的利益。新闻道德的目的，就是以"道德的方式生产新闻"和"生产出道德的新闻"，为社会的良性运行服务。新闻道德自然是新闻传播业健康发展的手段和健康状态的精神标志，也是新闻职业主体正当利益能够得到有效保护的基本手段。显然，要制定出如此意义或价值的新闻道德规范，或者说要制定出能够达到如此目的的新闻道德规范，逻辑上意味着我们必须首先认识新闻道德的目的，而新闻道德的目的，其实就是主体自己的目的，主体是按照自己的需要、欲望、目的等去制定道德规范的。新闻道德规范并不直接就是新闻活动的规律或新闻活动的客观规则，而是把规则与一定主体结合起来的产物。也就是说，新闻道德规范并不是从新闻活动的客观事实直接推导出来的，而是经过主体需要、欲望、目的等中介推导出来的。因此，认识主体的价值诉求同样是建构优良道德规范的前提性要求。

道德规范本身就是价值原则，是对相关道德价值观念的规则化，反映了规范主体的价值追求和价值理想。为了以合理的手段实现合理的目标，相关主体应该怎么做，这是制定任何规范的基本价值逻辑。因此，准确把握主体自身的职业需要和追求，乃是制定合理新闻道德规范的重要价值论前提或者说是主体根据。新闻职业道德规范是为新闻职业主体建构的、制定的，它自然应该反映和体现新闻职业主体的职业价值诉求。但延伸一步，所谓职业道德规范要反映和体现职业主体的价值诉求，实质上就是"应该"反映和体现职业主体所代表的，更准确讲是所服务的社会公众的价值诉求。社会公众的价值诉求"应该"是职业主体的行为动机和基本目标。简明点说就是：在价值论视野中，道德规范的实质就是要反映和体现主体的合理需要，它是制定行为规范的主体根据；只有在一定社会环境条件下，准确把握了主体合理的需要，才有可能制定出优良的道德规范。

新闻道德规范本质上是新闻职业共同体共同意志、共同利益的反映和体现，不同层次、不同范围的职业道德规范反映和体现着不同层次、不同范围职业共同体的共同意志。"意志是规则的精神内核，规则是意志的实现，没有共同意志，也就没有整体的规则"①，"没有代表共同体所有成员利益与存在的共同意志，也就没有规则可言"②。也就是说，在一定共同体制定、遵守的道德规范中，或隐含或明示着共同体的利益追求和价值理想。如上文所说，职业共同体的利益追求和价值理想应该与社会公众对新闻活动的价值期望相一致，但这只是理想，在现实中并不总是如此。因此，在职业道德规范建构过程中，在价值论意义上，需要解决的主要问题始终是：通过职业新闻活动想要达到什么样的目的，满足什么样的需要。而核心问题则是：职业新闻活动从谁的利益出发，实现谁的利益需要。不同的利益追求将决定新闻道德规范的根本价值指向，也就是说，不同的利益追求不仅会影响道德规范的实质内容，也会影响道德规范的表达方式。在现实中，人们看到的一些所谓的新闻职业道德规范或者新闻伦理守则，之所以连形式上（更不要说内容上）都不像职业道德规范，重要的原因之一便是，这些规范中的一些条款（甚至是整个规范的基本精神）反映的、体现的不是职业共同体或者职业共同体应该代表的社会公众的利益取向，

① 陈忠. 规则论：研究视阈与核心问题 [M]. 北京：人民出版社，2008：331.
② 同①331.

而是在现实社会中能够实际控制新闻媒体、控制职业主体的个别所谓"控制主体"的利益取向。可想而知，当个别所谓"控制主体"的利益取向与新闻职业主体应有的利益取向不一致时，最终建构形成的职业道德规范必然是"并不职业"的规范。事实上，在道德规范的制定过程中，最困难的事情就是对主体根据的把握，因为这不是一个纯粹认识论的问题，而是充满了价值论、利益论的纠缠。

进一步说，职业主体的新闻价值诉求，并不是纯粹的职业主体自己的价值诉求，也是他们所代表的利益群体的价值诉求。由于职业新闻活动的利益主体实际上并不是单一的，因而职业道德规范的内容在某种程度上常常是各种力量博弈的结果，不同社会利益群体都想通过新闻手段、新闻职业群体谋求维护和实现自己的利益，因而都想把自己的诉求反映在、体现在约束、指导职业主体新闻行为的规范之中。这种现象在新闻职业化程度比较低的社会中表现得更为突出和明显。有些优良的职业道德规范，仅仅是形式主义的，而非实质性的。人们在实际中常常看到这样的现象，"道德宣称"与"实际追求"往往是有差距的，甚至恰好相反，从而构成一种道德欺骗的结果，所谓道德规范"名存实亡"描述的正是这样的景象。

需要反复强调的是，既然是职业道德规范，必然要体现和反映职业"应该"，职业新闻活动应该为谁服务，应该从谁的利益出发，应该满足谁的需要，这些"应该"构成了新闻道德规范的价值论基础，这些"应该"并不是随意的，不然也就无须道德规范了。新闻道德规范要反映普遍新闻道德观念的要求，它是人类新闻活动以历史方式积淀而成的内在价值。所有的这些"应该"都应该指向社会公众，指向公众的利益。这样的指向并不是纯粹主观的设定，这样的指向是在人类新闻活动的历史演变过程中形成的，是由新闻媒介作为社会公共平台的属性所决定的。因此，准确把握一定环境条件下社会公众的合理需要，是制定优良职业新闻道德规范的根本任务。

3. 准确认识新闻活动的环境条件

无论哪种范围的职业新闻活动，作为一个活动系统，总是在一定的环境中展开的，总是与其所在环境处于各种物质、信息、能量的相互交流、相互作用、相互影响之中。也就是说，当我们把职业新闻活动看作一个动态系统时，它总有自身的活动环境。人们只有在一定的环境中才能真正具体把握一定的新闻活动性质和特征。因此，要想建构良性的职业新闻道德规范，仅仅认识新闻活动系统本身是不够的，还需要准确把握一定新闻活动的环境状况。为了方便，同时也是根据职业新闻活动的现实情况，我们下面主要针对一定社会范围内新闻道德规范的制定来讨论优良规范形成的环境问题。

这里有两个不同层面的问题：一是新闻职业群体能够制定出优良道德规范的客观环境要求；二是从认识论角度看，要制定出合理的优良的新闻职业道德规范必须准确认识一定新闻业、新闻活动所处的客观环境。如前所言，我们主要从认识论角度加以阐释，但也会在一定程度上说明制定优良职业道德规范必须具有的客观环境条件。

对于确定的新闻职业活动来说，它主要处于三重环境之中：一是整体的新闻业内部环境；二是新闻业所处的社会环境；三是越来越重要的国际环境，特别是由各种因素塑造而成的影响一定社会新闻业、新闻观念的国际环境。所有这些环境存在既在客观上制约着一定社会中针对一定的新闻活动能够制定出什么样的新闻道德规范，同时也对规范的制定主体提出了这样的要求：要想制定出优良的新闻道德规范，必须认识和把握这些不同的环境存在。如果不能比较准确地认知这些客观的环境存在，即使制定了职业道德规范，也是难以发挥作用和影响的。不管是低于环境要求还是高于环境要求的道德规范，原则上都不是合理的、优良的道德规范。优良的规范并不是简单等于理想化规范，而是符合一定社会中新闻活动的实际，并能使新闻活动不断向优良的方向发展，即向真正职业化、专业化的新闻活动方向发展，向真正能够监测环境、守望社会、服务公众的方向发展。

新闻业、新闻职业的存在是具体的，总是处于特定的社会环境中，这是超越不了的社会事实。作为和社会有着广泛联系的职业新闻活动，与各种社会力量，特别是政治力量和经济力量有着深刻的关系。从客观存在的方面看，一定社会的政治力量、经济力量能否建构优良的新闻制度，乃是该社会中新闻职业主体能否建构优良职业道德规范的重要保证或者说是前提条件。能否建构起符合社会公众利益、新闻活动本性、新闻传播规律的新闻制度体系，是新闻活动在整体上能否保证道德性的重要前提。在不合理或缺乏足够道德性的新闻制度下，尽管仍然会有具体道德性的新闻活动的存在和展开，但那必定是例外，而非常态。当然，即使有一个道德的新闻制度，也并不必然意味着所有的新闻媒体都是道德的媒体，所有的职业新闻工作者都是道德的新闻人，而只能说，新闻活动的道德性有了制度上的保障，更易于走上道德的轨道。因此，怎样的新闻制度才是合理的、道德的新闻制度，是我们必须在制度伦理层面关注的大问题。在认识论视野中，要想建构良性新闻道德规范，就要特别充分认识新闻业、新闻职业所处特定社会环境的特征。任何脱离一定社会传统，一定社会现实政治、经济、文化特征的职业道德规范，很难成为有效的规范，那种以所谓普世名义建构的职业道德规范，或者说那种仅仅反映职业新闻活动普遍价值的道德规范，尽管听起来是美好的，但往往也是空洞的。这意味着，职业道德规范的优良与否具有一定的相对性，人们只能根据一定社会中新闻活动实际达到的职业水平和程度去建构职业道德规范。

（二）核心环节：按照一定原则建构道德规范

道德规范，是人作为主体为自己的行为建构的准则，新闻道德规范是主体为自己的新闻行为建构的准则。人们制定道德规范的目的是通过良好的手段追求良好的目标。如果规范本身是不良的，是不道德的，在它规范下的行为就必然是不良的。道德从本质上并不是纯粹为了道德本身，人类并不是为了遵守道德规范而设定道德规范，道德规范是手段性的事物，遵守道德规范是为了实现通过规范方式可以达到的某种目的——塑造和促成道德的主体和道德的行为方式，"如果遵守规则与达到目的完全没有关系或很少有关系，遵守规则将变成毫无意义的事或者它本身就成了一个目的"①。当人的行为变成了为了遵守规范而遵守规范，人就失去了自己的主体性，变成了机器，变成了纯粹的工具性的存在。要使规范达到规范的目的，规范必须是优良的。因此，怎样建构优良的道德规范才是新闻职业道德规范建构的"核心环节"，也可以说是相对"前提环节"的"中间环节"。

1. 核心环节的几个关键问题

核心环节或中间环节的主要任务，就是在前提环节的基础上，即在发现和认识了新闻活动的特征和规律（客体尺度）、反思了对新闻活动的需要和目的（主体尺度）、把握了一定规范得以生成和将要在其中实施的环境状况（环境尺度，其中既有主体尺度又有客体尺度）之后，进入道德规范的具体建构制定阶段。本环节最后的结果形式就是形成道德规范的文

---

① 麦金太尔. 伦理学简史［M］. 龚群，译. 北京：商务印书馆，2003：150.

本。规范文本的成型，标志着规范建构核心环节的完成。看得出，一个或一种道德规范的（文本）内容，实质上是对规范得以形成的诸多根据的反映，因而能否形成优良的道德规范内容，关键要看规范建构主体能否正确把握不同的规范根据及其相互关系，这自然不仅仅是个认识论的问题，也必然要关涉到诸多的价值问题、利益问题。这些关系在道德规范建构过程中主要表现为这样几个关键问题。

一是规律与规范的关系问题。以什么样的规范划定新闻行为的边界，既有必然性，也有选择性。人的新闻活动是客观的，有其自身的客观规则（规律），人的新闻活动必定是人的活动，是可以按照人的需要、目的在一定的客观条件下进行选择的。因此，规范并不会直接就是规律，而是对规律的适应与改造，是对规律的目的化。德国当代著名伦理学者 P. 科斯洛夫斯基说："经济不仅仅受经济规律的控制，而且也是由人来决定的，在人的意愿和选择里总是有一个由期望、标准、观点以及道德想象所组成的合唱在起作用"①。这实质是说，人们的经济活动是按照两种尺度进行的——作为规律的客体尺度和作为意愿的主体尺度，这样的逻辑对于人类的新闻活动同样适用。在规律与规范之间，规律是客观的，不以主观意志为转移；规范直接看来是主观的，可以按照主体的需求建构，但是，如果规范与规律背离，主体必然会受到惩罚。因此，规范必须以规律为前提，尊重规律的内在要求。规律是可认识的、可把握的、可运用的，但认识、把握、运用规律是一个历史的过程，何况社会活动范围的规律本身有其历史的特殊性。因而，如何把规律的内在要求恰当地体现在主体行为规范中也是一个具体历史的过程，规范的不断优良化始终离不开对新闻活动规律的不断认识、把握和运用。

---

① 科斯洛夫斯基. 资本主义伦理学 [M]. 王彤，译. 北京：中国社会科学出版社，1996：3.

二是既有习惯规则与规范问题。人类活动的很多规则，是在自然而然的活动过程中逐步形成的，并不是主体人自觉建构的产物。而且人们发现，这种在长期实际活动中自然而然形成的习惯、规则，对人们的行为有着根深蒂固的规范约束作用。因此，当人们要为某一领域或者某种活动行为自觉建构、制定道德规范时，必然要面对如何处理习惯规则和新定规范之间的关系问题。对于人类的新闻活动来说，不管是什么社会范围内的新闻活动，都在其历史性的演进过程中，形成了一些活动的习惯和规则，它们同样是一些客观性的存在，是自觉建构新闻道德规范之前的客观存在。在习惯规则与规范之间，首先是发现习惯规则、尊重习惯规则、化用习惯规则。有位历史法学家这样写道："法律乃是被发现的而不是人为制定的东西……人之行为的原则或社会行动的原则乃是透过人的经验而被发现的，并且是经由司法经验或法学研究而逐渐发展成并被表达为法律律令的。"①这里尽管谈论的是法律规范，但在一定程度上说明了习惯规则（这里还包括上文所说的规律规则）与人为规范之间关系的一个方面。其次，习惯规则并不都是合理的、优良的，并不都是符合新的环境和新的时代要求的。因此，不能简单地将历史上形成的习惯规则原封不动地纳入当下的道德规范之中，而是有所鉴别，有所扬弃。比如，保护新闻源是职业新闻活动长期形成的惯例或规则，它已经得到了新闻职业群体的普遍认可，成为一条基本的道德规范，但同时，什么样的新闻源主体应该得到记者的隐匿和保护是有条件的，并不是说保护新闻源的所有行为都是正当的、应该的。

三是主体需要的合理性问题，这是道德规范建构中最困难的问题之一。道德规范很重要的一个方面，就是要反映、体现规范主体的价值追求、道德意愿，实质上就是要反映和体现规范主体的道德需要。从原则上

---

① 庞德．法理学［M］．邓正来，译．北京：中国政法大学出版社，2007：81．

说，只有主体的需要、欲望、目的等是合理的、正当的，与其符合的规范才会是良好的规范。可在实际中，要准确认识和把握规范主体需要的合理性、目的的正当性等等，都是一个又一个难题。但是，这又是必须解决的难题。在一定意义上说，在一定的社会环境中，能否制定出相对优良的新闻职业道德规范，关键在于能否比较准确地把握主体需要的合理性问题。比如，记者的新闻自由权利划界在哪里才是正当的？记者在发掘新闻、追究真相的过程中，对相关当事人的隐私"侵犯"到什么程度在道德上是可接受的？只有找到正当的边界，才能制定出合适的规范。

2. 规范建构的原则与程序

如前所说，道德规范、职业道德规范，直接看来都是人为的主观化的产物，但实质上并不完全是这样。规范的面世，有其客观的过程。规范其实既是自然的产物，又是自为自觉的建构。规范的建构有自身的逻辑过程和必要环节。建构优良的道德规范，还需要遵循优良的规范建构原则和合理的规范建构程序。

关于道德规范的主要建构原则，由于它对是否能够形成优良道德规范至关重要，我们将在下文单列一大问题进行专门的讨论。

关于规范的建构程序，我们可以在两个层面上加以理解：一是宏观层面，二是微观层面。建构程序问题表面上看是一个建构道德规范的技术问题，但它实际上直接关系到道德规范建构的质量问题、优良的程度问题。尽管有了程序，并不能完全保证优良的规范产生，但可以肯定的是，没有科学合理的程序，不可能形成优良的道德规范。

宏观层面的建构程序，就是我们正在阐释的"建构良性新闻道德规范的逻辑环节"问题，这一程序包括"前提环节、核心环节和延伸环节"，它揭示了任何优良新闻道德规范的自觉建构过程，都需要实施"首先把握规范根据，再建构规范本身，然后修改更新"的基本逻辑，也不可能逃脱这样的客观逻辑。

微观层面的建构程序，主要是指我们这里正在讨论的"核心环节"内部的程序或环节构成问题，也就是说，这一环节本身有其自身的诸多环节，主要包括：（1）对规范根据进一步考察、认识、分析和选择；（2）规范文本（草案）的起草；（3）规范草案意见的广泛征询与讨论；（4）规范出台前的进一步修改。关于这些环节的具体内容，我们将作为规范建构原则的有机构成部分在后文中讨论。

（三）延伸环节：与时俱进更新规范

约束和引导人们任何行为的规范总是处于变动之中，并在变动之中延伸自身的生命和活力，延伸自身的存在和发展。因而，没有一劳永逸的优良职业道德规范，好的职业道德规范必然是与时俱进的、不断得到修正和更新的。我们把既成新闻职业道德规范与时俱进不断更新的过程，设想为规范建构的延伸环节。之所以存在这样的环节，其中的具体道理并不复杂，最重要的有两个方面。

首先，道德规范关涉到的各种规范根据在不断变化更新。道德根据是客观存在，它们在新闻活动自身的不断演变发展过程中必然会发生历史变化，这是人类已经获得的历史经验，我们没有必要过多说明。根据有了变化，道德规范就必然需要发生变化，诚如有学者所说，"社会的发展变化必然引起道德的发展变化，每一个不同的时代，在道德上必然有不同的要求，必然形成自己的主流道德"①。根据有了变化，以根据为转移的道德

---

① 王泽应.论道德生活史研究的独特视阈及原则要求［J］.伦理学研究，2008（6）：2.

规范就需要和应该修正和更新。人们看到，作为一个社会子系统的新闻业，它的发展变化速度越来越快，媒介形态越来越多，整合程度越来越高，社会影响越来越大，这就意味着，相关的职业道德规范需要根据整个新闻业的更新发展不断丰富、不断更新。

其次，整个社会和相关道德主体的道德认识水平会不断提高。在普遍意义上说，人类是不断进化、不断进步的社会动物，其突出的表现之一就是人类的不断道德进化。一般来说，伴随道德认知水平的提高，实际的道德水平也会提高。① 这在原则上意味着，人类会在各个领域，包括职业领域拥有越来越正确的道德观念、越来越多的道德知识、越来越优良的道德规范。对每个具体的社会来说也应该是这样。当人们的一般社会行为、职业行为不再需要道德规范、职业道德规范的约束时，也就是说，人类的各种社会行为不再需要道德规范的明示时，也就意味着人类或者某个人真正进入道德的境界和自由的境界了。对整个人类的一般社会行为或某一整体职业行为来说，这样的境界恐怕多少有些乌托邦的色彩。当然，如果我们浪漫地想象一下，那么人类总会有一天不需要任何道德规范（已经完全化为内在的美德）而道德地生活、道德地工作，但那必定是非常遥远的事情。

总起来说，任何行为规范，都不可能是完美的规范，其适用性和有效性总是有限的。规范必须随着规范对象的变迁而变迁，必须随着规范制定者不断深化的认知而变迁。英国法哲学家哈耶克说："任何业已确立的行为规则系统都是以我们只是部分知道的经验为基础的，而且也是以一种我

---

① 但在道德知识与道德行为之间有时没有这样的必然关系。"道德的变化也有自己的特殊性，它与知识和文明也存在某些不相一致的地方，知识和文明的进步并不必然地随时随地导致道德的进步。一味地说知识进步必然导致道德进步是不正确的。'我们在历史上显然看到，无论是在知识上有伟大的成就之个人，还是在知识上有伟大成就之时代，都并不是同时在于道德上有伟大的优越处；而且我们还显然看见，知识上与物质上的文明往往都是和很邪恶的人心同时存在的。在某几方面上，知识的进步状况实在并不是有利于道德的进步。'"可参阅：王泽应. 论道德生活史研究的独特视阈及原则要求 [J]. 伦理学研究，2008（6）：1-8.

们只是部分理解的方式服务于一种行动秩序的。"① 我国专门研究规则伦理
的一位学者也说："在规则变迁中，人们往往有一个良好的愿望，就是希望
一次性、一劳永逸地构建起一个完善的规则框架。但从规则变迁的现实与
历史看，规则总是处于不断的变迁之中。其重要深层原因正在于，和人的
有限主体性、世界的变化性密切相关的规则实践的世俗性、有限性。规则
是主体间性关系、主客体关系的凝结、反思、稳定化。但客观世界、主观
世界，主客体关系、主体间关系又总是处于不断的发展变化之中，这就使
任何具体的规则作为稳定行为方式与行为期待的重要工具，始终表现出相
对于变迁语境而言的相对'无能性'"②。这样的"无能性"，在客观上要求
主体必须根据最新情况不断调整、修正、变革旧的规则、规范，以适应新
的需求，因此，道德规范建构中的延伸环节永远都是必需的，也是必然的。

二、建构良性新闻道德规范的基本原则

为了把具有历史合理性的新闻道德观念转变成新闻活动中的实际行
为，不仅需要通过各种方式将它们内化为新闻职业工作者的工作观念，更
需要把它们明确地转化为、制定成职业行为准则，以约束和指导新闻活动
者的行为。因此，如何将合理的新闻道德观念转变为切实可行的、明确的
新闻道德规范，始终是新闻道德理论研究的极其重要的问题。事实上，怎
样才能制定出合理的、优良的新闻职业道德规范，怎样衡量职业道德规范
的良好与不良，这是真正困难的问题。要想制定出合理的新闻道德规范，
一些基本原则需要把握。我们提出下述原则的目的，一是保证新闻道德规

---

① 哈耶克. 法律、立法与自由 [M]. 邓正来，张守东，李静冰，译. 北京：中国大百科全书出版社，2000：33.
② 陈忠. 规则论：研究视阈与核心问题 [M]. 北京：人民出版社，2008：248.

范形成过程的合理正当，二是保证以结果形式出现的某种新闻道德规范是良性的，是能够得到规范约束范围内所有职业主体最大限度自愿认可的，从而使规范成为真正有效的规范。

（一）理性协商对话原则

人是理性动物，而"人的理性具有建构功能，它可以在总结人类实践经验的基础上，并通过设计和谋划，来规范与建构新的社会秩序"[①]。如何科学恰当运用人的理性建构功能本身就是一个值得研究的问题，但不是我们这里的任务。我们需要说明的是，建构、制定新闻道德规范的过程，其实就是充分运用理性、新闻职业理性建构功能的过程。这一过程的实质是，把关于新闻现象、新闻活动的理论观念（即对新闻现象、新闻活动历史性的正确认识），与社会以及新闻职业的需要观念结合起来，形成合理的、符合新闻活动实际需要的、带有一定理想性的新闻实践观念，并将这样的观念转化成道德性的规范。那么，怎样才能比较充分合理地发挥理性、新闻职业理性在建构、制定新闻道德规范过程中的作用呢？这正是我们要讨论的理性协商对话原则的核心内容。

1. 理性协商对话原则的必要与内涵

理性协商对话原则，不仅是一条道德规范制定的方式方法原则，是一条通过方式方法保证规范内容良性的原则，也是一条制定规范的深层次的精神价值原则，发现论证规范合理性的原则。它要求的不仅仅是制定规范的某种仪式性程序要合理正当，它内在的精神是不同主体在制定与自己、

---

① 韩庆祥. 社会层级结构理论：面向"中国问题"的政治哲学 [J]. 中国社会科学，2009 (1)：31-43，204-205.

与他人共同相关的规范时，自己与他人应该是相互尊重、平等相待的共同主体，自己与他人之间的关系应该是主体间的关系，是利益共同体的关系。制定规范是为了维护职业共同体的共同利益，实现和维护职业工作与社会之间的和谐关系，以职业方式为社会的普遍善贡献力量。①

要制定出一定共同体成员都能够自愿遵守的道德规范，原则上说，构成共同体的每个成员都应该自愿参与其中，因为"自愿是道德与团结的源泉"②。法国媒介伦理学者贝特朗说："要执行道德规范，需要每一个人的参与，每个人都有意识地置身于其间"③。因此，在现代文明社会中，要求人们遵守的任何道德规范，首先应该是人们需要的道德规范，人们自己参与协商制定的规范。人为自己立法，人为自己定则，但这个人不应该是抽象的人，而应该是现实的以各种方式、各种角色生活在一定社会中的人。道德规范应该是当事人建构的结果，"当事人本身拥有作为道德的创造者的地位"④。但在"以前道德规范来自自上而下的颁布与灌输，而'当代社会'则'必须从自身世俗的存在中，也就是说从关于生活世界的交往性的资源中再生出其道德上的约束能量'"⑤。对于职业道德规范，包括新闻职业道德规范，自然不能再使用"自上而下的颁布与灌输"的理念和方法，而是要基于新闻传播实践，主要由职业共同体成员自己通过一定的程序参与制定，但由于职业道德、职业伦理不只是职业内部的事情，因此，还必须充分关注相关社会主体的意见和建议，并以适当方式使社会公

---

① 一定共同体制定道德规范的目的首先是维护自身的利益。只有遵守一定的道德规范，才能维护新闻职业共同体的根本利益。新闻职业共同体的利益，是通过为社会公众提供优良新闻服务实现的。因此，新闻道德规范实际上就是保证职业新闻人能为社会公众提供优良新闻服务的规范，满足社会公众合理新闻需要乃是新闻道德规范的重要的主体根据。这样，新闻道德规范保护的不仅是新闻职业共同体的利益，同时也保护了社会公众的利益，而后者是更为重要的道德目的。

② 法国社会学家涂尔干语，参阅：甘绍平. 人权伦理学 [M]. 北京：中国发展出版社，2009：27.

③ 贝特朗. 媒体职业道德规范与责任体系 [M]. 宋建新，译. 北京：商务印书馆，2006：135.

④ 甘绍平. 人权伦理学 [M]. 北京：中国发展出版社，2009：108.

⑤ 同④64.

众主体能够参与到新闻职业道德的建构与制定活动中来。

　　道德规范是主体的规范，既是由主体建构的、制定的，又是由主体遵守的、执行的，即道德规范是"人为的"，也是"为人的"。因此，一定的新闻道德规范能否比较准确反映一定道德共同体的新闻道德需要，能否得到一定共同体的道德认可，乃是规范能否实际有效的前提条件①。

　　怎样才能在认识上获得这样的"前提条件"呢？德国哲学家哈贝马斯、阿佩尔的商谈伦理学为我们提供了一定的原则和智慧。他们认为，"一条规则不可能在私人语言框架内获得其有效性，只有所有相关的人通过讨论一致同意后，才可被认为是普遍有效的。个体道德行为者与普遍原则之间的矛盾（即道德个体主义与道德共识的矛盾）必须通过交往共同体所有成员的对话或商谈才能得到解决"②。因而，"世界上只有某一单个主体所认可的规范不能算是规范。规范只有在一个共同体内得到共识，才可看成是规范"③。"只有经过当事人商讨、权衡程序所形成的决断才具有合法性，一切有价值的理念要想赢得公众，就要靠其无与伦比的竞争力，而不是靠任何与尊重公众的自主意志之原则相违背的强制性的手段。这一体现着现代社会特征的行为规则，不仅适用于政治领域，而且也适用于道德领域，它构成了伦理规范得以形成的根本模式。"④哈贝马斯在《在事实与规范之间》中写道："有效的只是所有可能的相关者作为合理的商谈的参与者有可能同意的那些行动规范"⑤，"只有全部可能受其影响的人们作为

---

　　① 需要注意的是，得到共同体认可的规范，并不必然是良性的道德规范（比如，一个犯罪团伙也会通过协商来制定自己活动的共同规范），这还要看共同体本身的性质以及共同体的道德认知能力。

　　② 秦越存．追寻美德之路：麦金太尔对现代西方伦理危机反思 [M]．北京：中央编译出版社，2008：195．

　　③ 龚群．社会伦理十讲 [M]．北京：中国人民大学出版社，2008：21．

　　④ 甘绍平．人权伦理学 [M]．北京：中国发展出版社，2009：93．

　　⑤ 哈贝马斯．在事实与规范之间：关于法律和民主法治国的商谈理论 [M]．童世骏，译．北京：三联书店，2003：132．

合理商谈之参与者而有可能同意的规范性规则和行为方式，才是可以主张合法性的"①。这里的实质就是，要使规范成为"大家"的规范，就得通过"大家"的协商、对话和交流，而不是大家内部或外部某个人的命令可以有效解决的。其中的深层内涵就是：合理有效的规范，包括道德规范，必须通过理性的对话原则来实现，通过理性的论证或辩论来实现，只有那些具备充足理由的认识和看法才有可能得到理性的认可。② 德国一位哲学教授说："在伦理上有重要性的并不是主体间一致的纯粹事实，而是其理性的论证。只有这样的共识才有权拥有道德权威，即它是一种旨在达到主体间的理解与公正的利益均衡的交往过程的结果"③。

共同体的需要实质上是构成共同体的每个成员的需要，共同体的认可实质上是构成共同体的每个成员的认可。那么，怎样才能知道每个成员的需要、每个成员的意见？最好的途径就是让他们自己说话、自己表达。可见，理性协商对话原则，在这里实质上就是道德上的民主原则。但这里有一点需要特别提醒和注意，这就是通过一定的共同体全体成员协商对话达成的一致意见、看法以及制定出来的规范，在逻辑上并不能保证必然是优良的、正确的意见或规范。真理并不是多数人同意的结果，真理并不是民主选择的结果，道德真理也一样。共同体成员一致同意的规范，也有可能是恶的或不良的规范，程序公正并不绝对保证结果的公正，多数人的同意并不代表意见的绝对正确或合理，德国哲学家雅斯贝尔斯就说："多数人的意见并不是上帝的声音，而是当下意志之形成的一种功能，其结果是

---

① 哈贝马斯. 在事实与规范之间：关于法律和民主法治国的商谈理论 [M]. 童世骏，译. 北京：三联书店，2003：695.

② 那些在自然而然的社会生活中形成的道德习惯、道德规则，并不是纯粹非理性的产物，而是人们在长期的生活经验中不断体验、不断反思的产物，习惯性道德规则的形成，只是少了一个自觉的建构环节而已，它在本质上属于人们实践对话的结果、实践协商的结果，所以才能得到比较广泛的认可和遵守。

③ 甘绍平，余涌. 应用伦理学教程 [M]. 北京：中国社会科学出版社，2008：15-16.

可修正的。……并非鲜见的是：最好的意见存在于少数人之中"①。因此，理性协商对话原则要真正为良性规范的制定发挥作用，仅仅强调程序正当是不够的，还必须强调理性论证，即任何人都要为自己的道德意见、道德观念、道德信念等提供成立的理由，提供有理的根据，这才是理性对话的要害所在。还有一点应该指出，这就是一定的共同体可以制定共同规范，也可以共同认可规范，但在实践中，这样的规范不一定能够得到共同体所有成员的共同遵守。事实上，人们知道什么是正确的、应该的，并不必然意味着他或她会按照正确的、应该的规范去做。这其中有着极其复杂的原因，需要专门的探讨，不是我们这里三言两语能够解释清楚的。

由于成员之间需要的差异、认识的不同，因而如果要达成比较一致的意见，就需要理性的对话和协商，就需要理性的论证和辩论。只有对话和协商、论证和辩论达到一定的程度，才能够真正形成比较一致的意见，也才意味着生成规范的时机成熟了，可以建立一定共同体的某种规范了。诚如有学者所说的，民主的道德原则或规范取决于理性论证基础上的普遍赞同。道德上的共识并不来源于意见、观点的偶然堆积，而是取决于一种严密的建构程序。通过这种建构程序，道德决断才能赢得理性与科学意义上的质量保证。② 如果制定道德规范的时机还不具备、条件还不成熟，便硬是通过某种权威力量加以制定和推行，大多的可能是带来恶的后果。

2. 职业主体理性协商对话的互动模式

具体到制定新闻道德规范的原则上，就是要采取民主协商对话的形式，

---

① 甘绍平. 人权伦理学 ［M］. 北京：中国发展出版社，2009：93.
② 甘绍平，余涌. 应用伦理学教程 ［M］. 北京：中国社会科学出版社，2008：43.

而不是行政命令的方式或者权威（不管什么样的权威）制定①的方式。协商制定一定道德共同体道德规范的所有个体成员，在道德地位上应该是平等的，拥有同等的道德权利。协商制定道德规范的任何成员，并不具有道德上的权威性，即任何成员的道德意识、道德观念、道德理想、道德信仰等，并不具有天然的或者优先的主导权②，在协商对话过程中，不同道德观念、道德诉求等应该有平等对话交流的机会和权利。这样，协商对话过程本身才有可能是全面的、充分的。在此基础上的理性论证获得共识，结论才能更加可靠。

新闻职业道德规范是约束新闻职业工作者的规范，这样的规范，只有通过职业新闻工作者的亲自参与、讨论、协商去制定，才能在最大限度上获得真实认可，从而成为有效的道德规范。如果制定职业道德规范本身的方式在本质上是不道德的，对职业新闻工作者是不尊重的，没有以职业主体为本位（没有把道德主体当作道德主体），那么，职业道德规范即使制定出来了，也是形同摆设。建立在对话、协商或者交往理性基础上的规范制定过程，在技术上也在内容上解决了职业共同体、职业个体意志之间的各种可能矛盾关系。事实上，生成新闻道德规范的对话，本质上就是不同的、有差异的新闻道德观念之间的对话。对话过程，就是相互理解的过程，达成共同道德意志的过程。

我们可以把"新闻道德问题"设想为客体对象，不同道德主体与该对

---

① 我国过去制定的全国层面的新闻道德规范，往往就是一些所谓的权威人物之间协商对话的结果，并没有大面积地征求新闻从业人员的意见和看法。一些具体行业——如报业、广播电视业等——内部的道德规范，也多是请一些行业内部的专家、学者或者资深的行业人员协商制定。一些新闻媒体层面的具体的道德规范，本可以很方便地通过协商、对话程序制定，但也往往只是请几个老记者、老编辑再加上领导的意见形成的。这样的规范制定模式，可以统一称为权威制定模式。

② 注意，这并不是说不同成员拥有的道德知识是相同的，也不是说不同成员的道德智慧是一样的，更不是说所有成员的道德诉求都是合理的、正当的。事实上，在程序上，任何道德规范的制定最终总要通过一个类似专家委员会的组织在民主协商的基础上来完成，而专家在道德伦理方面有着足够的理性分析和论证能力，他们能够比较准确判断把握一定共同体不同成员的意见和看法。

象之间的关系是有差异的，他们只有通过一定的理性交往与协商对话，才能通过"新闻道德问题"这个客体中介，实现他们主体间的协调关系。这里的实质问题是，理性协商对话原则，并不是简单的主体之间的"话语"对话原则，即并不是纯粹的主体间语言行为、信息交流行为，而是以不同主体与共同客体对象为中介的协调对话过程，共同客体对象是生成协商对话关系的基础和中介（共同客体对象体现的是共同利益和需要，它是客观的、实际的，不仅仅是精神的和观念的），而不同主体与共同客体对象之间分别形成的关系，是主体间能够最终达成什么样关系状态的基础和中介。正因为不同主体与共同客体对象之间的关系是有差异的、有矛盾的，才需要对话和交流。由于差异或矛盾等等从根本上说是利益关系问题，因而，对话、协商、交流等等，实质上是利益对话。如果用直观形象的方式将这种关系结构与过程描述出来[①]，应该如图 4-1 所示：

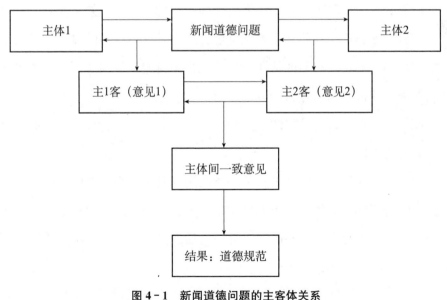

图 4-1　新闻道德问题的主客体关系

---

① 这一描述受到社会批判学派阿多诺关于主客关系理论和哈贝马斯关于主体间交往行为理论的共同启发。可以说是在他们理论基础上的一个进一步推演。

这一描述只反映了两个主体间的协商对话过程模式，显然是简化了的，实际中是多主体间的协商对话。但我们在逻辑上可以把多主体间的协商对话不断简化为二元主体间的协商对话。因而，这一协商对话过程模式适用于利益关系（对话协商关系）中的所有主体间关系。当然，如果对话本身是不可能的，也就不存在这样一个流动的过程。

由此看来，如果新闻业想要提升新闻实践的伦理道德水准，就必须展开广泛的协商对话，这样的协商对话必须在新闻活动的所有层次中展开，包括来自大小不同的媒介所有者与管理者之间的对话，记者、编辑、摄影记者、新闻制作人以及编导之间的对话，还应包括与新闻传播教育者之间的对话，与普通大众成员之间的对话①。在新闻业，关于规范"应如何"的讨论，实际上也就是订立契约的过程。"要使契约能约束某人，此人必须在被充分告知的情况下自愿签署契约，否则即为被迫或误导签约，这契约就没有约束力。同理，要让媒体伦理规范能约束广大新闻从业者的职业行为，就必须让广大新闻从业者能自愿参与有关媒体伦理的讨论……具体到新闻传播领域，只有新闻从业人员真正自由讨论产生的规范……才可能真正作为道德伦理而引导这些人的日常行为。"②当然，任何准备制定的新闻道德规范，总有自身具体的层次和范围，因此，协商、对话的层次、范围也会有所不同。

理性对话原则在我们这里只是一条制定规范的原则，要使原则真正有效，能够落实在实际的规范形成机制中，不仅需要对话者拥有基本的共同利益基础，还需要在这一基础上，每一对话者具有一定的对话素质，并且

---

① GOODWIN. Groping for ethics in journalism [M]. Ames：Iowa State University Press，1983：305. H. 古德温还指出，如果记者的能力水平不足以支撑高质量的新闻实践，那么所有的新闻伦理规则以及相关的讨论都是无意义的。在新闻道德领域，能力是头号的伦理问题。

② 赵心树，阴卫芝."心中之规"最具道德权威：新闻职业伦理规范问题答问 [J]. 新闻记者，2006（8）：8-9.

同时对话本身还要按照一定的程序去做，不然也不会有什么合适的结果出来。

哲学解释学的代表人物德国哲学家伽达默尔曾就对话成为可能的前提条件做过深入的探讨，他指出，"善良意志"是一切真正意义上的对话和沟通的前提条件，而所谓"善良意志"，就是克服自己的狭隘性和有限性以理解他人的意志，它意味着愿意开放地面对和倾听"他者"所要说的一切东西，并在此过程中让对话双方跨越彼此之间的鸿沟，从而使人们之间达成创造性的共识①。哈贝马斯则把"真诚性""真实性"与"正确性"视为"对话"或"商谈"的规范性要求。② 这些要求也都是对对话主体的要求。

（二）现实与理想相结合的原则

这是一条关于职业道德规范内容设计、内容选择方面的原则。规范面对的不仅是现实，同时也面对着未来；规范不仅是约束性的条款，也是引导性的提示。新闻道德规范既体现、反映着新闻职业共同体的现实道德需要，也体现和反映着他们的职业价值观、职业追求和职业理想。

职业道德规范，首先是面对职业现实的规范，解决现实职业行为中存在的问题，是它基本的目的。其实，有些道德规范，就是直接源于现实问题出台的。那些针对特定职业工作人员（比如记者、编辑、主持人等）的

---

① 贺来. 中国哲学、西方哲学、马克思主义哲学：价值信念层面的对话 [J]. 中国社会科学，2008（5）：42-47；204-205.

② 哈贝马斯说："达到理解的目标是导向某种认同。认同归于相互理解、共享知识、彼此信任、两相符合的主观交际的相互依存。认同以对方可领会性、真实性、真诚性、正确性这样一些相应的有效性要求的认可为基础。"（哈贝马斯. 交往与社会进化 [M]. 张博树，译. 重庆：重庆出版社，1989：2-3.）

道德规范，就更是根据特定工作中容易出现的道德问题制定的。在一般意义上说，一定历史时代、历史时期的新闻职业道德（各个层面、范围的职业道德规范）内容，都是基于该时代、该时期新闻职业活动现实状况建构的。新闻业的时代发展水平，新闻道德的时代实际情况，以及新闻道德观念、道德认识的时代水平，所有这些客观的或主观的实际，都将在根本上决定和影响一定时代新闻道德规范的内容特征。因此，从现实出发，是建构职业道德规范的基本原则。

另一方面，规范作为"应该性"的诉求，本身就有理想性的内容。理想性是道德规范本来就具有的基本属性。道德规范总是包含着某种价值追求和理想，是对现实的某种批判和超越，引导和激励主体积极实践、努力向善，诚如俄国学者季塔连科所说："道德采取应有这一尺度衡量现有的现实。现有与应有之间的矛盾是特殊的道德矛盾，它激励和指导着历史主体——人的社会历史积极性。"① 制定新闻道德规范，重要目的之一就是用新闻理想引导新闻从业者，努力使新闻行为有助于实现职业新闻的理想价值追求。因此，从理想出发，设计理想性的规范内容，也是建构职业道德规范的基本原则。

道德规范是一定道德观念的形式化、条款化存在，但它不是一旦成型便永远不变的律令，现实与理想相结合的原则要求职业主体在建构职业道德过程中与时俱进，不断更新道德观念，完善道德规范。任何道德观念既是对现实的反映，又是对现实的否定。它总是在现实基础上追求理想，又在理想的境界中批判现实。这是一个原则上不断演变向前、向上的过程。因而，规范在原则上是不断完善的过程，它标示的是职业人的不断完善的过程，是新闻传播业不断变迁完善的过程。比如，进入社会转型期后，我

---

① 季塔连科. 马克思主义伦理学［M］. 愚生，等译. 上海：上海译文出版社，1981：96.

国的新闻业已经发生了巨大的变化，"从政治的附属物到有限负载政治宣传职能的以新闻为本的事业，从基本不过问自身的经济生存能力、国家包下来的计划经济体制生存环境到必须在市场中获得自身生存发展的经济资源的市场经济体制生存环境，我国的新闻业不仅经历着全面、深刻的观念变革、权力和利益的重新调整和安排，而且要经受巨大的制度变迁和体制重构"①。正是在这样剧烈的变革过程中，真实的新闻意识、新闻职业和专业意识、新闻道德意识等萌生了、成长了，以往那些纯粹宣传纪律要求式的规范已经不能完全适应形势的变化，于是出现了各个层次的道德规范或伦理守则。由于新闻传播业自身的日新月异，新闻从业队伍迅速壮大，各色人等都在以各种方式不断进入职业队伍，各种环境因素对新闻活动的影响也越来越大（有正面的，也有负面的），如此等等，所有这些客观变化，意味着近几十年来制定的一些新闻道德规范已变得不太符合时代的要求，缺乏足够的和应有的约束力和引导力。因此，对中国新闻界来说，不仅需要持久展开职业教育，还要根据新的情况，不断完善各个层次的职业道德规范。在职业道德规范的内容设计上，始终注意现实与理想的统一，把握现实与理想相统一的基本原则。

（三）抽象与操作相结合的原则

这也是从规范内容建构角度提出的原则。我们看到，任何一套比较完整的新闻职业道德规范，不管是什么层次的、什么范围的规范，总是由一些相对比较抽象的原则和与原则相应的、相对比较具体的规定构成的；抽象原则通常表达的是规范的总的价值取向，具体规定则是一些为实现价值

---

① 罗彬. 试析新闻道德规范中的三个道德难题 [J]. 国际新闻界，2009 (6)：59.

取向的可操作的规定。可以说，道德规范是一般原则与具体规定的统一物。而且，越是层次较高、适用范围较大的规范，越是比较抽象、越具有原则性；越是层次较低、适用范围较小的规范，越是具体、越是具有可操作性。

一套道德规范，总有自己的基本精神、价值追求，总有自己的基本道德理念、道德理想，而这样的精神、价值、理念、理想，通常具有更大的普遍性和更高的抽象性，它们是道德规范中的"纲"，要想把规范中的"目""统率"起来、"张"起来，当然不能不举"纲"。因此，建构道德规范时，需要坚持一定的抽象原则。

但是，如果规范内容过度一般化、抽象化，缺乏对抽象规范条目内容的具体化，掌握和实行起来就比较困难。[1] 因此，建构道德规范过程中，还要特别重视规范内容的具体化，坚持规范制定的可操作原则。由于以往我们在规范的可操作问题上重视不够，因此这里稍微多说几句。

可操作性，是对规范内容构成特点或具体设计方式的一种要求，目的在于使规范易于落实在相关主体的具体行为中。作为行为规范，它的相关内容应该既是易被理解把握的，同时也要具有可操作性。有人指出，一套具有可操作性的职业规范至少要包括职业理想、职业态度和职业责任，也包括职业技能、职业纪律、职业良心和职业荣誉等，其中的规定要充实、

---

① 我国新闻界以往制定的各个层次的道德规范、伦理守则，普遍停留在一般的原则层次上，缺乏可操作性。有研究者指出："1991 年中国记协正式通过并公布了《中国新闻工作者职业道德准则》；1997 年中国记协发布了《建立新闻工作者接受社会监督制度》的公告；1997 年中宣部、广电部、新闻出版署、中国记协联合颁布了《关于禁止有偿新闻的若干规定》；2003 年由《人民日报》、新华社、中央电视台等多家机构联合制定《'弘扬职业精神、恪守职业道德、维护队伍形象'自律公约》；2005 年中宣部、广电总局、新闻出版总署又联合发布了《关于新闻采编人员从业管理的规定（试行）》。除此之外，还有一些行业性规范、公约或信条等。总体而言，这些职业规范基本是按照中国记协颁布的《中国新闻工作者职业道德准则》的大体思路来制定的。由于这些职业规范用政治话语替代职业话语，其中的具体规定过于笼统，缺乏针对性，忽略对新闻实践的具体情境的考虑，因而缺乏现实的可操作性。"具体可参阅：罗彬.试析新闻道德规范中的三个道德难题 [J]. 国际新闻界，2009（6）：60.

具体，有其特殊的针对性，才能对职业行为产生实际的指导和约束作用。规范本身就是一定道德价值的反映，其中有些是一般价值的反映，需要用比较抽象的表达规定，有些则是直接的具体的行为价值，需要且能够做出具体的规定。另外，尽管道德行为很大程度上来源于实践主体的良心，但良心往往也是飘忽不定的东西，需要一些明确的指导。怎样做是对的、好的，怎样做是错的、不好的，大都是可以明确规定的，即可以细化为可操作的规范。

职业道德规范反映、体现的是职业行为主体的道德责任，即道德规范规定的就是行为主体应该承担的道德责任，应该履行的道德义务，"任何道德规范都是相应责任的体现……如果没有相应的责任要求，道德规范就成了空洞的条文，很难发挥积极的作用"①。因此，道德规范的制定，实质就是要把道德责任体现在具体的条文中，使其成为明确的、具体的、可理解的、可操作的行为指南。在一些相对比较具体的规范制定中，更是要明确责任的承担主体，是谁的责任就是谁的责任。"如果每一个人都'对一切'负责，那么就意味着人们以及他们的职责都是无人称的，结果实际上任何人对任何事情都不负责任。责任人人有份的原则如果不加上权利和职责的协调和隶属关系，就不可避免地会变成大家都无责任。"②这种现象在现实中实在是太普遍了。责任不明确，就意味着规范没有可操作性，没有实际的效用。

但在道德规范的可操作问题上也不要走极端。任何道德规范，不管具有多强的可操作性，都不可能穷尽所有的具体道德情境，因而，总是有一些原则性比较强的规范条目，以精神或观念指导的方式，给实践主体留下灵活运用的空间。我们应该明白，可操作也只能是一定范围和一定程度的

---

① 陈武明．培育责任心是公民道德建设的基点［J］．求是，2002（4）：46.
② 郭金鸿．道德责任论［M］．北京：人民出版社，2008：65.

可操作，不要企图用手册式的道德规范，把新闻行为主体的行为完全编织在规范之网中，这是根本不可能做到的。"没有任何一种道德规范能应对每一种可能出现的情况。"①也很难有一种伦理学或者道德哲学理论，可以包罗万象解决所有具体的道德问题，有学者就说，"日常生活中单独的情况，总是发生于距离地面太近因此难以被伦理学的雷达觉察"②。

可操作并不等于事无巨细，并不等于规范到所有的行为空间和可能。规范过于烦琐，更多的作用可能是束缚从业者的手脚，而不是正常地规范人们的行为。它只能给管理者带来更多的麻烦，给行为者带来更多的烦扰。果真到了这个地步，那也只能表明我们的社会确实是一个不道德的社会，新闻职业确实是一个不道德的职业，而新闻工作者自己也确实成了失去道德希望的道德奴隶。法国思想家拉罗什福科说得好："靠一套十分烦琐的规则来保持健康，本身是一种烦人的疾病"③。

在道德规范的可操作问题上，还有一种观念或倾向值得注意。有人认为，为了使道德规范能够确实发挥作用，可以将其准法律化甚至直接法律化，即把道德要求变成法律条文，使"软性"要求转换成"硬性"要求，自律变成他律。退一步，则可以把道德规范严格细致化，以便能够直接指导和约束活动主体的行为。这其中的用心是明了的，就是想让道德规范发挥实实在在的作用。但我们以为，还应该注意到问题的另一方面。道德法律化或者道德规范过于严格细致化，其实在一定程度上压缩或挤压了行为主体道德选择的自由空间，把主体一定程度上变成了规范的奴隶。这种做法试图通过他律方式使道德要求逐步自律化，但如果过度，就会适得其反。自律的养成确实需要他律，但我们更要注意的是，自觉是在反复自觉

---

① 贝特朗.媒体职业道德规范与责任体系［M］.宋建新，译.北京：商务印书馆，2006：61.
② 拉福莱特.伦理学理论［M］.龚群，主译.北京：中国人民大学出版社，2008：129.
③ 拉罗什福科.道德箴言录［M］.何怀宏，译.北京：新世界出版社，2008：128.

的过程中养成的，德性是在德性行为中磨炼的，道德是在道德实践中成长的。道德必定在本质上属于自律性的范畴，有其发挥作用的范围和程度，它只是人类管理自己的方式之一，我们不能过分期望和夸大它的作用，也不能把它看得过分重要，"过分地强调道德的重要性，而把它变得如同法律一样威严，不可侵犯，其结果是取消了道德，磨灭了人们的道德意识，把所谓德行变得徒有虚名"①。

（四）鼓励与惩罚相结合的原则

这是一条关于规范内容性质结构的原则，就是要求在道德规范内容中，既要有鼓励性的规定，也要有惩罚性的规定，这也可以说是道德价值评价原则在规范建构中的体现。我们看到，在一般情况下，道德规范的内容主要是（甚至单纯是）由"鼓励性"、引导性规范构成的（包括"应该如何"和"不应该如何"两大类），有些职业道德规范也有明确的"惩罚性"条款（即如果有什么样的不道德行为出现，就要受到什么样的惩罚的规定），但很少有职业道德规范明确包含"奖励性"规范（即如果有什么样的道德行为，可以获得什么样的奖励这样的规定）②。

毫无疑问，正面的、鼓励性的规定应该是所有道德规范的核心内容，因为道德规范的基本目的是引导行为者向善避恶，做应该做的事情。因此，建构道德规范时，应该坚持的一个基本精神原则就是鼓励为主的原则。也就是说，道德规范的主要内容是规定行为主体应该如何，它们指明了行为主体的努力方向。

---

① 梁治平. 寻求自然秩序中的和谐 [M]. 254 页，上海：上海人民出版社，1991：254.
② 一般说来，"鼓励"主要是一种精神勉励和精神激励的（赞扬）方式，"奖励"则是通过给予一定财物和荣誉的方式给予鼓励。可见，这二者之间有一定的差别。如何在道德规范中作出"鼓励"和"奖励"的规定，是一个值得研究的问题。

　　另一方面，道德规范要发挥真正的作用，仅仅设有鼓励条款是不够的。没有惩罚性精神、没有惩罚性规定（条款）的规范往往是无力的，"不管在什么情况下，没有'牙齿'的道德规范还有什么用？"①"设计良好的惩罚体系，可能具有使做坏事的人改邪归正的效果。"②不仅要有惩罚规定，还要有惩罚的机制，"规则的广泛与持续实行需要惩罚机制，这种惩罚机制有两种形式：一是通过专门的惩罚机构进行，这种惩罚针对的是重大交往过错行为；二是通过日常交往中的行为、态度、舆论进行"③。这些看法表明，一套规范中，除了应该怎么样、不应该怎么样的规定外，还应该有"一旦怎么样，就会受到什么样惩罚"的规定。这其中贯彻的规范建构原则就是必要的惩罚原则。

　　对于道德规范内容构成上，是否应该包括奖励和惩罚规定，特别是奖励的内容规定，人们有一些不同的看法。有人认为："无论奖励或是惩罚，都是控制的手段，都是对受控者的驾驭和支配，都是为了使受控者顺从、驯服，都要以受控者自主性的丧失为代价。为了避免惩罚而甘为奴隶固然可悲，但为了奖励而争做奴隶则更可耻"④。因此，要慎用奖励或者惩罚，道德规范中不宜设定明确的奖励内容，以物质利益方式鼓励道德行为本身与道德自律的精神是背离的。"奖励与道德的本性不相匹配。道德出于人的自觉、自愿"，而"不管用奖励还是惩罚的手段，充其量只能使受控者谨慎，而不是道德。换言之，控制只能培养谨慎的人，而不能培养道德的人"⑤。"以利益诱导道德，只能导致'从源头上污染道德'。"⑥看得出，对

　　① 贝特朗. 媒体职业道德规范与责任体系 [M]. 宋建新，译. 北京：商务印书馆，2006：133.
　　② 雷切尔斯 J，雷切尔斯 S. 道德的理由 [M]. 杨宗元，译. 5 版. 北京：中国人民大学出版社，2009：136.
　　③ 陈忠. 规则论：研究视阈与核心问题 [M]. 北京：人民出版社，2008：322.
　　④ 陆有铨. "道德"是道德教育有效性的依据 [J]. 中国德育，2008（10）：26.
　　⑤ 同④27.
　　⑥ 樊浩. 20 世纪伦理—经济范式与道德哲学的理论创新 [J]. 道德与文明，2008（5）：83.

道德奖励或惩罚内容或精神的担心，主要有两个方面：一是失去主体的道德自主性；二是失去道德本身的纯洁性，或者说是道德动机的纯洁性。

　　我以为，这样的提醒或担心确实值得认真对待。如果记者是为了道德奖励而选择道德行为，那无异于道德投机。"行为不单纯是为了得奖时，才有可贵之处。如果那些为得奖而工作的人在其他方式下无法取得成就，我们的奖励就无谓地浪费了。"[①] 为了得到赏赐或者奖励的道德行为，其道德性确实是不纯洁的。"一个自由人的伦理与奖惩无关，不管是来自神或人的权威都一样。那些从别人那里逃避惩罚或寻求赏赐的人，根据别人规定的法则行事的人，无异于可怜的奴隶。"[②]但还要注意事情的另外一面，我们需要对道德奖励和惩罚，有一个全面公允的看法。奖励或惩罚的目的，当然不是奖励或惩罚本身，它们只能是手段，都是为了维护道德正义，鼓励道德行为，限制不道德的行为。奖励或惩罚本身也是道德主体约束自己的手段。面对历史和现实，我们也要理解，道德是一个过程，道德境界的提升同样是一个过程，而且，道德习惯是在不断的道德行为过程中形成的，如果道德奖励有利于道德习惯的形成，道德奖励就有其存在的理由。问题的关键不在于要不要奖励和惩罚，而在于奖励和惩罚本身必须是公正的，即赏罚本身必须是道德的，如果道德赏罚颠倒了，效果就会适得其反。"社会对于每个人品德好坏的赏罚越公正，他做一个好人的道德需要便越强，他的良心便越强，他遵守道德所带来的自豪感和良心满足的快乐便越强大，他违背道德所产生的内疚感、罪恶感和良心谴责的痛苦便越深重，他便越能够克服违背道德的欲望而遵守道德，他的品德便越高尚，他便越有利于社会和他人……反之，社会对于一个人品德好坏的赏罚越不

　　① 斯金纳. 超越自由与尊严 [M]. 陈维纲，王映桥，等译. 贵阳：贵州人民出版社，1988：51.
　　② 萨瓦特尔. 伦理学的邀请：做个好人 [M]. 于施洋，译. 北京：北京大学出版社，2008：32-33.

公正，他做一个好人的道德需要便越弱，他的良心越弱，他遵守道德所带来的自豪感和良心满足的快乐便越弱小，他违背道德所产生的内疚感、罪恶感和良心谴责的痛苦便越薄弱，他便越容易顺从不道德的欲望而违背道德，他的品德便越卑鄙，他便越可能有害于社会和他人……"[①] "一个人对自己的行为负责，并不是仅仅表现在他行为不端时会受到公正的谴责或惩罚，同时也表现在他获得成功时会受到奖赏和钦佩。"[②]

　　道德行为是需要赞扬和鼓励的，心理学研究表明，得到赞扬和鼓励的行为往往能够以不同的方式被发扬光大，这就像在教育当中的一句名言所说："成功是成功之母。"就像舞台上的演员一样，一旦得到观众的喝彩，就会越演越有感觉，越演越精彩带劲。法国思想家、道德格言体作家拉罗什福科写道："人们给予我们的赞扬，至少有助于我们执着于德性的实践。""人们给予理智、美丽和勇敢的赞扬增加了它们、完善了它们，使它们做出了较它们原先凭自身所能做的贡献更大的贡献"[③]。同样，惩罚有惩罚的功用，它是一种警戒，是对不良行为的约束和限制，这就像设了带电的铁丝网一样，碰过一回的人，就不敢和不愿去碰第二回了。

　　不过，在物质奖励与精神赞扬之间，道德奖励应该更多地选择后者，对道德行为的奖赏选择的应该是荣誉，而不是物质利益，这样的奖励为人们树立的是一种精神楷模，而不是追求物质利益的行为方式。记者在道德选择中获得的职业自豪、得到的社会舆论肯定就是最好的道德奖赏，用物质奖励肯定职业新闻人的道德行为实质上等于降低了道德的应该和道德的境界。另外，我们还要特别注意得到道德奖励的两种不同方式：追求奖励和一定的道德共同体给予奖励。这是有所区别的两回事。为了获取奖励而

① 王海明. 伦理学与人生 [M]. 上海：复旦大学出版社，2009：315.
② 万俊人. 现代西方伦理学史：下卷 [M]. 北京：北京大学出版社，1992：583.
③ 拉罗什福科. 道德箴言录 [M]. 何怀宏，译. 北京：新世界出版社，2008：121.

选择道德行为，尽管对社会并不是什么直接的坏事，多数情况下是好事，但道德的纯洁性会受到影响，会影响一个人道德品质、道德人格的形成。道德共同体主动给予道德个体的道德奖励，是对个体的道德肯定，是一种从外到内的道德激励，有利于道德精神、道德人格的形成。

（五）合理的规范建构程序原则

制定道德规范的协商对话过程，是一个程序化的过程，如果没有合理的程序，同样不可能制定出合理的规范。上述所有关于规范内容的原则实施和实现，都要通过一定的协商对话和合理程序来保障。因此，以怎样的程序原则建构新闻道德规范也是非常重要的问题，需要专门的设计。建构规范的程序，需要根据优良规范的内在要求来设计，进而按照这样的基本程序逐步制定新闻道德规范。

如前所说，制定道德规范的过程，关系到一定共同体的所有成员，人人都应该发表意见，人人都应该参加对话讨论。在现实中，对于一些小的共同体来说，比如，在小型新闻媒体中的从业人员，常常可以通过全员直接参与的方式，讨论、制定相关道德规范，但对于比较大的媒体、一定的媒介行业（比如报业、广播电视业、新媒体业等）以至整个新闻行业来说，试图让所有相关共同体成员全部直接参与规范的讨论、制定几乎不可能，只能通过一些间接的方式去参与。正如有人所说，"一种完全开放的政治决策过程，过于理想化而且成本极其高昂，事实上，往往达不成任何协议"①。尽管制定一定范围的职业道德规范，不是政治决策，但其中的道理是相通的。

---

① 李建华. 公共政策程序正义及其价值 [J]. 中国社会科学，2009（1）：66.

看来，在新闻职业道德规范的制定过程中，发表意见、参加对话、协商论辩、起草确认相关规范等活动，总是要通过一定的规范制定组织、机构或者委员会（比如新闻伦理委员会等）的组织、领导来进行。当然，这样的组织、机构或者委员会本身并不是新闻道德权威，它的核心作用主要是按照程序组织实施新闻道德规范的制定活动。这样的组织、机构或者委员会（下文我们将统一称为新闻职业道德规范制定委员会），本身要通过一定的组织程序、民主推荐程序来产生，以确保相关工作的合法性、有效性。

要真正建构、制定合理的、优良的、针对特定职业共同体的新闻职业道德规范，在具体操作上其实是一个相当复杂、烦琐的过程。但按照一般的逻辑，以下一些实用的、程序性的环节是必需的。

（1）认知与考察环节。广泛了解、考察和研究一定共同体的道德状况，特别是职业道德状况，发现一定共同体应该达到的道德底线，以及应该追求的道德理想（不是道德乌托邦或空想）和应该有的基本道德信念。这是一个广泛、深入、细致、系统、全面的道德考察、道德认知过程，其实也是初步认识、把握职业共同体成员职业道德认识水平、实践水平以及职业道德期望等的过程，主要由一定的职业道德规范制定委员会来组织实施，它是制定出良好的职业道德规范的基础。

由于新闻传播业、新闻活动所特有的与社会联系的广泛性和紧密性，本环节还需要根据预定职业道德规范的范围情况，适当认识和考察一些社会环境情况。因为在现实的社会中，任何一个行业，任何一个具体的职业共同体，都与整个社会以及社会其他子系统有着纷繁复杂的关系，任何一种带有一定普遍性的规则（包括道德规则）的制定必然会受到各种社会力量的影响和作用。可以说，这种关系本身就是值得我们在讨论新闻道德规范制定问题时研究的重要关系。这种关系本身也说明，只有通过协商对话，才有可能制定出既有理想性又有现实性的新闻道德规范。但一定的职业道德规范，必定是职业共同体的规范，因此，职业道德规范制定委员会仍然应该主要是在职业共同体范围内展开这一环节的工作。

（2）规范草案起草环节。在上述第一环节的基础上，职业道德规范制定委员会按照前述基本原则起草规范，为随后的在职业共同体成员中的讨论、交流、协商、论辩等提供"脚本"或"蓝本"。

（3）协商论辩环节。这是能否制定出得到广泛认同、共同遵守职业道德规范的核心环节，也是规范制定中理性协商或者民主原则的集中体现。从原则上说，职业道德规范制定委员会，要通过各种渠道、各种方式方法，把规范草案送达每一个共同体成员手中，以实现最大限度、最大范围的讨论、对话、协商、论辩和意见与建议的征求，从而使规范真正首先在形式上进而在内容上成为一定共同体所有成员知晓的规范、认可的规范。同时，本环节还有一个重要的任务，就是把规范草案送达有关的社会机构（比如新闻管理部门）和相关社会团体（比如各种各样的新闻协会、新闻研究会等），甚至向整个社会公布（这要看规范关涉范围的大小），征求社会公众的意见和建议，这是由新闻工作自身与社会广泛联系等特点内在要求的。

本环节主要由两个小环节构成：第一个小环节是对草案意见与建议的广泛征求（重点是共同体之内的，也包括适当的共同体之外的意见与建议征求），以及随后由职业道德规范制定委员会进行的意见分类和整理，以为第二个小环节的工作做好准备。第二个小环节是集中性的讨论或辩论。主要是把不同意见或建议类型的代表集中在一起（包括一定数量的共同体之外的代表），进行协商、对话、交流和论辩。这就意味着，在操作层面上，"理性基础上的交谈与对话只能是在一个伦理委员会中实现的。只有在这样一种使专业知识与理智得到运用的微型的机构中，才有可能进行直接的论据交流，通过主体间的互动和理解，达到理性论证基础上的共识"①。

---

① 甘绍平，余涌. 应用伦理学教程［M］. 北京：中国社会科学出版社，2008：43.

这种讨论或辩论当然不是一次性的，而是多次性的、反复的。

在这两个小环节之间，第一个环节是基础，第二个环节是对第一个环节交流、论辩水平的提升。在规范的实际制定中，相关的职业道德规范制定委员会能否在第一环节基础上，组织起高质量的、真正有代表性的对话、交流、论辩会议，是相关规范能否具有足够合理根据的关键所在，也是规范能否足够优良的关键所在。因此，第二个环节所起的作用往往更直接、更大①。

（4）修正与出台环节。由新闻职业道德规范制定委员会根据第三环节形成的共同意见，对草案做出修改，形成最后的正式的规范文件，并通过相关渠道最终公布。

上述过程，只是对一次性程序的描述，实际的制定过程可能是循环的，也可能会针对其中的某一条原则、某一条具体规范反复实行某些环节的要求。

职业道德规范的制定过程，本身就是职业道德教育的过程，是职业道德观念传播、灌输的过程，是职业共同体全体成员职业道德意识自觉化的过程，职业人格、职业品质形成的过程，是职业道德规范深入人心的过程。这也是职业道德规范制定采取理性协商原则的重要意义之所在。

三、新闻道德规范的构成分析

世界上到底有多少具体的新闻道德规范，恐怕实在是太多了，不大好统计，统计出这样的数字也没有什么实质性的意义。但为了对新闻道德规范有一个进一步的认识，我们将把现实存在的新闻道德规范作为一个整体

---

① 在上述（2）、（3）两个环节的先后问题上，有人会觉得把（3）置前更合理一些，这确实具有一定的道理。但是，如果没有一个讨论的蓝本，讨论本身就会漫无边际，没有相对的中心，大大降低工作的效率。因此，我还是认为在考察、认识基础上，先拿出规范草案，再进行交流、对话、论辩为好。

规范系统，做一些层次结构上的分析，而为了从内容的构成上对道德规范有一个比较深层的具体的把握，我们将从不同角度做出解剖。

（一）规范系统的层次构成分析

我们这里所说的"规范系统层次构成分析"，是指首先把所有的新闻道德规范看作一个整体系统，然后看构成系统的不同规范具体处于哪个层次。这一分析的主要目的在于说明不同道德规范有着不同的规范范围，引导约束着不同范围的行为主体。

人类职业新闻活动在当代不同社会的普遍存在，职业新闻活动在不同社会范围以及具体新闻媒介组织的实际展开，从客观上决定了不同范围、不同层次新闻观念、新闻道德观念的生成可能，也从根本上决定了不同范围、不同层次新闻道德规范的建构可能。因而，从不同社会范围、不同主体层次理解新闻道德规范的构成，是比较简便、直观地把握新闻道德规范构成的一条途径。按照这一思路，我们可以把新闻道德规范分成这样几个层次。

第一，世界层次或者说全球范围的新闻道德规范。这是指面向全球范围内新闻职业工作者建构的新闻道德规范。比如，联合国经济及社会理事会1954年拟定的《国际报业道德规约》，1954年4月国际新闻记者联合会第二届代表大会通过的《记者行为原则宣言》（1986年6月修订），都是比较重要的具有全球意义的新闻道德规范①。

---

① 《国际报业道德规约》的基本内容是：（1）不得歪曲或隐瞒事实；（2）不得自私、攻讦、诽谤、抄袭，不得认谣言当作事实，凡记载不确而损失名誉者，必须立即更正；（3）不得为满足读者的好奇心而涉及私人秘密；（4）若报道一个国家的状况，必须对这个国家有充分的认识，才能达到公正的程度；（5）道德规约应由各国报人遵守，不是由各国政府执行。（参见：余家宏. 新闻学词典 [M]. 杭州：浙江人民出版社，1988：178-179.）另外，1954年4月国际新闻记者联合会第二届代表大会通过的《记者行为原则宣言》（1986年6月修订）也是一个重要的文献，有兴趣的读者可参阅：黄瑚. 新闻法规与职业道德教程 [M]. 上海：复旦大学出版社，2003：350.

第二，具体社会层次或者一定社会范围内的新闻职业道德规范，这也是新闻道德规范存在最普遍的形式。世界各国、各个地区几乎都有针对本国、本地区新闻职业工作人员的道德规范，并且会根据新闻业、新闻职业的最新变动发展不断修订相关的道德规范。比如，1991年1月19日，中华全国新闻工作者协会第四届理事会第一次全体会议通过《中国新闻工作者职业道德准则》，1994年4月和1997年1月作过两次修订①，目前又在进行新的修订。

第三，一定新闻媒介形态层次或者相关职业群体范围内的职业道德规范。媒介形态的共同性（主要表现为支持媒介形态的技术统一性和媒介形态符号的一致性）或者工作方式的一致性或相似性（比如记者群体、编辑群体或者主持人群体等），意味着主体间心理上的接近性和具体职业观念上的易于认同，这为本层次或本范围道德规范的制定提供了客观的和心理的基础。人们看到，不同媒介形态协会（如不同层级的报业协会——世界级的、国家级的、地区级的等，其他媒介形态类似）、人员协会（记者协会、编辑协会、主持人协会等）或相关组织，往往会通过一定的程序和方式制定主要规范一定媒介形态内工作者的伦理守则。

第四，新闻媒体层次或新闻媒介组织范围内的职业道德规范。一个新闻媒体就是一个相对独立的新闻道德实体或新闻伦理实体，有着自己的媒体或组织文化，有着自己相对独立或自主的道德追求和理想，有着自己的利益需要和价值取向。为了把这些媒体层次的精神观念、实际追求落到实处，形成制度上、机制上的保障，建构本媒体的道德规范，已经成为一些新闻媒介组织特别是比较大的媒介组织的基本手段。因此，人们看到，这

---

① 基本规范如下：全心全意为人民服务；坚持正确的舆论导向；遵守宪法、法律和纪律；维护新闻的真实性；保持清正廉洁的作风；发扬团结协作精神。想阅读准则全文的读者可参阅：黄瑚. 新闻法规与职业道德教程 [M]. 上海：复旦大学出版社，2003：350.

个层次上或者媒体组织内部的具体部门层次上的相关道德规范越来越多。

第五，职业个体层次的自我道德规范。这个层次上的规范，严格意义上不能和上述四个层次的规范并列，因为它只是自我的一种主观设定，并不是针对一定群体的共同规则，而如前述，世界上只有某一单个主体所认可的规范不能算是规范。规范只有在一个共同体内得到共识，才可看成是规范（参见关于理性协商对话原则的论述）。我们这里之所以"逻辑"性地把个体层次的道德规范作为整体规范系统的一个层次，有这样几点考虑：一是，个体职业道德规范确实普遍地存在着，即每个新闻职业工作者事实上都有自己认可的和愿意遵守的职业道德规范。当然这样的道德规范多是以非成文的方式存在于职业个体的内心，更准确地说属于职业个体的道德信念，也有一些职业个体确实会为自己的职业行为列出几条规则，甚至会向自己周围的同行正式地或非正式地宣称、明示自己的信条。二是，我们上述分析的所有层次的道德规范，只有转化成个体认可的规范时，才能真正以道德的方式发挥作用，即由外在的道德约束变成内在的道德自觉。三是，不管个体层次的规范以怎样的形式存在，它在客观上与职业个体的认知、心理、情感、意志最近，因此这样的规范对职业个体有着直接的重要的作用。

在不同层次或不同范围的道德规范之间，有这样大致的关系：层次越高的道德规范，越具有普遍性、抽象性，而层次越低的规范，越具有特殊性、具体性；层次越高的道德规范，越具有观念引导的意义，而层次越低的规范，越具有实际规范的作用。

今天的世界，是一个不断全球化、一体化的世界，好像成了一个"我就是你，你就是我""谁也离不开谁"的世界，因而世界范围的新闻职业能够拥有一些相对统一的职业道德规范或伦理守则。但是，我们谁也不会无视今天的世界仍然是一个国家利益、民族利益优先甚至至上的世界。正是因为这样的事实，我们不得不承认这仍然是一个"谁也不是谁"的世界，是"自己就是自己、自己不是他人"的世界。这样的特点表现在所有社会活动领域，更是强烈地表现在新闻活动领域。因此，在拥有全球范围内一些共同的新闻道德规范的情况下，不同社会实际拥有的、坚守的新闻道德规范有着很大的差异性，特别是在社会制度不同、意识形态有别的不同社会中，制度化、组织化、职业化的新闻活动存在着巨大的差别，实际上不大可能遵守同样的新闻道德规范，具体社会层面或社会范围的职业道德规范依然是主导性的规范形式。

在具体社会范围内，所有新闻媒体的基本价值取向基本上是一致的，社会主流价值观、新闻价值观的统一性，通常都会反映、体现在不同层次的道德规范之中。当然，不同媒介形态之间的差异性，不同新闻媒体之间的差异性，往往使它们拥有各具特点的具体道德规范。而具体媒体目标的异同，是其职业道德理念、职业道德规范形成差异表现的重要原因。目标直接反映了媒体的主体需求尺度。在实际中，媒体间即使在形式上拥有大致相同的规范，奉行遵守上也可能不会完全相同。一个把政治利益目标置于核心位置的喉舌性质的新闻媒体，不大可能把独立于政府、政党作为自己的行为规范，更不会把此当作道德目标；而把经济利益置于最高目标的新闻媒体，即使它在行为规范中强调了经济上的独立性，也不大真正会拒绝经济利益的诱惑。

在按照范围、层次的分类中，职业个体自我的道德规范，是最小范围和最低层次的规范存在形式和表现形式，但正是这一最小范围和最低层次的道德规范形式，对实际展开的新闻工作有着特殊的也是实实在在的影响。所有以其他形式存在的职业道德规范，只有落实在个体层面上，才有可能真正发挥道德性的约束作用。

（二）具体规范的内容结构特点

要想比较真切地理解当前新闻道德规范建构的实际情况，并为今后的道德规范建构积累经验、寻求借鉴，就有必要对具体规范的内容结构特点做出比较仔细的分析。如果我们把已经建构起来的不同层次的新闻道德规范作为文本对象①，就会发现它们在内容结构上具有这样一些基本特点。

1. 总体性原则与具体规定相结合

通览新闻道德规范文本，就会发现，在外在形式和内容上，通常有这样两种主要结构方式：一是平列式，二是层级式。

所谓平列式，是指规范内容是由多条条款纵向罗列而成的，不同条款的先后逻辑顺序通常是按照内容的重要程度和内容关涉范围大小程度（大到小）设定的，比较重要的和关涉范围比较大的列在前面。在平列式结构内部，又有两种主要形式：一是整个规范内容都是由一些比较抽象的原则构成，文字表达简明扼要，但内容比较概括而抽象；二是整个规范内容都是由一条条关系到具体新闻行为的规定构成，诸如应该做这做那，不应该如此如彼，内容明确、文字简练。总的说来，前者具有更强的抽象性和观念引导性特征，后者则具有更强的具体性和直接指导性特征。

所谓层级式，是指在同一规范中，规范内容是由两个或更多层次构成的（但通常只有两个层次）。第一个层次是简要的、比较抽象的道德原则，是对某一新闻道德基价观念的概括表达；第二个层次则是对第一个层次要

---

① 在下面的内容结构分析中，考虑到篇幅，我们一律不举例说明，读者可参阅各种新闻伦理学教材中提供的大量道德规范文本作为参考。比如：蓝鸿文. 新闻伦理学简明教程［M］. 北京：中国人民大学出版社，2001：附录 222－260；也可以通过互联网查阅相关的道德规范文本。

求的具体设定，由明确的、可操作的规范条款构成。如果有第三层次，则是对第二层次内容的进一步具体化设定。

就规范内容结构的两种主要模式关系来说，层级式是新闻道德规范的主导性的内容结构方式，也是规范结构方式的发展趋向。因为，它既有普遍的原则性规范，又有具体实际的可操作规定，至少在形式上实现了总体原则与具体规定的统一，有利于职业工作者的认识理解和把握遵守。另外，单从结构上说，层级式结构实质上是由两种平列式的有机结合形成的，也就是说，层级式结构包含了平列式结构。如果再进一步，我们可以说，层级结构模式在规范内容上比较完整，第一层次不仅表达了原则，也为第二层次的具体规定提供了根据，而平列式模式要么显得抽象空洞，要么显得过于琐细，缺乏纲领。

2. 普遍性内容与特殊性内容相结合

就整体的新闻道德规范系统而言，如上所说，有些规范侧重的是普遍的道德要求，如世界范围内的或者全国范围内的一般道德规范，它们基本上属于一些道德原则和道德信条。但层次比较低的道德规范，同时也恰好是数量比较多、作用比较大的道德规范，它们的内容结构通常是普遍性内容与特殊性内容相结合，并以特殊的、具体的内容为主。因此，我们主要针对后一类规范加以分析。

为数众多的后一类规范，在形式和内容结构上，属于我们上文所说的主导性的层级式结构方式。第一层次的规范内容是普遍的和普适的，第二层次的规范内容主要以特定客观实际为基础，属于"具体情况具体对待"而生的内容。

第一层次的规范内容是普遍的和普适的，具有稳定性，这样的规范也可以看作是"固性"规范。这里的固性，一方面是指它在不同社会环境中具有比较一致稳定的意义（在某一确定的社会范围内就更稳定了）；另一方面是指在时间的流逝中，规范内容不变或者变化很小。正像在整个人类生活中，尽管价值观念、道德观念以及将它们形式化、规则化的价值规范、道德规范会随着历史的演进而变化，会随着环境的不同而变化，但人们也发现，有一些价值观念、道德观念及其相应的规范，确实是基本稳定的、变化甚微的。比如，像"己所不欲，勿施于人"这样的观念或"黄金规则"，在人类的各种文化生活中，都是稳定的。我以为，在一定的职业领域、职业形式（分工）诞生之后，也有这种源于职业本质诉求的一些稳定的、始终不变或者变化甚微的价值观念、道德观念，由这些观念转化而来的职业道德规范就是稳定的或具有固性特征的规范。像新闻必须追求真实报道、揭示事实真相这样的观念，就内在于新闻的本质，是以新闻传播规律内在要求为基础而形成的规范，同时也内在于人们对新闻的需要，内在于人们之间有效交往的需要。因而，有如此观念诉求的记者应该诚实、诚信报道的道德规范，对新闻这个职业来说，就是一种固性规范，甚至可以说，只要新闻职业存在，不管它在哪个社会存在，哪个时代存在，它就是一种永恒性的道德要求。这种具有稳定性或者固性特点的规范，往往构成了新闻道德体系中的普遍规范、原则性要求，具有最为广泛的共识性，同时具有最为广泛的意义和效力。①

第二层次的规范内容，由于是以特定客观实际为基础而规定的，因而具有更大的灵活性和变动性特点。与第一层次的固性规范内容相对，可以称为活性规范内容。这里的活性，主要有两方面的含义：一是在横向上

---

① 我赞同我国伦理学者何怀宏的判断："伦理学主要是一种规范伦理学，而且作为普遍规范才真正有意义和效力。与各种传统类型的社会相比，今天的现代社会还保有多少普遍性？恐怕只有范围最小的普遍性，只能在一些基本行为规范和手段上形成共识。"（何怀宏. 良心论 [M]. 北京：北京大学出版社，2009：修订版序言4.）在社会领域如此，在职业领域其实也是这样，特别是在像意识形态色彩尤为明显的新闻领域更是这样。

看，不同社会范围的新闻道德规范，不同媒介形态范围的道德规范，不同媒体范围的道德规范，都可以根据自己的实际在一定的普遍的原则下，做出符合自身实际的道德规定，从而增强道德规范的有效性和可行性①。二是从纵向上说，不管在什么范围内，新闻业的变化和演进，必然产生新的新闻现象，必然会产生新的问题，从而必然会带来新闻职业的新变化，这就需要有适应新要求的新规定。比如，在网络新闻传播还没有出现的时候，不可能有关于网络新闻传播的道德规范，而一旦出现，关于网络传播的规范很快成为人们关注的热点问题。

3. 肯定性（鼓励性）内容与否定性（禁止性、惩罚性）内容相结合

肯定性（鼓励性）内容与否定性（禁止性、惩罚性）内容相结合，这几乎是所有新闻职业道德规范内容结构上的基本特征。其实，肯定性内容和否定性内容总是统一的，"应该如何"就意味着"不应该如何"，而"不应该如何"也就意味着"应该如何"。道德规范常常通过一正（肯定）一反（否定）的有机结合，全面设定主体行为的合理范围或边界，这显然增强了道德规范的指导性和可操作性，自然也加强了道德规范在内容结构方式上的严密性。比如，在"应该真实报道新闻"这样的总规范下，再从正反两个方面列出诸多具体的规定，说明怎样做是应该的，怎样做是不应该的。又如，不少新闻道德规范，在"应该反对有偿新闻"的总要求下，会从正反两个方面比较仔细地罗列哪些情况下的职业行为不属于有偿新闻行为，可以做报道，而哪些情况下的职业行为属于有偿新闻行为，不能做报道。当然，如我们在前面已经指出的那样，任何道德规范都不可能事无巨

---

① 比如，不同社会中的新闻道德规范，都要求应该真实报道新闻，但在具体要求上，有些社会中明确要求以报道正面事实为主，有些社会中则没有这样的要求。这样，实际上呈现出的新闻真实画面显然是不一样的。那么，哪种新闻呈现是道德的，或者是更道德的，对这样的问题很难进行简单的新闻道德判断，需要根据不同的社会实际、文化传统等做出说明。

细，不管是肯定性还是否定性的内容，都不可能穷尽所有具体的情况。但作为职业主体，也应该懂得从已经明文规定的内容出发进行道德推理，以做出灵活恰当的道德选择。

在有些道德规范中，有明确的惩罚性规定，但多数规范没有。我以为，作为系统的、比较完整的道德规范，尽管可以没有惩罚性的具体规定，但应该内含惩罚性的原则或精神，不能只包括单一的鼓励性精神、鼓励性规范①。因为，正如很多道德研究者所指出的那样，没有牙齿的规范是无力的。之所以要有惩罚性精神和规范，从根本上说，就是因为现实中的人性总有趋恶的一面，同时又有惧怕惩罚、担心舆论谴责的心理，因此，设定警示性的、惩罚性的规定，有利于约束行为主体的行为，使道德规范变得更加有效。

上述关于新闻道德规范内容构成特点的分析，主要有这样几点启示：第一，建构不同层次的规范，应该注意不同层次规范对象的特点，实质上则是注意不同规范对象所处环境的特点；第二，层级比较低的或者说直接用来规范职业新闻行为的道德规范（即主要不是用来进行观念引导的规范），其比较优良的内容结构方式应该是层级式结构；第三，比较完整的、有效的道德规范，在内容构成上或者说条款结构上，既应该有肯定性的、鼓励性的内容，也应该有禁止性的和惩罚性的内容。

---

① 肯定性的内容，也就是鼓励性内容，我们只是为了在参照中对惩罚性规定有一个更好的说明，才在此引入鼓励性这个说法。

第五章　新闻道德品质

人的德性就是他的守护神。

——赫拉克利特

没有伟大的品格，就没有伟大的人，甚至也没有伟大的艺术家、伟大的行动者。

——罗曼·罗兰

一个缺德的人，他在生理学上的确是一个人，但在目的论上却不是人。

——赵汀阳

新闻道德理论的最终落脚点是新闻道德品质论或者新闻德性论。在通常情况下，人们在三个层面讨论新闻道德问题：一是新闻职业道德观念，二是新闻职业道德规范，三是新闻职业德性。对于新闻从业人员来说，职业道德规范是外在的制度性存在，职业道德观念既可能是外在的也可能是内在的存在，新闻职业德性则是内在的存在，是主体的道德属性、品质。

一个人可以承认外在规范的正当性，也可以认定新闻道德观念的合理性，但他或她却既可能有也可能没有新闻道德品质（亦可称为"新闻德性"）。知道什么是道德的主体和实际成为道德的主体，二者之间总是有距离的。① 因此，怎样使道德观念、道德规范转换成主体的道德品质才是最大的难题。

一、新闻道德的归宿

使新闻活动成为有道德的新闻活动，使新闻媒体成为真正的道德实体，使新闻活动者成为有新闻道德的活动者，这是追求新闻道德的直接目的。"规范的落脚点在于成德。道德规范本身没有独立自为的特性，其作用就是对行为进行规范，进而涵化心灵和情感"②。显而易见，拥有足够的新闻道德品质，是确保道德性新闻活动的主体基础。因而，新闻道德研究的目的不仅仅是制定一大堆道德规范，更重要的是弄清怎样才能塑造出适应时代要求的道德的新闻人，如何使道德规范内化为新闻人的品质，这才是更为关键的事情。

（一）道德品质是规范实现的内在保证

新闻活动本质上属于社会公共领域的活动，因而，制定普遍的活动规范或职业领域的规范是最基本的要求，但在公共性的新闻活动中，任何个体（不限于新闻职业活动者）只有具备了一定的美德、新闻美德，才能真

① 不知道德原理的人，完全可以成为道德的人，这就像不懂得语法的人，可以照样讲正确的语句一样。

② 胡林英．道德内化论［M］．北京：社会科学文献出版社，2007：9.

正使社会性的制度、秩序、规范等约束体系、方式产生作用。美国伦理学家弗来克纳的话值得铭记：没有品质的原则是软弱的，没有原则的品质是盲目的[①]。当然，我们也不会忘记事情的另一半，那就是，品德也是在规范的约束中形成的，但我们这里侧重品德对于遵守规范的意义和作用。

人们知道，新闻活动最终要落实在每一具体主体的新闻行为中，因而，新闻活动的道德性，也即新闻活动对美好目标的追求，最终直接取决于新闻活动主体是否讲道德，是否有德性，是否按照道德规范进行新闻实践。从行为主体角度看，美德（即德性）是道德行为的最后依托，美德是规范能够高效发挥作用的最后保障。诚如有学者指出的那样，"一种社会实践活动，它的存在与发展都有相关的利益（good）追求。而介入这一实践活动中的任何个体，他相应的德性品质，都与这个实践整体的善内在相关；缺乏相应的个体德性，都在一定程度和一定意义上败坏着这种实践的善，有损于整体善的目标的实现"[②]。

有人在论述制度规范与人们政治道德之间的关系时这样写道："制度规范的效应对其规范对象之主体行为动机的依赖关系，反映了公民个体的政治美德和基本道德的修养水平乃是确保制度规范普遍、持续发挥其规范约束效应的主体基础，更是制度规范可能高效运作的必要主体条件。换句话说，仅仅确保制度设计、制度安排和制度操作的正当合理还只是确保制度规范效应的必要条件，而非充分必要条件，后者的有效供应有赖于公民个体的主体行为动机能量，而这恰恰只能通过培养和提升公民的政治美德及一般道德水平才能产生。"[③] 我们以为，这样的逻辑关系同样适用于新闻道德活动。即使我们能够制定出合理的新闻道德规范，但我们却培养不

① 郭金鸿. 道德责任论 [M]. 北京：人民出版社，2008：295.
② 龚群. 社会伦理十讲 [M]. 北京：中国人民大学出版社，2008：10.
③ 万俊人. 政治如何进入哲学 [J]. 中国社会科学，2008 (2)：26.

出能够自觉按照职业道德行为的主体，道德规范的价值就会大打折扣。我国伦理学者万俊人这样写道："公共制度、秩序和规范本身的功能扩张实际上也产生了对社会个体的道德自觉和道德自律的更高要求……个体的美德乃是制度、秩序、规范等社会约束体系能够真正产生约束作用的主体前提，对于那些根本不具备基本正义美德的个体来说，正义的制度安排或正义的基本原则都不可能产生任何约束力。"① 美国当代著名伦理学家麦金太尔也表达过类似的逻辑，他说："……美德与法律还有另一种至关重要的联系，因为只有那些拥有正义美德的人才有可能知道如何运用法律。"② 没有某种实际的德性或美德，即使规范存在，也是没有多少实质意义的。德国社会学家、伦理学家涂尔干（又译杜尔凯姆）说得更为直接："一个规范只当人们从价值理念上内化而甘受约束时才有真正的效力。如果它只是靠习惯势力和压制来维持，那么，平静与和谐只是假象，紊乱和不满会在暗中滋长。表面上被控制住的欲望随时可能爆发出来"③。因而，"只有当新闻记者心中有道德感时，职业道德规范才会发挥作用"④。

　　道德规范如果不能内化为新闻活动者的信念，就会像人们所穿的外衣，需要时可以穿上它，不需要时则可以脱掉它。越是在公开的场合，人们穿得越是整齐，但等回到自己的家里，会脱得干干净净。道德规范，作为外衣是有用的，但往往也会成为遮羞布，掩盖诸多的虚伪。"一个人的道德本质的真伪，道德水平的高低，归根结底取决于个体道德内化的程度。没有经过道德内化的道德规范、道德观念，就个人而言并无真实的道德意义。"⑤只有道德规范的精神浸透了一个人的灵魂，成为

① 万俊人.关于美德伦理学研究的几个理论问题 [J].道德与文明，2008 (3)：23.
② 麦金太尔.追寻美德：道德理论研究 [M].宋继杰，译.南京：译林出版社，2003：192.
③ 杜尔凯姆.自杀论 [M].钟旭辉，译.杭州：浙江人民出版社，1988：210.
④ 贝特朗.媒体职业道德规范与责任体系 [M].宋建新，译.北京：商务印书馆，2006：40.
⑤ 胡林英.道德内化论 [M].北京：社会科学文献出版社，2007：284.

主体的美德①，他或她才不再可能随意抛弃道德。

但这并不是说规范没有必要。事实上，只靠个体的德性，同样很难保证行为的正当性，因为很多人缺乏保证行为正当性的德性品质，诚如有学者所言，"道德本是一种人间的力量，它对人的行为确有一定的制约性，但这种制约性是有限的，况且它只对认识并接受了此种道德的人发生作用"②。"一定的职业道德的履行，既要有内在的制约，又要有相应的外在制约。这恰恰是职业道德活动的一个基本条件。"③大概正是因为这样的事实，不仅要有道德规范，而且在道德规范之外还必须建立其他更具强制性的规范来约束限制人类的某些行为，"个人的精神境界可以靠其内在的精神力量来实现，但整个社会并不能因此就成为合理的、健康的社会；要使一个社会较为合理和健康，还得有另一套东西来配合，这就是必须建立一套客观的行之有效的公正政治法律制度"④。对于新闻活动来说同样如此，除了新闻道德规范之外，还必然需要新闻法律规范、行政规范等约束新闻媒介、新闻传播主体的行为。只有在多种力量、多种方式的合力作用下，道德的新闻活动才有可能成为普遍的现实。

人可以制定各种各样的道德规范，但即使规范是正当的、合理的，也不一定得到遵守；人即使知道什么样的行为是道德的，也并不一定主动地去道德地行为。可见，"知"与"行"在道德活动中，往往有很大的差距。"掌握抽象道德原则是轻而易举的事情，但将这些原则用于特定的环境可

---

① 按照美德伦理学的解释，"美德是指道德主体的情感、欲望等心灵中感性的部分与理智相互融合、相互平衡、相得益彰而形成的一种优秀的精神状态和心灵品质。"（胡林英. 道德内化论 [M]. 北京：社会科学文献出版社，2007：17.）

② 陈望衡. 审美伦理学引论 [M]. 武汉：武汉大学出版社，2007：141.

③ 龚群. 社会伦理十讲 [M]. 北京：中国人民大学出版社，2008：154.

④ 汤一介. 内在超越问题//童世骏. 意识形态新论 [M]. 上海：上海人民出版社，2006：161.

绝非易事"①，任何"一个规范只当人们认为公正而甘受约束时才有真正的效力"②。有研究者就指出，"新闻道德知易行难，在教育和培训时容易明白，在实际工作中时记者受到太多掣肘，不能具体落实，令新闻道德与专业理念脱了钩"③。而没有道德的人，即缺乏真实道德品质的人，很难有真正长久的道德行为。道德的真实性是以道德人的真实存在为根本条件的。没有内在的道德品质，一个人很难成为道德规范的一贯遵守者，而是极易成为道德活动中的"机会主义者"，即只有在遵守道德规范对自己有好处或者好处大于不利的情形下才会遵守道德规范，否则，就不遵守道德规范。如此，道德对于这样的人就成了纯粹的手段，道德规范也就成了权宜某种行为的参照物，而绝对不是内心认可的行动指南或行为标准。

一定的主体，不管他或她以什么样的社会角色按照一定的规范行为，表现都大致有两种情况：一是自觉自愿地遵守规范，二是迫于某种压力而不得不遵守规范；前者是出于德性的自然行为，后者则是出于某种功利权衡的选择性行为。同样，真正能够自觉按照新闻道德规范进行新闻实践的主体，必然是具有新闻道德品质的主体④。

（二）道德品质是优良道德实体的保证

人在社会中的角色是多元的，但任何人本身是整体性的存在，作为整

---

① 兰德，等. 自私的德性［M］. 焦晓菊，译. 北京：华夏出版社，2007：72－73.
② 杜尔凯姆. 自杀论［M］. 钟旭辉，等译. 杭州：浙江人民出版社，1988：210. 埃米尔·杜尔凯姆即埃米尔·涂尔干，不同的译法。
③ 苏钥机. 新闻道德和什么因素相关？［J］. 国际新闻界，2008（8）：8.
④ 注意，按照新闻道德规范进行新闻实践的主体，并不必然是拥有新闻道德品质的主体，有些新闻行为者出于对某种社会压力的惧怕，或者某种更大功利的考虑，会以不情愿的、非自觉的或非诚心的方式暂时遵守新闻道德规范。事实上，对道德规范的遵守并不都是自律的，很多是在他律状态下实现的。自律往往是在他律的过程中逐步养成的。当自律不再以他律为条件，人的行为才可以说进入了真实的自然而然的道德境界。

体的人，不管以哪一种社会角色活动，都具有统一的德性基础。"如果我们只满足于集多种社会角色于一身的自我遵从不同领域的不同的道德规范，而不顾自我的人格完善，则必然使自我在面临不同角色道德选择的冲突和矛盾时导致自我在道德领域的分离。这种分离不仅会导致'公共领域'的道德缺失，也会使个体被肢解，丧失人的完整性。人只遵守不同的特定领域中的规范，并不一定是一个道德的人。这是因为，各个领域的规范只是一种外在的约束，只能保证人行为的正当性，而行为正当的人并不一定是道德的人。"① 因而，在一般意义上说，成为一个道德的人、有美德的人，或者说成为一个具有普遍道德品质的人，是成就具体道德角色、具体道德品质的前提和基础。

职业新闻人的道德品质或者职业美德，不仅是使自己成为一个优秀的、道德的从业者的内在保证，使新闻道德规范得到"全天候"自觉遵守的保证，更重要的是，它是一定社会中新闻职业共同体成为一种高质量、高素质道德实体的根本条件或根本保证，也是任何一个具体的新闻媒体组织成为优良道德实体的根本条件和根本保证。如果没有新闻道德品质作保障，道德的新闻行业以及具体道德的媒介组织的存在都是不可能的。

任何一家新闻媒体，作为一个道德实体，总是拥有自身的道德品质（所谓媒介品质、媒介品格等）。尽管媒体的整体道德追求必然会塑造其每个成员的新闻品德，但是反过来说，媒体作为道德实体的品质也是由其组织成员塑造的。新闻媒体作为道德实体或伦理实体的存在（不管什么样道德水平的存在），总是需要媒体从业者（道德实体的组成人员）的德性来维持。"个体的德性和道德意识对于不论哪种性质的伦理实体，都是至关重要的。"② "所有伦理实体的存在都需要参与者的德性来维持，而不论这

---

① 秦越存. 追寻美德之路：麦金太尔对现代西方伦理危机的反思 [M]. 北京：中央编译出版社，2008：218.

② 龚群. 社会伦理十讲 [M]. 北京：中国人民大学出版社，2008：40.

种伦理实体处于社会伦理评价的哪个层次上。"①如果没有足够从业者德性的维持，媒体作为一个道德实体也就难以维持。因此，人们看到，任何一个媒体都会想方设法使其成员认同媒体文化中最为深层的和核心的价值观念、道德理念。只有媒体成员拥有了媒体组织期望的品质，媒体才可能是团结的、有力的。而一个道德上优良媒体的存在和成长，只能通过其成员普遍具有优良的新闻品质来保证。

　　一个行业、一个组织、一个群体可以制定各种各样的道德规范，但规范对于规范对象首先是外在的存在，规范的有效性，"最终需要落实到具有德性人格的行为主体实践上来"②。道德观念、道德规范"并不具有自满自足的性质，它只有为个体所接受和内化，并转化为具体情境下个体自我完善的道德品质和道德活动，才能成为具体的、生动的和真实的存在。一个社会的道德水平怎样，一个集体的道德状况如何，并不在于有多么严格的道德律令，而在于这个社会或群体中个体内化以及践行这些道德规范和律令的广度和深度"③。因此，组织中诸多个体的德性品质如何，极大地影响着组织作为道德实体的整体形象。人们还看到："由于现实生活的复杂，势必出现没有现成规范可循的情况，这时人内心的美德资源就要发挥重要作用。"④在职业性的新闻活动中同样如此，人们不可能为每一种可能的情况制定手册式的新闻道德规范、行为准则，更多的情形往往是需要新闻活动者根据所处具体情境选择行为方式。而能否道德地采取行动，依赖的主体资源主要是精神性的新闻品质或新闻美德。因而，一个媒体，即使没有严格的道德规范，但却拥有一批有优良道德品质的从业者，这个

　　①　龚群. 社会伦理十讲［M］. 北京：中国人民大学出版社，2008：36.
　　②　李佑新. 走出现代性道德困境［M］. 北京：人民出版社，2006：10.
　　③　胡林英. 道德内化论［M］. 北京：社会科学文献出版社，2007：255.
　　④　秦越存. 追寻美德之路：麦金太尔对现代西方伦理危机的反思［M］. 北京：中央编译出版社，2008：219.

媒体仍然可以成为一个道德的媒体，成为优良的道德实体。

职业个体的新闻职业品性、新闻职业美德是成就媒体作为道德实体的砖瓦和建筑材料。一个不能在新闻行为中自觉自愿实践新闻道德规范的人，是不具有新闻道德品质的人。一个职业人如果不把职业责任与义务或规则化为自己自觉的内在要求，而仅仅看成是来自于履行或完成职业职责的外在要求，那就意味着他或她还没有职业德性①。因此，我们可以说新闻道德理论研究的实践目的，就是为培养有道德的新闻主体提供理论智慧。新闻道德理论的落脚点就是新闻道德品质论或者新闻德性论，因为再好的规范（不管什么类别的规范）也要通过有德性的人来遵守。"德性是行为主体的一种内在品质，标识的是个体的道德人格和某种精神境界，它包含道德认知、道德意志与道德情感等要素，'是人的行为准则在履行义务时体现的力量'，表现为行为主体履行义务时的自觉与自愿特征。"② 法国作家罗曼·罗兰说："没有伟大的品格，就没有伟大的人，甚至也没有伟大的艺术家、伟大的行动者。"③ 一句话，只有职业新闻工作者在其新闻活动中严格按照新闻职业道德行事，职业新闻活动才能成为道德性的活动，新闻媒体、新闻行业才真正具有了成为道德实体的主体基础、品德基础。因而，新闻德性论的核心在于探索新闻德性的构成和新闻德性的培养途径与方法。

二、新闻道德品质的构成④

"新闻业是一项讲究道德的事业"⑤，是需要优秀道德品质的事业。职

---

① 龚群. 德性伦理与现代社会：回应德性伦理的现代困境论 [J]. 哲学动态，2009（5）：40-45.
② 李佑新. 走出现代性道德困境 [M]. 北京：人民出版社，2006：10.
③ 陈望衡. 审美伦理学引论 [M]. 武汉：武汉大学出版社，2007：67.
④ 本部分和下面的第三部分是根据拙作《新闻精神论》（中国人民大学出版社，2007）第六章的相关内容改写而成的。
⑤ 门彻. 新闻报道与写作 [M]. 展江，等译. 9版. 北京：华夏出版社，2003：69.

业品质或者品性，或者职业德性（美德），是一个人成为一定职业人的内在规定性，或者说新闻德性是道德性新闻活动的主体基础。因而，没有或者缺乏职业德性的人，不可能成为（直接说即不是）职业人。当哲学家们说"一个缺德的人，他在生理学上的确是一个人，但在目的论上却不是人"[①]时，也正是这个意思。因此，拥有职业品质是一个人成为一定职业人的内在标志（但可以通过职业行为体现出来）。作为职业品质的新闻德目很多，但基本的、核心的美德是诚实、勇敢、智慧和正直，这些优秀品质融合在一起，便是一个职业新闻人总体的职业责任感。下面，我们加以分别阐释。

（一）新闻美德的核心德目

"有什么样的职业，就需要什么样的职业德性。"[②]德性是道德主体的内在品质，职业德性是保证职业行为合乎道德规范的内在品性。优良的职业新闻行为需要优良的新闻品性，优良的新闻品质或品性就是新闻美德。基本的、核心的新闻美德其实就是普遍社会美德的职业化提炼，或者说是社会美德的职业化表现。

1. 新闻职业的第一品质：诚实

诚实是从事新闻职业的第一品质或第一美德；诚实，是所有新闻道德品质中最基本、最重要的品质，在整个新闻美德的排序中，"最高的美德就是诚实"[③]。同时，它也是最难拥有、最难坚守的美德，诚如神学家沃

---

① 赵汀阳. 论可能生活：一种关于幸福和公正的理论 [M]. 修订版. 北京：中国人民大学出版社，2004：89.
② 龚群. 德性伦理与现代社会：回应德性伦理的现代困境论 [J]. 哲学动态，2009（5）：40-45.
③ RIVERS, MATHEWS. Ethics for the media [M]. Englewood Cliffs, N. J.：Prentice Hall, 1988：26.

尔特·考夫曼所说："彻底的诚实是最珍贵的美德，也是最难拥有的美德。"① "正是诚实使一切道德行为和德性真正成其为道德。"②

新闻从业者、新闻活动者在品质上必须是诚实的人，就是那种"说老实话，办老实事，做老实人"的人，这是诚实的职业新闻活动者的人格范式。诚实是做人的品德，更是一个新闻活动者应该具备的美德。萧乾先生在他的《人生采访》中这样写道："一个记者最起码的职业道德是讲真话，实事求是，或者至少做到尽量讲真话，坚决不讲假话。"③

新闻是对客观事实的真实反映，是对事实信息的真实陈述。这一新闻传播的基本使命、基本前提，决定了新闻从业者的基本品质就是忠实地再现新闻事实，客观、全面地叙述事实信息。因而，不具备诚实品质的新闻从业者，就不可能完成其职业使命，也就不配享有新闻记者的职业称呼。《中国新闻工作者职业道德准则》的第四条规定："新闻工作者要坚持发扬实事求是的作风，深入基层、深入实际、深入群众，加强调查研究，报实情、讲真话，不得弄虚作假，不得为追求轰动效应而捏造、歪曲事实。"④美国报纸主编协会在其制定的新闻规范中写道："对读者诚实是所有配称为新闻事业的柱石。从所有真诚的角度出发，报纸必须诚实。"⑤ 事实上，世界各国、各个新闻机构制定的职业活动准则，毫无例外地要求从业者真实地报道新闻。这也就是说，任何新闻从业者，都毫无例外地应该具备

---

① RIVERS, MATHEWS. Ethics for the media [M]. Englewood Cliffs, N. J.：Prentice Hall, 1988：26.

② 何怀宏. 良心论 [M]. 北京：北京大学出版社，2009：128.

③ 唐师曾. 我师萧乾 [J]. 北京文学，2006（9）：130－135. 顺便说一下，有些记者甚至一些媒体宣称，如果不能讲真话，就保持沉默，绝不讲假话。这种信念是值得怀疑的，并不是高尚的、道德的信念。不讲真话，在一定的情景下等于助长了假话的力量。

④ 蓝鸿文. 新闻伦理学简明教程 [M]. 北京：中国人民大学出版社，2001：226.

⑤ 弗林特. 报纸的良知：新闻事业的原则和问题案例讲义 [M]. 萧严，译. 北京：中国人民大学出版社，2005：364.

"诚实"的道德品质，它是支撑真实报道的人性基础、品质基础。

诚实，是新闻从业者最重要的职业道德品质。真实报道所诉求的最重要的道德品质就是诚实。约瑟夫·普利策的长子拉尔夫·普利策在一篇论述假新闻的文章中说：变得完全不负责任、胆大妄为和玩世不恭的记者的最后一步是诋毁诚实的人格。他认为，不诚实的记者，甚至不配去舔杀人犯的靴子，因为有些杀人犯比造假的记者更诚实。

从最通俗的意义上说，诚实就是说真话，不说假话。诚实对于新闻报道者来说，首先是新闻报道动机的真诚性，其次是新闻报道结果的可信性。尽管一个动机真诚的记者不一定能够每一次都为公众提供真实的报道（要使真诚的动机达到良好的目的——实现真实报道，还需要其他素质、品性的辅助），但一个报道动机不真诚的新闻从业者，不可能为公众提供真实的新闻。诚实的记者也可能上当受骗，也可能信假为真，从而可能为公众提供虚假不实的报道，但衡量一个记者是否诚实，主要是看其动机是否真诚，"是诚实还是欺骗并不取决于所传达的信息客观实际之真假，而取决于所传达的信息在传达者的主观动机中之真假"①。但作为新闻记者，要努力追求真诚动机与真实报道的统一，这才是诚实的最高境界。

2. 探求新闻真相的品质：勇敢

社会变迁、人生经验都反复告诉人们，不管什么样的主体，大到一个民族和国家，小至一个团体和个人，如果要生存、发展，就必须面对各种艰难险阻，必须拥有战胜各种困难的毅力和勇气。"一个人要想有所作为，则不论是做学问还是干事业抑或求德行，其一生便注定充满艰难困苦伤害危险，如果没有勇敢精神，是绝不会成功的。"②"揭露真相并将具有新意

---

① 王海明．伦理学原理 ［M］．北京：北京大学出版社，2001：274.
② 同①301.

的、富有挑战性的信息公之于众需要勇气和坚韧。"①勇敢、勇气并不总是体现在危险的情境中，而是更多地体现在日常的工作中，"责任是一种勇气"②，"站出来做自己相信正当的事情，诚实地认定真实，拒绝新闻源不做引用的要求，抵制发表还没有得到确证的热点独家新闻，所有这些都需要勇气"③。

一个新闻人要想为公众服务，为社会服务，他或她时时刻刻都会遇到形形色色的困难和危险，具备勇敢、正直的品性，是其完成新闻职责的基本道德保证。美国新闻史上自视"报业天才"的贝内特，曾经充满激情地写道："一个编辑必须总是与人民在一起——思他们所思，感他们所感。他毫无畏惧，他将始终正直，一贯坚强，总是深得众望，一直独立自主。"看得出，他把勇敢的品质置于十分重要的地位。一些伦理学者更是认为，"勇是实践的动力源，既支持理念实践层次，又支持抗阻克难的具体行为层次"④。

新闻传播者，特别是记者，是时时刻刻与一个新的世界、新的事物打交道的人。新，意味着新鲜，但也意味着陌生；新，充满了吸引，但也潜藏着不测；新，蕴含着成功的机会，但也面临着失败的危险……与任何新事物打交道，都需要勇气。新闻职业是一个需要勇敢品质的职业。"新闻工作是勇敢者从事的职业，而不是怯懦者从事的职业。记者需要具有采访消息的不可动摇的信心！随时准备遭遇拒绝、遭遇冷遇、遭遇嘲弄、遭遇

---

① ALIA. Media ethics and social change [M]. Edinburgh：Edinburgh University Press，2004：Preface，42.

② 杨芳秀. 亲历现场感受责任：赵亚辉访谈录 [J]. 新闻战线，2009（2）：50. 赵亚辉，人民日报社记者，全国优秀新闻工作者，中国十大杰出青年，被称为"亲历式新闻报道"的忠实信徒。

③ RIVERS，MATHEWS. Ethics for the media [M]. Englewood Cliffs，N. J.：Prentice Hall，1988：26.

④ 李幼蒸. 仁学解释学：孔孟伦理学结构分析 [M]. 北京：中国人民大学出版社，2004：157.

无礼、遭遇恫吓、遭遇威胁。记者要随时准备牺牲自己的时间、自己的财富，包括自己的自尊心和生命。"① 这里已经不是温文尔雅的学术论述，而是震撼人心的记者宣言。有位参加过范长江新闻奖评选的评委曾经这样写道："'到前边去！到最前边去！'（范长江新闻奖得主叶研的话——引者注）我觉得，这句话极为简洁而传神地道出了所有优秀记者的一个共同特征，当面对有价值的新闻事件或事实的时候，每个优秀记者都会听到从心灵深处发出的这样的呼唤。这是每一位真正的记者的'道德律'。"② 我们以为，"到前边去！到最前边去！"，它所体现的最可贵的品质就是勇敢，没有这样的品质，是决然冲不到最前边去的。在新闻实践中，也像在其他实践行为中一样，勇敢、勇气往往显示于某种新闻行为的困境或者危难情境中。伦理实践的精髓主要体现在抉择情态中。在该向前冲的情境中却向后退缩当然不是勇敢，而是怯懦。该向前就向前，就是勇敢，就是见义勇为，就是敢于负责，就是真正的为人民的利益服务。③

通俗地讲，勇敢就是不害怕。东方圣哲孔子说：勇者不惧。西方圣哲亚里士多德说：勇敢就是无畏地面对高尚的死亡，或生命的危险。勇敢，是相对胆怯或怯懦而言的一种心理或行为能力。伦理学者王海明说："勇敢是不畏惧可怕事物的行为；怯懦是畏惧可怕事物的行为。"④ 这些学术性的格言在新闻传播实践中，则会转化成为记者面对各种各样的情境（困境）时，他们必须在前进与后退、追踪与放弃、揭露与无视等等之间做出

---

① 高钢. 新闻写作精要 [M]. 北京：首都经济贸易大学出版社，2005：12.

② 常少扬."到前边去！到最前边去！"：范长江新闻奖评后感 [N]. 法制日报，2000 - 9 - 21(5)."记者本身就是与危险打交道特别多的一个职业，作为我们摄影记者，与危险接触的机会特别多，必须具备勇于流汗敢于牺牲的精神。"（叶成群. 记者档案之聚焦新闻大事件 [M]. 北京：中国青年出版社，2005：201.）

③ 在2008年发生的四川汶川大地震中，人们看到，奋战在第一线的广大新闻工作者，不畏艰险、不怕牺牲，哪里有困难，哪里有险情，哪里就有记者的身影，充分显示了他们身上拥有的优秀的"勇敢"品质。

④ 王海明. 伦理学原理 [M]. 北京：北京大学出版社，2001：298.

抉择。选择了前者，本身就是勇敢，并且继续需要勇敢；选择了后者，则是怯懦，并且失去了继续怯懦的余地。只有选择前者，只有选择勇敢，职责才能实现，公众利益才能得到可能的维护。

作为优秀道德品质的勇敢，是一种勇敢有度的勇敢。在新闻传播活动中，人们并不是希望记者鲁莽、蛮干，而是要英勇、智勇，用合乎法律规范、道德规范的手段，勇敢揭露那些损害大众利益、公共利益的丑恶行为，以力之可及、能之可达的方式，反映事实，报道新闻，对于那些值得报道的新闻事件，敢于冒着生命危险去发现真相、报道真相。毫无疑问，在激烈的新闻竞争中，也像竞技场上甚至是战场上一样，两强（多强）相遇勇者胜。但社会和大众需要的新闻职业勇敢是一种"义勇""智勇"。"义勇就是合乎道义的勇敢，是符合道德原则的勇敢，主要是有利于社会和他人的勇敢。"[①]智勇"是合乎智慧的而在其指导下的勇敢，是得胜于失的勇敢"[②]，是一种英勇。美国的两位学者说得好："有智无勇或者有勇无智都可能损毁一个专业对维护公平和为公众服务的承诺。智慧和勇气之间的平衡，对有效的新闻和有道德的新闻都是十分重要的。"[③]

为了快速及时真实地报道新闻，为了维护正义，实现公正的报道，记者需要付出的不仅是汗水，有时不得不冒着生命的危险。人所共知，在世界新闻舞台上，每年都有不少记者倒在他们职业工作的岗位上，他们用鲜血和生命，为满足公众的知情权、实现公众的新闻需要而战斗。他们的牺牲是有价值的，他们创造的精神财富、精神价值是巨大的、长久的，他们是塑造新闻道德的圣徒。图林加诺夫说，"在价值中，最首要最一般的价

---

① 王海明. 伦理学原理 [M]. 北京：北京大学出版社，2001：299.

② 同①299－300.

③ SEIB, FITZPATRICK. Journalism ethics [M]. Orlando：Wadsorth Publishing Company, 1996：201.

值是生命本身，因为失去生命就不能利用其余的一切价值"①。但我们也不
要忘记，那些为了他人或者更多人的利益而献出生命的人，他们的生命将
会获得永生的意义。

3. 锤炼新闻光华的品质：智慧

在反映报道新闻事实、挖掘事实真相的过程中，只有诚实、勇敢是不
够的，还特别需要知识和智慧②。强烈的责任感，同样需要知识和智慧的
支持，这样责任感才能现实化，才能转变成为社会服务的真实能量，不然
只能是空有满腔热情，心有余而力不足。新闻职业是智慧者的职业，需要
机智和敏感。

美国新闻伦理研究者 H. 古德温指出，如果记者的能力水平不足以支
撑高质量的新闻实践，那么所有的新闻伦理规则以及相关的讨论都是无意
义的。在新闻道德领域，能力是头号性的伦理问题。③ 我国新闻学者喻国
明教授说过一段充满激情的话，很能说明智慧（还有其他品质）对于一个
新闻人的价值和意义。他说："一个优秀的新闻人的真正价值就在于真实
记录这种'挑战—应战'④ 的社会状态，揭示这一时代发展进程中的瓶颈
因素和问题单子，深刻地反映人类应对挑战的智慧及其成果。其实这也是
一切试图成为主流的传媒所应追求的境界。所以，我们可以这样说，造就

---

① 图林加诺夫. 论生活和文化的价值 [M]. 北京：三联书店，1964：1.

② 所谓智慧，"就是指思考事物、分析事物、理解事物的能力"（福泽谕吉. 文明论概略 [M].
北京：商务印书馆，1959：73）。"智慧是相对完善的认知能力，更通俗地说，是相对完善的精神活动
能力，是相对完善的思想活动能力。"（王海明. 伦理学原理 [M]. 北京：北京大学出版社，2001：
288.）因而，所谓新闻智慧，就是指一个人具有比较完备的发现新闻、认知新闻、评价新闻的能力，
它既包括一个人的新闻敏感性，也包括一个人对新闻资源进行充分发掘的能力。

③ GOODWIN. Groping for ethics in journalism [M]. Ames：Iowa State University Press，
1983：303.

④ 英国著名历史学家汤因比说："一部人类文明史，不过是人类面对自然和社会的挑战而不断
应战的历史。"喻国明教授所说的"挑战—应战"指的就是汤因比意义上的"挑战—应战"。

一篇好新闻的，绝不仅仅是漂亮的文字、敏锐的嗅觉和机巧的处理，最重要的是一种俯仰天地的境界、一种悲天悯人的情怀、一种大彻大悟的智慧。当这种境界、情怀和智慧面对社会发展进程的现实'问题单'时，一篇好新闻也就应运而生了。"① 缺乏智慧，就不会诞生新闻精品；缺乏智慧，就不会有新闻的光华。

智慧品质体现在新闻报道的每一个环节中，最终则凝结在新闻作品（文本、报道）之中。新闻活动需要机智敏感，需要灵动性的思维，需要智勇。智慧是创造新闻之新鲜品性的重要主体能力保障。智慧作为一种能力，是优秀新闻工作者不可缺少的品质。智慧品质比起其他品质来，是易于检验的。一个人在新闻活动中是否拥有足够的知识和智慧，人们可以直接通过他获取新闻信息的行为方式和所创制的新闻作品进行直接的判断。

有知识、有智慧的传播者，体现在两个大的方面：第一，拥有从事职业活动的知识资本或知识素养。表现为具有比较宽广的普通知识素养以及较高水平的专业知识素养。美国新闻教育者门彻在他的《新闻报道与写作》中说："人们认为，新闻记者应该全知全能，如果犯下一个错误、错过一个事实或出现一个解释错误就会令人无法原谅。这个要求似乎有些过分，但这正是这种职业所固有的永恒不变的要求。"② 专业知识包括两个大的方面：一是新闻专业知识；二是一定社会领域、学科领域的专业知识。第二，具有不断获取新知的素养或能力，即不断学习的能力。今天，对传播者的要求，不仅是具有基本的知识素养，还应该有足够的新闻智慧，即充分的进行新闻认知的能力。新闻传播者的知识素养不可能一劳永逸地获得，而是一个不断获取、不断更新的过程，是一个终身的过程，

---

① 喻国明. 喻国明自选集——别无选择：一个传媒学人的理论告白 [M]. 上海：复旦大学出版社，2004：390-391.

② 门彻. 新闻报道与写作 [M]. 展江，等译. 9版. 北京：华夏出版社，2003：324.

"活到老学到老"的过程。美国著名作家马克·吐温曾说，记者的知识库应该堆得满满的，并且经常要更新。对新闻传播者来说，具有不断追求新识、不断提高知识水平的素养本身就是更为重要的素养，具有改进知识素养的能力就是更为重要的能力。作为一名追求成长、追求成熟、追求为社会和大众提供良好新闻信息服务的新闻工作者，要有不满现状、不断追求的精神态度，脚踏实地、积极运用新方法、新知识的习惯或作风，能够积极学习当代自然科学、人文社会科学的最新成果。

4. 高扬新闻正义的品质：正直

"作为新闻媒体，其基本的社会道义，同样是维护社会正义，揭露和鞭挞社会丑恶，推动社会的发展和进步。这是公众的社会道德期望，也是媒体存在和发展的社会道德基础。"[①]人们知道，为社会公众利益服务的新闻媒介、职业新闻传播者，坚持的一个基本报道理念就是客观报道、公正报道，而支撑客观报道、公正报道的主体品质就是正直或公正。实际上，坚守公正报道理念和公正报道方法，实现公正价值，越来越成为新闻界面对的难题，美联社社长汤姆·柯利说："在新闻领域，我们正面对这样一个艰难的命题：公正、准确的报道比任何时候都重要，与此同时，追逐新闻的代价也变得越来越高。"[②] 在这样的情形下，正直品质有着更为突出的意义。

正直的新闻品质，首先表现为职业人把自己当作承担着职业责任的社会角色。正直在新闻活动中的集中表现是能够按照公正的原则指导自己的行为[③]，尊重事实，坚持正义，坚持真理。中国人民大学新闻学院的高钢

---

① 陈汝东. 传播伦理学 [M]. 北京：北京大学出版社，2006：127.
② 唐润华. 看似波澜不惊实则潜流奔腾：2007 年国际传媒业管窥 [J]. 新闻与写作，2007 (12)：13.
③ 关于公正或正义原则，可参阅：杨保军. 新闻精神论 [M]. 北京：中国人民大学出版社，2007：107 - 169.

教授这样写道："坚持真理，维护正义是新闻工作者的职业责任。在真理和正义面临威胁的时候，记者只能挺身而出，因为他们责无旁贷。"① 公正不是中立，不是不倒翁。对职业新闻工作者来说，公正的根本是事实第一，事实至上，听听约翰·里德在其《震撼世界的十天》中是如何说的，他在序言中写道："不论人们对于布尔什维主义的观感如何，这一点是无可否认的：俄国革命是人类历史上伟大的事件之一，而布尔什维克的兴起则是一件具有世界意义的非凡的大事。……在实际斗争中，我是爱憎分明、绝非中立的。但在叙述那些伟大的日子的历史时，我却力求用一个有高度责任心的记者的眼光来观察事变，务求把真实的情况记录下来。"② 公正的基本追求是充分利用新闻自由权利实现社会公众的知情权，公正的基本倾向是敢于为社会弱势群体说话。

要做到正义、公正或者正直，最关键的是保持冷静和理性，依据事实的本来面目呈现事实，不随意在新闻报道中表达自己的偏爱，渗透自己的情感，不被自己的感情、爱好、倾向所左右，"情感性德性如果没有理智性德性规定，就有可能偏离公正的轨道而丧失它所具有的德性品格"③。

"铁肩担道义，妙手著文章。"这是中国知识分子的良心，也是中国知识分子的基本处世方式。新闻职业工作者也是知识分子队伍中的一支，同样是社会的良心，同样需要承担实现社会正义的职责，这就需要有正直的品格。正直体现着一个人的人格，体现着一个职业工作者的职业品格。"没有比将自己公正无偏地展现于他人能更好地证明自己是最佳之人的方法了！"④一个人能够正直、公正地对待事物，一个新闻人能够正直、公正

① 高钢. 新闻写作精要 [M]. 北京：首都经济贸易大学出版社，2005：8.
② 林珊. 悠悠往事：我的传媒工作回顾 [M]. 北京：群言出版社，2008：163.
③ 龚群. 社会伦理十讲 [M]. 北京：中国人民大学出版社，2008：217.
④ 拉福莱特. 伦理学理论 [M]. 龚群，主译. 北京：中国人民大学出版社，2008：145.

地对待报道对象，根源在于无私，在于正义感。无私才能无畏，无畏才能坚守公正。

一个正直的人，一个正直的新闻职业工作者，会为自己缺乏新闻职业精神，或者没有按照新闻职业精神从事新闻活动而感到羞耻，或者感到职业耻辱。新闻职业精神充当着衡量新闻活动者新闻活动态度端正歪斜的尺度，充当着检验新闻行为合理性、正当性的标准。正直的人会为自己没有达到某种境界而惋惜、而自责、而羞愧。新闻活动者是否具有正直的品质，首先表现在他或者她是否对自己的不当行为感到羞耻，没有羞耻感的人是不可能有正直品质的。

"新闻报道是艰难且富有挑战性的工作，懒惰、无能、粗心和有恶意的记者迟早会丢掉饭碗。"① 实现公正，除了需要我们上面所说的诸多品格，对于新闻报道者来说，还特别需要坚韧的品格。坚持不懈对于获得真实的信息来说至关重要，坚持不懈地调查，坚持不懈地提问，坚持不懈地验证，都是记者应有的基本品质和工作作风。坚韧作为一种优秀的品质，是正直的保障，是确保新闻道德不断实现、不断升华的重要主体条件，也是保证公正报道能够实现的品格条件。坚韧，是一种意志品质，是对主体意志力的指称或描述。坚，主要指刚强的、坚而不屈的一面；韧，也是一种强，是一种顽强，是锲而不舍，柔而刚健的品质。坚韧，对于探求、挖掘事实真相的新闻职业工作者来说，是极其重要的一种品质，它能够确保记者坚持不懈、挖根掘底，不达目的决不罢休的求实、求真行为。坚韧、坚持不懈是科学精神最重要的内涵之一。坚韧，才能在维护正义的报道中不屈不挠，才能在追求新闻自由的道路上，不怕曲折。

---

① 叶芝. 美国新闻业的角色定位 [J]. 姜姝姝，译. 新闻与传播评论，2005（0）：1-13.

（二）总的新闻职业责任感

不同道德品质之间具有内在的关系，它们共同决定着一个优秀新闻工作者的整体品质。单凭某一种品质不可能成就一个合格的、优秀的新闻专业工作者。新闻行为的优良表现，是各种美德共同作用的结果。美德之间相互配合才能使新闻行为恰如其分，实现其目的。"任何个别品德本身只是实践规划中所需品德系列中的待用组成成分，其性质和分量均参照伦理实践情境而在个人实践计划所需的品德系列中予以综合的选择和配置。"①

责任感与上面所分析的几种具体道德品质有所不同，它是主体对自己所要承担的责任的一种总体价值态度，是其他品质得以实现的心理前提，因而可以看作是从事一定活动的总体品质和总体心理能力，诚如有学者指出的那样："就个体来讲，责任是一种基础性的道德品质，它为其他道德品质的形成和发展提供了驱力和生长点，也为个体融入社会提供了可能性。"②

"媒体职业道德规范主要关注的是职责。"③职业责任感是从业者对所从事的职业的一种总的认识和体悟，其中最为重要的是从业者对所从事的职业的社会意义与社会价值的认知，它是一个人自觉做好某项事业的前提条件之一。只有深深理解自己从事的职业的社会使命，才有可能努力做好所从事的职业。黑格尔说："道德之所以是道德，全在于具有知道了自己

---

① 李幼蒸. 仁学解释学：孔孟伦理学结构分析 [M]. 北京：中国人民大学出版社，2004：127.
② 宋晔. 责任生成的道德内涵及其实现机制 [J]. 南京师范大学学报（社会科学版），2003（4）：89.
③ 贝特朗. 媒体职业道德规范与责任体系 [M]. 宋建新，译. 北京：商务印书馆，2006：2.

履行义务这样一种责任。"① 马克斯·韦伯在其著名的讲演《以政治为业》中说，有资格把手放在历史舵轮上的人，必须具备三种决定性的素质：激情、责任感和恰如其分的判断力。当一个人对自己所从事的职业有了敬畏感、神圣感、自豪感，有了一种不怕困难、勇往直前、实现职业要求的稳定意愿，标志着其职业感确立了，他或她才能始终如一地"敬业"②。可见，责任感实质上是一种从业的、工作的态度，是对自己从事的职业怀有的一种基本信念。

责任感还指主体应当对自己的行为负责，对自己的行为后果负责。西班牙伦理学者费尔南多·萨瓦特尔说："有责任感的人，随时都已准备好为他的行为承担后果。"③ 责任感是一种自觉的职责感或使命感。责任意识是做好一件事情的前提。不愿负责的人，没有能力负责的人，是不能担当任何事务的，更不要说从事为社会公众服务的专业工作。正因为职业道德是一种责任伦理，核心是职责的完成和实现，所以，职业工作者最大的道德失误就是失职，"失职是媒体最严重的过失"④。

主体，只有充分自觉到自己应该对一定事物的变化、发展和结果担当责任时，他或她才会以各种优秀的品质支持自己的行为，古罗马哲学家西塞罗说得好："任何一种生活，无论是公共的还是私人的，事业的还是家庭的，所作所为只关系到个人的还是牵涉他人的，都不可能没有其道德责任；因为生活中一切有德之事均由履行这种责任而出，而一切无德之事皆因忽视这种责任所致。"⑤ 德国哲学家康德说得更是透彻："每一个在道德

---

　　① 黑格尔. 精神现象学：下卷 [M]. 贺麟，王玖兴，译. 北京：商务印书馆，1979：157.
　　② 责任感的确立是一个长期坚持的过程，中国中央电视台《新闻联播》主持人海霞说："敬业，不是哪一次、哪一段时间的表现，而是成年累月的坚持，每时每刻的坚守。"[王向令. 坚持每一刻：海霞访谈录 [J]. 新闻战线，2009 (2)：46-48.]
　　③ 萨瓦特尔. 伦理学的邀请：做个好人 [M]. 于施洋，译. 北京：北京大学出版社，2008：73.
　　④ 贝特朗. 媒体职业道德规范与责任体系 [M]. 宋建新，译. 北京：商务印书馆，2006：69.
　　⑤ 西塞罗. 西塞罗三论：老年·友谊·责任 [M]. 徐奕春，译. 北京：商务印书馆，1998：91.

上有价值的人，都要有所承担，没有任何承担、不负任何责任的东西，不是人而是物。"① 我国有学者对责任感的内涵与意义做出了全面的总结和概括："没有道德责任感，任何职业都将失去它的社会价值：对于社会，它不能有效地实现职业职能、创造效益、组织社会结构、确定社会价值；对于组织，它不能形成良好的组织文化氛围，促进其生存和发展；对于个人，它不能实现长期谋生，进行个人技能的积累，为社会贡献出价值。"②

主体只有在把所做的事务当成自己的责任、职责、义务时，只有愿意为自己的行为负责时，才能说建立了比较完整的责任感，也才会尽心尽力，自觉地按照职责所要求的精神和规范完成职责指向的工作领域。"只有当一个人在责任面前觉得不是'要我干'，而是角色'我要干'，才能成为一个有责任感的人，才能使得人们逐渐将外在客观要求内化、升华为自我的真正需要。"③

责任实质上是一种应该完成的任务、应尽的义务。完成了自己应该完成的任务才算尽到了责任。责任感是看不见、摸不着的一种精神状态、主观态度，但它可以体现在工作过程之中，可以凝结在工作结果之中。对当代社会科学和社会思想做出巨大贡献的德国学者马克斯·韦伯曾经指出，一个人的职业责任，是社会伦理的特有本质，是个人应当感知到的职业活动的内容和任务。④ 总的来说，职业责任感主要是由职业使命感、职业荣誉感构成的。从事同一种职业的人们，对职业的认知可能是有差别的，但作为一种职业，有着最基本的要求，所有的从业者都应该按照基本的要求进行实际的活动，应该具备共同的职业责任感。

职业责任感所产生的力量，是一种观念的力量，是一种精神的动力，

① 康德. 道德形而上学原理 [M]. 苗力田，译. 上海：上海人民出版社，2002：代序7.
② 郭金鸿. 道德责任论 [M]. 北京：人民出版社，2008：275-276.
③ 同②63.
④ 韦伯. 文明的历史脚步：韦伯文集 [M]. 黄宪起，等译. 上海：上海三联书店，1988：139.

它只有落实到职业行为之中才能发挥实际的作用，放射出闪亮的光芒。新闻媒体所承担的社会责任，是要通过从业者来承担的。从业者的使命、荣誉是在职业行为中实现的、铸就的。"新闻工作者的职业荣誉在于深刻地关注和记录社会上正在发生和形成的历史，正是基于这种关注和记录，新闻工作者的职业成果才能有效地融入影响社会发展进程的力量潮流中去。"①

新闻传播业是一种社会事业，新闻工作是一种特殊的社会职业，新闻工作者承担着特殊的社会责任，"新闻工作者需要具备的是非同一般的强烈的社会责任感"②。美国新闻史上的伟大报人普利策讲过一段被人们无数次引用的话："倘若一个国家是一条航行在大海上的船，新闻记者就是船头的瞭望者。他要在一望无际的海面上观察一切，审视海上的不测风云和浅滩暗礁，及时发出警告。"③ 新闻传播者在社会大系统中承担着为人们提供信息服务特别是新闻信息服务的任务。"记者是新闻人，更是公共信息负责任的传播者，必须努力揭示事物的真相，坚定地维护人民的利益，勇敢地揭露利己主义者制造的种种假象，彻底尽到新闻工作者的社会责任。"④

新闻职业是一种为社会提供公共服务的职业，《泰晤士报》主编维克汉姆·斯蒂德说："严格意义上的新闻记者乃是非官方的公仆，其宗旨是服务社会。"⑤ 因而，它呼唤记者道德上的崇高，呼唤记者道德上的大公无私。童兵先生曾在一篇文章中写下一段充满激情的话语，他说："新闻传播者对人民负有的崇高责任感和敬业精神，是其必备的重要素质。一个

①　喻国明. 解析传媒变局：来自中国传媒业第一现场的报告 [M]. 广州：南方日报出版社，2002：61.

②　高钢. 新闻写作精要 [M]. 北京：首都经济贸易大学出版社，2005：8.

③　刘建明. 新闻学前沿：新闻学关注的11个焦点 [M]. 北京：清华大学出版社，2005：244.

④　同③244.

⑤　高钢. 新闻写作精要 [M]. 北京：首都经济贸易大学出版社，2005：8.

传播者对于人民的命运、疾苦、欢乐是不是时刻铭记在心，对于人民的事业进退、兴衰、成败是不是激动感奋，对于危害人民利益的坏人坏事坏作风坏行径能不能拍案而起大声疾呼，对于人民嘱托的任务能不能千方百计排除万难按时优质完成，总之，能不能在任何情况下做到'先天下之忧而忧，后天下之乐而乐'，无不显现一个传播者有无人文精神以及人文精神的强弱多寡。"①

新闻传播媒体，作为社会信息交流中介，作为意见交流的平台，新闻传播者，作为大众的公仆，作为服务社会的守望者，承担着许多具体的社会责任事项。从原则上说，新闻传播具有的所有功能属性，能够实现的所有社会作用，都应该是新闻媒体及其从业者承担的责任。但从新闻传播的本性看，报道新闻，传播信息，特别是报道真实的、有意义的新闻，乃是当今所有新闻媒体、新闻从业者有高度共识的社会责任。② "为公民提供高质量的新闻服务，这是一种不能逃避的总体性的社会责任。"③而监测环境、守望社会、服务大众则是职业新闻工作者应有的、总体的责任。

三、新闻道德主体的塑造

伦理规则、道德规范不断出台，但新闻界的道德水平并没有多大的提高，这说明仅仅依靠制定规则或规范是不能完全解决问题的。道德是深入主体灵魂的事情，如果在主体内心没有对道德生活的动力，没有对道德行

① 童兵.科学和人文的新闻观//王文章，侯样祥.中国学者心中的科学·人文：科学人文关系卷 [M].昆明：云南教育出版社，2002：548.

② 当然，不同性质、不同类型的新闻传播业对新闻传播、新闻从业者有不同的要求和期待。不同历史时代的新闻媒体、新闻从业者，承担的社会责任也有一定的差别。不同时代、不同时期的新闻从业者，其责任感本身也是有所不同的。

③ 新闻自由委员会.一个自由而负责的新闻界 [M].展江，等译.北京：中国人民大学出版社，2004：74.

为的自觉，道德规则其实从根本上说也是靠不住的东西。如果遵守规范只是为了道德，这本身恐怕就是不道德的，尽管看上去很道德。规范要有，能够按照规范办事的内在品质更应该有，而且是更为根本的东西。怎样把没有或者缺乏道德品质的人，培养塑造成有道德品质的人，这才是道德教化的核心任务，也是更为重要的目标。

（一）塑造新闻道德主体的机制

如果新闻传播能够实现道德性的传播，新闻传播就是有利于社会良性运行的传播，就是有利于社会交往（精神交往）和谐化的传播。新闻道德主体是实现新闻道德的主体，是新闻活动能够成为道德性活动、进入道德自由境界的最终保障。因此，怎样才能把新闻活动主体塑造成具有上述新闻道德品质的主体，是新闻德性论必须探讨的具有重大实践意义的问题，而了解塑造新闻道德主体的机制是我们探讨具体塑造途径的前提。

塑造新闻道德主体的机制，也就是新闻道德主体形成的方式。如果分开说，则塑造新闻道德主体的机制有两条：一是他律方式；二是自律方式。如果统一起来说，就是他律与自律的统一。新闻道德主体的塑造过程，就是他律与自律共同作用的过程，那种把塑造新闻道德主体的方式单一归结为他律或自律的想法，常常是有偏差的。

新闻道德，不管是规范还是观念，对于任何新闻活动主体来说，首先是先验的、外在的客观存在，然后才是经验的、内在的主观精神、心理和品质。任何主体不可能天生就有某种比较完整的精神理想和信念。不管人性最初是什么，后天影响才是人性善恶走向的关键。塑造新闻道德主体的过程，必然是他律机制逻辑在先的作用过程。每个人都是首先生活在一定的文化环境中，接受文化环境的濡染和洗礼，然后才有可能去改造环境、创造环境。优良的灵魂不是天生的，而是后天塑造的。[①] 石头能够变成神像，让芸芸众生顶礼膜拜，是因为它先前经历了"千刀万剐"的塑造。"十年树木，百年树人"的历史经验，则说明了塑造灵魂、培养精神的艰苦。

新闻道德主体的塑造、成长过程，首先是接受他律的过程。他律过程，就是通过具有一定强制性、约束性的途径和方法（下文将要具体讨论这些途径和方法），让主体学习、理解、认可、接受、信奉、实践新闻道德、新闻活动规范（主要是道德规范和职业道德规范）的过程，让本来外在于主体的新闻道德、新闻活动规范内化于主体的过程。显然，这主要是一个类似"灌输"的过程，由外而内的作用过程。

其实，按照或者不按照一定的优良精神实践和生活，遵循或者不遵循一定的优良道德规范行为，对于任何个体来说都具有一定的必然性和一定的人性根源。人不是天生向恶的，但也不是天生向善的，任何人的生存发展前提是一定的社会存在[②]，他首先需要适应他所面对的社会。每个人面对的现实社会都是既有善的精神，又有恶的观念的社会，还有诸多善恶界限不是十分分明的观念、习惯。于是，为了使人们能够努力更多地向善，社会就建立起各种规范约束人们的言行，这就形成了相对个体或一定群体的他律[③]。从整个社会生活到每一具体的社会实践领域莫不如此。并且，

---

① 正因为这样，人们才有理由把一些人叫作另一些人的灵魂工程师、塑造师。当然，即使是圣人，也只能把人的灵魂塑造成人的灵魂，不可能把猪的灵魂塑造成人的灵魂，因为猪可能根本就没有灵魂。

② 马克思恩格斯对此做出了明确阐述，他们指出："历史的每一阶段都遇到一定的物质结果，一定的生产力总和，人对自然以及个人之间历史地形成的关系，都遇到前一代传给后一代的大量生产力、资金和环境，尽管一方面这些生产力、资金和环境为新的一代所改变，但另一方面，它们也预先规定新的一代本身的生活条件，使它得到一定的发展和具有特殊的性质。"所以任何从事一定活动的个人总是"在一定的物质的、不受他们任意支配的界限、前提和条件下活动着的"。（马克思恩格斯选集：第 1 卷 [M]. 3 版. 北京：人民出版社，2012：172，151.）

③ 对整个人类来说，所有自我设定的他律原则上都是自律。所谓的他律，只有客观规律，客观规律对人类来说才是真正他律性的规则。人类为自己制定的规则，一旦背离客观规律，终究都会给自己带来麻烦。

至少从人类现有的发展历程来看，越是文明的社会，越是他律规范繁多的
社会；而规范越多的社会，越是不自由的社会。顺便说一句，这大概是人
类进入自由王国之前必须付出的"代价"。如果真有一天人类进入了真正
的自由社会，大概也就不需要那么多的规范了。

　　职业道德与社会普遍道德本质上的一致性，使得每一个体在成长为某
一职业个体之前，都已具备了职业道德的底色和背景。个体的职业道德品
质并不是纯粹职业化的产物，而是整个社会化过程的积淀结果。职业道德
的成型过程，乃是社会道德职业道德化的过程，正是在这样的过程中，融
入了不同职业特有的道德诉求和道德价值。因此，职业道德的他律塑造，
并不是单纯的职业化塑造，首先的、更多的、基本的塑造方式是个体的普
遍社会化、道德化。

　　新闻道德主体的塑造、成长过程，同样也是一个主体自律的过程。自
律过程，就是充分发挥主体主观能动性，运用新闻道德理念、新闻活动规
范进行自我限制、自我约束的过程。"道德的基础是人类精神的自律"[①]。
"自律的基本原理是'主动遵守'"[②]，是主体主动学习、理解、认可、接
受、信奉、实践新闻道德和新闻活动规范的过程。显然，这主要是一个类
似"吃奶"的过程，由内而外的作用过程。人能自律的一个重要心理根源
就是人有耻辱感，人能知耻，而为了避免被耻、自耻，就会自主约束自己
的言行。我国伦理学者高兆明说："正是对于做人的执着与对于耻的畏惧，
才使人自律，才使人要努力找回'我'的人格、本质。有耻感，才有自律
精神，才有自律能力，才有向善而行的勇气与力量。正是在这个意义上，
我们可以说耻感是自律的根据。"[③] 对于职业新闻人来说，如果惧怕公众

　　① 马克思恩格斯全集：第 1 卷［M］. 北京：人民出版社，1956：15.
　　② 布拉迪，布坎南. 自由与责任：通过媒介自律来保护新闻自由［M］//陈力丹. 自由与责任：
国际社会新闻自律研究. 开封：河南大学出版社，2006：10.
　　③ 高兆明. 耻感与自由能力［N］. 光明日报，2006 - 7 - 31.

的斥责和耻笑，惧怕社会舆论形成的强大压力，为了不使自己感到对不起职业角色的要求，就会自律，就会从"被迫"的自律逐渐转变为自愿的自律，从形式上的自律转变成实质的或真实的自律。

同样，职业新闻道德主体的自我成长，首先也是一个社会化成长的过程，是一个主动学习、理解、认可、接受、信奉、实践普遍社会道德的过程；人正是在社会化过程中培养了自律的意识、懂得了自律的必要。自律是在社会化过程学会的。自愿从事了一种职业，就等于做出了一种自律的承诺：自愿按照职业规范约束自己的职业行为。自律最终使道德规范转化成自身的心理品质、道德品质。

看得出，他律与自律过程，其实是相互难以分开的同一过程，是一枚硬币的两面。他律与自律的共同作用，正是塑造新闻道德主体的基本机制，也是基本的途径和方法。只有在他律和自律的共同约束机制下，新闻道德观念、新闻道德规范，才能内化为主体的品质，正如有学者所说的，"道德内化的过程就是个体通过环境的影响、教育的引导，以及理性的体认、情感的认同和自愿的接受，把外在的应该逐渐融合于自我的内在道德意识，并在道德实践中凝化为稳定的德性的过程"①。

在他律与自律之间，自律不是自然而然的产物，自律是社会化的结果。自律是在他律的过程中逐步形成的。人首先是生存在他律的环境中，这是不可超越的，"他律才是自律的真正源头"②。因此，失去他律的自律是软弱的，"人们永远不能放弃通过他律途径来实现新闻自律。长期迫使下的自律，也会通过习惯成自然的力量，使他律下的自律者变成自律下的自律者"③。在他律的约束下，主体逐步锻造出优秀的品质和品格，形成

---

① 胡林英．道德内化论［M］．北京：社会科学文献出版社，2006：12-13．
② 杨保军．新闻理论教程［M］．北京：中国人民大学出版社，2005：387．
③ 同②．

成就事业和美化人生的美德。这时，自律会变成一种神奇的力量，引导主体进入自主的境界。"只有处于美德自律的境界，道德才能真正被遵守，从而得到实现。"①

若主体能够在新闻活动过程中，自觉按照（或者是在不知不觉中）新闻道德的内在要求、按照新闻活动规范的诸多规定支配、指导自己的新闻行为，他或她就是一个比较成熟的新闻道德主体。仁者为人，一个人只有达到"仁"的状态，才成为真正的人。一个人只有达到自然而然的（甚至可以称为本能的）合理新闻行为状态②，他或她才真正进入了新闻道德的崇高境界。这时的新闻道德主体，是无须他律的主体，他或她才是社会公众可以"放心"的公仆。每一位职业新闻工作者，都应该有这样的理想，追求这样的境界。新闻活动主体成为真实（真正）新闻道德主体的内在条件，也是根本的条件，是其具有了做人的德性，具有了新闻人的品德（美德），当其具有了这样的内在德性，她或他就能自然而然按照新闻活动、新闻职业活动的伦理规范展开自己的新闻行为。

对于职业化的新闻活动主体来说，达到自律比受约他律更加重要，诚如一位学者所言："一种行业的职业化水平高，并非体现在很多看得见的控制上，其职能角色通过职业理念和精神的内化而形成，强调的是个体例如教师、医务人员在从业过程中的社会道义和服务公众的责任。"③ 一旦把自己的职责看成是理所应当的义务、必须承担的天职，那就无须他律的威慑和约束。自律的"最终目的是为了提高给消费者、权利者的服务，在

① 王海明. 新伦理学：优良道德的制定与实现之研究 [M]. 北京：商务印书馆，2001：617-618.

② 所谓合理新闻行为，指的是合乎新闻精神要求的新闻行为。对于职业新闻工作者来说，就是他或她的职业新闻行为，合乎新闻职业精神，合乎新闻职业道德规范的要求。

③ 陈力丹. 解析中国新闻传播学·2006 [M]. 上海：上海交通大学出版社，2006：15.

媒介领域里就是要为公众提供更好的服务"①。

自律的最高境界是"无律"，而不是"有律"。一个人在无律状态中、无律意识下做好事，做应该做的事，不做不应该做的事，才是处于真正的自由状态。英国哲学家西季威克说："如果一个人不是被当下的刺激及其引起的暂时的欲望所决定，而是被目的的观念和理想所决定，被义务和良心所决定，那么我们说这个人的行为是自由的。"② 这是一种道德自由的状态，是真正的"自律"状态，这种状态中的生活是幸福的，工作也是幸福的。诚如有人所说："只有自己真心喜欢做好事，心灵才是自由的，才会有无负担、无压抑的幸福。"③ 若一个职业人在无律状态下做着符合职业目的的事，他或者她就是一个具有良好职业精神的人，"如果我们总是（或常常是）不得不完全依赖对什么是道德的有意识的选择，我们将比我们所是的更少些道德"④。因而，无律境界是值得追求的境界，是处于道德自由的境界。进入无律境界也就超越了道德境界，升华为审美境界，实现了一种"道德美"，在这样的状态中，主体的"行为必然合乎道德，但他是'自然而然'地——自由自在地做应该之事，无任何强制之意"⑤。当然，对于大部分人来说，服从他律，能够慎独也就很不错了。

（二）塑造新闻道德主体的主要途径

塑造新闻道德主体的机制要通过具体的途径和方法来实现。历史和现

① 布拉迪，布坎南. 自由与责任：通过媒介自律来保护新闻自由 [M] //陈力丹. 自由与责任：国际社会新闻自律研究. 开封：河南大学出版社，2006：10.

② 西季威克. 伦理学方法 [M]. 廖申白，译. 北京：中国社会科学出版社，1993：237.

③ 赵汀阳. 论可能生活：一种关于幸福和公正的理论 [M]. 修订版. 北京：中国人民大学出版社，2004：110.

④ 拉福莱特主编. 伦理学理论 [M]. 龚群，主译. 北京：中国人民大学出版社，2008：472.

⑤ 张世英. 哲学之美：从西方后现代艺术谈起 [J]. 江海学刊，2009 (4)：26.

实为人们提供的途径主要是两条：学习教育和实践体验。这两条路径存在于社会环境之中，因此，任何人都离不开环境的濡染。至于学习教育和实践体验的具体方法，原则上说是很多的，人们可以进行不断的发现和创造。

1. 塑造新闻道德主体的教育途径

新闻道德不是抽象的、悬空的，它落实在、体现在每个充当新闻主体者的心灵中、行为中。新闻道德的实现，首先依赖于拥有新闻道德的人。而一个人能否拥有新闻道德，依赖于教育、依赖于培养、依赖于实践、依赖于新闻活动的环境。但在这一系列"依赖"中，排在首位的往往是教育和培养。因此，我们先来讨论塑造新闻道德主体的教育途径和方法。

一个人能否成为新闻道德主体，与是否接受新闻专业教育密切相关。对这样的判断，人们其实是有争议的。不少人认为，从事新闻职业工作，专业教育，特别是学院式的专业教育并不是必需的。其中，最主要的理由是：新闻职业是一个专业程度要求比较低的职业，进入门槛比较低的职业。我以为，这是一种比较模糊的认识，需要做一些澄清。

确实，与医生、律师、教师、护士、注册会计师这些职业门类相比，新闻职业所需的专业知识不具有认知垄断性的特点①，新闻职业不像其他职业那样，只有具备了相应的专业系统知识，才能进入相应的职业领域。"律师要有律师资格证书、医生要有行医许可证、教师要有教师资格证书、会计要获得会计师资格，但是在世界上大部分国家，从事新闻工作却只需要获得新闻机构的聘用，而不需要参加全行业的专业考试，也不需要领取

---

① 按照社会学观点，一种专业成立的条件之一是：它拥有一定的认知垄断性，即如果没有专门的知识，就不能进入一定的专业。

执照。"①人们看到，任何专业知识背景的人，甚至没有任何系统专业知识、专业技能的人，都有可能进入新闻职业领域。这确实说明新闻职业的门槛相对较低，专业化的程度也不高。

但这只是事情的一个方面，我们还要注意事情的其他方面。在我看来，专业知识的非垄断性特点，只能说明进入新闻职业领域的知识门槛比较低，并不是说从事新闻职业不需要专门的系统的知识和专业技能；只能说明新闻职业所需要的专业知识、专业技能比起其他职业所要的专业知识和专业技能更容易学习、领会和掌握，并不是说从事新闻职业不需要专门的学习、领会和把握。一个对新闻本性、新闻特征、新闻功能、新闻传播规律一无所知的人，一个对采写编评、制作播出一窍不通的人，是决然不能从事新闻职业工作的。更为要紧的是：新闻业、新闻传播对于社会生存、发展特有的影响力，使其对从业者的职业精神提出了更高的要求。我想没有任何人敢说新闻专业精神、职业精神的培养要比其他职业更加容易。而这种精神也是专业教育的重要组成部分，甚至可以说是核心部分。我以为，越是比较容易进入的职业领域，其专业精神、职业精神、道德品质培养和塑造的难度越大。

因此，问题的实质可能是，新闻职业所需的知识和技能，相对其他职业所需的知识和技能，比较容易学习和把握，因而学习的门槛低。但对于一个能够胜任新闻职业、新闻专业工作的人，还需要一种无形的、但确实至关重要的东西——职业精神、专业精神、职业责任感，它的门槛永远都是很高的，并不是任何人都能跨得过去，即使跨进去的人，也未必就是合格的职业工作者。这样的专业精神更需要新闻专业教育，需要通过严格的专业教育的方式去培养、去塑造。我们承认这样的精神和责任感可以通过

---

① 罗文辉，陈韬文. 变迁中的大陆、香港、台湾新闻人员［M］. 台北：台湾巨流图书公司，2004：57-98；陈昌凤. 中美新闻教育：传承与流变［M］. 北京：中国广播电视出版社，2006：177.

其他的途径进行培养和塑造，但对整个新闻行业来说，专业化的新闻教育方式是最重要的，是最具有普遍意义的方式，是能够使从业者系统理解为什么要讲职业精神、职业责任的方式。因此，在我看来，新闻职业并不是低门槛的职业，而是一个高门槛的职业。

需要指出的是，也许正是因为我们把新闻职业看成了一个低门槛的职业，才导致很多人轻易混入新闻业这一神圣的行业，这一对社会公众承担着特殊责任的行业。这正是需要我们改变的，而不是需要我们熟视无睹的。有些研究者在调查中发现，相当比例的新闻从业者并不看重新闻职业伦理和新闻理论教育①，这一方面说明现行的新闻理论、新闻职业伦理教育内容、教育方式存在一定的问题，另一方面也说明了当前新闻职业道德现状难以令人满意的原因。一些没有受过新闻专业教育的新闻工作者，按理来说应该渴望受到新闻专业教育，但事实恰好相反，正是这部分新闻从业者，反倒认为新闻专业教育是没有必要的②，这着实令人吃惊。当然，同时也使我们能够对中国新闻专业实践水平之所以不高找到部分的根据。没有受过新闻专业教育的一些新闻工作者，对新闻工作的神圣性（即它的社会责任感）缺乏足够的认知，对新闻职业缺乏足够的忠诚度，他们也往

---

① 有学者调查发现，新闻从业者认为：在新闻教育中，最应该培养和训练的是分析问题能力和语言表达水平，其次是掌握广播的知识以及把握宣传导向的能力，再次则是新闻采写编评等专业技能以及文史哲基础……相对而言，比较不被看重的包括电脑技能、新闻职业伦理和新闻理论。[参见：陆晔，俞卫东. 新闻教育与新闻专业化：二〇〇二上海新闻从业者调查报告之五 [J]. 新闻记者，2003（5）：38-40.]

② 有关调查发现：接受过新闻教育的从业人员，尽管认为目前的新闻教育存在着这样或那样的问题，但他们普遍认为接受新闻教育对于新闻传播从业人员做好本职工作是必要的、有用的。与此相反的是，从其他专业（指非新闻专业——引者注）毕业的新闻传播从业人员，倾向于认为接受新闻教育是多此一举。（参见：陈昌凤. 中美新闻教育：传承与流变 [M]. 北京：中国广播电视出版社，2006：199.）美国的研究者发现，美国的记者们现在更加专业，他们对于很多问题的认识向着新闻专业理念所强调的方向靠拢……而所有这些新闻价值判断方面的改变，被调查者认为是受新闻教育的影响。（参见：陈昌凤. 中美新闻教育：传承与流变 [M]. 北京：中国广播电视出版社，2006：203.）

往很难以专业的态度与方式对待所报道的新闻事实或者事件。这些现象恰好说明，培养优秀的、有道德的新闻职业工作者，新闻专业教育是重要的、必要的。

进门时未经过新闻专业教育，不等于进门后也可以不接受新闻专业教育。历史与现实都告诉人们，事实恰好相反。所有进入新闻职业领域工作的人，都需要选择一定的方式接受新闻专业教育——获取新闻专业知识、专业技能和专业精神的教育。美国学者经过调查发现，"在美国的新闻与传播行业中，在入行之后，大部分人都是需要接受新闻教育的，而且是正规的新闻传播教育课程"①。在中国，也有专门的研究者在对新闻从业人员的调查研究中得出了这样的判断："其他教育背景的新闻从业人员对新闻行业的忠诚度不如新闻类和非新闻人文社会科学背景的从业人员，而其他人文社会科学类背景的从业者又不如新闻类的从业者。新闻教育背景的从业者对本行业的忠诚度是最高的。"② 这再次说明，在普遍意义上，新闻职业不仅需要专业教育，而且需要正规的、系统的专业教育。没有这种专业教育不是好事，而是坏事，这一点应该旗帜鲜明，不能含糊其词。③同时，也再次说明，新闻专业教育的灵魂是新闻道德的塑造，新闻道德的培养。任何形式的新闻教育都要把新闻道德的培养作为贯穿专业教育始终的命脉和红线。如此，才能培养出忠于职守、忠于党、忠于人民、忠于公共利益的新闻职业人才、专业人才。

新闻从业人员是一个知识性的社会群体，并且越来越成为知识化程度

---

① 陈昌凤.中美新闻教育传承与流变［M］.北京：中国广播电视出版社，2006：185.
② 同①177.
③ 我们不能因为一些优秀记者没有受过系统的、学院式的新闻专业教育，就以为对于整个新闻行业来说，新闻专业教育是没有必要的。这种现象只是说明，新闻知识、新闻技能是容易学习的。另一方面也说明，优秀记者所需专业品质、职业情操的培养，并不只有专业教育一种路径、一种方式，还需要其他的路径和方式。对此，我们将在下文展开论述。

较高的社会群体，越来越成为受过高等教育、拥有大学及大学以上学历人员较多的群体，成为一个接受过新闻与传播专业教育越来越多的群体。①这些都在说明一个非常重要的问题，新闻职业的专业程度越来越高，即对专业知识、专业技能的要求越来越高，特别是对专业品质、专业精神的要求越来越高。人们对当下新闻界的不满，主要不是因为新闻工作者的知识水平不够高，专业技能不够熟练，而是因为不少新闻工作者缺乏基本的新闻职业理念和新闻职业精神，缺乏基本的职业道德素质和职业责任感。

那么，使从事和准备从事新闻职业的人成为具有新闻道德（新闻职业精神、专业精神）的人，确实是一项十分艰巨的任务。仅从教育角度而言，以下一些途径都是必要的、不可少的。

第一，学院式的专业化教育②。学院式的新闻专业教育与新闻道德主体的塑造，有着十分密切的关系。新闻专业知识、新闻专业技能是新闻专业教育的基础、重点或者说主要内容，但新闻道德的培养和塑造应该是新

---

①　根据有关研究，在中国，尽管"很多媒体用人单位明确表示，具有新闻专业背景的应聘者并没有任何优势，有时甚至有某种劣势"，但"新闻工作者中接受过新闻教育的比例，正在明显上升"。"美国新一代新闻从业人员，其入行的学位门槛一直在提高，获得过学士学位及以上的从业人员比例呈递升趋势"，并且尽管"从新闻系毕业的人数比例虽然增加不多，但整体趋势是略有上升"，"目前近90％的有学位的美国新闻工作者中，近一半是学新闻或传播专业的"。（陈昌凤. 中美新闻教育：传承与流变［M］. 北京：中国广播电视出版社，2006：181-184.）

②　讨论这一问题的前提是，经验使我们相信新闻精神、新闻职业道德、职业责任感等是可传授的、可培养的，即通过教育方式，可以让受教育者确立从事新闻活动特别是职业新闻活动的正确态度和应有的价值观念。我之所以要特别说明这一点，是因为学院式专业教育能否帮助受教育者培养新闻精神、新闻职业道德、职业责任感，在今天的新闻界仍然受到一些怀疑，有些人甚至认为新闻专业教育毫无必要。中国学者做的一些调查也发现，学院式的专业精神教育对未来从事新闻工作的人作用不很明显。因而，新闻专业教育到底对可能从事新闻职业工作的人，在新闻职业精神、职业责任感的培养方面有多大作用，如何发生作用，其本身就是急待进行实证研究的重要课题。有美国学者针对价值观和伦理教育这样写道："究竟学习伦理方面的知识是否有帮助，能在多大程度上起作用，目前还需要有进一步的证据。""迄今对于价值观和伦理教育，教育人员同2500年前的苏格拉底相比并没有多知多少"，"大专院校的课程在改变价值观和伦理观念上的影响还不完全清楚"，他们的调查发现，"有太多的学生仍然认为接受伦理教育的主要目标是通过期末考试"。这些研究针对的主要是学习社会工作专业的学生，但我想对其他专业教育也是适用的，很值得我们认真思考。（参见：多戈夫，洛温伯格，哈林顿. 社会工作伦理：实务工作指南［M］. 隋玉杰，译. 7版. 北京：中国人民大学出版社，2005：11-13.）

闻专业教育的灵魂。如果把握不好这种关系，将来进入新闻行业的新闻专业工作者很可能不看重新闻道德和新闻伦理，不看重职业精神或者新闻专业精神。因而在基本理念中，特别是在实际工作中很难勇于承担社会责任，很难把社会公众的利益看得高于一切。它们很可能把小团体的利益（比如媒体的利益，媒体某个具体部门的利益等）、个人的利益看得更加重要。

一般说来，学院式新闻专业教育的目标原则上可以分为三个方面：一是培养学生系统学习和把握新闻专业知识和专业技能；二是培养学生的综合素质；三是培养学生将来从事新闻工作必须拥有的基本价值理念、职业伦理和职业道德。只有培养出各个方面都比较优良的学生，才算比较好地实现了新闻专业教育的目的。在实际教学中，这三个方面往往是融合在一起的，但如上所说，我个人认为，教育培养学生形成正确合理的新闻职业理念、新闻专业精神、职业责任感，乃是新闻专业教育的根本和灵魂。并且，关于新闻道德的教育培养，目的主要不在于知识的传授，而在于精神的形成。诚如一位学者所言："教授专业伦理的目的不是培养哲学家或者伦理学家，而是要培养更加有效和更符合伦理要求的从业人员。"① 这一点，中外皆如此。下面，我们以中美为例，略加说明。

在中国，新闻教育的首要目标是培养学生确立正确的马克思主义新闻观②，使学生努力成为人民的"公仆"，能够在未来的新闻职业工作中全

---

① 多戈夫，洛温伯格，哈林顿. 社会工作伦理：实务工作指南 [M]. 隋玉杰，译. 7 版. 北京：中国人民大学出版社，2005：13.
② 我国马克思主义新闻思想研究专家、中国人民大学新闻学院教授陈力丹先生说："'马克思主义新闻观'是 2003 年由我国宣传领域的几个部门在三项学习教育（三项学习教育活动是指'三个代表'重要思想、马克思主义立场观点方法和职业精神职业道德学习教育活动。——引者注）中提出的一个新概念。这个概念的内涵，一向是党领导的新闻传播业，以及更大范围的党领导的文化产业在政治上需要遵循的一些原则、观念和行动指南。"[陈力丹. 马克思主义新闻观思想体系 [M]. 北京：中国人民大学出版社，2006：写在前面 1.]

心全意为人民服务，为社会主义服务。在新闻工作中，能够具有中国精神、中国气派和中国风格。这其中的许多东西，也正是新闻职业精神所要求的精髓。亚利桑那州立大学沃尔特·克朗凯特新闻传播学院院长乔·福特教授在接受一次采访时曾说："新闻传播教育的最终使命是培养社会责任感。人们希望我们不仅要教会学生做记者的技能而且要让他们明白他们的工作对社会有什么样的影响。"① 亚拉巴马大学传播学院确定的教学目标是："教授学生广泛的人文学科知识，使他们能在他们的职业领域、社区乃至国家范围内成为富有生产力和创造性的公民和先锋人物。"② 美国学者斯达克教授认为：新闻教师的一项重要责任就是要培养学生通过新闻报道工作为社会做出贡献。只有这样，到他们成为新闻工作者的时候，才不会被私利或集团利益所驱使，对整个社会有益，使社会进步，这能成为工作的动力。这是新闻教育的大目标。③

如果上面所说的新闻专业教育目标真的能够如愿转化成为现实的"产品"——一批一批的毕业生，新闻教育者也就塑造出了优良的新闻职业工作者，塑造出了我所说的具有新闻道德的主体。事实上，正如有研究者指出的那样，不管外界的争论、雇主的态度如何，"美国记者一直认为，对他们的新闻价值观影响最大的是新闻专业培训"④。但在中国并非完全如此，有关调查显示，在各种不同的影响因素中，新闻从业者认为，对自己职业道德和职业伦理观形成最有影响的三个因素是：交往过的老新闻工作者，家庭成长环境，专业领导如编辑、制片人等；同事同行，西方著名新

① 钟新，周树华. 传媒镜鉴：国外权威解读新闻传播教育 [M]. 北京：中国传媒大学出版社，2006：19.
② 陈昌凤. 中美新闻教育：传承与流变 [M]. 北京：中国广播电视出版社，2006：208.
③ 克莱斯特，汉尼斯.2000 年：新闻与大众传播教育的使命与目标：一份来自美国新闻教育机构的报告 [J]. 张咏，编译. 国际新闻界，1998 (2)：56-59.
④ 陈昌凤. 三十年来美国记者群体变化 [J]. 中国记者，2003 (6)：62.

闻工作者，中国著名新闻工作者；不同学习阶段的老师包括大学新闻专业的老师，他们对新闻从业者职业道德和职业伦理观方面的影响相对较小①。这样的排列顺序可能使从事新闻专业教育的教师大失所望。但这正好提醒从事新闻专业教育的教师，以至于整个中国新闻教育界，我们的专业教育水平令人担忧。更根本的，也许是我们的教育模式，特别是教师队伍的构成方式有一定的缺陷②。因而，必须充分认识到，我们的职业理想、职业信念教育确实不容乐观。

提到学院式的专业教育，还有一个不得不关注的问题，这就是不同意识形态之间的关系。专业教育过程的核心功能是确立专业意识形态，新闻道德其实就是关于新闻传播的核心意识形态。不过，学校也是一个各种力量特别是政治力量看重的阵地，往往会把它当作培养政治意识形态的机构。因此，在培养专业意识形态的过程中，也实质上承担着培养政治意识形态或其他意识形态（并不限于某一种政治意识形态，也不限于处于统治地位的政治意识形态）的任务。这正是同样都是专业新闻教育却培养出不同新闻道德主体的重要原因之一。专业新闻教育过程，从意识形态范围角度看，确实是一个不同意识形态博弈的过程。能否确立起恰当的意识形态观念，对于未来的新闻从业者来说，当然是非常重要的事情。如果专业教育确立的意识形态观念与现实新闻媒体的意识形态差距太大，一个新入行的工作者将会感到困惑和迷茫，甚至出现极为痛苦的精神撕裂，有些不知所措。因此，学院式专业教育与现实新闻业之间的矛盾，主要不在新闻专

①　陆晔，俞卫东.新闻教育与新闻专业化：二〇〇二上海新闻从业者调查报告之五 [J].新闻记者，2003（5）：38-40.

②　我们的新闻专业教师队伍主要是从学校到学校的学者，他们中的很多人缺少新闻实践经验，因而他们所传授的新闻职业精神，基本上是应该如何的书本精神，缺乏足够的现实性，很难令学生信服。另外值得注意的是，一些专业教师本身就缺乏理想、缺乏社会责任感，他们作为教育者的品质就令学生怀疑，这当然很难从正面去影响学生职业品质的形成。

业知识和专业技能的培养上，而在于双方对专业意识形态的理解和期待上存在着或大或小的差别。专业教育者对未来职业工作者的期待与新闻媒体的期望之间仍有一定的距离。通常来看，专业教育者更理想一些，对现实的批判性思考更多一些，而新闻媒体更现实一些，对现实的适应性思考更多一些。但不管具体情况如何，我觉得更重要的问题是：在教育培养未来从业者专业精神（意识形态）问题上，应该协调学院式专业教育与新闻业界之间的看法。毕竟，新闻教育的最终目的是为新闻实践服务的，但需要说明的是，服务不只是适应现实的新闻业，还承担着改造、革新、推进的历史使命。

第二，职业新闻人的楷模教育。学院式的新闻道德教育，基本上属于应该如何的理想性教育，它主要是做设计图纸的工作，是在学生的心灵中确立一个基本的、一般性的新闻实践理念（这种理念更多的是一种理论理念）框架。而真正要把这样带有一定理想性的实践理念落实到新闻实践中去，并在实践中重新审视甚至修正这样的实践理念，观察前辈的实践行为就是最为直接、最为有效的方法。"人类最主要的特征之一，就是我们具有模仿的能力。我们行为和动作的很大一部分，都'抄'自其他人。所以我们是可教育的，我们都在不停地学习其他人在以前或别处获得的成果。"[①]"应该怎么做"和新闻工作者"实际是怎么做的"相比，其说服力一般来说是比较弱的，正所谓"事实胜于雄辩"或者说是"实践出真知"。

人们常说，榜样的力量是无穷的。"道德样品所行使的道德功能，并不逊色于冗长的说教和浩繁的经典。"[②]通过优秀职业新闻工作者的楷模作用去培养新的新闻道德主体，是一种重要的途径。每个行业都有追溯和推

---

① 萨瓦特尔.伦理学的邀请：做个好人 [M].于施洋，译.北京：北京大学出版社，2008：84.
② 程烁.伦理学导论 [M].北京：北京大学出版社，2008：44.

崇先贤英雄的传统，都会把自己的模范、英雄抬举出来教育后来者，让后来者学习效仿，继承传播、发扬光大他们的精神。

在职业精神、职业道德的教育培养中，最具传统色彩的方式是"师徒模式"，即新入行的从业者通过观察、模仿前辈工作者并接受其指导教育的方式，理解、掌握并内化相关的职业道德规范和工作中的一些习惯和规矩，慢慢形成自己的职业观念和职业态度。这种身教、言教综合一体的教育培养方式至今沿用，并将一直沿用下去。这也可以看作是一种楷模教育模式。但我们也不要忘记，坏的榜样同样有着巨大的负面效应，特别是那些"大腕""大牌"式的明星记者、编辑、主持人等，他们的失范表现、错误行为，都会造成恶劣的影响，一位法国媒介伦理学者就说："大牌名记者，人数很少，主要是电视上露脸的人，报酬丰厚，声名显赫，是普通记者和年轻人，以及公众眼里的偶像。然而这些人对媒体职业道德规范的危害十分巨大，他们犯的过错，有时十分严重并引人注目，会对整个行业产生极为恶劣的损害。"[①] 因此，"大牌"新闻人，要努力使自己成为"大牌"的道德楷模。

根据对一届又一届学生（包括本科生和研究生）随机性的访谈，我们发现，他们在新闻单位实习期间的指导记者、指导编辑（可以看作是学生的师傅）的职业言行甚至非职业言行，对他们的新闻观念、职业态度影响确实不小。这足以说明"师徒模式"不仅具有传统基础，而且是进行新闻职业精神教育、培养的有效模式。因此，现在的问题是：如何在新的传播环境下，运用"师徒模式"教育培养新入行的从业者。为所有新闻媒体设计统一的师徒教育模式比较困难，需要具体情况具体对待。但我们这里可以提出建构师徒模式的原则要求：第一，将师徒模式作为制度性的教育方

---

① 贝特朗. 媒体职业道德规范与责任体系 [M]. 宋建新，译. 北京：商务印书馆，2006：15.

式加以确立；第二，选择优秀的前辈职业工作者担当师傅角色；第三，对教育培养结果进行总结评价，建立稳定的激励机制。

第三，新闻行业（或者新闻媒体）提供的培训式教育。如何使已经进入新闻行业的从业人员内化新闻道德，遵守新闻职业道德规范，行业内部的教育培训是一个重要的途径，有人甚至认为，加强媒介自身职业规范教育，是解决传媒职业规范缺失的根本所在[①]。这样的看法，主要基于中国新闻传播实际。

学者们之所以提出这样的看法，是因为在现实中，由于各种各样的原因，大量进入新闻领域的所谓职业工作者，其实属于"新闻民工"，其中一些人连基本的新闻专业技能、传播观念都没有，更不要说新闻职业精神、专业精神了。这些人进入新闻工作领域后，在整体上（实际上）降低了新闻职业水平、专业水平，影响了新闻职业队伍的整体素质，对新闻传播社会功能的正常发挥带来了诸多负面影响。正是这样一种不可否认的事实，使得行业内培训式新闻教育成为中国新闻教育的当务之急。

当然，就行业内培训式教育本身来说，并不是应急的新闻教育手段，而是常态的新闻教育方法。社会总在发展变化，新闻传播业也在发展变化，发展变化从客观上要求新闻媒介、新闻工作者要不断提升自己，以适应时代的新需求。行业内部、媒介内部以组织化的方式不断进行新闻教育培训，有利于新闻职业队伍跟上时代的步伐。更为重要的是，行业内部的培训教育保证了新闻职业人才的可持续性发展，这自然会有多重实际的效益。

第四，活到老学到老式的自我终身教育。对于已经进入知识社会的人

---

① 陈力丹. 中国新闻传播学解析［M］. 上海：上海交通大学出版社，2006：49.

类来说，任何一种职业所需的专业教育都不可能是一次性的、一劳永逸性的，而是一个需要通过多种方式进行持续不断的专业教育过程。新闻职业——这个总是与世界最新变动状态、最新事物打交道的职业，这个对社会责任感有着高度要求的职业更不能例外。因此，活到老学到老式的自我终身教育是一种非常现实的要求。

如果考虑到新闻报道专业化程度的不断提高，对专家型、学者型新闻人的强烈呼唤，那新闻人就更需要使自己成为学习型的新闻人——不仅具有不断学习的意识，还要有能够不断学习的实际能力。

一种精神的形成，一种品德的塑造，不可能一蹴而就，对于一个群体如此，对于一个人也是如此。一种精神的形成，一种品德的塑造，可以在相关的实践活动中自发地进行，但更需要自觉的培养和磨炼，特别是在一种精神、一种道德价值观念已经成型的情况下，在人们普遍已经知道一种精神、一种道德价值观念的基本内容和精神实质的情境下，通过各种途径、方式进行有意培养和塑造，就显得更加重要。但从最根本的意义上说，一种精神的真正形成、一种美德的真实塑造，必须通过主体的自觉的、长期的实践活动。因此，在我看来，一个职业新闻人能否确立自我学习的观念，能否真正坚持自我学习，是其能否成为真正的新闻人的内因，也可以说是关键因素。

上面阐述的不同教育途径和方法，对于任何从业者或者准备从业的人来说，一方面是并用的，另一方面则是具有个体差异的。因而，它们之间很难说哪一个更重要、哪一个不重要。但就现代新闻业的整体需求来说，学院式的专门教育是更为基础的途径和方式，而行业内部、媒体内部等提供的教育可以和学院式的专门教育共同列入基础的途径中。至于其他方式，则因人而异。

2. 塑造新闻道德主体的实践途径

新闻主体有无新闻德性，主要不属于理论问题，也不属于观念问题，而属于实践问题。新闻道德品质内在于主体，体现在新闻实践中；新闻道德品质主要是在新闻实践中形成的，是在新闻实践中内化成主体品质的。离开新闻实践的新闻道德品质是难以生成的，品质的本性是实践的。因此，新闻德性论，一定意义上说，就是新闻道德实践论。

对于一个具体的人来说，特别是新闻职业工作者来说，新闻道德品质的真正形成，需要长期的实践磨炼。"光有伟大的品质还不够，还需要好好地加以运用。"①爱意是在情感的交流过程中形成的，责任感是在承担责任的过程中形成的。美德是在不断实践美德的过程中形成的，"如果一个人，他遵守道德，遵守到一定程度，不是一次、两次、偶尔的行为遵守道德，而是一系列的、长期的、恒久的行为遵守道德，那么，道德就会由外在的社会规范，转化为他的内在品质，从而变成了他的美德"②。

我们必须清楚，职业品质、品性或者说是一般道德品性的获得，主要来源于具体的实践活动，而不是单纯的学习活动。新闻道德不可能仅仅通过书本学习、理论学习而注入一个人的灵魂。我们始终应该明白，具有新闻道德的优秀新闻人主要不是学出来的，而是干出来的。新闻道德，也像其他道德一样，有着强烈的实践性特征，只有经过实践的长期锻打和磨炼，才能形成坚定不移的新闻道德品质。书本学习，是新闻道德观念建构的主要途径，新闻实践，则是新闻道德作为一种实践品质得以建立的根本。理论学习可以建构理想，但能使理想变成现实的只有实践。因此，新闻实践对于新闻道德的塑造具有更根本的意义。

---

① 拉罗什福科. 道德箴言录 [M]. 何怀宏，译. 北京：新世界出版社，2008：13.
② 王海明. 伦理学与人生 [M]. 上海：复旦大学出版社，2009：324.

人的德性主要是在合乎德性的实践中形成的。通过合德性的活动，一个人才能真正成长为具有德性的人。职业品质、品性或者德性，只能经过职业实践的磨炼、亲身的体验、心灵的触动与感受，方可转化成为主体的属性，进而在新的实践活动中自然发挥功能作用。① 只有积极实践某种精神、某种规范，才能真正理解某种精神、规范的实质内涵，感受某种精神、规范的实际要求，才能体验贯彻某种精神、规范的艰难。古希腊伦理学大师亚里士多德讲过这样一段话，他说："德性则由于先做一个一个的简单行为，而后形成的。这和技艺的获得一样。当我们学习过了一种技艺时，我们愿意去做这种技艺，于是去做。就由于这样去做，而学成了一种技艺。我们由于从事建筑而变成建筑师，由于奏竖琴而变成竖琴演奏者。同样，由于实行公正而变成公正的人，由于实行节制和勇敢而变成为节制的、勇敢的人。"② 游泳健将只能通过千万次的水中搏击才能成就自己的声名。优秀记者的荣誉是通过优秀的新闻行为获得的。只有通过新闻实践，一个人才能确切地懂得自己所做的新闻报道在做什么，自己从事的新闻传播能够产生什么样的效应，自己进行的新闻传播对社会公众会有什么样的影响。一句话，正是通过新闻实践，一个新闻人才能切身感受到、体验到自身的社会价值，实实在在地认识到自己持有的新闻观念、拥有的新闻道德与新闻传播的关系是什么，与社会公众的利益关系是什么。提升一点说，只有通过自己的新闻传播实践，一个新闻人才能比较深入地、充分地感受到、理性地自觉到自己的工作是否具有科学精神、人文精神、自由精神的社会意义，从而进一步理解这些精神本身的价值。一个人只有认识到一种精神的实际价值、一种美德的特殊力量，他才更有可能自觉地实践

① 很有意思的是，相关研究确实发现："最有道德水平的记者的特征是：年龄较大、新闻工作经验较多、收入较高、服务于电台。"[苏钥机.新闻道德和什么因素相关？[J].国际新闻界，2008(8)：5-9.]看来，德性是磨炼出来的，不是天生的。

② 周辅成.西方伦理学名著选辑：上卷[M].北京：商务印书馆，1964：292.

一种精神、塑造一种品德。

同时，我们也需要注意，缺乏德性或者直接说缺德也是在一次次缺德行为中形成的。做惯缺德事情的人，同样会形成缺德的习惯，成为一个缺德的人。职业新闻人如果长期在新闻传播活动中不认真践行职业道德规范，最终就会成为一个无新闻职业德性、品德的人。因此，新闻界需要长期不断进行道德批评、道德监督，割断"缺德习惯"的链条。作为职业工作者，要充分自觉到，使自己成为一个具有新闻道德的人，具有新闻美德的人，是一个长期的、十分艰苦的接受他律和主动自律的过程，需要从一点一滴入手，需要不断认知和实践。

新闻实践使新闻道德观念、新闻道德品质现实化，展现在新闻传播活动的具体过程之中，体现和凝结在新闻报道、新闻作品之中，它为新闻从业者提供了直接进行自我认识、自我评价的根据或基础，当然也为同行和社会提供了认识、评价的根据和基础。实践及实践结果是感性的事实性存在，是好是坏，是恶是善，在绝大多数情况下一目了然。在职业实践中，有些行为会得到人们的赞赏，有些行为会受到人们的谴责。因此，哪些行为应该坚持，哪些行为应该放弃，实践会以直接的方式告知新闻人。实践也可以说是一个试错的过程，实践以后果的形式使人们懂得什么应该做，什么不应该做。依据如此事实性存在，人们能够比较准确地检验支配新闻行为之观念、精神的合理性和正当性，也能检验新闻道德品质的优良好坏。

3. 内外环境的濡染

不管将来从事什么样的职业，人都是在一定的环境中成长起来的；不管正在从事着什么样的职业，人都是在一定的环境中工作的。环境对于任何人、任何职业来说，都是生存、生活、工作的氛围。因而，环境的质量如何，对于一个职业人的品质形成、精神塑造有着必然的影响。尽管人可以改造环境，但事实上，总是一定的环境先影响人和改造人，这是一种现实的、基本的客观逻辑。"社会使我们成为有德性的或恶的力量"①。

新闻道德以为社会公众服务为至上目标，新闻传播是一种社会影响最为广泛的传播，新闻职业是一种与整个社会生活接触最为密切、及时、广泛的职业，因而，反过来说，新闻行业就是最容易受到社会环境变化影响的职业，新闻工作就是比较容易受到社会环境影响的一种职业，新闻道德也是容易受到各种社会观念、社会道德影响的职业道德。

就个体新闻工作者新闻道德的养成与塑造来说，主要受到两种环境的影响，一是新闻传播的内环境，二是新闻传播的外环境。内环境是指由个媒体环境与媒体环境构成的新闻传播环境；外部环境是指由社会环境构成的新闻传播环境。如果把一个具体的媒体机构或组织看作一个相对独立的系统，由其内部各个要素相互作用关系产生的整体氛围就是个媒体（内）环境；媒体间相互作用形成的环境，即由新闻传播媒体之间的竞争与制衡所形成的一种结构体系，就是媒体环境。新闻传播业运行于其中的自然系统特别是社会大系统就是新闻传播业的外环境，也就是新闻传播的外环境。社会大环境构成了社会各个子系统的运行环境，当我们以某一个子系统为考察对象时，其他子系统便是构成社会大系统的要素。因此，所谓新闻传播的外环境，就是由内环境以外的所有社会子系统相互作用构筑的一种传播条件和氛围。②

与外环境相比，在一般情况下，新闻传播的内环境由于在精神上、利益上与新闻从业者的天然接近性甚或一体化，对新闻工作者新闻道德的塑

---

① 拉福莱特.伦理学理论［M］.龚群，主译.北京：中国人民大学出版社，2008：475.
② 关于新闻传播环境的一般论述，可参阅：杨保军.新闻理论教程［M］.北京：中国人民大学出版社，2005：389－404.

造影响更为直接，也可能更大一些。如果一家新闻媒体内部从业人员整体精神面貌良好，团队意识强烈，上下关系平等和谐，工作井然有序，作风朴素扎实，整个媒体有一种朝气蓬勃、积极向上的气息，有一种充满希望、催人奋进的高质量的媒体文化，特别是有一种要为公众利益服务的实践追求，有一种普遍的公共精神、民主精神，那么，对于每一个个体来说，必然有利于形成良好的新闻道德。相反，如果媒体内部从业人员整体上精神面貌懒散，团队意识淡薄，上下关系紧张或冷淡，工作作风敷衍了事，特别是缺乏公共精神、公共服务意识和追求，存在仅仅把新闻媒介作为赚钱、赢利的氛围，那么，自然不利于新闻道德的塑造和养成。新闻媒体之间相互作用所营造的媒体环境，对整体的新闻传播理念、规范、习惯、方式、风格、潮流等有着重要的影响，所有的新闻传播行为都要依赖媒体环境的状况而进行，超越环境的新闻传播行为是很难实行的。一定历史条件下整体的新闻传播理念会落实在绝大多数新闻人身上，转化成为他们自己的新闻道德，通过新闻实践展现出来。因此，我们可以说，有什么样的整体的新闻传播内环境，就有什么样的整体的新闻从业者，就有什么样的新闻道德的整体面貌。

影响新闻道德得以形成的外环境因素很多，政治、经济、文化、技术或者社会、家庭，等等，并且对于每一个具体的个体来说，到底是哪种因素影响更大，不能一概而论。因此，我们难以在这里展开细致的论述。一般来说，一定社会的政治、经济制度决定着新闻道德的整体追求目标。在这一整体条件下，社会环境特别是社会整体的道德环境对新闻道德的影响比较大（需要说明的是，社会道德环境本身不是自律形成的，而是各种社会因素包括新闻传播共同塑造、相互作用的结果）。道德进步，包括任何一种职业道德水平的提升，依赖的不仅是道德主体内部、职业内部的力量，也依赖于整个社会所营造的道德环境。"在一个社会中，如果讲道德的人总是'吃亏'，尽责总是被误解，德性和幸福总是相背离，最终必然会使社会公德丧失殆尽。"①而一个不道德的社会很难营造出一个道德的行业、道德的职业。社会道德和职业道德之间是互动的，而不是分离的。职业道德水平的提高，其实是所有社会成员共同的责任，不管你是身处哪个领域，从事哪种工作。把职业道德单一地归结到相应的职业工作者身上，我看是不可靠的。这使我想起理查·罗蒂的一句话："道德和政治的进步有待于艺术家、诗人和小说家，一如其有待于科学家和哲学家。"② 罗蒂把道德和政治进步寄托在各种文化的共同努力上（不只是物质进步上），寄托在科学、哲学、文学、艺术等各个领域所有人的共同努力上，我以为这没有什么错误。良好的社会道德环境、精神环境，一定是形成良好新闻道德、新闻道德品质的重要条件。比如，要培养诚实的道德品质，对于当下中国社会、中国新闻界来说，不是简单地从职业工作者入手的问题，而是关涉到我国文化整体品格的大问题。有学者指出："不够诚实是现今我国文化很大的一个弱点，对此我们不该回避。在中国国力上升的今天，如果我们的文化道德形象上不去，很容易被其他国家视为另类。"③ 因此，职业新闻工作者的诚实品质问题（对各个行业、职业领域其实都一样），对于当下环境来说，首先需要从国家战略、民族发展的文化品格的宏观层面上进行考虑，从整个社会环境的角度去考虑。

总体来说，环境对新闻道德的塑造是潜移默化的，但这种无形的、日积月累的影响，对于新闻职业工作者新闻道德的形成具有极其重要的作用。

① 郭金鸿.道德责任论 [M].北京：人民出版社，2008：207.
② 罗蒂.哲学和自然之镜 [M].北京：三联书店，1987：中译本序16.
③ 陆建德.文化交流要了解本国盲点 [N].环球时报，2008-12-26（23）.

第六章　新闻道德评价

很难判断一个干净、诚实和正当的行动是出于正直还是出于精明。

——拉罗什福科

符合道德的新闻就是出色的新闻。

——卡瑞·桑德斯

所谓良心并不是别的，只是自己对自己行为的德性或堕落所抱的一种意见或判断。

——洛克

新闻道德评价，就是运用一定的新闻道德标准对新闻活动主体完整的新闻行为做出道德判断的活动，是评价主体对行为主体新闻行为之道德价值的性质认知和大小判定。新闻道德评价不仅可以评价主体具体的新闻行为，也可延伸评价主体的新闻道德品性或品质。在新闻实践向度上，新闻道德评价活动是更新新闻道德观念、完善新闻道德规范、塑造新闻道德品格的重要途径，是促进一定社会新闻业、新闻职业健康发展的有效方法；

在新闻道德哲学向度上，新闻道德评价论不仅是新闻道德理论体系的有机论构成部分，更是新闻道德理论内部的整合部分、反思环节。因而，新闻道德评价在完整的新闻道德论中具有重要的地位。

一、新闻道德评价结构分析

新闻道德评价是在一定的结构关系中展开的，评价结构是由确定的一些基本要素构成的。新闻道德评价是评价主体运用一定新闻道德标准对新闻活动主体新闻行为做出道德判断的观念性活动，不仅可以评价主体具体的新闻行为，也可延伸评价主体的新闻道德品性或品质。依据对新闻道德评价的这一基本认定，我们认为新闻道德评价由这样几个基本要素构成：新闻道德评价主体、新闻道德评价客体和新闻道德评价标准。本节我们主要分析前两个要素。由于新闻道德评价标准有着非常重要的意义和作用，我们将在随后单列一节展开讨论。

（一）新闻道德评价主体

新闻道德评价是评价主体运用一定新闻道德标准对新闻活动主体新闻行为做出道德判断的认知活动。那么，谁是新闻道德评价活动中的评价者，即谁是新闻道德评价的主体？新闻道德评价主体有无资格上的条件限制？这恐怕是新闻道德评价活动中最先碰到的问题。这里，我们主要以中国新闻传播实际为参照，对新闻道德评价主体的构成以及不同评价主体之间的关系做出分析。

1. 新闻道德评价主体的分类

在最广泛的意义上说，任何主体都可以对某种行为的道德性进行评价，这可以说是所有人的道德权利之一种。因而，在逻辑上，一定社会中的任何人，也即任何新闻活动主体都可以是新闻道德评价主体。基于这样的分析判断，我们可以首先把新闻道德评价主体一分为二："自我评价主体"和"他者评价主体"。

自我评价主体与他者评价主体是针对新闻行为的承担者而划分的。自我评价主体是指某种新闻行为的道德评价者是新闻行为者自身。当新闻活动者自己对自己的新闻行为进行道德评价（自评）时，他（她、它，以下省略）就是自我评价主体。他者评价主体是指某种新闻行为的道德评价者是该新闻行为之外的主体，是"旁观者"性质的道德评价者。

由于任何主体都可以进行自我道德评价和评价他者的道德行为，因此，自我评价主体和他者评价主体在现实中和逻辑上都是可以一体化的，具体担当怎样的评价角色，是由具体的道德评价关系决定的。

对新闻道德评价主体的上述分类，意味着我们可以对任何人、任何组织、任何团体的新闻行为进行新闻道德评价，而不仅仅是可以对职业新闻组织、职业新闻工作者的新闻行为进行新闻道德评价，但对不同新闻行为者的道德性能否用统一的道德标准进行评价，甚至能否统一定性为、称之为"新闻道德评价"，都是需要深入讨论的复杂问题，我们将在道德评价的对象和道德评价的标准问题中进行专门的讨论。①

如果以新闻职业主体为参照，可以把新闻道德评价主体分为"职业评

---

① 从原则上说，对新闻职业主体的新闻行为既要用一般的社会道德标准进行评价，也要用新闻职业道德标准进行评价，对此，人们没有什么争议。对职业主体之外的其他主体的新闻行为的道德评价，用一般的社会道德标准或者相关的其他职业标准进行评价是没有问题的，但能否用新闻职业道德标准进行评价，却是有争议的问题，是一个随着传播环境变化的问题。我以为对这一问题可以展开讨论，不能简单地说可以或者不可以，应该或者不应该。在新的网络技术支持的传播环境下，新闻传播的结构已经发生了很大的变化，新闻职业又是一个非严格意义上的职业，每个人都可以现实地充当面向社会大众的公共化的新闻传播者，因此，恐怕不能简单地通过"因为不是职业主体，所以不能用职业道德标准评价其新闻行为"的逻辑解决这一问题。

价主体"和"非职业评价主体"。在非职业评价主体内部，主要由"官方评价主体"与"社会评价主体"或者"民间评价主体"构成。不管是职业评价主体还是其他评价主体，其具体构成都相当复杂，并且不同评价主体的道德评价具有不同的作用和影响，因而很有必要分别做一番解剖。

职业新闻主体既可以对新闻行业范围内的职业性新闻行为进行道德评价，也可以对新闻行业之外其他社会主体的新闻行为进行新闻道德评价。在前一种情况下，职业新闻主体作为评价主体的身份比较复杂，需要专门说明；在后一种情况下，则是明确的他者评价主体的身份。

在新闻行业范围内，职业主体评价自己的职业行为时，其身份是自我评价主体；当其评价同行的职业行为时，身份便转换成了行业内或者职业内的他者评价主体。

对于行业范围内的他者评价主体身份，其实际构成范围是非常广泛的。由于业内他者的道德评价（实质上就是同行的道德评价）具有共同的新闻经验基础，易于交流，往往受到被评价者的高度重视，因而很有必要对其具体构成再做一些细致的分析。

针对一定的新闻职业行为，我们对行业内的他者评价主体可以做出这样的基本划分：一是由国外同行构成的评价主体；二是由国内同行构成的评价主体。在国内同行评价主体范围内，针对具体新闻行为主体的组织归属情况，可以把同行评价主体分为同一新闻媒介组织内的同行评价主体和非同一新闻媒介组织内的同行评价主体。

我们对行业内评价主体做出如此细致分类的意义在于：第一，在今天这样全球化背景下，国外同行的新闻道德评价是不可忽视的。国外同行评价的往往不只是某个具体新闻工作者新闻行为的道德性，也不只是某个新闻媒介组织的新闻道德水平，而是同时在评价某个社会、某个国家整体新闻业的道德状况，评价某个社会、某个国家新闻职业者整体的新闻道德素养和水平。事实上，不同国家新闻传播业之间的竞争，也是一种新闻道德的竞争，大家都在争夺新闻的道德高地。一个国家新闻传播业的社会影响力、国际影响力，很大程度上依赖于它的新闻道德的整体影响力。① 第二，同一媒介组织内的同行评价对于新闻行为者更是有着直接的影响。工作岗位的接近性、各种实际利益的接近性、心理的接近性，决定了新闻工作者非常看重"身边人"的评价。第三，在媒介间竞争越来越激烈的传播环境中，本媒介外其他媒介同行的评价往往具有更大的社会影响力。这类道德评价，评价的不仅是具体职业行为者新闻行为的道德性，也在评价行为者所在媒介组织作为道德实体的道德性。

同行的新闻道德评价，实际上形成了同行之间的"道德竞争"关系；同行的新闻道德评价，不仅是在探究新闻行为中的道德问题，同时也在通过道德评价争取一定的新闻道德高地。同行之间的竞争、媒介组织之间的竞争、不同社会新闻传播业之间的竞争，很大意义上也是一种新闻道德的竞争。因此，每一类新闻道德评价主体的评价行为本身，都值得专门的、认真的研究。不同范围新闻同行之间交流的种种障碍，恐怕不是新闻传播的技术、技巧和方法问题，而是深层的价值观念、深层的道德标准和道德理想问题。

所谓新闻道德评价中的非职业评价主体，顾名思义，就是指新闻职业评价主体之外的所有其他主体，具体可以进一步分为官方评价主体和民间评价主体。针对任何一定社会和国家中职业新闻工作的行为（不管是组织主体的还是个人主体的），这两大类评价主体都是实际地存在着，但它们

---

① 这一点，人们在历次关于重大国内、国际的新闻报道中应该看得很清楚了。我们批评西方的有关新闻报道时，着力点总是在于批评报道者的不诚实、不公正、有偏见等，这些批评是一种"抄底"性的批评，是深层的道德批评，直接揭露的是其新闻文化价值观念中存在的问题。而西方新闻传播界或其他社会力量在批评攻击中国的新闻报道时，总要诬蔑中国新闻媒体所做的报道根本就不是新闻报道，最多是新闻宣传，因而缺乏完全的独立性和客观性，缺乏新闻道德。

作为非职业评价主体的实际地位、作用和影响，在不同社会、不同国家是有所不同的。下面，我们主要以对我国新闻职业主体新闻行为的道德评价主体为对象，对非职业评价主体的构成加以分析。

从国外角度看，非职业评价主体分为"国外官方评价主体"和"国外民间评价主体"；从国内角度看，非职业评价主体也可以分为两类：一是作为组织评价主体的党和政府；二是由普通社会民众构成的评价主体，也可以说是受众评价主体。所有这些评价主体都会以相似的或者不同的方式（主要包括标准和方法）对我国职业新闻行为进行道德评价。

除了上面的几种分类方式，我们还可以用其他标准对新闻道德评价主体进行分类。比如，如果以主体的具体表现方式为参照，就可以把新闻道德评价主体分为"个人评价主体""组织或群体评价主体""社会评价主体"；又如，如果以不同层次的新闻行为主体为对象，就可以对相关的评价主体做出一系列的不同的分类，这对研究相关具体问题、具体评价都是很有必要的。事实上，分类的重要意义就在于可以使抽象的、模糊的对象具体化，从而有利于人们认清一定对象的具体内涵。但在一般意义上说，我们上面做出的分类已经能够比较清楚地说明新闻道德评价主体的构成情况了。

2. 不同新闻道德评价主体间的关系

根据上面的分类，可看得出，评价主体之间的主要关系包括这样三个大的方面：一是国外（国际）评价主体与国内评价主体之间的关系；二是职业评价主体与非职业评价主体间的关系；三是官方评价主体与民间评价主体之间的关系。要完整而深入地分析这三种关系确实是比较烦琐的，也比较困难。这里，我们主要针对中国新闻传播业来讨论这些关系，并把不同新闻道德评价主体之间的关系凝结为一个大的关系，即依据对职业新闻活动（新闻行为和行为主体）的道德评价，分析职业主体、官方主体（以党和政府为主）和民间或社会主体作为新闻道德评价主体之间的关系；再简化一点说，就是要分析"媒体、政府、社会"在新闻道德评价活动中的关系。当然，最后我们也会对国外（国际）评价主体与国内评价主体之间的关系做出一些简单的、原则性的说明。

讨论不同评价主体之间的关系，重点不在于简单地、一般地说明不同评价主体所处的社会空间的相同或不同，领域的相同或不同，地位、身份的相同或不同等（这些相同或不同自然构成了讨论不同评价主体关系的基本背景），重点在于阐释不同评价主体在对职业新闻行为进行道德评价时有什么实质性的同异表现。

首先，在新闻道德评价中，不同评价主体使用的道德评价标准是有差异的，尽管也有一些方面是相似或相同的。这恐怕是不同评价主体之间最大的、实质性的差异所在，其他的不同、差异或相同都可以说是这一条的某种具体表现。评价行为，本身就是包含评价者主观情感、主观意志的行为，集中体现在评价标准的设定上。评价标准的差异或不同，说明不同评价主体评价新闻活动者道德与否的根据、参照尺度是不一样的、有差别的。这一方面说明不同评价主体赞成的伦理观念有所不同（比如，有些赞成结果主义的伦理观念，有些赞成义务论的伦理观念，有些赞成美德论的伦理观念，还有一些可能赞成的是将此三者综合起来的伦理观念），另一方面则说明不同评价主体自身的利益取向、道德价值取向不同。标准的差异，毫无疑问会造成评价结果的差异甚至对立。这里凸显的问题是：什么样的评价才是合理的，怎样的评价才是正确的；而根本的问题是：有无客观的新闻道德评价标准。对此，我们将在后面的相关讨论中努力做出回答。

其次，在新闻道德评价中，不同主体使用的评价方法也有所不同。一般说来，民间评价主体（受众主体）的主导性评价方式是自发的、分散的、无组织的，通常表现为个体评价行为。但分散式的、自发的网络民间评价方式方法，有时可以在一定的时空范围内形成集合效应或规模效应，构成巨大的舆论评价力量，对相关主体（职业个体或媒体组织）形成不可低估的（正面或者负面）作用和影响。民间道德评价的另一种典型形式是可以称为"学术式"或"实证式"的道德评价方式，它主要通过一些科学实证的调查研究方法，对职业群体的职业行为做出一定范围（包括时间范围和空间范围）内的道德评价。这种认识、评价方法，是帮助人们认识和了解一定范围内新闻职业整体道德状况的主要手段。在媒体内部的道德评价中，对那些可能违反职业道德的个体行为，由于关系到相关人员的职业良心、道德信誉等职业人格、职业名誉的重大问题，道德评价方式通常是比较严肃的、正式的，按照有关程序、规则进行的；媒体自我的道德评价，常常借用受众评价方式或自我总结、反思的方式进行；媒体之间的道德评价，往往以一定的新闻道德事件为由头，通过新闻评论手段进行。官方评价主体的道德评价（通常针对一定的媒体而不针对某一个人），通常都是比较正式的和严肃的。就我国的情况来说，主要有两种具体形式：一是内部通报式，即通过正式的文件或非正式的一般性批复或口头方式，赞扬或批评（有时是提醒或警告）媒体的报道或行为；二是公开赞扬或公开批评媒体的某些报道或行为。这些赞扬或批评，并不都是道德评价，但其中包含着道德评价。

又次，在新闻道德评价中，不同评价主体与被评价主体的实际关系有所不同，这在我国是十分明了的事情，也自然会影响对相关新闻行为的道德评价方法和结果。由于我国新闻媒体的耳目喉舌性质，有些新闻媒体（如党的媒体）实际上相当于相应层次政府和党委的一个工作机构和部门，因此，官方主体对媒体行为的道德评价常常类似于内部新闻宣传工作是否优良的评价。社会大众作为受众主体，在客观上与职业主体是分离的，可以更为客观地观察媒体和新闻人的行为，可以通过公共舆论的方式对其行为做出社会道德评价，也可以把媒体自身宣称的道德追求作为标准衡量媒体行为的道德水平。当然，对有些行为不同评价主体也会做出比较一致的道德评价。比如，对一些记者或者媒体的有偿新闻行为，不同的评价主体都会一致做出道德谴责。

再次，不同评价主体的评价对被评价者的实际影响大小是不一样的，直接结果也是不一样的。不同评价主体与评价对象间的客观关系往往具有很大的不同，这就产生了一种常见的现象：被评价者可能更看重某些评价者的道德评价，而没那么看重其他一些评价者的道德评价。因此，从结果上看，有些评价主体的评价会对被评价者后继的新闻行为形成实质性的或者较大的影响，而另一些评价者的评价不会产生重大的影响。到底谁的道德评价对职业主体的作用和影响更大，关键要看媒体制度，要看媒体实际的生存发展方式。就我国的实际情况来看，随着新闻媒体生存发展方式的进一步市场化，会比以前更看重受众主体的道德评价，我国媒体制度性质又从根本上决定了媒体和职业人特别看重党和政府及其代表的人民的评价，二者缺一不可。

最后，在新闻道德评价中，哪类主体的新闻道德评价是更根本的，是可以作为相对的、最终意义上的道德评价，这恐怕是讨论不同评价主体之间关系的实质性问题，也是更为复杂的问题。但从一般的理论逻辑上说，由于新闻媒体的道德目标和道德理想是维护社会公众利益、为人民服务，因此，社会大众的道德评价自然是根本性的评价、终极性的评价。而党是代表人民利益的，因此两种评价主体的道德评价最终是一致的。

关于国际评价主体与国内评价主体间的关系，我们简单说几句。国外官方评价主体主要是指国外相关政府，官方评价主体能够通过特殊的渠道对一定的新闻行为进行道德评价；而在新的传播环境，特别是在网络传播环境条件下，民间评价的社会评价主体也已经能够实际地对一定的职业新闻主体的新闻行为进行道德评价，并且能够形成整体性的社会评价效应，对新闻媒介的后续报道行为也往往会造成不小的影响。

就一般情况来看，针对一定国家新闻传播的道德评价，其实主要是由或者通过新闻媒介或者民间方式进行的，但也有通过政府对别国媒体新闻报道的直接评价进行的①。也就是说，职业新闻主体通过自己的新闻媒介进行评价是最主要的评价渠道和方式。比如，每每遇到重大新闻事件时，国外的新闻媒体，特别是相关国家的主要新闻媒体，就会站出来对我国主要新闻媒体的相关新闻报道进行"点评"。这种评价通常是以"公认的"或"普适的"的新闻道德原则为标准进行的，而所谓"公认的"或"普适的"的新闻道德原则，往往就是评价者自己"形式上"持有的原则或规范②。在这样的原则、规范之中，明示或隐含着特有的新闻文化价值，也明示或隐含着一个国家、民族的文化价值，各种意识形态观念也毫无疑义蕴涵其中。其实，评价就是用自己的尺子衡量别人。评价者用的尺子是一把好尺子还是坏尺子，才是关键问题，而这个问题，会长期争论下去。因此，评价的公正性、客观性、科学性等，也将是长期争论的问题。

（二）新闻道德评价客体

所谓新闻道德评价的客体，就是新闻道德评价的对象。从原则上说，

---

① 比如，针对一些民族分裂分子制造的事件，中国政府新闻发言人就直接评价美国 CNN 或其他新闻媒体的新闻报道是不客观的、不公正的，也即不符合新闻职业道德的基本要求的。

② 我之所以强调"形式上"持有，是想说明这些评价者自己实质上可能并不是按照这样的原则报道新闻的，也不是用这样的原则衡量评价其他新闻媒体的报道。比如，宣称坚持新闻真实原则、全面原则、客观原则、公正原则的媒体，往往只是一种"宣称"，并不真正很好地实施。

只要是关涉到道德性的新闻活动行为，就都应该成为新闻道德评价的对象。而我们知道，所有的社会主体原则上都有新闻活动行为，因此，新闻道德评价客体的构成也是一个相当复杂的问题，需要进行仔细的分析。但无论如何，职业新闻行为作为新闻道德评价的核心对象是显然的事实。

1. 新闻道德评价客体的广义与狭义界定

新闻活动是所有社会成员的本体性活动[①]，一定社会的"新闻图景"是由所有社会成员与各种社会力量共同塑造的，尽管他们的能力、作用大小不同，但在原则上说，社会的新闻图景是社会共同主体塑造的结果。[②]这就意味着在最广泛的意义上，新闻道德评价的客体对象是由所有新闻活动者的新闻行为构成的。也就是说，凡是涉及新闻行为，人们在原则上都可以对其进行一定的新闻道德评价，而不管活动主体是否是新闻职业工作者，是否是新闻职业活动者的新闻行为。这也是在最广意义上对新闻道德评价对象做出的一种描述和界定。[③]

在区分的意义上，新闻活动主体通常被分为新闻源主体[④]、新闻传播主体、新闻收受主体和新闻控制主体，并且，不同主体之间有时是重合的或者一体化的。[⑤] 所有这些主体的新闻行为都有可能关涉到道德问题、新

① 所谓本体性活动，是说新闻活动是任何一个生存、生活在现实社会中的人的固有的、客观的活动，是不得不或者说必然有的活动。

② 杨保军. 新闻本体论 [M]. 北京：中国人民大学出版社，2008：246-344.

③ 我们可以推测，新闻道德评价活动最先生发于民间新闻时代，人们首先会使用社会生活中形成的习惯原则、规则、规范等对新闻现象中的一些行为进行道德评价。但新闻道德评价活动到底是如何历史地形成的，不是靠猜测可以说明的，需要严肃的历史研究。

④ 新闻源主体是指拥有新闻信息资源的主体，可以是组织主体、群体，也可以是个人主体。在具体的新闻活动中，新闻源主体要么是直接的、显的新闻报道对象，要么是间接的或潜在的新闻报道对象，即新闻源主体总是会以某种方式出现在新闻报道中。新闻源主体与新闻对象主体尽管是两个有一定差别的概念，但又有着实质性的内在联系。因此，我没有把新闻报道对象主体在这里单列为新闻活动主体。

⑤ 杨保军. 新闻活动论 [M]. 北京，中国人民大学出版社，2006：101-176.

闻道德问题，也会关涉到其他行业、职业领域的道德问题，因而，对他们的新闻行为不仅可以做出一般的社会道德评价，其他行业、职业领域的道德评价，也可以做出新闻道德评价。比如，当公关专业工作者向新闻媒介或向大众直接提供新闻时，他们在遵循公关专业原则、道德规范的同时，也应该遵循新闻原则的基本要求，这是公关专业工作者必须承担的社会责任，也是他们代理的（受委托的）、服务的不同组织应该承担的社会责任。又如，在现实新闻活动中，新闻媒体经常会因一些事实上合理的、正当的新闻报道而受到政治力量、经济力量（最典型的就是广告商）等的压制或威胁（比如广告商会威胁撤销广告刊播）。这些压制或威胁是错误的，是不道德的，不仅违背了各种社会力量应该承担的社会责任，从新闻角度看也背离了新闻道德原则的要求。并且，从理论上说，只有从新闻道德评价角度对相关社会利益组织、团体的新闻行为做出评价，才能更为充分和准确地说明它们相关行为的道德性或者不道德性。① 从事某种活动就应该按照相关活动领域的道德要求约束自己（组织、群体或个体）的言行，这不只是对相关领域道德规范的尊重，更是一个社会能够正常有序运行的基本条件。正因为这样，对职业新闻活动组织、职业新闻活动者以外的组织、个人的新闻行为进行新闻道德评价是正当的和合理的。事实上，不同行业之间、不同行业的工作者之间，只要互相理解、互相尊重，就能够营造出良好的关系，有位美国新闻伦理研究者就说："只要仔细考虑每一行业的客观处境与伦理标准，新闻、公关、广告专业人员之间的矛盾就是可以避免的；只要互相理解，共同承诺不损害新闻的公正性，不同专业人员就可以铸造出和谐的关系。"② 每个行业、每一种职业从原则上说都有自己的

---

① 从原则上说，在哪个领域活动，就应该遵循哪个领域的道德规范。当然，不同行业领域、职业领域间道德规范的关系问题并非如此简单。

② SEIB, FITZPATRICK. Journalism ethics [M]. Orlando: Wadsorth Publishing Company, 1996: 55.

行规和道德规范，所有这些行规、规范都有一个总的目标，那就是为社会的良性运行服务，因此，从根本上说，不同行业、职业之间的道德追求、道德理想是相通的，不应该有根本的矛盾和冲突，它们追求的应该是社会的共同的善。

在当今新的传播环境条件下，任何个人、团体、组织的新闻行为，特别是新闻传播行为，已经在很大程度上成为社会化、公共化的行为，新闻传播的实际或者潜在影响不再限于狭小的空间范围、简单的人与人之间。这种新闻传播主体身份的社会化、公共化，内在要求传播主体应该按照新闻传播的原则对待新闻、传播新闻。事实上，今天这样的社会，就是一个私人领域不断缩小、公共领域不断扩大的社会①，每一社会个体的身份、角色，都在新的传播环境中被实际地公共化、公众化了，这就意味着每个人必须拥有公共精神，承担必要的社会公共责任。英国伦理学家布拉德雷说："没有公共精神的民族是不会强大的，而除非使它的社会成员都公共精神化，它就无法拥有公共精神，即把公善作为个人的东西，或者将它铭刻于心。"② 其实，新闻道德说到底就是一种公共道德，就是要拥有一种公共精神。③

---

① 伦理学者万俊人写道："现代社会已然成为一个日益公共化的开放社会，其基本结构已随着'公共生活领域'与'私人生活领域'日趋明朗的分化，以及前者的急剧扩张和后者的日趋萎缩，而变得越来越倚重于普适的社会制度规范了，或者反过来说，变得越来越不以个人的行为意愿和主体选择为转移了。"（万俊人：《重建美德伦理如何可能？——序秦越存博士新著〈追寻美德之路〉》//秦越存. 追寻美德之路：麦金太尔对现代西方伦理危机的反思 [M]. 北京：中央编译出版社，2008：序2.）哲学学者郭湛从哲学层面、主体角度对当代中国社会的发展做出了这样的描述："由个人的主体性，发展到主体间性，再到公共性或者共同主体性，总的趋向是形成具有更多更好的公共性社会。……在众多的主体之间，存在着日益发展的公共领域，因而公共性问题的凸显就会成为必然。"[郭湛. 从主体性到公共性：当代中国马克思主义哲学的走向 [J]. 中国社会科学，2008 (4)：10-18.]
② 万俊人. 现代西方伦理学史 [M]. 北京：北京大学出版社，1990：276.
③ 我曾经在《新闻精神论》的"前言"中说："新闻道德的核心或者总的精神是为社会公众服务，为公共利益服务，为人民服务，其背后深藏的乃是一种公共精神，一种民主意识和民主精神。理解不了或者不愿理解这一点的人，永远不可能理解新闻道德的本质和精髓。"（杨保军. 新闻精神论 [M]. 北京：中国大学出版社，2007：前言Ⅷ-Ⅸ.）

　　因此，对职业新闻活动以外的新闻行为特别是新闻传播行为进行新闻道德评价是有社会根据的，可以说是一种时代性的要求。并且，这种根据会变得越来越充分，越来越坚实，这也可以说是时代演变、进化提供的根据，也是新时代给新闻道德评价提供的现实的新对象。对职业新闻传播以外新闻传播行为（特别是指通过一定媒介向大众传播新闻的行为）进行道德评价，也是重要的不断提高普通社会大众新闻素养的方式。我们甚至可以说，在今天这样的时代，作为职业道德规范的新闻道德规范也会变得越来越普遍化、一般化或者说社会化，在一定程度上会成为全体社会成员的一般的道德准则，这大概与新闻职业并非属于严格化专业是相一致的。事实上，在社会道德与新闻职业道德之间，并没有根本的矛盾。有些职业道德不过是一般社会道德的职业化表现，而有些职业道德也会社会化为普遍的道德规范。

　　自从大众化的新闻传播诞生以来，新闻活动逐步演变为社会的制度化、组织化活动（与此同时，非制度化、组织化的民间新闻活动继续存在和演变），新闻活动成为人类的一种事业，成为一类建制性的存在，成为社会的有机构成部分或者一个特殊的子系统。职业化新闻活动的产生与发展，使得新闻业成了相对独立的人类活动领域，新闻媒介组织成了专门的新闻活动媒体，创造了专门的新闻媒介，一些人则成了专门的新闻工作者——职业新闻活动主体。也正是在这样的过程中，新闻活动的职业性、专业性成为社会问题，相应地，新闻道德问题也才成了实际的社会问题，成了人们关注研究的问题。而随着新闻传播业的不断更新与发展，随着它对整个社会生活的影响越来越大，新闻业、新闻媒介组织、新闻工作者的道德性被放在越来越突出的位置。因而，将新闻道德评价的核心主体对象指向新闻媒介组织和新闻职业工作者，是理所应当的。新闻媒介组织主体和新闻职业工作者也就是我们所说的狭义的新闻道德评价对象或客体，而新闻媒介组织和职业工作者的新闻行为是新闻道德评价的直接对象。

2. 职业范围内新闻道德评价客体构成的具体分析

如果只在狭义意义上，即在新闻职业范围内分析新闻道德评价对象的构成，问题就变得相对比较简单。新闻道德评价的直接对象是新闻活动行为（包括新闻行为的动机、过程和结果），但新闻道德评价也总是在实质性地评价着新闻活动主体（行业主体、媒介组织主体和职业工作者个人主体）的新闻道德品质，这是因为行为与行为主体在客观上总是联系在一起的。事实上，评价主体只能通过对行为主体的行为评价达到对行为主体的内在品质评价。

在职业范围内，新闻活动主体由两个层面的主体构成：一是作为新闻媒介组织（媒体）的组织主体；二是作为职业新闻工作者的个人主体。与此相应，作为道德评价对象的新闻行为也可以分为两类——媒体行为和个人行为，而作为评价对象的新闻品质也可以分为两类——媒介品质与个人品质。

在组织主体层面，客观上和逻辑上都可以把被评价的新闻活动主体进一步分为两个层次：一是作为一个行业——新闻业——的主体（行业主体）；二是构成整体行业的具体的新闻媒介组织（媒体）。这就是说，新闻道德评价主体既可以对作为一个行业的新闻业的道德性做出评价，同时也可以对构成整体新闻业的具体媒介组织的道德性做出评价。并且，显而易见的是，这是两种有着内在紧密关系但又有所不同的道德评价。

在一定社会范围内，新闻业新闻活动的整体道德性并不直接意味着所有具体新闻媒介组织的新闻活动都是道德的，也就是说，个别新闻媒介组织新闻活动的不道德，有时并不能改变新闻业作为行业整体的道德性；反之亦然，即新闻行业新闻活动整体的不道德，并不意味着所有的新闻媒介组织的新闻活动都是不道德的，总可能存在着一些出淤泥而不染的道德的新闻媒体。

在行业层面进行新闻道德评价是非常困难的事情，它需要历史的尺度、文化的尺度，因此，人们通常只在媒介组织层面评价新闻活动的道德性。

新闻媒体组织作为一个组织或团体（实质上也就是一个伦理实体或道德实体），是由一定数量的成员构成的，这些成员有着共同的利益和追求，有着共同的关于媒体组织的道德诉求和道德关怀，媒体组织成员的新闻价值追求、新闻道德理想，主要是也必然是通过组织行为实现的。这就决定了对新闻媒体组织的道德评价，尽管并不等于是对每个成员的道德评价，但总会实质性地波及、影响到对每个成员的道德评价，每个组织成员都必然在这种评价中分享荣誉、分担责任。当然，组织中不同角色对荣誉的分享、责任的分担份额、质量，是有所不同的。

在个体层面上，职业新闻工作者[①]的新闻行为及其品性构成了新闻道德评价的直接对象。在实际的新闻道德评价活动中，职业新闻工作者个体的新闻行为及其职业道德品质始终是评价的主要对象。各种评价主体正是通过对个体职业新闻工作者新闻行为、新闻道德品质的评价，正是通过对不断出现的具有典型道德争议、道德冲突的新闻报道个案的道德分析与评价，实现对新闻媒介组织、新闻行业的道德评价的。

实际上，新闻道德评价的对象主体本质上是双重的——职业工作者个体和其所属的新闻媒体。其中的根据在于职业个体的职业行为是由作为组织机构的媒体指派的，这时，职业个体并不是新闻行为完全的责任承担

---

① 在我国的新闻媒介组织中，从事新闻工作的人员构成非常复杂（本身就值得专门的研究），那么，哪些人属于职业新闻工作者，哪些人属于准职业新闻工作者，都需要具体分析。对于职业新闻传播者的一般构成分析，可参阅：杨保军. 新闻活动论［M］. 北京：中国人民大学出版社，2006：101－176.

者，其背后还有媒体。因此，对职业个体的道德评价总是包含着对其所在媒体的道德评价，而对媒体的道德评价也往往包含着对职业个体的道德评价。

在新闻道德评价主体与客体之间，通过上面的分析，大家可以看出，角色实际上是可以互换的；在不同的评价关系中，谁是主体，谁是被评价的对象，并不是固定不变的。但是，通常意义上的同时也是核心意义上的新闻道德评价，是指对新闻职业主体新闻行为及其新闻品质的评价。因此，主要的新闻道德评价主体是相对职业新闻活动主体而存在的非职业评价主体，其核心是作为新闻收受主体的社会公众；而主要的新闻道德评价对象是职业行为主体的新闻行为、新闻道德品质，不是一般社会主体的新闻行为与品质。这一基本关系是稳定的，至少就目前来看，无论在新闻道德评价实践中，还是在新闻道德理论研究中，都是如此。

二、新闻道德评价标准

评价，就是评价主体运用一定的标准或尺度去评说和衡量一定的对象。新闻道德评价就是评价主体运用一定的评价标准对新闻行为、新闻道德主体的德性进行道德判断。因此，在评价主体和评价客体明确后，核心问题就是评价的标准问题。事实上，任何评价问题的永恒难题都是评价的标准问题。评价标准可以说是将评价主体与评价客体联系起来的中介，是完整的评价结构中不可缺少的要素。有了道德评价标准，实际中的道德评价难题原则上就可迎刃而解。事实上，整个新闻道德哲学凝结成的核心理论问题，在我看来就是新闻道德的标准问题。以什么标准作为新闻行为、新闻德性的道德标准，不仅反映和体现了人们拥有什么样的新闻道德理论信念，也反映和体现了人们在新闻实践活动中坚持什么样的新闻道德观。

（一）新闻道德评价的实质

我们之所以在"新闻道德评价标准"的名目下讨论"新闻道德评价的实质"问题，就是因为评价的核心问题是评价的标准问题，有了评价标准也就等于有了评价的基本方法。因而，评价的实质问题最终必然落实在评价标准的确定上；评价结论的正确合理，最终有赖于评价标准的正确性与合理性。谁能认识并把握正确合理的道德标准、道德评价标准，谁就有可能做出正确合理的道德评价。因此，道德评价是有正确与错误之分的，是有合理与不合理之别的，这也再次说明了评价标准的重要性。

新闻道德评价的实质，就是道德评价主体运用道德评价标准，评判新闻活动者新闻行为道德价值的性质（正面价值还是负面价值等）和道德价值的大小，并在这种评价判断中说明新闻行为和行为者的新闻道德性质（有无新闻道德，是善还是恶等）及其新闻道德水平的高低、新闻品质的良恶程度。简单点说，道德评价既评价行为主体的行为，又评价行为主体的品质。

那么，什么样的主体行为才能作为新闻道德评价的严格对象，这是需要进一步说明的问题。我们在上文关于道德评价客体的一般解释中一再指出，新闻道德评价的直接对象是新闻行为主体的新闻行为，延伸的对象是行为者的新闻道德品质。因而，从主体角度说，道德评价的对象就是新闻行为者；从主体行为角度讲，能够进行道德评价的应该是关涉伦理的行为或者关涉道德的行为。那么，什么是可做道德评价的伦理行为或道德行为呢？所谓一种行为是行为主体的伦理行为或道德行为，是可以作为道德评价对象的行为，有三方面的基础性条件：一是指行为属于行为者，直接表现在行为主体的身上或活动中；二是指行为是行为者自主的，出于行为者的自愿或意志；三是这种行为关涉到自己与他人或他物的利益问题。王海明先生讲得简洁而严谨，他说："伦理行为最根本的特点，是具有利害意识，它是在利害己他（它）意识支配下的那样一种人的实际行为，说到底，就是受利己、害己、利他（它）和害他（它）意识支配的行为"①。如果这三个方面的条件是完全性的，道德评价对象就是封闭的，就是行为主体；如果这三个方面的条件是非完全性的，比如某一行为并不是行为主体自己完全的自由意志，还有他人（包括组织性他人）的意志，是在他人意志下或他人部分意志下的行为，道德评价对象就不是封闭的，而会延及其他主体，也就是说，行为主体并不是唯一的承担行为道德责任的主体，甚至可能不是主要的道德责任主体。因此，严格的新闻道德评价对象在行为层面上应该是受利己、害己、利他（它）和害他（它）意识支配的新闻行为。

在新闻道德评价活动中，主体行为道德还是不道德，道德到什么样的程度和水平，人们通常直接使用的评价标准就是新闻道德规范，"符合道德的新闻就是出色的新闻"②，符合道德规范的新闻人就是出色的新闻人。但是，仅仅用道德规范衡量是不够的，还需要说明背后的理由，或者需要说明规范正确合理的理由，即说明评价标准的根据。这实质上就是要说明行为道德或者不道德的理由。只有找到了令人信服的理由，才能真实地说明道德行为的道德性或不道德行为的不道德性。有法学研究者这样写道："一个完整的判决，不能没有判决理由，判决理由集合了法官对案件事实的分析、适用的法律条文，以及为什么作如此裁决而不作其他裁决的理由和根据，全部法律判决的'理'就体现在这个判决理由之中。"③ 我以为

① 王海明. 伦理学与人生 [M]. 上海：复旦大学出版社，2009：82.
② 桑德斯. 道德与新闻 [M]. 洪伟，高蕊，钟文倩，译. 上海：复旦大学出版社，2007：17.
③ 刘作翔. 法理学的定位：关于法理学学科性质、特点、功能、名称等的思考 [J]. 环球法律评论，2008（4）：41.

这样的理论逻辑完全适用于道德评价，适用于新闻道德评价。评价的核心在于提供做出一定评价的"理由"。这样，才能给后继的相关行为做出有价值的、真正能够解决问题的指导。也就是说，道德评价直接表现为对行为主体及其相关行为的赞赏或者谴责，但道德评价的根本在于发现和寻找可以或应该赞赏或谴责的理由，"我们寻找的不仅是解释发生了什么事情，而且还要评价它，还有赞赏和谴责那些卷入其中的人。责任判断理论包括原因和评价判断，以及赞赏和谴责的正当理由"①。说到底，评价过程，实质上是评价主体寻求评价对象值得或者不值得赞赏根据的过程。这种根据就是评价主体认可的道德根据，也就是评价主体坚持的评价标准。行为主体的动机、行为过程和行为结果符合评价主体的评价标准时，才可能得到肯定的道德评价，相反，则只可能得到否定性的道德评价。但如前所说，这里的肯定性或否定性评价，并不必然是正确的、合理的道德评价，正确合理与否，还要看评价者运用的道德评价标准是否正确合理，关于这一问题，我们后文再论。

（二）新闻道德评价标准的构成

新闻道德评价标准，就是用来衡量评判新闻行为道德性、评价新闻主体、新闻道德品质的尺度。道德哲学的核心问题就是道德标准问题；任何一种道德体系的灵魂同样也是道德标准问题；一种道德体系的价值追求或道德理想，最终总是凝结在道德标准之中。道德评价的核心就是找到评价标准，找到正确合理的评价标准，找到评价标准也就从根本上找到了评价的方式方法。新闻道德评价理论的关键问题，一定意义上说就是道德评价

---

① 郭金鸿. 道德责任论 [M]. 北京：人民出版社，2008：155.

标准的构成问题。

1. 新闻道德评价标准的层次构成

新闻道德评价的直接标准就是新闻道德规范，"隐藏"其后的就是我们在前面几章已经讨论过的支撑新闻道德规范的新闻道德（价值）观念，就是从根本上决定着新闻道德观念的新闻道德根据。人们对新闻道德根据有什么样的解说和认定，就意味着人们持有什么样的新闻道德评价标准。但无论如何，直接的道德评价标准最终直接表现为新闻道德规范。因此，从原则上说，新闻道德规范的构成方式，就是道德评价标准的构成方式。不过，此处我们不拟重复前面（第四章）关于道德规范层次构成的细致划分，而是想从新闻道德评价论的角度对道德规范作为道德评价标准的层次性有一个新的理解和把握。

如果我们把不同时空范围内的新闻道德规范放在一起，暂且不考虑不同社会环境、媒介环境赋予道德规范的特殊性，只分析它们统一的构成方式，就会发现它们的内容结构基本上可以分为两个层次（也可以说是两种类别）：一是抽象的原则层次（道德原则），反映和体现了普遍的新闻道德观念；二是具体的行为规范层次（行为规定），是相对普遍观念的特殊的、具体的、可操作的规定，是对普遍道德观念或道德原则的实证化。这样，我们就可以说，新闻道德评价标准是由两个层次有机构成的：一是比较抽象的道德原则；二是具体的、可操作的道德规定。在评价活动中，普遍层次的标准更多评价的是行为主体的新闻道德品质，具体层次的标准更多评价的是行为主体的新闻行为；前者是比较抽象的、总体性的，也是一般性的、概括性的评价，后者是具体的、直接可理解、可把握的道德评价。因此，只有把两个层次统一起来，才能实现比较全面的道德评价，也才是对道德规范作为评价标准的全面运用。特别应该注意的是，原则性评价的正确性，只能建立在对大量具体行为评价的基础之上。

比如，根据我们前面有关章节的论述，我们知道，职业新闻行为服务的对象是社会公众，职业新闻活动的理想道德目标是维护社会公众利益。因此，在理论逻辑和现实逻辑上说，社会公众应该是最主要的也是最重要的道德评价主体，而是否满足了社会公众合理的新闻需要，也即是否实现了、维护了社会公众的利益，乃是衡量职业新闻行为是否道德和职业道德水平高低的最后标准或最高标准。事实上，人们也确实看到在众多新闻道德规范中都有这样原则性的条款——为社会公众服务，维护社会公众利益。但是，为社会公众服务，维护社会公众利益这一总体性的道德原则，是一个宏观的、总的、带有高度抽象性和概括性的规范，要想以它为标准（新闻行为主体是否做到了为社会公众服务，是否做到了通过新闻方式维护社会正义等）对新闻行为主体的具体行为进行直接道德评价，显然是无法做到的，而是必须通过次一级的、具体的规范标准进行。其实，即使是"真实报道新闻""公正报道新闻"这样的具体道德原则作为评价标准也是比较概括的、一般的，必须将其具体化。

要将原则性标准具体化、可操作化，要解决的核心问题是：在道德规范中，清楚规定什么样的具体行为是为公众利益服务的行为，怎样的报道方式才是真实的报道、公正的报道，如此等等。比如，当人们评判一个媒体或记者是否是"诚信的""公正的"，仅仅运用抽象的诚信原则、公正原则很难做到，只能通过能够说明、衡量和证实"诚信""公正"的具体行为规范，对其大量具体的新闻行为进行评判，才能真实说明其是否诚信、是否公正。

2. 行为标准与品质标准

新闻道德评价的对象可以分为互为联系的两个方面：一是主体的新闻

行为；二是主体的新闻道德品质。行为是否道德，可以通过道德规范直接衡量，合于规范的就是道德的，反之，就是不道德的；品质是否优良，可以通过道德品质标准进行衡量（关于优良品质的构成及其含义，参见上一章相关内容），合于品质标准的，就是优良的，反之，就是不良的。因此，从行为与品质角度看，评价的标准可分为"规范性标准"和"品质性标准"。

在主体行为与主体品质之间，人们通常是通过对主体行为的道德评价进而评价一个人的道德品质（德性）的，因为主体的常态德性（实际上表现为难以直观的行为动机）如何，原则上只能通过行为过程、行为结果来表现。因此，比起对一个人品质的评价来，对行为的道德评价具有逻辑上的优先性。但是，我们也应该注意到事情的复杂性，这就是：一个道德品质优良的人，有可能做出错误的事情；一个动机良好的人有可能做出结果并不好的事情。这时我们就难以通过对某一具体行为的评价来推及对一个人整体道德品质的评价。也就是说，对行为的评价和对品质（动机）的评价有可能出现对立的结论，如：按照动机评价，行为主体是善良的（至少在某次行为中的动机是善良的），按照新闻手段和行为结果评价，行为主体却是不善良的。如何理解这里的矛盾？我以为可以把对动机的评价和对行为的评价分开，这样就不会出现以偏概全的评价结论。实际上，对行为的道德评价本来就应该是具体的，包括对具体行为的动机评价也应该是具体的。在出现矛盾的评价结论时，动机的优良与否往往有着更大的分量，即动机优良、行为不良的行为主体总体上更易于被评判为是道德的，诚如有人所说，"在动机和效果的善恶分别确定之后，对行为作善恶的判断，结合动机和效果而又着重于动机的善恶，显然是较为合理和公正的"①。但是再进一步，在一般意义上说，如果一个所谓品质优良的人总做错事，

---

① 陈绚.新闻道德与法规：对媒介行为规范的思考 [M]. 北京：中国大百科全书出版社，2005：76.

这就很难说其品质优良了。人们对品质优良的人的期望是做正确的事，而不是做错误的事。一个人的道德品质是否优良，从长远的、整体的意义上看，尽管不能从一两次偶然的行为评价中必然得出，但在最终意义上只能通过对其惯常的行为评价来认定。道德的本性必定是实践的，而非纯粹心理的或观念的，道德的实践行为才能在最终意义上表明一个人是道德的或是不道德的。

（三）新闻道德评价标准的主要属性

标准论是评价论的核心，抓住了标准论也就抓住了评价论的灵魂，理解了评价标准也就理解了评价的主旨，评价标准"成为制约评价结果的直接的因素。评价结论的不同，最主要的原因，是评价标准的不同"①。因而，在分析了评价标准的构成之后，很有必要进一步从多角度出发探求新闻道德评价标准的属性或特点。

1. 评价标准的主体性

新闻道德评价标准是评价主体的标准，是评价主体建构的、设定的、认可的、运用的标准，具有与生俱来的主体性。主体间的统一性，决定了道德评价标准的统一性；主体间的差异性，决定了道德评价标准的多样性或多元性。具体说来，评价标准的主体性主要表现为以下几点。

第一，不同评价主体拥有不同的道德评价标准，这根源于主体的差异性，最根本的是主体需要、主体利益的差异性。在现实的新闻道德评价中，人们看到，不同新闻道德评价主体使用的评价标准往往是有所不同

---

① 冯平. 评价论 [M]. 北京：东方出版社，1995：40.

的。尽管有现存的各种各样的新闻道德规范，但并不是所有的主体都会把现存的道德规范作为自己的评价标准运用，他们只会运用那些他们认可的道德规范。标准不同，就意味着评价结果不同。评价总是与评价主体的价值准则、价值理想等密切相关，同样的行为，由于不同主体自身的道德评价标准不一样，就会在不同主体面前呈现出不同的价值和意义。"事物对人呈现何种价值意义，与人具有何种价值目的和理想、接受何种价值原则等等往往难以分离。"①

第二，不同评价主体拥有相对一致的道德评价标准。主体之间在客观上总是存在着历史的和现实的统一性，总是存在着不同层次、不同范围的共同需要和利益，这就从根本上决定了一定社会、一定群体（作为道德共同体）总是有其相对统一的、主导性的道德价值观念，有其共同认可并遵守的基本道德规范。在具体的活动领域也是如此。对于什么样的新闻职业行为是道德的、什么样的行为是不道德的，尽管不同主体会有不同的看法，对相同行为的道德价值会有不同的评价，但我们不能否认不同主体之间也存在着相对统一的认识和评价，不同主体之间有他们共同认可的道德标准、道德评价标准。这也是整个社会以及一定社会活动领域保持统一性、有序性的重要条件。

第三，不论什么样的主体，实际用来评价职业新闻行为道德性的标准不是单一的，而是多个标准、多个层次的标准，可以说是"标准束"或者"标准丛"。比如，社会大众实际用来评价职业新闻行为的道德标准，既有社会道德标准，也有他或她所了解知道的新闻道德标准，还有他或她自己特有的道德标准。新闻职业工作者在评价一定职业新闻行为的道德价值时，同样可能用到多样性、多元化的标准，但在一般情况下，更多运用的

---

① 杨国荣. 论意义世界 [J]. 中国社会科学，2009（4）：19.

可能是新闻职业道德规范。标准的多元化、多层次化，往往使同一主体在评价同一新闻行为的道德性时，有可能出现相互矛盾的评价结果，因为不同道德评价标准之间常常是有矛盾的。

道德评价标准的主体性是一种事实性的存在，属于评价标准的客观属性。在现实中人们确实看到不同主体会对同样的新闻行为做出不同的道德评价，这其中包含的核心问题是：在不同的主体性标准之间，到底什么样的或者谁的（哪个主体的）道德评价标准才是正确的、合理的标准？有没有超越所有标准的客观标准？有没有那么一个唯一的、能够准确评价新闻行为道德价值的标准？

这里我们不可能完全回答这一问题（我们需要通过不同角度、侧面在不同地方回答阐释这一问题），但可以指出的是，新闻道德评价标准是有对错的标准。评价标准作为一种主体性很强的标准，在客观上存在对错问题，就是说有些标准是正确的、合理的，有些则可能是错误的、不合理的。正因为评价标准有正确与错误之分，所以评价的结果才会有正确与错误之别。

2. 评价标准的历史性

新闻道德评价，是以新闻道德评价标准的先在为条件的；没有先在的道德评价标准，评价在逻辑上就无法进行。但先在的道德评价标准，并不是天赋的产物，而是在历史中逐步生成的。任何道德评价标准的形成，都是某种历史积淀的结果。因此，历史性与主体性一样，也是评价标准与生俱来的客观属性。新闻道德评价标准的历史性，是由新闻活动自身的历史性和人对新闻活动认识的历史性所决定的，历史性因而具有必然性。道德评价标准的历史性，说明了道德评价标准的可变性。既有的道德评价标准，不管它以何种形式存在，正是一方面发挥评价作用，一方面改变更新自身的。这就是说，道德评价标准是历史性的存在，不能超越历史，更新它的根本动力乃是道德实践的演变和发展。

　　具体一些讲，道德评价标准的历史性，一是指不同的历史时代，有着不同的道德评价标准，历史性表现为时代性；二是说，历史的连贯性、历史的延续性、历史的统一性，也决定了不同历史时代有着某些一致的、稳定的、相对统一的道德评价标准，历史性表现为一定的超时代性。在论及历史性时，人们往往更注重前者，而轻视后者。但是，只看到前一意义的历史性是不完整的历史性，甚至可以说恰好忽视了历史性的内在红线和精髓。前一种历史性，说明了历史之间的差异性与区别性，后一种历史性则说明了历史的同一性，说明了不同历史时代之间承继的可能性、对话的可能性，同时，也为处于不同历史时代国家、民族之间的对话交流提供了理由，也就是说，同一时空的不同新闻存在之间之所以能够交流对话，不仅是因为不同主体之间的某种同一性，也是因为人类新闻活动历史有其自身客观的连续性和统一性。有了对历史性的如此理解，我们才能从根本上理解，道德评价标准的时代差异性和历史统一性，即不同新闻时代之间，人们有着不同的新闻道德评价标准，但也有一些统一的、普遍的道德评价标准贯通于不同的历史时代。这样，我们也才能在历史的向度上更好地理解道德评价标准的相对性（特殊性）和绝对性（普遍性）以及它们之间的统一性。

　　道德评价标准的历史性，说明道德评价标准的正确性、合理性，只能是历史的正确性和合理性，超越道德历史性的绝对正确而合理的评价标准是难以想象的。诚如哲学家斯宾诺莎所指出的，在上一代人那里是道德的，在后代人却是邪恶的。[①] 但如上所说，这只是历史时代之间存在的差异性的一面，而历史的统一性提醒我们，有一些道德评价标准，是能够超

---

　　① 郭金鸿. 道德责任论 [M]. 北京：人民出版社，2008：202.

越时代的（注意不是超历史的），是可以普遍化的，也是应该超越时代的。并且，越是具备如此特点的道德评价标准，越是能够反映和体现道德价值的实质。比如，新闻报道（不管以何种方式、通过什么渠道报道）中弄虚作假是不道德的，这是可以超越时代性的道德标准和道德评价标准。

在一定的历史时代，一定社会范围内的主体（以至整个人类主体）有着相对统一的、主导性的道德评价标准，这种现象也普遍存在于社会的各个具体领域。如果没有这样的标准，社会必然是混乱的；如果没有一定领域（比如新闻职业领域）的如此标准，一定领域就是混乱的。当社会处于历史转型过程中，最大的、最深刻的也是最艰难的转型就是价值观念的转型，就是道德观念的转型。如果形成了新的相对统一的价值观念体系、道德观念体系，也就意味着转型基本完成了。对社会如此，对一个具体社会领域也一样。历史的转身主要不是历史身躯的转圈，而是时代价值观念的转变。观念的改变，就是新时代的开启。

在一定社会范围内，在一定的时代范围内，建构相对统一的、稳定的、公认的新闻道德评价标准，乃是新闻道德实践、新闻道德研究中最艰难的问题。如果没有相对统一的、正确合理的道德评价标准，评价本身就是无意义的。罗尔斯曾经这样写道："如果人们失去了伦理学中的普遍指针，那么对于人们为什么宁愿采取这个行为而不愿意选择那个行为，就永远提不出任何道德的理由。这种情况往往使我们无法解决道德争端，从而导致了对于解决道德上二律背反的道德思考能力的普遍不重视。我们也已经证明了：判断一个具体行为是错误的，事实上暗含着诉诸某一普遍的原则。如果某个行为确实是错的，那么在相同情况下，所有与此相同的行为必然都是错的。"①

---

① 罗尔斯. 正义论 [M]. 何怀宏，何包钢，廖申白，译. 北京：中国社会科学出版社，1988：356.

3. 评价标准的相对性（绝对性）

主体性和历史性已经从不同角度解释和说明了道德评价标准的相对性。标准的相对性，核心其实就是主体间、不同时代间标准的差异性，但相对性是针对绝对性而言的，因此仅仅说明相对性的表现还难以全面理解相对性的内涵，还需要分析绝对性的内涵。具体说，理解相对性，需要掌握以下几个要点。

其一，评价标准的相对性，主要是指主体间、不同时代间标准的差异性。但理解这样的差异性要注意几点：第一，差异性有其客观的原因，具有必然性的根据，比如，客观环境本身不同，主体一般认识能力特别是道德认知能力不同等；第二，差异有其主观的原因，比如，不同主体有不同的利益动机和价值取向等，因此，不同标准之间必然有优劣之别，有正确和错误之分，人们不能把所有的道德评价标准都认为是正确的、合理的，那样，就不是承认标准的相对性，而是滑向了道德哲学的主观主义和相对主义，道德评价也就变成了主观情感的任意表达。

其二，相对性，同时说明任何主体、任何时代拥有的、运用的道德评价标准的正确性、合理性都是相对的、有限的，而不是绝对的、普遍的。因此，人们不能随意主观地把自己的道德评价标准说成是普遍有效的标准，是普世的道德评价标准；任何一个时代的人们，同样没有充足的理由或根据认为自己时代的道德评价标准是适合于一切时代的或可以超越一切时代的标准，后世对前世并不拥有道德上的绝对优越性。但是，相对性内在的差异性实质，说明不同标准之间具有我们上面所说的优劣之别、正误之分，同时意味着具有相对性的正确标准，总是蕴涵着逼近绝对正确标准的成分。如此，我们也才能说明一般道德认识和新闻道德认识是一个不断进化的过程、不断进步提升的过程，也才能说明在原则上道德评价标准、新闻道德评价标准越来越接近应该的标准，越来越接近客观的道德价值标准。

其三，这一点也许才是问题的关键，那就是与相对性相对的绝对性。恐怕只有理解了绝对性，才能真正理解相对性，反之一样。

标准的绝对性，实质上反映的是正确、合理标准必须具备什么样的内涵。也就是说，一种评价标准只有完全具备了正确标准、合理标准的内涵，它才是绝对的标准、唯一的标准。这种绝对性要求所有主体、所有时代都应该向这样的标准靠拢，但绝对性同时说明这样的靠拢只能是一个不断接近的过程，任何主体和任何时代都不可能与绝对性的标准重合。这说明了标准绝对性的抽象性和逻辑性，同时也说明了标准绝对性的理想性和普遍性。简单点说，有一个绝对正确的、普遍有效的道德评价标准，这就是道德价值标准，谁的评价标准如果能够绝对准确合理评判一种行为、一个主体的道德价值，谁就拥有绝对正确合理的标准。那么，这样的标准在逻辑上的要求到底是什么呢？第一，评价主体能够绝对正确认识主体的行为是什么；第二，评价主体拥有绝对正确合理的道德价值标准。

然而，现有的经验事实、逻辑分析都已经证实：没有什么主体、没有哪个时代可以在这两个方面能够达到绝对正确。因而，所有实际的道德评价标准只能是相对的，只能是相对正确、相对合理的。可能更令人沮丧也更为糟糕的是：很多主体坚守的道德标准是错误的、不合理的；一些时代拥有的道德评价标准也可能是错误的、不合理的。因而，在人类历史上，在不同的社会中，总会出现错误的时代、道德扭曲的时代，总会产生可怕的道德害人、道德杀人现象。但这样的错误或者不合理，对于整个人类来说，只是插曲和必然的起伏，它客观地说明：在现实世界中，相对性才有绝对性，绝对性则只有相对性；或者说相对才是绝对的，绝对则是相对的。追求绝对正确是一个永恒过程。作为研究者，我们只能分析出这样的逻辑线路,不可能提供一个具体的、一劳永逸的、通用的绝对正确的道德评价标准,也没有这样的具体标准;在新闻道德评价论的视域中,同样如此。

三、新闻道德评价方式

新闻道德的实践性或感性表现,为新闻道德评价活动提供了客观基础。新闻行为是否道德以及道德水平的高低、道德范围的大小,表现在新闻行为过程及其结果之中,是可观察、可感觉、可认识、可评判的客观对象,但背后却隐藏着可以推测、难以推测和不可推测的行为动机。那么,新闻道德评价主体会以怎样的方式展开道德评价,这确实是个比较复杂的问题,需要我们从不同的角度加以分析。

(一)新闻道德评价的主体表现方式

新闻道德评价方式就是新闻道德评价实现的途径和样式。从评价主体角度看,评价方式大致可以分为两类(参阅前文对评价主体的结构分析):一是自我评价方式和他者评价方式;二是不同层次主体构成的不同评价方式。因为有了由不同主体构成的评价方式,它们之间的关系也就成了必须讨论的问题。

1. 自我评价、他者评价及其关系

自我道德评价,就是道德行为主体按照一定的道德评价标准,对自己的新闻行为与新闻道德品质做出评价的活动。也就是说,道德行为主体与道德评价主体在自我评价这种类型中是合一的或一体化的。

　　自我道德评价实质上就是用自己认可的道德标准评价自己的行为和品性；自我道德评价过程，其实是一个自我道德自觉、道德反省和道德辩论的过程。职业个体在对自己新闻行为的道德评价过程中，可能会用多种（不同类别的、不同层次的）道德标准去衡量，比如社会的公德标准、行业的规范标准、媒体的工作标准等，但说到底，所谓自我道德评价，就是用自己拥有的、内化的或认可的道德评价标准反省评价自己的新闻行为。

　　自我道德评价是一种用自己的良心评价自我行为、自身品质的方式。"在我们的现实生活中，'良心'一词是人们进行道德评价的一个基本语词，发挥着巨大的效力和影响。"①那么，什么是良心呢？在道德哲学中，关于良心的研究本身就是一个重要的、专门的问题领域，我们无法在此引经据典，长篇大论，只在必要的意义上，对良心的基本含义加以说明。英国哲学家洛克说："所谓良心并不是别的，只是自己对自己行为的德性或堕落所抱的一种意见或判断。"② 我国道德哲学专家何怀宏先生在其专著《良心论》中写道："良心是人们一种内在的有关正邪、善恶的理性判断和评价能力，是正当与善的知觉、义务与好恶的情感、控制与抉择的意志、持久的习惯和信念在个人意识中的综合统一。"③ 说简单点，在道德评价论的视野中，良心其实就是自我的一种综合的道德评价能力或道德素质。良心就是"依据自己所认同的道德规范对于自己的行为的道德性质的自我意识"，"良心的命令仅仅针对一个人自己的行为：良心不涉及对其他人行为的道德评价"④。

　　自我的良心评价是否合理，是以良心的真实"良性"为前提的（实质

　　① 何怀宏. 良心论 [M]. 北京：北京大学出版社，2009：31.
　　② 洛克. 人类理解论 [M]. 关文运，译. 北京：商务印书馆，1997：31.
　　③ 同①32.
　　④ 陈绚. 新闻道德与法规：对媒介行为规范的思考 [M]. 北京：中国大百科全书出版社，2005：63.

上就是以自我拥有的道德标准的合理正确为前提的），如果"良心"坏了，良心出了问题和偏差，自我评价结果当然会跟着出现问题和偏差。苏联伦理学者季塔连科说得比较准确，"良心是高级的道德法庭，没有它，道德意识就不可能进行合乎要求的活动。但是不能只把良心当作衡量行动是否合乎道德以及这些行动是否具有道德价值的尺度。良心既是一种纯主观的、往往没有受到社会舆论的明确理性评价的感情，因而也可能犯错误，使人固执着不正确的行为方针，不仅有'不纯洁的'良心，而且有'受欺骗的'良心。良心应该由社会、阶级向个人提出的道德要求的全部总和加以补充，在'终审法庭'——在道德关系和活动实践中加以检验"①。

职业道德自我评价，既是一个凭借职业道德良心反思的过程，也是一个与外在各种职业道德标准辩论的过程。正是通过良心的自我评价，自我与环境的对话，构成了自我道德发现、道德建构的过程。在我们的所有活动中，我们时时刻刻都受到良心的约束，而良心也处于不断变动的过程中。

他者评价，就是自我以外的其他主体的道德评价。他者当然是用他者的道德评价标准展开评价活动的。他者评价在区分意义上基本包括两种道德判断：一是赋予道德荣誉，进行道德赞扬；一是给予道德恶名，进行道德谴责。也就是说，他者评价是通过塑造和损毁"名誉"的方式或手段进行的。赞扬某种新闻行为就等于给予行为主体以美好名誉，谴责某种新闻行为就等于给予行为主体以不好名誉。

他者评价，由于各种主客观原因都有可能出现错误的道德评价，因此可能造成道德诋毁、道德诬陷、道德侮辱等现象，结果都是道德名誉的损害或损毁。在所有的名誉伤害中，道德名誉伤害是最可怕的，是最易伤害一个人的身心的，因为人的本性在一定意义上就是人的道德性。当人们认

---

① 季塔连科. 马克思主义伦理学 [M]. 黄其才，等译. 北京：中国人民大学出版社，1984：135.

为一个人缺乏道德或没有道德或只有恶德时，在某种意义上等于把其当作人类中的异类。因此，在对他人的行为、品质进行道德评价时，必须认真、慎重和理性，道德评价行为本身应该是道德的。

自我评价与他者评价之间既有一致又有差别和冲突。但不管是一致、差别还是冲突，都是道德评价标准的一致、差别和冲突。如果标准一致，评价的结果就会一致；如果标准不一致，评价的结果就必然有差异甚或冲突。自我评价与他者评价的不一，并不必然说明自我评价的结果是不正确的，也并不说明自我评价的标准是错误的、不合理的。自我评价易于在道德情感上倾向于对自己做出肯定的评价结论，但并不尽然，还要看不同自我评价者的道德素质和道德能力。同样，他者评价中评价主体的外在性，并不是保证评价结果公正性、合理性的根本条件，关键仍然在于对评价对象的准确认识和是否拥有合理客观的道德评价标准。自我与他者评价主体可能拥有同样的评价标准，这只能说明自我评价和他者评价可能会得出同样的评价结果，并不能保证评价结果的公正和合理。因为，自我与他者共同认可的道德评价标准，并不必然就是合理的、正确的道德评价标准。

在自我评价与他者评价之间，一般来说，行为主体更看重他者评价，"名誉使人遵守道德的力量往往大过良心"①。对于职业新闻工作者来说，更看重社会公众的道德评价，也就是说，人们通常会比较看重社会赋予的道德名誉（荣誉）。但是，坚守道德良心，不管他人毁誉，往往本身就是伟大的道德品质。

人们会追求名誉，也会赋予名誉，这都是出于道德需要。但是，为了虚荣，名誉心有可能异化成虚荣心，行为有可能假装故做，实质的不道德变幻成了表面的道德，荣誉因而有可能给错。因此，"人无疑应该追求荣

---

① 陈绚. 新闻传播伦理与法规教程 [M]. 北京：中国传媒大学出版社，2007：81.

誉，但不应该以自我异化的方式追求荣誉，而应该以自我实现的方式追求荣誉"①。同时，在赋予一个人道德荣誉时，需要庄重认真。道德名誉是珍贵的，它是金银项链，不是野草花环，不管为谁佩戴，都需充满理智和热情。

2. 不同层次主体评价及其相互关系

关于不同层次主体评价及其相互关系，我们主要针对职业新闻工作者个体的新闻行为展开讨论，并主要根据我国的情况进行分析。评价主体的层次，可以划分为三个：个体、群体（主要指组织主体）、社会主体。

个体评价方式。就是以个体形式对新闻行为的道德性进行评价。个体评价一是个体自我评价，二是个体他者评价。关于它们各自与之间的关系，我们在上文实际上已经论述了，不再赘述。

组织主体评价方式。组织主体可以分为两大类：一类是新闻业内性质的组织主体；另一类则是业外性质的组织主体。业内组织主体主要有两种：一是新闻媒介组织；二是各种与新闻传播业直接相关的组织，比如，新闻评议会，各种各样的新闻民间组织，还有新闻教育机构等。业内主体的道德评价，自然而然是职业工作者特别重视的评价，因为这是职业性的、专业性的、内行性的评价，是与自己工作岗位、利益需要直接相关的评价，是对自己后继行为能够带来直接指导性和约束性的评价。业外组织主体，这里主要指政党和政府组织。在中国，新闻传播业特殊的耳目喉舌性质，使得新闻业外的组织主体评价具有特别的意义，特别是有关党组织与政府机构作为评价主体的评价，对于新闻媒介组织和职业工作者的新闻行为有着十分重要的影响。当然，不光是道德评价（甚至主要不是道德评

---

① 陈绚.新闻道德与法规：对媒介行为规范的思考［M］.北京：中国大百科全书出版社，2005：70.

价），其他方面的评价也对职业新闻工作有着非常重要的作用和影响。政党与政府相关部门、管理者、负责人的评价，常常发挥着指导方向、价值引导的直接意义，有些更是新闻活动、新闻工作的路线和方针。

社会主体评价方式。这里所说的社会主体，主要是指社会公众，并且主要是指作为新闻收受者的社会公众。他们作为新闻信息的接收者、新闻产品的消费者，是最具道德"权威性"的新闻道德评价主体。这是由职业新闻"监测环境、守望社会、服务大众"的基本道德目标所决定的。职业新闻行为，特别是整体的职业新闻行为，到底是否有新闻道德以及新闻道德水平如何，关键要看职业新闻活动在整体上是否为社会的良性运行做出了实际的贡献，是否真正满足了社会大众的新闻需要和正当的知情权，诚如英国新闻道德研究者卡瑞·桑德斯所说，"好的工作或职业之所以好，是因为它们对人类主要的善做出贡献"①。只要职业新闻活动是道德的，大众就不会做出其不道德的价值判断，社会大众的整体道德评价一般说来是不会出错的②。

在自然状态下（非研究方式），社会大众对职业新闻行为的道德评价标准当然不会限于新闻职业道德规范，并且主要不是这样的规范。在常态情况下，他们更多的时候是用一般的社会公共道德标准进行评价，运用他们所知道的、理解的职业道德规范进行评价。这样的评价标准原则上不会出现错误和偏差，因为职业道德标准从根本上说只能比社会道德标准更高，而不是更低。

---

① 桑德斯. 道德与新闻［M］. 洪伟，高蕊，钟文倩，译. 上海：复旦大学出版社，2007：54.
② 至于怎样才能比较准确地获得社会大众对新闻行为的真实道德评价意见，那是一个科学问题，需要专门的研究，不是我们这里能够解决的。但就目前的情况来看，通行的比较科学的、有效的获取大众评价态度和意见的方法是实证的经验研究方法，即通过对社会大众的抽样调查，获得相关数据，最后通过相关的数据指标反映社会大众对新闻行为的道德评价。事实上，我国一些学者已经做了多次这样的调查研究，但得到的结论并不十分乐观。

社会大众自在的新闻道德评价方式，主要通过舆论方式实现（其中舆论领袖或者意见领袖发挥着很大的引领作用），人们往往针对一些比较典型的新闻行为（包括作为和不作为以及如何作为）发表意见、展开议论甚至论辩，以社会舆论的方式对相关新闻媒体、新闻职业人员、具体的新闻报道行为等赋予道德荣誉或进行道德谴责。进入网络时代，社会大众拥有了前所未有的、得天独厚的、相对自由自主的新闻道德评价平台。所有具有道德可疑性的新闻行为，都有可能被人们"晾晒"在网络世界中考察、分析、批判、辩论一番，这其中自然少不了非理性的喧嚣和发泄、精神分裂症式的谩骂和攻击，甚至会偶然出现群体性的"网络暴力"现象。但在总体上说，仅从对职业新闻行为的道德评价而言，网民的新闻道德评价，实质上是以强大的民主力量、民间力量对职业新闻行为的监督，网络平台对道德的、健康的职业新闻行为的形成更多的是促进作用；与此同时，网络大众也在与新闻媒介、职业新闻人以及网民之间的互动中，在自己参与道德评价的过程中，提高了自身的新闻素养，这本身也是一种道德收获。

3. 道德评价的心理构成方式

主体对新闻行为道德性的评价过程，形成评价意见、评价结论的方式，有着相当复杂的机制，既不是纯粹理性的、认识主义的，也不是纯粹非理性的、情感主义的、意志主义的，而是知、情、意的统一。当然，具体的道德评价到底以哪种心理方式为主，对不同的主体和处于不同境遇中的主体都是不一样的。正因为这样，道德评价尽管有其不可否认的客观性（评价对象和评价者首先都是拥有各种客观属性的存在），但也充满了不可避免的主观性。

新闻道德评价的意见或者结论形成与表达方式是多种多样的，但最基本的是两类：一类是理性方式，也可以说是认识主义的方式；另一类是非理性方式，也可以说是情感主义的方式。当然，这只是逻辑上的区分，在实际的道德评价活动中，更多的是这两种方式在不同程度上"混合"而成的诸多具体样式。其实，"当我们在做出一个道德判断的时候，我们心灵深处究竟想表达什么样的意思？道德判断背后的内心活动的复杂性远超过事实判断背后人的内心活动的复杂性"①。如果我们按照主体的心理构成方式来划分，通常可以把道德评价分为互有关联的三个向度或形式。

一是道德认知评价。道德认知评价就是对行为道德价值的认知性评价。一个新闻行为到底造成了怎样的道德效应，是一种事实性的存在或结果，是可认知的，即行为主体的行为到底是高尚的还是卑鄙的，是善的还是恶的，都有一定的事实性表现，评价者对事实所是是可以考察分析的，对事实的道德效应、道德结果是可以进行认知判断的。

二是道德情感评价。道德评价不只是认知问题，它有着强烈的情感色彩和意志心愿。在道德评价的主体心理向度上，还存在着情感评价和意志评价。我们先来看情感评价。人是有道德情感的动物。所谓道德情感，就是"对自己或他人的言论、行为、思想、意图是否符合自己的道德需要而产生的情感体验"②。当人们看到一些道德行为时，便会产生激动、钦佩、赞赏之情，这是典型的道德情感体验。我们还常常看到，"人们可以用一种语气（如感叹、惊讶等）、语音语调、手势，甚至是表情（目光、脸色）的变化来表达自己对某种表现的道德评价、态度、倾向等等"③。这些表现，基本上都属于道德情感的表达，是对道德行为的情感性评价。当然，也有负面性质的评价情感，比如，人们看到有些行为就会愤怒、憎恨、心怀不满，如此等等，也都是以情感方式对一定行为发出的道德评价。

---

① 陈真. 决定英美元伦理学百年发展的"未决问题论证"[J]. 江海学刊，2008（6）：32.
② 黄希庭. 普通心理学 [M]. 兰州：甘肃人民出版社，1982：420.
③ 万俊人. 现代西方伦理学史：上卷 [M]. 北京：北京大学出版社，1990：458.

三是道德意志评价。人们面对一些行为，会有或强或弱的道德意志反应，表现出不同的行为倾向或意向。当人们看到一些道德行为，就想去学习模仿，生出学习效仿之心，这实质上就是对这些行为的肯定性的道德意志评价。与情感评价一样，意志性的道德评价也有否定性的评价，当人们看到一些丑恶的行为时，同样会有道德意志反应，"我"绝不能效仿这样的行为。

知、情、意三种道德评价方式，通常是统一的，比如，当一个人了解到一位记者一贯敢于和善于让新闻事实说话、用新闻事实说话、为新闻事实说话，敢于坚持求真、公正和自由的新闻精神，在新闻报道中积极维护社会正义，为社会公众服务，就会认为记者的职业行为是善的、好的、正确的（认知评价），对这样的记者自己心怀敬意、钦佩之情（情感评价），决心也在自己的岗位上、工作中学习他或她的精神，像他或她那样为人做事（意志评价）。显然，这三者都是肯定性的评价，方向是一致的。但这三者之间也可能出现不一致的现象，"合理不合情"或"合情不合理"的现象并不鲜见，一些道理上正确的事情，人们在情感上往往不能认同，也不愿意在自己的行为中进行学习和模仿。比如，我尽管认为某一行为在动机上、结果上是道德的、正确的，总体上有正面的道德价值，但我感情上不能接受他或她的行为方式或手段，我也不想向他学习，不想在同样的情景中像他或她那样行动。

（二）具体行为评价与整体品质评价

这主要是从道德评价对象角度对道德评价方式的一种分类。新闻道德评价，直接评价的是主体具体新闻行为的道德性，包括主体具体行为的动机、行为过程（行为手段）和行为结果，进而评价的则是新闻行为主体的整体道德品质。也就是说，通过对主体新闻行为的道德评价，评价主体在最终意义上可以对行为主体的道德品质、新闻职业道德品质做出定性的评判。因此，笼统地说，道德评价的实质是对评价对象（行为与人）的道德性做出判断。

当人们评价主体的行为是否道德时，是用道德规范作为直接标准进行衡量和评价；当人们评价行为主体的新闻品质如何时，是用描述新闻道德品质的概念——如诚实、勇敢、智慧、公正等——进行直接的整体的评价。这就在形式上构成了两种道德评价方式——具体行为评价与整体品质评价。因此，前一种评价比较具体，而后一种评价比较抽象。

对某次具体行为的道德评价，是对某次行为动机、手段、结果的具体评价，是对本次行为中表现出的道德品质的评价，它并不必然能够代表对一个主体整体新闻道德品质的评价。因此，具体行为评价与整体品质评价之间是有所不同的。但是，主体的道德品质如何，是通过行为表现的，并且只能通过行为来表现和证实某种品质的存在与否和优良程度。人们评判某一主体的新闻道德品质是否优良，是根据其长期的、常态的，当然包括那些关键时刻的新闻行为的道德性做出的①，不可能依据一两次具体行为就判定一个人的新闻道德品质是优良的还是不良的。因此，从根本上说，行为评价与品质评价是统一的、不可分割的，但离开行为评价，品质评价就要悬空、失去基础。正因为如此，我们才在前文中说，关于行为的道德评价比起整体的道德品质评价来通常具有优先性。

反过来，一旦人们已经普遍认定一个人的品质是优良的，人们就会推定他或她在未来的职业行为中会有良好的表现，会遵守优良的道德规范，

---

① 一般来说，人的常态行为与特殊道德境遇中的行为是统一的，但特殊道德境遇中（比如面临自我利益与他人利益的重大抉择，面临生与死的考验等）的行为选择更能显示出一个人的道德品质，这就是道德英雄往往更多地诞生于特殊道德境遇中的原因；这就像科学研究中有一般性实验和判决性实验一样，一个理论能否成立，有些实验是辅助性的，有些实验则是判决性的。

甚至会以更为严格的、高标准的道德规范约束自己的行为。对于这样的主体，即使他或她的行为偶然出现手段不当或者结果不良，人们也往往不会怀疑其行为动机的优良性。这就是说，道德品质对于一个人来说是稳定的素质，是可预期的。

人的道德品质一旦形成就具有稳定性，但这不等于说有美德者就有道德上的先知先明，有什么特殊的道德权威性。有美德者同样会出于各种原因造成道德错误。因此，"对一个行动是否正确的任何解释，至少要参考这个行动及其环境的某些具体特点。这些特点通常包括行动者的动机、该行动的某些内在性质以及对于受影响者的后果"①，而不能仅仅根据行为主体是否是一个有美德的人。有美德的主体只是不容易犯道德错误的主体，而非不犯道德错误的主体。

同样，人的道德品质一旦形成就具有稳定性，也不等于说道德品质是不可改变的，品质是在行为过程中、社会化过程中、职业化过程中形成的，这本身就说明，它是会变化的，而且并不一定总是向好的方向改变。好的品质可能变坏，坏的也可能变好。一个人只有不断地做好事，做符合优良道德规范的事，他或她才能成为好人，成为有美德的人；一个职业人只有在每次职业行为中自觉遵守职业规范，尽职尽责高质量完成自己的任务，才会成为一个合格的职业工作者，才会成为一个拥有职业美德的职业人。好的游泳运动员是刻苦"游"出来的，好学生是努力"学"出来的，好记者是不断"采访报道"出来的，只有不断道德地行为，才能形成优良的道德品质。

（三）行为要素评价及其关系

主体行为是由互相联系的不同要素构成的统一体，针对行为要素形成

---

① 程炼.伦理学导论［M］.北京：北京大学出版社，2008：209.

的道德评价方式就是要素评价，这是道德评价最基本的方式和途径。正是在道德评价要素选择的基础上，形成了侧重不同的道德评价哲学，凸显了不同道德哲学理论、信念之间的差异，这同样也体现在新闻道德评价之中。

1. 行为要素评价类型

主体的新闻行为，总是由一定的要素或者可相对区分的阶段（部分）构成的，这就为道德评价的多样性提供了具体的"要素"根据；而一个行为的整体性存在，又为评价整体行为（或者说是广义行为，包括行为动机、行为过程或行为手段和行为结果）的道德性提供了基础。这两个方面放在一起，则对如何在道德评价中处理不同要素评价之间的关系提出了难解的问题。

新闻道德评价在评价对象意义上，通常有四种类型：一是行为类型，人们使用正当的、错误的、必需的、允许的、禁止的等概念做出道德判断；二是行为的意向或动机类型，人们经常使用的概念是恶意的、善良的、无所谓好坏的；三是行为的结果类型，人们经常使用的概念是好的、坏的或者无所谓好坏的；四是品格类型，即对一个整体的行为者进行道德评价，人们使用的评价概念是有德、无德、中性等。[①] 如果只针对主体行为的要素构成而言，则只有前三种类型。关于整体道德品质（或品格、品性）的评价，以及它与具体行为评价之间的关系，我们在上文已经做了专门讨论，这里不再重复。

对一个行为，人们既可以做出针对不同行为要素的分别评价，当然也可以在行为的整体意义对行为的道德性做出评价，这可以叫作复合性的评价类型。事实上，不同的道德哲学在道德评价的核心对象上是不一样的。

---

① 程炼. 伦理学导论 [M]. 北京：北京大学出版社，2008：126.

或者说，正是由于不同人选择了不同的道德评价侧重要素（有的侧重动机是否优良，有的侧重过程是否符合规范，有的侧重结果是否良善，有的侧重主体有无美德），并以此代替或代表对整体行为的道德评价，才形成了不同的道德哲学和不同的道德价值评价理论。比如，在结果主义者看来，一个行动是正确的，当且仅当它产生最好的结果；在义务论者看来，一个行动是正确的，当且仅当它与一个道德规则或义务相符；在美德论者看来，一个行动是正确的，当且仅当一个有美德的人会做该行为。① 显然，这其中明示的核心问题，就是我们反复强调的道德评价标准问题，也即用什么（结果、义务、美德）去评价一个行动或行为的道德性问题。

2. 整体行为评价方式

那么，到底如何进行新闻道德评价，才能对一个新闻行为的道德与否、道德程度做出比较准确的道德评价？在我看来，人们对一个新闻行为或一个人的新闻道德品质的评价，应该是整体的、全面的，只有如此，才能获得比较准确客观的道德评价结果。当然，这其中包含着一系列的问题需要分析论述，我们下面撮其要者加以阐释。

第一，整体的、全面的道德评价才是合理的，更加可能获得比较准确客观的道德评价结果，这个道理是直觉的、自明的，也是可理性论辩的。比起部分的、片面的评价来，整体的、全面的评价更具可信性、说服力，也就是说更具有公正性。要评价一个行为的道德性以及相应的行为者的道德性，就要整体地（系统地）、全面地评价这个行为。整体的行为是由行为动机、行为过程（手段）和行为结果构成的，也就是说，我们理解的行为是整体的行为，是包括动机、过程和结果的行为，而不只是包括过程或

---

① 程炼．伦理学导论［M］．北京：北京大学出版社，2008：204-209.

者结果的行为。道德评价，如果仅仅选取行为中的一个要素作为对整体行为道德效应的评价，必然是失当的、不公正的，很难获得准确客观的道德评价结果。这就意味着，道德哲学中的目的论、义务论都难以独立地成为道德评价论的理论支柱，美德论则更为困难。经验事实已经证明：目的的善并不能绝对保证手段的正当；而正当的手段也不能绝对保证目的善的必然实现。有美德就有正确的行为，则把有美德的行为者神化了，即似乎有美德者就有预判正确与错误的先见本领。有位学者讲得比较全面细致："德性论提供了履行责任的内在的、心理学的根据，功利论提供了履行责任的外在的、社会学的根据，而命令论则提供了履行责任的超验的、存在论的根据……纯粹的德性论无法解释德性的起源和作用机制……功利论无法解决如何从个人利益向社会利益的升华的问题，容易导向利己主义；而命令论所诉求的绝对命令如果不通过人的内在德性和对外在功利目标的追求，就难以转化为人的现实的行为。"① 因此，单纯依靠这些道德哲学中的某一种很难为正确合理的道德评价提供根据。这说明，我们在设立新闻道德评价标准时，既不能是结果主义的，不能是义务论的，也不能是美德主义的，而是力求在结果主义、义务论与美德论的基础上寻求新的道路和方法，这就是我们前面所说的整体的、全面的评价方法，可以称为"复合性评价"。可以说，我们坚持的道德哲学是"整体主义"道德论。因而，对一个完整行为的道德评价，包括对动机、过程（手段）和行为结果的分别评价，包括对它们之间关系全面而具体的考虑。下面我们先来阐释对动机、过程（手段）和行为结果的分别评价问题。

首先，新闻道德评价也像其他一般道德评价一样，要特别关注对行为主体的动机评价。道德评价不是简单的结果评价或对行为过程或手段的评

---

① 沈晓阳. 西方伦理学中的责任根据理论探析 [J]. 杭州师范学院学报，2002（3）：36.

价，首先是对行为动机的评价，正如有学者所指出的那样，"道德首先和主要关注内在动机，不仅侧重通过内在信念来影响外在行为，而且道德评价和谴责主要针对人们的内在动机。一个具有道德外观的行为，必须在内在动机上是善的，才会赢得道德上的肯认"[①]。

但是，动机之道德性的评价是最难的，"很难判断一个干净、诚实和正当的行动是出于正直还是出于精明"[②]。这是由良心的内在性和隐蔽性所决定的。因此，从原则上说，对动机道德性的"准确"评价只能是良心，对动机道德性的"正确"评价只能是正确的良心。良心之外的动机评价只能是推测性的，只能依赖行为主体的自我表白，而"推测"和"自我表白"之类在逻辑上并不是客观的根据、可靠的根据。不道德者、道德伪善者、道德欺骗者一般恰好不会说自己的动机是不良的，这也从根本上说明了一个人自己不能宣称自己的道德性，尽管谁也不能保证他者评价就一定是正确的。由不良的或者不道德的动机支持的行为，无论过程如何灿烂、结果如何辉煌，都很难被认定为是道德的。不良动机造成的善只能是伪善，也只能是暂时的善，把这样的行为在整体上评价为道德的行为，显然是荒唐的，因为它等于鼓励人们投机取巧，把道德作为牟利的手段。因此，正如拉罗什福科所说，"有的光辉灿烂的行动，如果它并非一个崇高意向的产物，不应把它归入崇高之列"[③]。

其次，对行为过程[④]即行为手段的道德评价。行为手段是行为动机与行为结果间的桥梁。在实际中，评价新闻手段道德性的直接标准就是具体的新闻道德规范，规范允许的行为手段就是道德的，规范不允许的手段就

---

① 王泽应.论道德生活史研究的独特视阈及原则要求 [J].伦理学研究，2008 (6)：6.

② 拉罗什福科.道德箴言录 [M].何怀宏，译.北京：新世界出版社，2008：33.

③ 同②31.

④ 所谓行为过程，就是行为手段的展开，因此，行为过程和行为手段是一致的，我们在同等意义上使用这两个概念。

是不道德的。显然，评价的正确性与合理性有赖于道德规范的优良性。

需要注意的是，对手段的道德性评价有例外性，即有些不合道德规范的手段，在特殊境遇下在道德上是可接受的、可辩护的，是小恶换大善的权衡性选择，是贯彻比较评价原则的结果。比如在一些特殊情况下，隐性采访手段是可以得到道德辩护的，但这一定是例外，不能普遍化，就像撒谎在一些特殊情况下作为实现善的手段可以得到道德辩护，但在普遍意义上，撒谎本身是不道德的，不能普遍化的，而要设定特定的境遇和条件。履行职业行为在一般的道德评价中始终是正当的、合理的，但同样的行为在一些特殊情境中就未必正当合理，未必是善的选择，因此需要特殊的评价，即依据特殊情境进行道德评价，英国伦理学家图尔闵就说："一种特殊行为的正当性问题是一码事，而作为一种实践的实际正当性问题是另一码事。"[①]

当人们把新闻道德规范中可对行为手段进行直接评价的那部分作为唯一的新闻道德评价标准时，实质上有规范至上主义的嫌疑，因为直接规范行为手段的道德规范，很难规范行为动机，也很难规范行为结果，具体表现是：只要手段是合理的，动机如何无关紧要。另外，在手段与结果之间，还包含着这样的逻辑推论，只要手段是合理的，结果就一定是良善的，也应该是良善的。但在现实情况中，这样的逻辑有时是行不通的。比如，给一个病人讲了真话，可能会带来不好的结果；对一个特殊的新闻采访对象采取公开采访形式，无法维护公众利益。因此，优良的道德规范，不仅要有具体的行为手段规范，还要在原则上说明什么样的动机是优良的，什么样的结果是应该追求的。这样的新闻道德规范，作为新闻道德评价标准才有可能对行为主体的行为做出全面的道德评价。这恰好说明，单

独对手段的道德评价，不能代替对整个行为的道德评价，也不能代替对其他行为要素的评价。

最后，对行为结果的评价同样不能代替对整体行为道德价值、道德效应的评价。就行为而言，道德的动机、道德的手段，目的在于追求道德的结果或者说好的结果、善的结果。因此，对一个行为的整体道德评价，绝对不能离开对结果的评价，结果是整体行为构成的核心要素。一个结果为恶的行为，不可能在整体上被评价为道德的行为，这是显而易见的，也是人们容易理解和接受的。

结果为善的行为，往往容易在整体上获得有道德的评价，但这种评价的正确性是有条件的，只有在行为动机优良、行为手段正当的前提下，才能说整体行为是道德的，不然，就不能盲目做出这样的整体评价，只能先对行为的各个要素进行分别评价，再看具体情况，做出整体的道德评价。比如，人们在一些影视艺术作品中常常看到这样的故事，这样的实事也往往发生在现实生活中，一个人想害人，也用了害人的手段，但事与愿违，却正好给被害人带来了好处，这时，我们很难得出害人行为在整体上是道德的评价。纯粹结果主义的功利主义道德价值观是不全面的，有其难以辩护的漏洞或缺陷。

第二，通过上面的讨论，可以看出，对动机、过程和结果的评价可能出现矛盾，那么如何在综合性评价中对待这样的矛盾呢？我提出以下基本的看法。为了讨论的方便，我选择了动机与结果进行分析，其他要素之间的关系在论辩逻辑上是一致的，我就不再一一展开了。

动机善，结果善，动机与结果一致，行为在整体上必然是道德的，可以做出有道德的评价；动机恶，结果恶，动机与结果一致，行为在整体上必然是不道德的，可以做出不道德或道德低下的评价。可见，只要动机与结果的道德价值属性一致，对行为进行整体道德评价就比较容易。

动机与结果道德价值属性不一致的情况有两种：动机善，结果恶；动机恶，结果善。在此两种情况下，如何在整体上评价一个行为的道德性？这是道德评价论中争论比较多的地方。我的基本看法如下。

上面两种情况表明，动机与结果在现实中有时是无法统一的，因此我们也就无法简单用动机结果相统一的观念和方法去评价主体行为的道德性，如在逻辑上，我们不能把恶的结果统一到优良的动机上，也不能把善的结果统一到恶的动机上，也就是说我们无法仅仅根据动机的善恶或行为结果的善恶评判行为主体整体行为的善恶。我们只能将动机、手段（过程）、结果区分加以评价，这其实是最实事求是的道德评价，事实上、客观上不能统一的道德价值，我们当然不可能做出统一的道德评价。因此，从根本原则上说，单一根据动机，就像单一根据手段、单一根据结果进行道德评价一样，都不可能是对整体行为全面的、公允的、公正的道德评价。但是，如前文所说，在动机与结果相矛盾的境遇中，人们往往把动机善、结果恶的行为在整体上看作是道德的，特别是对动机善而结果恶比较小的行为，更容易在道德上给予肯定性的评价。这是因为，道德行为总是源于优良的动机，而动机不良，就谈不上道德。当然，这里有个分寸问题，不切实际的优良动机是盲目的，而盲目的动机本身说明行为主体缺乏必要的道德素养和品质，因此，我们讲的侧重动机的评价并不是唯动机论。还有，当动机比较模糊，无法进行比较清晰的认定时，人们通常是也只能是根据结果去评价整体行为的道德性，即这种情况下只要结果好，行为在整体上就是善的，否则，就是不善的。

另外，也如我在前文多个地方所说，如果抛开某一次具体的行为，对某人进行一般性的道德评价，这实质上是在直接评价此人的道德品质，而依据又恰好是此人常态的行为表现。如果一个人在常态的行为中一贯符合道德规范，人们就会断定此人是品德优良的，即一贯的行为说明了品德的优良；如果一个人在常态的行为中更多的是不遵守道德规范，人们就不会认为他/她具有良好的道德品质。从这一意义上说，也就是从长期的、整体的意义上说，行为与品德是统一的。根据生活经验，人们还是会普遍相信：一个人可以虚伪一时，但很难虚伪一世。

第三，不同道德行为有不同的道德境界，因而评价主体也会对整体行为做出层次不同的道德评价。人们会根据新闻行为的不同价值取向（侧重的仍然是行为动机）做出不同的道德评价，新闻行为只要是无私利他、为己利他、单纯利己不害他的行为，从原则上说就都是合理的行为，就是道德的行为。但这些不同类型行为的道德境界高低显然是不一样的。无私利他是道德的最高境界，为己利他次之，单纯为己不害他则最低。诚如王海明先生所说："无私利他的正道德价值最高，是伦理行为最高境界的应该如何，是道德最高原则，是善的最高原则，是至善；单纯利己的道德价值最低，是伦理行为最低境界的应该如何，是道德最低原则，是善的最低原则，是最低的善；为己利他是利他与利己的混合境界，所以其道德价值便介于无私利他与单纯利己之间，是伦理行为基本境界的应该如何，是道德基本原则，是善的基本原则，是基本的善。"[①] 因此，在现实中，不管是新闻组织主体还是职业个体的新闻行为，在道德范围内，这三类行为都是有的，但主导性的行为乃是为己利他的行为，其他两类行为是相对较少的。当然，新闻活动主体的有些行为，是道德范畴之外的行为，是害他的、损人利己的或者害己的不道德的行为。而且，不管是道德的还是不道德的行为，往往都是不同类型行为的复合型，并不一定是单纯的某种行为类型。

3. 正确道德评价的实现

道德评价正确与否、合理与否，取决于两个大的方面：第一，评价主

---

① 王海明. 伦理学与人生 [M]. 上海：复旦大学出版社，2009：143.

体对评价对象之所是有无一个正确的认识和把握，这是能否正确合理评价的前提或基础，如果评价主体对行为主体之行为事实如何都不能正确认识，正确合理的评价就没有基础，就无从谈起；第二，评价主体所运用的评价标准是否正确合理，是评价能否正确合理的根本保证。如果标准是错误的，就不可能得出正确合理的评价，只有标准是正确合理的，才有可能得出正确合理的评价。如果把这两个方面统一起来考虑，显然，只有认识正确，评价标准同时正确合理的情况下，才能做出正确的道德评价。

如果我们假定评价主体能够正确认识行为主体行为事实如何，那就剩下一个问题，如何确保评价标准正确合理。而评价标准就是新闻道德规范，因而评价标准是否正确合理，实质就等于问用来衡量新闻行为的新闻道德规范是否优良，而怎样才能制定优良的道德规范呢？我们在第二、三、四章都在回答这个问题，原则上只有主客体相统一的规范才可能是优良规范，即既反映了新闻规律又反映了职业主体合理需要（也即社会大众的合理需要，职业主体的道德目的就是要为社会公众服务）的道德规范才是优良的道德规范，评价者只有运用这样的规范才能得出正确的评价。

如上所述，我们所说的规范内涵，并不是仅仅针对行为整体的某一构成要素，而是针对完整的行为，包括所有的行为要素——动机、过程（手段）和结果。因此，优良的、作为道德评价标准的规范必须包括对动机的评价、手段的评价和结果的评价，只有在这三个方面都是优良的规范，才能对新闻行为做出正确的道德评价，才能做出符合整体行为道德价值的评价。

顺着这样的逻辑，我们可以说，凡是与优良道德规范相违背的标准都是有缺陷的或错误的标准。不同道德评价标准之间是有正确与错误之分的，因此，不同道德评价形成的道德判断是有真假的，就是说有些评价是正确的，有些评价是错误的。而做出相对正确合理的新闻道德评价，是道德评价的直接目的。因此，不断认识新闻的本质，把握新闻传播的规律，不断认识和准确把握社会大众合理的新闻需要，永远是新闻研究者、实践者的任务。

新闻道德评价主体"实际使用的评价标准"和"应该使用的评价标准"之间一定是不同的，或者是有差别的，应该的标准是评价者应该追寻的目标、应该把握的尺度，但这是一个历史的过程。何况，那个应该的标准、优良的标准也只能历史地获得、历史地存在。

四、新闻道德评价的功能

新闻道德评价在整体上说，是主体通过自我评价或者他者评价对所涉新闻行为、新闻品质的价值判断活动，核心是对新闻行为道德性的评判与反思。这样的道德评价，不仅使职业新闻工作者能够不断提升对正当新闻行为的认识水平，也能促进社会大众对新闻传播的监督，不断提高媒介素养。新闻道德评价有其特殊的功能和价值，如通过评价可以传播良性的新闻传播行为，宣传良好的新闻职业道德规范，赞扬新闻职业美德，从而以社会舆论的形式促进新闻职业道德的建设，推进新闻职业行为的良性发展。

（一）道德自省的基本路径

人类是理性动物，理性的高明之处主要在于理性主体可以对自己的所作所为做出反思和自省，并且能在反思和自省中获取经验、吸取教训，从而使后继的言行更符合自身合理的利益追求。这种普遍的反思自省意识和能力，存在于人类的所有活动领域。人类反思自省的方式也是多样的、多向度的，其中，道德反思、道德自省——人类对自身行为之善恶好坏及其程度的评判与再评判、对既有道德观念之优良正误的不断认识与再认识，是极其重要的反思自省方式之一，也是人类行为能够不断正确化、合理化、有益化的重要途径和方法之一。这样的反思方式和能力，在一些道德哲学家的眼中，甚至被看成是人之所以为人的根本。

新闻道德意识、观念本身就来源于人类对新闻实践活动的认识和反思。人类正是通过对新闻行为善恶好坏的认识与反思，才逐渐形成了新闻道德意识和新闻道德观念，才形成了哪些新闻行为是应该的、哪些新闻行为是不应该的观念。并且，正是也只能是在对不断更新的新闻实践的认识反思中，人类才能不断更新和变革以往的新闻道德观念。一言以蔽之，新闻道德的形成与进步，仅从精神层面说，只能实现于这样的道德反思、道德自省过程之中。缺乏反思、自省的所谓道德生活只能是自然本能的，而在道德反思、道德自省中实现的道德生活才是自觉的、自由的。道德反思、道德自省最基本的途径或方式便是道德评价。

以一定的历史时代为界，新闻道德的现状到底如何？在世界范围内，新闻职业道德水平到底如何？在一定的社会范围内，整个新闻工作者队伍的职业道德水平到底如何？一家新闻媒体作为新闻道德实体的道德水平到底如何？一个新闻职业人的道德水平到底如何？这一系列"如何"之结果的获得途径和方法，就是各种方式的新闻道德评价。通过新闻道德评价活动，不同的新闻活动主体，以及其他社会主体，才能比较清楚而准确地认知新闻道德的实际情况。一定社会范围内的新闻职业主体，只有通过对现实新闻道德状况的评价和反思，才能真正历史地、具体地知道和懂得自己需要和应该遵循怎样的新闻道德，需要和应该追求怎样的新闻道德精神。

具体一些说，只有通过各种形式的、各种层次的新闻道德评价活动，才能发现整个新闻行业、新闻职业和具体新闻行为中存在的各种道德问题。没有道德评价就等于没有道德自省；不愿意道德评价，就等于不愿意道德自省。道德评价活动为行为主体提供了发现道德不足的机会和方法，也就等于为行为主体提供了道德改善与提高的路径和可能。新闻道德评价，特别是对典型新闻案例关系到的新闻道德问题的分析与评价（这其中自然包含着不同新闻道德评价主体对同一案例的不同的、相似的或相同的道德评判意见），能够使职业新闻工作者以及其他社会成员明白怎样的行为才是道德的或应该的。道德评价实质上也是一个道德辩论的过程，既能在一定程度上说明道德行为为什么是道德的，也能在一定程度上证明不道德行为为什么是不道德的。因而，新闻道德评价活动，也就是对新闻活动的道德性反思与自省，可以使新闻活动主体澄清道德上的模糊认识，准确把握新闻道德规范的要求。

　　一个行业、一种职业通过经常性的道德评价活动，能够达到对本行业、本职业整体道德状况的基本认识，从而采取相关措施解决存在的道德问题，提高整体的行业、职业道德水平。但是，道德，无论什么样的具体道德，说到底，最终是要落实在个体身上，落实在个人的行为、品质上。我们拥有道德的目的不是简单地评价别人，而更多的是提高自身。道德本质上是向己约束、向人为善的，如果只要求他人道德，不要求自己道德，这样的道德就是假道德。西班牙伦理学者费尔南多·萨瓦特尔说得好："伦理学唯一的目的是努力改进自身，而不是滔滔不绝地斥责旁人。"[①] 而自我道德改进的重要方式之一就是不断地道德反思、道德自省，而反思、自省的方法就是自我道德评价以及对他者道德评价的再反思。实际上，职业主体的自我道德评价是最为典型的道德自省方式，这是一种职业良心不断发现、职业良心不断成长、塑造的方式。拥有一定新闻道德意识、道德自觉的新闻工作者，总是那些能对自身行为进行不断反思评价的工作者。

---

① 萨瓦特尔. 伦理学的邀请：做个好人 [M]. 于施洋，译. 北京：北京大学出版社，2008：110.

反思与自我道德评价的过程，是一个实实在在发现业务问题、道德缺陷、道德失误的过程，也是一个不断发现和确立良好道德观念、培养健康道德心理的过程。自我道德评价就是一种有效的也是经常性的自我省悟、自我引导的过程。应该说，在职业新闻活动中，自我良心评价是提高职业道德水平的重要方式之一。

（二）规范生成与完善的重要方法

道德评价活动不仅是道德自省的过程，也是不同道德意见、道德观念、道德情感、道德意志对话、协商、辩论的过程。正当的、合理的新闻行为应该是什么样的，可以通过广泛的道德评价活动达成基本一致的意见。这种意见正是制定建构新规范、改进完善旧规范的重要认识论依据和心理依据。① 可以说，新闻道德评价活动是规范生成建构、改进完善的重要动力之一。道德规范是为了约束不规范行为的，是为了减少失范行为的②，而道德评价是发现、认定不规范或者失范行为的基本方法，因此道德评价活动在道德规范的建构与改善过程中有着特别的意义和价值。

如前所述，道德规范不过是道德观念的形式化、条款化表达，因此道德观念是道德规范形成的逻辑前提。新闻道德观念的生成，本源于新闻实践，本源于人们对新闻行为性质、功能、作用和影响等等的认识和反思，本源于人们对自身新闻需要、所处实际社会环境的认识和把握。一种新的

---

① 因此，当一些典型的新闻道德案例发生后，新闻道德的研究者们应该站在前台，积极参与道德分析与评价，使我们的新闻道德理论研究能够为有道德的新闻实践的形成服务。

② 失范，大概有这样几个方面的含义：一是指没有规范，因而应该规范的对象处于无秩序的状态；二是有规范，但因为种种原因，规范实际不发挥作用，使应该规范的对象处于失范状态；三是指一定行为主体违背或破坏相关规范，形成失范行为。从逻辑与现实两方面观察，这样的失范行为都可能有两种情形——违背良性的规范，违背恶性的规范，因此，对失范行为本身的性质要做具体的分析。但是，一定要注意，人们通常用失范概念指称那些违背合理规范的行为。

媒介传播、新的新闻现象、新的新闻行为的出现，必然会引发人们的关注，引发人们的认知和评价，从而生成某些新的认识观念、价值观念、道德观念。这些都是道德规范生成和改善的观念基础。新闻实践的不断展开，新闻认识、新闻道德评价的不断展开，都在持续地为新闻道德观念的生成和变革创造条件，为新闻道德规范的生成提供前提。

道德评价活动对既有规范的修正和改善有着特别的意义和价值。标准只能在运用过程中体现自身的价值，也只能在运用的过程中改善自身。在道德评价活动中，评价主体不仅是用评价标准评价检验对象，同时也是在验证所用评价标准的准确性和合理性。尺度的好坏只能在使用的过程中证实，尺度的问题也只能在使用的过程中发现。评价标准的优良化只能通过评价活动和对评价活动的反思不断实现。每次新闻道德评价活动的进行，不仅是在评价具体新闻行为的道德价值，不仅是在评价行为主体的新闻道德品质，也在检验着既有新闻道德观念、新闻道德规范的正确性和合理性。作为新闻道德评价基本标准的既有新闻道德规范，实际上每时每刻都在发挥着作用，千千万万的新闻职业工作者总是在自觉与不自觉地运用它来衡量自己的新闻行为。也正是在这样的过程中，职业人不仅能够发现自己的道德不足，同时也能发现规范的欠缺。因此，新闻道德评价事实上既为行为主体提供了道德提升的机会，也为道德规范的改善创造了可能。同样，当社会主体评价新闻行为的道德价值时，首先碰到的问题便是，用什么样的道德标准（一般的社会道德规范、新闻职业道德规范、个人认可的道德规范等等）评价职业人的新闻行为，用什么样的标准评价才是合理的、应该的；标准选择过程中的困惑与矛盾，以及运用不同评价标准之间形成的差异性评价结论或争论，都为新道德规范的建构和既有道德规范的改进与完善创造了动力、设置了议题、提供了契机、营造了环境。

（三）价值取向的稳固与引导

新闻道德评价不仅要认定具体的新闻行为是什么（事实判断），更要对整体新闻行为的道德性做出评价（价值判断），或者对构成行为的具体动机、过程和结果做出分别的道德评判。无论是针对整体的行为还是针对具体的行为要素，作为道德评价总是要形成一定的道德结论，诸如：什么样的行为是正当的、什么样的行为是错误的，什么样的行为是允许的，什么样的行为是应该禁止的等；什么样的行为动机是善良的，什么样的行为动机是恶意的、不良的，什么样的行为动机是无所谓好坏的；什么样的行为结果是善的、好的，什么样的行为结果是恶的、坏的，什么样的结果是无所谓好坏的。而针对行为主体的品质，则会做出什么样的品质是高尚的、是美德，什么样的品质是卑鄙的、是恶德等。如此等等的道德价值评价结论，是典型的价值取向说明和表达，是典型的道德价值引导，对行为主体后继的新闻行为和其他行为主体一定会形成某种作用和影响。事实上，新闻道德评价像所有的道德评价活动一样，必然会形成一定的价值引导。

一定意义上说，道德评价活动就是一种道德引导的方式。这种引导一方面维护和稳固了评价标准（道德规范）本身包含的价值取向，另一方面则形成了一种道德引导效用，等于为后继的行为指明了努力的道德方向。我们都能看到，在社会生活中，人们正是通过价值评价（包括道德价值评价）活动，将一些行为确立为符合某种价值标准的正确行为，将一些人树立为符合某种价值标准的模范人物，使一定的价值取向不再只是抽象的理念性存在，而是变成了看得见、摸得着的感性现象和事物，一些人和事成了道德价值的体现者和体现物，就像路标一样，指示着人们应该选择的目标和方向。在新闻领域，各种各样的评奖活动，可以说都是从不同角度、不同层面、不同范围进行的价值评价、道德评价。这些评奖活动，树立了各种各样的典型或楷模，毫无疑问的是，所有的典范或楷模，都包含着明确的价值意味和道德取向，蕴涵着或明示着对某种价值、精神、道德品质的肯定和赞扬。

引导同时意味着扬弃和批判，扬弃和批判不过是道德引导的另一种表现形式而已。引导的前提是对对错的区分、善恶好坏的区分、合理与不合理的区分、正当与不正当的区分，等等。因而，新闻道德评价总是在用一定标准肯定一些价值取向的同时否定另一些价值取向，在褒扬一些价值观念的同时批判另一些价值观念。我国新闻界这些年来，每年都要评出"十大假新闻"，揭露造成这些假新闻的原因和过程，说明它们造成的不良后果甚至恶果。这种活动的根本目的，主要在于揭露造成假新闻的道德原因，实质是以新闻道德评价的方式向整个新闻界、整个社会说明什么是应该的、什么是不应该的。"评比"假新闻，就是对造成假新闻之新闻行为、新闻品质的道德谴责、道德批判，是以否定方式进行价值引导、道德引导的一种手段。

需要特别注意的是，行为的道德价值与对行为道德价值的评价并不是一回事。行为的道德价值是客观的，评价的直接形式是主观的。主观评价能符合客观价值，其实是一件相当艰难的事情。行为的道德价值常常是通过评价得以发现的，当然评价本身也可能遮蔽行为的道德价值。因此，道德评价活动并不总是能够起到正确引导人们观念行为的作用，同样也会误导人们的观念和行为。也就是说，有些道德评价可能维护的是正确的价值取向，把人们导向正确的价值方向，而有些道德评价则可能维护的是错误的价值取向，把人们导向错误的价值方向。因而，如何判断某一行为的道德性以及道德价值的大小，是件非常重要的事情。道德评价对其评价的行为和发出行为的主体，既可以"增光添彩"，也可能"涂污摸黑"，从而产生完全不同的评价效应。一般说来，"正确的评价会起到积极的作用，错误的评价会产生消极作用"①。积极作用最基本的表现就是能够形成正确的价值引导，促进主体行为的优良化、道德化，消极作用最基本的表现就是造成价值误导，制约主体行为的优良化、道德化。

在现实中，我们常常看到一些道德评价是非不分，黑白颠倒。比如，无论是新闻媒介，还是职业个体，在批评性报道中常常遭到"道德挫折"。记者们为了维护党和国家的形象，为了维护社会正义，维护社会大众的正当利益，以合法、合德手段进行了一些揭露、批评报道，却遭到一些部门、领导的批评甚至报复，说他们的新闻报道是"添乱"或"帮倒忙"。这些不恰当的批评，更不要说打击报复，会使记者感到委屈、气愤，形成道德上的挫折感。这样的挫折感一旦形成，就完全有可能影响记者对道德的看法、情感和信念。毫无疑问也会影响记者后继的新闻行为，很可能出现这样的现象：一些应该做的新闻报道不做了，一些应尽的责任不尽了。最后返回来又伤害社会公众的利益，当然也会伤害媒体和记者自身的利益。因此，道德评价对维护和稳固正确的道德价值取向、引导新闻主体追求新闻道德理想有着十分重要的意义。

（四）"监督新闻"的功能

上述三个方面，我们主要是从新闻领域内部考察了新闻道德评价的主要功能，如果我们再从社会与新闻相互作用的关系角度考察，就能发现新闻道德评价还有一个直接的、非常重要的功能，那就是利用新闻道德评

---

① 袁贵仁. 价值学引论［M］. 北京：北京师范大学出版社，1991：208.

价，有利于形成有效的"监督新闻"的社会环境和氛围，从而以整体的社会力量促进整个新闻业、新闻职业的健康发展。与此同时，也能提高作为核心新闻道德评价主体的社会大众的媒介素养、新闻素养。

众所周知，新闻媒体（通过新闻手段）有一个基本的也是极其重要的功能，这就是监督政府（政党）、监督社会。然而，新闻主体（包括组织主体与个体）自身的新闻行为并不是天然正确的、正当的，职业新闻主体也会滥用新闻自由，滥用新闻权利和手段，不守新闻道德规范，并且，新闻主体对此还常常缺乏自知之明，不能自我修正错误。这就是说，职业新闻主体的新闻行为也需要受到新闻业之外力量的监督，需要受到新闻主体自身之外的其他主体的监督。新闻学界简练而明确地把这种"监督"和"被监督"的关系概括为"新闻监督"与"监督新闻"。那么，怎样监督新闻呢？即怎样对新闻主体的职业行为进行监督呢？我以为，最有效的方法之一就是新闻道德评价。也就是说，新闻道德评价活动具有"监督新闻"的功能。

通过前文关于新闻道德评价主体的分析，我们知道存在着不同类型、不同层次的新闻道德评价主体，他们都可以用各自的标准和方式对职业新闻行为进行道德评价。如果我们这里再把新闻道德评价主体大而化之地分为"业内（新闻业内）评价主体"和"业外评价主体"，那就可以说，业内评价属于业内的自我道德监督，而业外评价就属于业外的道德监督。业外道德监督是"监督新闻"的一种方式，它主要是由社会公众和作为新闻控制主体的党和政府主体实行的。我们这里也主要讨论业外新闻道德评价所发挥的"监督新闻"的功能。

新闻道德评价能够发挥"监督新闻"的功能，其中的道理简单而明了。首先，职业新闻行为本质上应该是公开的，公开的行为从原则上说就是可监督的。一旦一些新闻行为遮遮掩掩，不敢或不愿公开，其中就可能存在比较严重的道德问题。比如，假新闻、有偿新闻、公关新闻等等总会有一些掩人耳目的做法。其次，新闻道德评价是对新闻主体（主要是职业新闻行为主体）新闻行为道德性、道德价值的评判，是对新闻行为主体新闻品德的评判，因而，它能够明确告诉行为主体和整个社会什么是正确的、什么是错误的，什么是应该的、什么是不应该的，从而形成社会舆论，对行为主体形成舆论压力，迫使其修正错误，起到实际的监督效果。社会公众的道德评价力量是巨大的，任何行为主体都不敢在强大的社会舆论面前肆意妄为。再次，社会公众是最为重要的、最广泛的新闻媒介接触者、使用者，因而他们是天然的最重要、最主要的新闻道德评价者，也即监督新闻者。当今时代，政治民主化、经济自主化、社会信息化、媒介化、网络化是其典型特征，因而社会公众具有充分的信息灵通性、自主性，具有比较充分的理性、批判意识和批判精神，公众之间通过各种媒介有着广泛的联系性，所有这些特征决定了他们能够对充当公共领域的新闻领域中的各种行为进行监督，展开道德批评。

第七章　实践中的道德选择

每一个具体情境都是独特的。

——E.C. 卡瑞

掌握抽象道德原则是轻而易举的事情，但将这些原则用于特定的环境可绝非易事。

——安·兰德

新闻（媒介）的影响越是广泛，就越是需要道德地传播新闻。这看来是个简单的公理，但在实践中却是无限的复杂。

——菲利普·西柏

新闻道德研究不只是为了建构新闻道德理论体系，更为重要的是为实践中的新闻行为提供合理恰当的新闻道德观念，为新闻行为的道德性选择提供精神支持。新闻道德论，尽管有自己的基础理论，但在整个道德哲学或者伦理学体系中必定属于应用伦理学的大范畴，而应用伦理学的核心就是要解决道德难题①。如何道德地采访、写作（制作）、传播新闻，在常态情况下是比较容易的，但新闻道德难题往往不是在常态情境中，而是在非常态情境中。因此，怎样在新闻道德困境中做出比较合理的道德抉择，始终是新闻道德研究和新闻实践过程中面临的重要课题。本章我们将就职业新闻实践中经常遇到的一些道德选择难题加以具体剖析②，也使我们前面带有体系性的新闻道德研究能够落实在具体的实践中。

一、新闻媒体与职业个体的道德关系

新闻传播业在社会大系统中是个很特殊的子系统，它与政治、经济、文化、技术以及人们的日常社会生活都有着普遍的、直接的、密切的联系，因此，在不同的理论视野中，构成新闻传播业实体运行组织的新闻媒体具有不同的实体属性。比如，在经济学的视野中，新闻媒体就是经济实体，在政治学视野中，新闻媒体就是意识形态机构，在文化学视野中，新闻媒体就是文化实体，在舆论学视野中，新闻媒体就是舆论实体，在新闻

---

① 关于应用伦理学的学科性质问题，我国伦理学界，有这样一些代表性的观念：伦理学者甘绍平认为："(狭义) 应用伦理学的根本特点在于关注伦理冲突与道德悖论、探究道德难题。无论这些道德难题如何复杂，都只能通过应用伦理学体现的直面伦理冲突、诉诸商谈程序、寻求道德共识的探索过程得到解决。"（甘绍平，余涌. 应用伦理学教程 [M]. 北京：中国社会科学出版社，2008：1.）江畅认为，应用伦理学的"实质是把理论哲学和伦理学所确立的根本生存理念、一般价值原则和基本活动准则应用于人类及其生活的不同方面"[江畅. 从当代哲学及其应用看应用伦理学的性质 [J]. 中国人民大学学报，2003 (1)：35-40]。廖申白坚持的则是"原则应用模式的应用伦理学是一种将某些持久共存的健全伦理学体系间的重要共同点作为在各应用领域中讨论那些紧迫的伦理学疑难问题的起点的可能性与建议。这种应用伦理学具有两个主要优点：它在讨论的起点上会通不同伦理学体系并得到这些体系的不同理由的共同支持，它比理论应用模式的应用伦理学更适合于合理多元主义的伦理学对话背景"[廖申白. 应用伦理学的原则应用模式及其优点 [J]. 中国人民大学学报，2003 (1)：47-53]。新闻伦理学或新闻道德论，作为一种应用伦理学范畴，在大的范围上属于甘绍平所说的应用伦理学的一个分支，但在实质观念上，则属于江畅和廖申白所讲的应用伦理学。

② 这里需要说明的是，我们无法把所有可能的问题拿来一一加以分析，只是选择了一些突出的具有代表意义的问题。但这些问题的选择范围，几乎关涉到了职业新闻活动的各个方面。

学视野中，新闻媒体就是信息实体、新闻中心，如此等等说明，我们只有在多维视野中，在整合性的思维和方法中，才能真正全面理解和把握新闻媒体的实质，理解和把握新闻传播业的实质。[①] 按照这样的逻辑，我们可以说，在道德哲学或者伦理学的视野中，新闻媒体也是一种伦理实体或者道德实体，并且是一类内涵丰富而复杂的道德实体。但在这里，我们并不打算讨论媒体作为道德实体与其他社会领域的关系，只讨论媒体作为道德实体与其所属的工作人员作为个体道德主体（可称为职业个体）之间的一些关系。

（一）个体进入媒体组织的意味

人的本质是社会关系的总和。人一旦进入现实社会，立即就在社会之网中成为多种社会角色的人，并且随着生存、生活、工作的展开或闭合，成为社会角色不断变换的人。在这样的过程中，人在社会中的道德角色同样多种多样、纷繁复杂。事实上，每个人都在自己的人生中描绘着自己的道德图景。那么，从新闻道德角度看，一个人成为一个职业新闻活动者意味着什么？进入一个新闻媒体组织又意味着什么？

在最普遍的意义上说，不管是职业新闻工作者，还是民间新闻活动者[②]，其新闻行为都是社会化的[③]，因此，他或她首先必须遵守社会规则，比如习惯、习俗、法律、道德、制度等，诚如有人所说，"社会化的行为者必须遵守规则。这些规则是集体所拥有和加强的目标和信念的表达"[④]。

---

① 杨保军. 新闻理论教程 [M]. 北京：中国人民大学出版社，2005：252-281.
② 关于民间新闻问题，可参阅：杨保军. 新闻的社会构成：民间新闻与职业新闻 [J]. 国际新闻界，2008（2）：30-34.
③ 如果不是社会化的活动，也就不是新闻活动，社会性、公开性是新闻活动的本体性属性。
④ 多亚尔，高夫. 人的需要理论 [M]. 汪淳波，董明珠，译. 北京：商务印书馆，2008：100.

对职业新闻人来说，因为他或她不仅是一般意义上的社会人，还是行业人、组织人，有着更为具体化的社会角色、职业角色，因此，在新闻活动中，他或她还必须遵守新闻传播行业的、新闻媒介组织的规则、规范。

社会经验事实直接告诉人们，个体总是生活、学习、工作在不同的群体和组织之中，而且，个体所在的具体群体，特别是比较严格的具体组织，对相关个体的行为有着直接的约束性，反过来，个体对这样的群体或组织有着比较大的依赖性和比较强的归属感。这就是说，群体或组织与其成员有着更为"优先的"道德关系，他们是以整体方式面对环境、面对与其他主体的关系的。

某一个体一旦进入一个组织，成为组织一员，便与组织建立起各种各样的关系，其中一类关系就是伦理道德关系，并且这是一种深层次的价值关系。同样，在制度化、组织化的新闻媒体中，作为组织主体的媒体与其所属工作人员之间的伦理道德关系，也是诸多关系中一种核心性的关系。可以说，个体与组织主体之间能否达到价值认同、道德认同，是个体能否在组织中有效展开工作、愉快进行工作的重要前提，是最为深刻的心理根基。

一般来说，职业工作者，首先需要认同一定的职业规则。因为，职业规则、职业道德规范相对新进入的个体是预先的存在，已经获得了通过一定历史检验的合理性和正当性。任何一个新进入的个体，都没有足够的资本和理由在一开始就对相关的职业规则、职业道德规范说三道四。同样，要在一个新闻媒介组织工作，成为一定的组织人，首先需要认同组织的规则、遵守组织的规则，否则就不可能被认定和接纳为组织人。"被人认为和自认为是棋手的人需要参照一套适当的规则。除非他们同意遵守这些规则，否则他们不能选择下棋。"①承诺掌握、认可和遵守游戏规则，是能被

---

① 多亚尔，高夫．人的需要理论［M］．汪淳波，董明珠，译．北京：商务印书馆，2008：101.

接纳参加游戏的基本前提条件。同样，承诺掌握、认可和遵守一定新闻媒体的工作规则、道德要求，是进入一个新闻媒体的前提条件。当然，这样的承诺、认可等本身也是有条件的，而不是无条件的，是建立在个体自主选择基础上的，是建立在个体与组织主体（一定新闻媒体）互动交往基础上的，是建立在主体间互留一定自由空间的基础上的，最起码从理论上说是这样。

进入一个行业，意味着进入行业共同体和相应的职业共同体；而进入一个新闻媒体组织，则意味着进入一个更为具体的职业工作共同体。进入共同体，就意味着进入一个共同体的组织网络、规则、规范体系。因而，进入一个新闻媒体，就意味着进入该媒体的规则、规范体系，包括道德规范体系。此种状态下，不管个体实际意愿如何，这些规则、规范体系便对个体形成了客观的约束和限制，并且带有一定的强制性特征。因此，只要进入一个群体、组织，实质上就等于自己主动交出了一些可能的个人自由，不只是行为的，也包括精神的、灵魂的。不过，也不应该忘记，一旦进入一个群体或组织，个体同时也就获得了进入群体、组织之前所没有的特殊权力和权利。一个非职业的新闻活动者，一旦成为职业新闻活动者，他或她就自然获得了新闻职业的一些实质性权力和权利。这些权力和权利，有些是从职业传统、职业习惯中获得的，有些则可能是国家相关法律特别赋予的或从特别政策中获得的。总之，个体进入组织，就意味着个体的组织化，在道德上则意味着个体是组织道德实体的一分子，首先要遵守组织道德实体的道德要求。

（二）媒体组织的道德地位

作为道德实体的新闻媒体，必然拥有自己的伦理道德原则，拥有自己的道德价值目标或者价值理想，它会要求组织内的所有工作人员按照这样的要求在各自的岗位上展开工作，在各自的岗位上为实现组织的目标做出自己的努力和贡献。为了实现这样的基本目的，一定的媒体组织总会采取各种各样的手段，对组织成员进行不断的"组织化"训练，就像个体一旦进入社会、进入一个行业，成为一定的行业人、职业人，就会被（或主动）不断社会化、行业化、职业化一样。在组织化过程中，最为重要的也是最为根本的一个方面，就是要组织成员接受并从内心认可组织的各种规范，包括道德规范，这些规范以外在条文形式体现了组织的价值追求和精神灵魂，这些都是组织文化的精髓。因此，组织化的直接任务，就是将组织规则、组织制定的道德规范"外铄""内化"为组织成员观念结构要素、心理结构要素的过程。

新闻职业道德，既是具体媒体组织内的，又是具体媒体组织外的道德存在。比起一定的新闻媒体组织要求来，职业道德的要求具有更大的普遍性，是新闻行业（职业）从业者的道德，是超越具体媒体组织要求的道德（有些道德要求甚至可以是全球化的、超越一定具体社会的），是更多针对新闻职业从业者个体的道德。因此，具体新闻媒体组织对所属工作人员的要求与行业对从业人员的要求一致时，媒体组织才是一个形式上道德的组织①。具体媒体的道德要求只能比整个行业的道德要求更高，道德规范只能比行业的道德规范更严格。因为，一般说来，越是普遍的规范，不仅越原则化、抽象化，而且越是接近"职业底线道德"的水平，以便适应所有的约束对象。这样，一个媒体要想成为高品质的新闻媒体机构，往往需要制定和实行实质内容高出行业一般道德水准的道德规范。如果一个新闻媒体的新闻道德规范，连行业的基本道德水平都达不到，那一定是低素质

---

① 这里我们假定行业规定的职业道德规范是合理的。但在实际中，也有可能行业性的要求是不合理的，甚至是不道德的。

的、缺乏基本道德水准的新闻媒体。

在现实的新闻活动中，具体媒体组织的道德要求与普遍的新闻职业道德规范之间，既有一致性，也有不一致性甚至冲突现象。不一致和冲突常常是实质性的，而不是形式上的。在语言表达形式上，几乎所有的新闻媒体都会唱道德高调，把自己塑造成坚守行业道德原则、道德规范的模范。行业道德规范的存在具有一定的抽象性，只有落实到媒体组织的行为中，才能具体化、实在化。如果新闻媒体组织降低对自己的道德要求，那就会出现一种现象：追求道德的行业，却"养"了一些不讲道德的媒体。果真如此，行业道德的存在也就悬空了、失去了意义。因此，在行业与职业个体之间，作为组织主体的新闻媒体，在职业道德建设中有着特别的中介、桥梁地位和作用。没有这样的中介、桥梁，新闻道德建设就将断裂。职业个体直接归属、依赖具体的媒体组织，媒体组织则是新闻行业真正的运行实体。

在实践逻辑上，媒体行为或媒体的利益目标，不管是正当的还是不正当的，总是要通过媒体工作人员的具体行为去实现。因而，如果新闻媒体组织背离行业的基本道德规范，就必然会要求其工作人员做一些有悖职业道德规范、有违新闻道德精神的事情。因此，组织的不道德，一般情况下，总是比个体的不道德更可怕，总是会产生更为恶劣的后果和影响。个体造成的道德灾难常常是个体性的，组织造成的道德灾难往往是大面积的。对于新闻媒体这种组织来说，由于其自身天然的社会影响就更是这样。人们经常看到，一些新闻媒体为了自身的小团体利益，降低对组织主体的道德约束，从而不仅在整体上影响了新闻媒体正常的新闻行为，也常常会以组织压力的方式扭曲一些个体职业人的新闻行为，最终的结果是扭曲新闻的形象，诚如有学者所说的，"一旦特殊利益被允许影响媒介行为，新闻扭曲变形就不可避免"①。

因此，新闻媒介组织的媒介品格、价值追求和新闻理想，在新闻实践中实质上要比个体工作者的道德表现更为重要。有关研究表明，人们普遍认为，"集团不道德比个体不道德危害更大"，"集团行为既产生比个体行为更为严重的伦理道德后果，又是个体伦理道德精神的直接'社会环境'，其影响重大而深刻"②。因此，一个有道德的新闻媒介组织，尽管难以保证其每个组织成员都是有道德的，尽管难以保证其刊播的每一条新闻都是符合道德规范的新闻，但它的组织道德一定会在日复一日的运行中濡染每个组织成员的灵魂，一定会在日复一日的运行中减少或降低新闻刊播中的道德风险。美国新闻伦理学者 H. 古德温说得好："新闻业中最有道德的记者出自高质量的、有品位的新闻媒体"③。

（三）媒体与职业个体之间

"每个人都可以做出自己的道德判断，但它所涉及的远不是判断者自身一人。"④个体的道德判断、道德选择，包括职业道德判断和选择，必然会影响到他人，影响到个体所在的群体或组织。

新闻业有其相对独立的行业规范，新闻职业有其相对独立的职业道德规范，而任何一家独立的新闻媒体组织，如上所说，也有自己相对独立的道德追求和道德理想。同样，作为媒体组织成员的独立个体（我们主要关

---

① SEIB, FITZPATRICK. Journalism ethics [M]. Orlando：Wadsorth Publishing Company, 1996：10.

② 樊浩. 当前中国伦理道德状况及其精神哲学分析 [J]. 中国社会科学，2009（4）：36.

③ GOODWIN. Groping for ethics in journalism [M]. Ames：Iowa State University Press, 1983：305.

④ 万俊人. 现代西方伦理学史：上卷 [M]. 北京：北京大学出版社，1990：488.

注新闻工作人员——新闻记者和新闻编辑），一般说来，也会拥有自己的职业道德观念和价值追求。而且，不同职业个体的价值追求、道德理想是有差异的，正如有人所描述的，"作为传播者的记者本身，也有不同的角色追求：或者是实用主义者，满足于传媒机构所要求达到的影响力指数；或者是看重职业感觉的人，满足于同行的看法；或者是忠于传媒组织的既定目标，如执行文化使命、开展政治宣传、促进产品推广；或者是希望在社会中发挥影响，依靠他们在相关社会环境中有影响的熟人；或者是希望成为受众的朋友和偶像"①。

容易理解的是，在媒体组织与职业个体之间，其价值追求与道德理想，既有一致性，也有差异性，对新闻活动的功能、意义和价值可能会有不同的理解，因为他们毕竟是不同的主体存在。因此，在新闻道德论的视野中，媒体组织与职业个体之间的矛盾难以完全避免。在媒体组织与职业个体之间，正像在新闻行业与媒体之间一样，并不必然拥有完全一致的价值观念和道德观念。因此，从原则上说，职业个体与其所在的媒体组织之间的道德差异和矛盾具有恒久性和普遍性，但不同职业个体与其所在的媒体组织之间，在道德差异的大小和矛盾的强烈程度上会有所不同，因为即使面对同一新闻媒体组织，不同职业个体由于各自认知、心理、价值取向或大或小的不同，如上所说角色期待的不同，对媒体组织价值观念、道德观念、道德规范等的认同程度也是不一样的。这也就意味着在媒体组织利益问题上，不同职业个体也会经常出现不同的甚至对立的态度和看法。至于不同职业个体，由于他们各自的主体差别，拥有不同的职业态度、职业理念、职业理想等是很自然的事情。但是，作为同一领域的职业主体，进而作为同一媒体组织的职业工作者，在职业态度、职业理念、职业理想等

---

① 陈卫星. 新闻伦理的可能性 [J]. 中国图书评论，2009 (7): 8.

方面，在常态情况下，有着更多相同和相似的内容与表现。

基于以上的分析，我们可以说，对于作为道德实体的媒体组织来说，面对自己所属的职业个体，始终有一个核心任务，就是将职业个体的职业道德观念进一步具体化，即进一步按照本媒体组织持有的价值理念、道德理念同化职业个体，使他们高度认同自己的组织。或者说，使本媒体组织的各种工作规范，特别是道德规范，能够内化为职业个体的自觉意愿和指导工作行为的观念。对于职业个体来说，处理好自己与所在媒体组织的关系，也始终是职业生涯中最重要的事情之一。而所谓处理与媒体组织的关系，可以表现在各种各样繁杂的具体方面。但在新闻道德论的视野中，最核心的就是如何处理"自我规则或规范"与"媒体组织规则或规范"之间的关系。这种关系当然是系统性的、全局性的，但其中的价值观念、道德观念、道德规范可以说是最为重要的，因为它直接关涉到职业个体与媒体组织之间的深度认同问题。

一个不被媒体组织认同和不认同媒体组织的人，他或她的职业灵魂就没有合适的安放之处，因而也难以获得真实的安宁，即使在形式上也很难成为新闻职业个体。同样，一个不被自己所属的绝大多数职业个体认同的媒体组织，或者不认同自己绝大多数职业个体的媒体组织，无论其中的原因是什么，一定是一个缺乏凝聚力、缺乏吸引力从而也是一个没有竞争力的媒体组织，也是一个在整个行业中没有自身地位的组织，作为新闻媒体则属于那种没有新闻精神灵魂的组织。

就实际情况来看，在现实的社会运行中，个体无论相对社会还是相对一定的职业领域都是比较弱小的。因此，对于绝大多数个人来说，一旦进入一个行业，进入一个组织，成为职业人，成为组织人，通常情况下便成了相对弱势的一方。也就是说，一旦进入了一定的组织，个体更多的是接受组织的理念和规范，而不是改造组织的理念和规范。只有在比较长的历史跨度中，职业个体的整合性力量，才有可能推动一个媒体组织以至整个行业观念、规范的改进或变革。

进一步说，在媒体组织与职业个体之间，不管是情愿还是不情愿，个体通常会顺从媒体组织的要求。比起职业个体工作者来，媒体组织通常处于强势地位。这种强势地位造成的结果通常不是单面性的，而是两面性的：它既可能以比较强大的组织力量，引导职业个体以道德的方式生产道德的新闻和其他信息产品，同时也可能迫使一些职业个体以不道德的方式生产出不道德的（或者在形式上看似道德的）新闻和其他信息产品。

在前一种情况下，媒体组织以自己的组织力量约束了、限制了一些职业个体可能的、不道德的行为，这既有利于媒体组织的利益、社会公众的利益，也有利于职业个体的健康成长。在后一种情况下，人们知道，不管是在现实性上，还是在逻辑上，媒体组织拥有的一些新闻观念并不都是正确的合理的，媒体组织对职业个体的某些约束和规范并不都是合理的正当的，甚至可能是恶的约束和规范。有些规则、规范，包括职业道德名义下的规则、规范，也很可能是不良的。因此，组织行为并不都是正确的、合理的、应该的行为，组织也会通过组织权威要求其组织成员做一些并不合乎道德要求的事情。确实，当一个个体成为媒体组织的一员，便成了职业个体，有了职业工作的场所，有了施展职业才能的舞台。因此，有人说，"一个记者只有按照其所在新闻组织的要求去做才会是道德的，因为新闻组织创造了道德新闻得以产生的条件"①。但事实上，这话只说对了一半，因为，诚如上文所说，媒体组织同样会犯错误，同样像一些个人一样，干出不合道德的事情。这在新闻界并不是什么新鲜的事情，比如在中国，有些新闻媒体直到今天（至于前些年，到处都是如此的景象），还在要求其

---

① SEIB, FITZPATRICK. Journalism ethics [M]. Orlando：Wadsorth Publishing Company, 1996：13.

所有记者、编辑必须完成一定的广告任务，并且明确要求要和采写编评等业务工作结合起来。这显然是背离新闻传播原则的要求，是不正当的、错误的。但即使在这种情况下，有些人还是会顺从媒体组织的要求，美国媒介理论家约翰·C.梅瑞理就说："记者们发现，他们越来越缺少发挥自身创造性的动力、鼓励和机会。记者们明白他们的组织对他们的时间和付出要求越来越多。他们只好顺从组织要求，不然自讨苦吃。因而他们通常顺从组织的要求。"① 而顺从组织的要求，又往往表现为顺从媒体不同层级领导的要求，因为他们在实际上代表着媒体组织。因此，又经常出现这样的现象，一些记者、编辑硬着头皮去做一些"领导交代"的但自己并不愿意去做的也是一些不合理的事情。正如有学者所说的，"如果被上司要求去做不道德的事情，大多数人都会感到很不舒服"②。确实，这个世界上没有几个人愿意去做缺德的或者道德合理性不足的事情。但在很多情况下，在功利主义的权衡下，以及在生活、工作等压力的迫使下，一些人很可能背弃自己的道德良心，放弃道德性的行为选择。世界有时很复杂，并不是你想道德就能道德的。这说法很无奈，但事实往往就是这样。这也正好说明，成为道德的人，成为道德的组织，绝不是件容易的事情，而是需要勇气、需要智慧、需要付出甚至需要牺牲的事情。

一个道德的媒体，其道德性只能通过所属的工作人员在具体的新闻行为中体现出来、实现出来。"企业作为伦理实体所体现的活的善，是在它的全体员工的行为实践中体现出来的。"③新闻媒体尽管不是纯粹的企业，但其中的道理是相通的。因此，每一职业个体都是媒体组织的道德符号和

---

① KEEBLE. Ethics for journalists [M]. London and New York：Routledge Taylor & Francis Group，2001：6.

② ENGLEHARDT，BARNEY. Media and ethics：principles for moral decisions [M]. Cengage Learning，2001：8.

③ 龚群.社会伦理十讲 [M]. 北京：中国人民大学出版社，2008：186.

道德形象。只要一个人进入一个组织或群体，他或她的身份就立即双重化了，既是他或她自己，也是组织人或群体人。因此，不难发现，在媒体组织与职业个体之间，分享荣誉和分担责任具有一定的必然性。尽管组织是组织，个体是个体，可一旦组织成为众多个体的组织，个体成为一定组织的个体，他们便建立起主体间的必然的、客观的关系。因而，作为一定媒体组织成员的职业新闻工作者，一旦自身在职业行为中出现道德问题、行为不端，不仅自己需要担当道德责任，同时也必然会连带他或她所在的媒体组织。就是说，作为个体的道德行为，总会影响其所在组织的道德形象，组织也总要为其成员承担一定的道德责任。同样，如果职业个体获得了道德荣誉，组织也会分享个体的道德荣誉。当然，一旦媒体组织获得了荣誉，每个职业个体同样会感到光荣；如果媒体组织受到了批评，每个职业个体也会感到不怎么光彩。尽管道德荣誉分享和责任后果的承担，在组织与个体之间、在不同的个体之间总是有所不同，但由于"组织是众多个体的组织，个体是一定组织的个体"，因此，荣誉的"共享"、责任的"同担"在客观上具有必然性。在媒体组织与职业个体的道德冲突中，由于不同的原因，结果上也会有不同的表现。但通常是个体对组织作出各种"让步"。有些人在这样的冲突中被媒体组织批评或给予某种惩罚，辞退甚至开除；有些人在这样的矛盾冲突中可能愤然辞职转入其他媒体组织；还有一些人甚至对新闻业感到失望、绝望，从而脱离这个行业。

这里的意味是：媒体组织必须尊重其所属的每一职业个体，必须通过科学合理的制度、方式和方法，建立组织与个体之间的健康关系。反过来说，职业个体也必须尊重组织主体，热爱自己所在的组织，遵守组织的规范。而超越媒体组织和职业个体的新闻道德规范，是二者建立健康关系的重要前提。只有在组织与个体之间建立起良性的健康的认同关系，媒体组织才能成为一个真实的道德主体，职业个体也才能成为真实的道德个体。

而什么样的关系才是这样的关系，怎样才能建立起这样的关系，则是值得我们从新闻媒体与新闻职业特征出发进一步探讨的问题。

二、记者与源主体、报道对象主体的道德关系

从主体角度看，在新闻实践中，与记者新闻行为构成直接关系的、最主要的主体有两种：一是充当新闻信息源的主体，可以称为源主体；二是作为报道对象的主体，可以称为对象主体或报道对象主体。下面，我们就记者与不同主体之间一些比较特殊的道德关系作出分析。与新闻源主体的关系，我们主要讨论匿名中的道德问题；与报道对象主体之间的关系，我们主要讨论记者如何对待困境中的报道对象，如何对待隐私报道中的道德问题。

（一）隐匿新闻源中的道德问题

"拥有新闻信息并且实际介入或参与到新闻报道得以形成的个体或组织（群体）主体，就是我们所说的新闻源主体。简单一些说，在新闻报道活动中，实际充当了新闻报道者（或是新闻传播本位主体）之新闻信息来源的主体，就是新闻源主体。"① 由于不同的新闻源主体常常以不同的方式进入或参与到新闻媒介（主要是通过记者）的新闻活动中，因而在记者与新闻源主体之间会出现或生成各种各样的关系。为了讨论的方便，同时也是为了从新闻道德论角度抓住问题的要害，我们可以把记者与新闻源主体之间的关系分为两类：第一类是常态关系；第二类是非常态关系。所谓常

---

① 杨保军. 新闻活动论 [M]. 北京：中国人民大学出版社，2006：106.

态关系是指在记者与新闻源主体之间，没有特殊的、比较困难的新闻道德问题需要处理；所谓非常态关系是指在记者与新闻源主体之间，有一些特殊的、比较困难的新闻道德问题必须在新闻报道过程中处理。对于媒介或记者来说，面临的道德难题主要生成于或存在于非常态的关系中。在非常态关系中，最突出的职业道德问题是媒介或记者如何对待新闻源主体的匿名问题。

新闻报道中隐匿新闻源主体的情况，主要有两类：一类是记者自己出于各种原因的考虑，主动在新闻报道中对新闻源主体做出匿名处理，或做出某种形式的替换处理，即把来自甲新闻源主体的信息说成是来自乙新闻源主体，这可以看作是一种特殊的匿名处理；第二类是有些新闻源主体出于自身利益考虑，对记者提出匿名要求，记者不得不在新闻报道中对源主体做出隐匿处理。在这两类"匿名报道"（为了方便，我们把不透露新闻源主体真实身份、姓名等信息的新闻报道，统一命名为匿名报道）中，都涉及职业道德问题。以往学界主要关注的是第二类匿名，这可以说是抓住了主要问题，但看得出并不全面，因为在第一类匿名中存在着更为明显的道德问题。下面，我们对两类情况分别加以分析。

1. 记者主动"塑造"的各种匿名

在新闻实践中，人们发现，一些记者在一些新闻报道中，或者在一些新闻报道中的某些具体信息上，没有指出明确的新闻来源，或者对新闻源进行了有意的模糊化处理，使新闻收受者无法清楚判断一些信息的具体来源。

这种隐匿消息来源的做法通常都是记者主动做出的，大致有这样几种可能的情况：第一，有些记者似乎是为了提高新闻源的权威性，赢得受众的信赖，有意转换新闻源的角色身份，把来自张三的消息说成是来自李四的。比如，有些记者把明明是自己看到的或听到的消息，说成是来自他人的消息，即把自己的身份转换成其他角色身份，诸如观察家、消息灵通人士、不愿透露姓名的人等等。我们不会否认，有时记者的一些信息确实来自观察家、消息灵通人士、不愿透露姓名的人。第二，有些信息本来就属于道听途说，没有明确的来源，但一些记者想做报道又不愿意花费时间、精力去核实。于是，要么采取"有闻必录"的手段，要么采用隐匿新闻源的"技巧"，要么干脆没有任何新闻源方面的说明，这在当下的一些娱乐新闻、社会新闻中屡见不鲜。第三，还有个别的极端情况，极个别记者故意捏造新闻，捏造新闻源，但又故意神秘地说为了保护新闻源，不能公开姓名和身份等等。

这些做法显然是错误的，背离了基本的职业道德要求，其中一些做法是明显的造假行为，对受众带有公开欺骗的意味，隐匿新闻源不过是造假的手段和"技巧"。主动"塑造"匿名报道的动机、过程或手段显然是不道德的，也不可能获得善的结果。其中的道理也比较简单，不必过多地阐释。

2. 必要隐匿中的道德问题

隐匿新闻源主体，是指新闻媒体或职业新闻人不向外界透露信息提供者的身份、姓名等的一种做法。在隐匿新闻源主体的行为中，主要关涉的道德问题是：隐匿的根据是什么？如何把握好隐匿的度？当隐匿行为追求的利益与其他利益发生冲突时，道德上如何选择？选择的理由是什么？

隐匿新闻源主体的身份、姓名等，一般都是由新闻源自己提出的，记者或媒体之所以答应新闻源主体这样的要求，最直接的原因是媒体或记者认为一定的新闻源主体独一无二，只有他或她才能提供一定的信息，而且只有答应其匿名的要求，才能获得信息、继续获得信息并公开发表相关的信息。

记者或媒体隐匿新闻源行为的理由通常有这样几条：（1）这样做，可以保护消息提供者，包括其声誉、人身安全和其他利益。要求匿名的信息提供者，提供的往往是一些自己通过工作关系、社会关系甚至是私人关系获知的重要信息，如果公开提供者本人的身份信息，很可能使提供者失去工作，陷入社会关系、私人关系的困境，甚至可能带来生命的威胁。（2）隐匿新闻源，可以维持媒体或职业新闻人获取一些重要新闻或特别新闻的渠道，如果不隐匿，就将失去一些独特的信息渠道。正如美国媒介法学家唐·R.彭伯所说："如果新闻与信息是新闻界的血液，那么，消息来源便是血液的重要源泉之一。许多新闻记者，尤其是自认为从事调查性报道的记者，常常离不开他们培养的消息来源。"① 进一步说，隐匿新闻源，也就等于保护了新闻媒体和职业新闻人的利益。如果不隐匿，就不能获得一些重要的、独家的新闻，从而也就可能失去获得社会声誉和实际利益的机会。（3）隐匿新闻源，可以保护社会公众的言论自由、新闻自由权利。如果没有隐匿，知情者就没有更好的机会发布自己知道的与公众利益有关的信息。（4）隐匿新闻源，可以使社会公众的知情权得到特别的满足和实现。如果没有隐匿，社会公众就没有机会获得与公众利益有关的信息。

从以上这几条理由可以看出，隐匿新闻源的行为要想获得道德上的支持，隐匿动机必须是善意的，隐匿手段应该是正当的，隐匿的后果应该是好的、善的，对匿名者、媒体或记者、社会公众带来的是好处。换个角度说，隐匿行为之所以是道德的、应该的，就是因为隐匿从根本上说是为了保护新闻自由，维护公众的知情权，而要使隐匿行为在整体上成为道德的行为，必须使用道德的隐匿手段和达到实际上保护了新闻自由、维护了公

---

① 彭伯. 大众传媒法 [M]. 张金玺，赵刚，译. 13 版. 北京：中国人民大学出版社，2005：353.

众知情权的结果。

媒体或记者隐匿新闻源行为的边界在哪里？度在哪里？这是媒体或记者答应匿名要求时的道德难题。过度隐匿新闻源，即轻易答应新闻源主体的匿名要求，或过量使用匿名报道方式，自然会损害新闻的可信性，也可能会为一些不怀好意的人提供恶意利用媒体或记者的机会。但是，过度严格控制隐匿新闻源的报道方式，也有可能使一些"好新闻""大新闻"失之交臂，使公众利益受到本来可以避免的损害，使新闻自由、言论自由失去本来可以更好实现的机会。因此，在隐匿与公开之间，考验的不仅仅是记者的品德，还有记者的经验和智慧。

我们以为，要想把握好隐匿报道的度，媒体特别是记者应该注意以下几点：第一，确立这样的基本观念，公开是新闻的本性，可信是新闻的生命，公开是新闻可信的基本条件。公开不仅是说新闻报道是公开的，也指新闻源是公开的，公开意味着新闻的可证实，可证实就意味着可信。媒体或记者正是通过"可信"的信息才能获得受众的"信任"。其实，在一般意义上说，匿名报道面临的最大道德难题就是"信任"问题。任何新闻传播在其源头上就是要取得新闻源主体的信任，这样记者才能获得真实的信息；任何新闻传播在最终意义上就是要取得新闻收受者的信任，不然报道就是无效的。诚如英国新闻道德研究者卡伦·桑德斯所说："信任是新闻报道这座大厦得以平地而起的全部基础"[1]。使新闻源主体确信匿名的保证，新闻收受主体相信匿名报道，才是记者赢得道德信赖的关键。因此，在新闻报道中隐匿新闻源主体的身份等信息必须慎重，慎重本身就是一种道德要求，它内在要求记者应该真诚地对待新闻源主体、对待受众。第二，正因为如此，记者面对新闻源主体的匿名要求时，不能轻易答应，而

---

① 桑德斯. 道德与新闻［M］. 洪伟，高蕊，钟文倩，译. 上海：复旦大学出版社，2007：151.

是首先要争取公开，争取不匿名。在不得不答应匿名要求的情况下，要努力掌握承诺匿名的技巧①，但不能利用技巧设计陷阱，让新闻源主体落入自己的圈套，这样做是不诚实的、不道德的，有可能给新闻源主体带来过度的伤害。相反，记者应该明确告诉新闻源主体，消息公开后可能给新闻源主体带来的影响和后果，以便新闻源主体对自己的行为有一个明确的判断。第三，作为记者，在向新闻源主体承诺匿名前，要和自己的上级（如编辑或主编等）协商，因为职业新闻工作是集体性的、组织性的行为，有些重要的决定要有一定的程序和规范，这本身就是媒介组织作为道德或伦理实体的要求。其实，与自己上级协商的过程，也是一个道德讨论或者道德辩论的过程，一般说来，经过协商，记者能够做出更为明智的选择。第四，记者应该向新闻源主体说明，即使有了匿名保证，提供信息，仍然意味着要承担相关的责任，不仅有可能的法律责任，还有可能的道德责任。这既是记者对新闻源主体负责任的态度，也是对新闻收受主体负责任的态度。这样，也就促使新闻源主体能够慎重对待自己提供的信息，防止对他人和公众造成不必要的伤害或麻烦。

"保护新闻来源是新闻工作者取得新闻源信任、忠实履行对新闻源的承诺和遵守职业道德准则的至关重要的一件大事。"②记者一旦做出匿名承诺，就意味着与新闻源主体有了道德约定，意味着媒体、记者与新闻源主体之间建立了道德信用关系，双方都得保持诚信。记者需要高度自觉到，守诺是道德的，不守诺就是不道德的。但这只是一个总的原则，涉及具体问题时，恐怕并不是如此绝对和简单。因而，做出匿名承诺的记者，还应该注意以下几点。

---

① 关于记者承诺匿名的技巧，有兴趣的读者可参阅：彭伯. 大众传媒法 [M]. 张金玺，赵刚，译. 13 版. 北京：中国人民大学出版社，2005：357-360.

② 陈绚. 新闻道德与法规：对媒介新闻规范的思考 [M]. 北京：中国大百科全书出版社，2005：237.

其一，承诺匿名后，只要进行报道，就要匿名，并且不能报道新闻源明确说明不能公开的内容。承诺匿名后又公开新闻源，这是不守信用的行为，是对新闻源的欺骗，是极大的不道德。既然承诺了，就要担当承诺的责任或义务，这是赢得后继信任的必需，也是能够继续获得相关重要新闻（与公共利益相关）的一种保证或条件。

其二，由于匿名报道往往是一些揭露内幕真相的新闻，因此与其他一般报道相比，匿名报道容易引发各种各样的官司。这就意味着相关媒体或记者也极易陷入有关官司的旋涡之中——或充当被告，或要求充当证人等，必须经历各种道德信念的考验和煎熬。媒体或记者，有时必须在国家法律与社会道德、职业道德的冲突中做出选择，在各种利益的矛盾冲突中做出选择。

尽管保护一些特殊的新闻源主体在新闻界已经是一种惯例，是职业新闻工作者普遍的一种道德权利，但把隐匿新闻源作为职业新闻传播者的一种法律权利——通常称为"隐匿权""匿名权"或"秘匿权"等，并不是世界各国、各地区普遍实行的。人们看到，有些国家的法律承认记者在一些特殊情况下有隐匿新闻源的权利①，有些国家的法律则没有赋予记者隐匿新闻源的权利。隐匿新闻源主体一旦不构成现实的法律权利，就意味着记者也像其他任何公民一样，有在法庭做证人的义务，有接受法庭调查并讲出真话的义务，即有在一些情况下交代新闻来源的义务，提供没有公开发表的相关新闻采访资料的义务，否则，便被视为蔑视法庭，有可能受到处罚。

面对法庭调查，我们看到媒体或记者的选择有两种：一是接受法庭调

---

① 比如德国、丹麦、瑞典、挪威等国家的新闻法或其他法律中都有这方面的权利规定。参见：陈绚. 新闻道德与法规：对媒介新闻规范的思考 [M]. 北京：中国大百科全书出版社，2005：237 - 238.

查，提供信息来源或没有公开发表的相关采访资料；二是拒绝法庭调查，接受法律惩罚，保护新闻源主体。对这两种选择，从新闻道德论的角度看，我更赞同后一种选择，其中的主要理由是这样的：首先，在一般意义上，保护那些特殊的新闻源主体，既有利于当下的社会公共利益，也有利于长远的社会公众利益。对此，我们在前文已经作了解释。其次，承诺匿名而又不守承诺，是直接的、可见的背信弃义，是公开的不道德，会直接损害整个新闻职业在社会公众中的可信性形象。而拒绝法庭调查，并不存在直接的不道德行为，它也不是对国家或人民不忠诚的表现（法律是人民普遍意志的反映，体现为国家意志），只是以另一种方式表达了对国家的忠诚（维护人民的知情权和新闻自由权利）。即使从功利主义角度考虑，也无法直接证明两种行为到底哪一种会获得更大的善的结果，但公开新闻源造成的道德恶果是直接可见的。再次，在法律要求与道德承诺之间，记者对新闻源主体的道德承诺是先在的，因而具有自然的优先位置。因此，记者首先应该实现自己的道德承诺，这里的理由是遵从社会习惯——先来后到。

不过，总存在一些例外的可能，如果记者拒绝提供相关信息，拒绝说出新闻源主体的身份，确实有可能对公共利益或他人利益造成直接可见的巨大威胁，那就需要再作仔细的道德考量。因此，隐匿权，作为职业记者的特许权或职业道德权利也是有条件的，并不是绝对的，有些道德妥协、道德让步很可能是必要的和必需的，不然就会走向道德的反面。正如我们在下文将要讨论的，道德价值在现实世界中往往是可以和能够排序的。

其三，作为媒体和记者，在隐匿新闻源主体的问题上，要有一种道德自觉，这就是有些隐匿可能在认识上、道德上是错误的，或者说媒体和记者会犯认识上、道德上的错误。比如，隐匿了不该隐匿的、不值得隐匿的新闻源，或者记者本身的不成熟、缺乏经验、认识能力不足等等，导致上当受骗，传播了虚假信息，损害了他人的正当利益等。至于个别记者以隐匿新闻源为借口和手段，与一些所谓的新闻源主体合谋，进行谋求个人利益或小集团利益为目的的活动，那不仅是不道德的，甚至可能是犯罪行为。

（二）特殊情境中的道德选择

上面我们讨论了媒介、记者与新闻源主体的关系，下面，我们再来分析媒介、记者与新闻报道对象主体之间的一些特殊关系①。这里，我们首先需要对新闻源主体与新闻报道对象主体之间的关系加以简要的说明。

将新闻源主体与新闻报道对象主体区分开来，是因为新闻源主体和新闻对象主体并不完全相同，在新闻报道过程中，他们与媒介或记者之间分别有着特殊的道德关系。新闻源主体是拥有新闻信息资源并实质上参与到新闻传播活动中的主体，既可以是组织主体（或一般性的群体）也可以是个人主体；新闻对象主体是指新闻所报道的客体对象中与"事物"相区别的人②。当新闻源主体被作为新闻所报道的客体对象时，新闻源主体也就成了新闻对象主体，二者重合成一体化的主体。事实上，任何新闻源主体都会以某种方式出现在新闻报道中，从而成为新闻报道的对象主体。因

---

① 人们一般把报道对象称为"客体"，这并没有什么根本的错误。但在新闻报道观念中，特别是在实际的报道过程中，记者"应该"把报道对象特别是报道对象中关涉到的人，看作是与记者一样的人、平等的人，这本身就是新闻道德的要求。如果把这样的应有关系通过比较准确的概念体现表达出来，就可以把"对象客体"改为"对象主体"，从而使记者与报道对象之间的"主—客"关系改变为"主—主"关系。这就是说，记者与报道对象间的关系，应该是一种主体间关系。

② 新闻报道的客体对象——实际上就是新闻事实，可以用不同的标准进行分类。（关于新闻事实的分类，可参阅：杨保军. 新闻事实论 [M]. 北京：新华出版社，2001：2 - 25.）如果以"主体人"为参照，可以分为"事物性报道对象"和"主体性报道对象"。在实际的报道活动中，这两类对象往往是合二为一的，但记者在处理与具体报道对象的关系时，要根据对象的属性特点而采取不同的态度和方法。

此，新闻源主体的外延比新闻报道对象主体的外延更大，内涵更丰富。①

1. 特殊情境的界定

我们这里所说的特殊情境，是指记者在履行自己职业行为时与报道对象主体之间形成的一种特殊关系境遇，这种境遇在客观上造成一种突出的矛盾：如果记者仅仅履行自己的新闻职业行为，他（们）或者她（们）的新闻报道对象主体就有可能遭到或受到巨大的损害或者伤害（当然这种损害并不是由记者造成的），甚至生命可能受到威胁；而他（们）或者她（们）如果只去营救报道对象主体，放弃或者推后自己的职业新闻行为，就有可能难以获得最具有新闻性的事实片段和报道机会。这就是通常所说的新闻选择困境，或者是记者遇到的道德困境、道德两难境地。这种特殊情境中所包含的道德问题，常常被一些人简单而形象地描述为"先救人还是先采访"的问题。

2. 特殊情境中的选择

选择，是记者永恒的课题、永远的作业。有两位美国新闻伦理学者在他们的著作中写道："记者永远面临诸多选择，到底哪一种选择是正确的呢？"②是的，到底哪一些选择是正确的呢？正确就意味着正当。

记者的每一次选择，不管是什么情境中的选择，其实都包含着严肃的、不可超越的道德价值、道德意义。与常态情境中的选择相比，特殊情境中的选择只是更加凸显了选择的道德价值、道德意义而已。因此，特殊情境中的选择总是更容易受到人们的特别关注。

---

① 这正是我在讨论新闻活动主体问题时，并没有把新闻对象主体单列一项的原因。（参阅：杨保军. 新闻活动论 [M]. 北京：中国人民大学出版社，2006：101—176.）

② RIVERS, MATHEWS. Ethics for the media [M]. Englewood Cliffs, N. J. : Prentice Hall, 1988：10.

对于职业新闻记者来说，选择救人与选择报道，分别孤立地看，从性质上都是道德的。作为职业记者，职业要求的首先选择是职业行为，因而，选择职业行为是道德的，是符合职业道德精神的，不存在不道德的问题；作为社会一员，作为人类一分子，同类相怜、人道情怀，要求记者首先选择同情救人行为，因而选择相救是道德的，也不存在不道德的问题。这就是说，在独立意义上，两种行为都是道德的。因此，如果两种行为同时实施或先后实施不会造成不良后果，则不存在大的道德风险问题①。但是，如果两种行为只能选择其一，则必然生成道德风险情境。因而，这里的实质问题就是：哪种选择"更"道德？哪种选择更符合道德要求？显然，这里产生了道德选择的顺序问题②。可见，在特殊情境下，"先选择什么，后选择什么，不选择什么"才是真正的问题，也是真正的难题。也正因为两种选择单独看来都是道德的，所以才把这种特殊境遇中的选择冲突定性为道德冲突或道德困境。

选择，意味着比较，意味着评价，意味着取舍，意味着先后。什么应该坚守（放弃），什么应该置先（置后），是选择行为必须解决的头等问题；而凭借什么做出选择，也即选择现象背后的理由或根据是什么，才是选择的实质所在。

在面对"先救人还是先采访"难以把握的特殊情境时，在一般情况下，选择是必然的③，放弃选择是绝对的不道德，因为既放弃帮助报道对象主体脱离困境，又放弃职业新闻报道本身，等于选择了道德上的不作

---

① 这里所说的道德风险，是指行为选择可能会带来不良的后果，造成道德失误，从而遭到社会舆论的道德谴责。

② 选择顺序，不管是行为时间上的早晚，还是行为空间上的近远，都可以统一概括为行为的先后。

③ 在有些特殊情况下，有可能两者在客观上都无法进行，只好选择全部放弃，这时不涉及道德困境问题。如果选择不顾一切的某种行为，其实是一种道德盲动，并不值得提倡，也许在一定意义上值得同情和赞赏。

为，是双重的道德逃避。而放弃可行的道德行为，就是放弃了应该承担的道德责任，这必然会遭到社会舆论的道德谴责。我国伦理学者关于这一问题的说明是比较到位的："当社会已形成具有必然性的道德要求，使主体能够根据这种要求选择行为时；当摆在主体面前被选择的几种可能中，包含了主体所应选择的行为可能时，即当主体所应选择的行为具有实现可能性时；当主体具有或可以具有认识和选择具有必然性行为的能力时，主体应当对自己的行为选择负有完全责任"①。

选择总是在一定价值标准下的选择，一定价值观念指导下的选择。因此显而易见的是，选择实质上是价值选择，价值选择决定了行为选择。价值选择正确，或者说价值选择合理正当，就意味着行为选择是道德的或"更"道德的；相反，如果价值选择错误，或者说价值选择失理失当，就意味着行为选择是不道德的或"缺少"道德的。

那么，特殊情境中价值选择的实质又是什么？价值选择的实质就是对被选对象价值大小的评判，实质上就是对被选对象做出价值排序。

价值选择的通常原则是：坚守的、置先的应该是价值大的、价值高的对象，放弃的、置后的应该是价值小的、价值低的对象。如果不坚持这样的原则，价值顺序就得不到保证。

这样，特殊情境中的选择困境问题，实际上就转换成了对不同事物对象的价值评价问题，即需要对不同事物或者至少是对特殊情境中记者可能选择的对象之间的价值大小、价值高低做出评价，实际上就是对选择对象进行价值排序。价值排序或者价值顺序决定着行为选择的顺序，道德选择的顺序。

---

① 高兆明. 存在与自由：伦理学引论 [M]. 南京：南京师范大学出版社，2004：383.

3. 价值排序的根据

如何决定可能行为对象的价值排序，是特殊情境中行为选择的关键。此处首先面临的问题是：在一般意义上，不同事物的价值大小、高低、层次等能进行客观的排序吗？如果能够，这样的价值排序又是如何产生的？并且如此排序有无客观根据？

如果不能客观排序的话，特殊情境中的行为选择实质上就成了纯粹的主观选择。选择若是纯粹主观的，选择也就变成了纯粹的情感选择、经验判断和直觉判断，也就必然落入相对主义的泥坑、机会主义的取巧，因而也将可能变成缺乏理性原则的不正当、不合理的选择。果真如此，关于这一问题的理论探讨也就没有多大意义。因此，从理论上说，阐明和证实不同事物价值大小、高低差异的客观性，才是真正的任务或问题。

我们认为，不同事物的价值大小、价值高低、价值层次等，并不是纯粹的主观设定，而是人类（可以具体化到一定时代、一定社会范围、一定群体等的人类存在）通过实际的生产、生活历史积淀形成的结果，是人类对自身生产、生活实践不断认知、不断反思后的结果，具有历史的客观意义。也就是说，事物的价值排序，并不是随意的主观排序，而是客观历史演变的结果，是对客观历史演变内在要求不断认识、反思的结果，因而，其背后深深隐藏着客观历史条件决定的根据，也深深隐藏着主体人的客观需要这一根据。这样的根据，从根本上决定和制约着人们的道德选择行为。

正是因为生产、生活在不同社会环境中的人类，有着相似的生产、生活事实经验（这是可以通过观察、分析充分证明的客观事实，并不是我们的假定），他们才会形成一些具有相似性的普遍的价值观念，对一些事物价值大小才会有着相似的排序。同时，也正是因为事物价值大小有一个在不同历史环境中的显现过程和人类的发现、认识、反思过程，不同时代、不同社会才会有对事物价值大小不同的排序。这种不同的根本原因也是客观的，即在于历史客观事实的不同，不同社会历史状态中人的客观需要的不同。不同，并不意味着主观，而是意味着客观根据与实际需要的差异。因此，这样的相对，不是相对的"主观主义"，也是相对的"客观主义"。依据客观条件相对差异性所做的真实判断，乃是具体的客观判断，并不是相对主义的主观判断。

在一定时代、一定社会中，一旦事物的价值排序基本形成，就具有了相对稳定的特性，在很长时期内不会发生大的变化。价值排序是价值观念的体现，价值观念是一个时代、一个社会的深层文化，具有比较稳定的结构方式，这是被文化研究者们已经证明了的事实。从根本上说，人类生存、生活条件、环境、方式的相对稳定性，在最终意义上决定了价值排序的稳定性。

因此，面对价值选择的特殊情境时，为什么要有先后，为什么能够先后，怎样判断先后，其实并不是纯粹的个人主观判断行为，而是社会的一种客观要求，可以说是一种通过主观表现的客观选择，通过个人表现的社会选择，通过职业表现的普遍选择，体现了客体尺度与主体尺度的统一。所以，在我看来，先选择什么，表面上似乎失去了后选择（不选择）之事物的价值，但是，（先）选择什么，并没有从根本上失去什么有价值之事物，而是从根本上获得了更多的东西，因为这样的选择从根本上维护了一定社会主流的价值观念体系，维护了社会主导性的道德行为方式，维护了人们的共同道德意志，而这正是保持社会价值观念统一、保持社会秩序稳定最需要的方式。同时，这也提醒新闻职业主体，必须开阔视野，首先理解和掌握我们时代的核心价值观念，理解和掌握我们所处时代、所处社会、所处环境对价值对象的基本的、稳定的排序。

4. 记者的选择与可能结果

有了顺序，就等于不能同时，就有了先后问题。而顺序先后选择的失误，完全会造成在常态情况下道德的行为成为不道德的行为。这正是记者的心理压力所在，面对的困境所在，道德风险所在，选择两难所在。它确实考验着记者的事实认识能力、价值评价能力和道德判断能力。

行为选择的"先""后"，在道德规范上是可以规定的；先后一旦变成了规范，就可以直接约束指导人的行为，一切也就变得简单了。比如，如果规定特殊情境中"先救人，后报道"是具有更大价值的道德行为（实质上就是认定人的生命价值比一篇新闻作品的价值更大、更高），而"只救人，弃采访"是较小价值的道德行为，那么，记者遇到特殊情境时，先救人就是了。但问题并非如此简单。

记者面对的特殊情境，之所以叫做特殊情境，就是因为特殊情境的具体样态、表现常常是复杂的、模糊的。所谓复杂、模糊是说处于特殊情境中的记者无法判明报道对象的实际状况，因而也就无法简单使用"先救人、后采访"的原则或规范。这就是说，一旦涉及先后，就不只是道德原则、道德规范规定的先后能够轻易解决的，更需要处于特殊情境中的记者进行情景性选择，不然，就会要么留下职业遗憾，要么留下终生内疚并可能遭到社会舆论谴责的道德恶果。这才是真正的道德困境，真正的两难境地。做好了甲，怕耽误乙；做好了乙，又怕损害甲。最难的是无法十分明确判断是否有客观条件、主观能力同时或先后做好两件事，完成两种行为。从理想性上说，记者总是想通过正当的手段追求最佳的结果：两全其美。这种追求是道德的，这样的动机是没有什么错误的。

在特殊情境中，记者有选择的权利，把特殊情境中的记者看作纯粹的"自然人"或纯粹的"职业人"，本身就是不符合实际的。事实是，记者就是两种角色的统一体，没有这种统一，也就没有了选择的困境。

那么，到底怎样选择呢？我们以为首先要尊重或者牢记价值大小的顺序原则，遵循我们作为人的价值原则，密尔的话值得记忆："人在成为律师、医生、商人或者制造商之前，他首先是人；如果能让他们成为有能力而明智的人，那么，他们就能让他们自己成为有能力而明智的律师或医生。"① 因而，"记者、管理人员、广告商、科学家、政府工作人员、教师等等，都应带着由其人性而来的集体责任意识来进行工作"②。专业或者职业道德水平只能比一般社会道德要求更高，而不是更低，"当两种类型的责任（指自然责任与角色责任——引者）发生冲突时，也应当从自然责任高度来行为，暂且放弃角色责任的履行。角色责任是自然责任的具体化和明确化"③。职业责任不能成为背弃社会道德的借口。

但是，在困境中做出选择，也要凭借记者对所处环境的判断，凭借记者的阅历和经验，这同样是特殊情境中的必然事实，任何他人都代替不了记者的临场感受与认知。记者不可能不用自己的判断，不可能不凭借自己的阅历和经验。而一旦有了判断，就有了多种可能的结果。记者面临的特殊情境在客观上一样或者差不多，但不同的记者对"特殊性"的认识判断不会完全一样，其行为选择也不会完全一样，即使不同的记者对特殊情境的认识基本相同，其行为选择仍然可能不一样。这样，道德选择就有了多样性和相对性。事实上，道德风险就生成于不同的判断和选择之中。

---

① 尼罗，贝里，等. 最后的权利：重议《报刊的四种理论》[M]. 周翔，译. 汕头：汕头大学出版社，2008：116.

② 同①.

③ 所谓角色责任是指个体行为者从自己所扮演的角色、所承担的任务以及所认可的协议中分配的得来的那种责任；所谓自然责任，主要是指行为者作为社会存在承担与行为者能力相当的那种责任。（参见：郭金鸿. 道德责任论[M]. 北京：人民出版社，2008：90-94.）

那么，怎样才能"逃脱"困境呢？我以为，理论上是可以超越困境的，如我们上述的论述，实质上已经说明了超越困境的方法与根据。但在新闻实践中，我以为这样的困境仍然会一再出现，价值冲突是必然性的存在，记者不可能实现所有可能的价值，只能进行价值选择。

记者不是机器，也不是上帝，他或她不得不以自己的方式面对困境，因而，记者不得不担当特殊情景中可能的道德风险和选择代价。作为社会大众，则需要对特殊情境中的记者给予更多的理解和宽容。记者在特殊的采访情境中应该履行或担当的道德责任是有限的，不是无限的，"只能在客观环境提供的可以选择的范围内进行"①。如果对记者提出超越其道德能力范围的道德要求，这对记者来说是一种道德威胁，过激点说，是一种"道德暴力"（当然，记者有责任不断提高和培养自己的道德能力），本身可能就是不道德的要求或期望。但这不等于说我们坚持的是"不坚定的或半途而废的基督教神学伦理学家"弗莱彻的"境遇决定道德"式的境遇伦理观念②，我们只是说，境遇与情境（不管什么样的）一定是主体进行行为选择时不可逃脱也必须依赖的重要事实条件，包括境遇或者情境中行为主体的心理环境，这些都是进行道德选择的基本条件。对特定环境的把握，只有与我们上述所说的历史形成的、具有客观意义的一般价值顺序原则统一起来，才有可能做出比较合理、正当的行为选择。

5. 特殊情境中的道德评价

社会公众持有的评价特殊情境中记者行为是否正当的标准，只能在总

---

① 郭金鸿. 道德责任论 [M]. 北京：人民出版社，2008：57.
② 关于弗莱彻的境遇伦理学，可参阅：弗莱彻. 境遇伦理学：新道德论 [M]. 程立显，译. 北京：中国社会科学出版社，1989；万俊人. 现代西方伦理学史：下卷 [M]. 北京：北京大学出版社，1992：544-568.

体上被合理地假定为公共利益标准。而特殊情境中的公共利益①，体现的乃是对社会公认价值观念的维护，对社会公认价值排序的维护②。在报道对象生命与报道活动本身的冲突中，生命毫无疑问是第一位的。人类的生存与演化，已经在人类的心目中确立了敬畏生命特别是敬畏人类自身生命的价值观念。对于人类来说，自身生命价值是最高价值，没有了生命，人的一切将失去谈论的前提，"敬畏人的生命是敬畏一切生命的核心"③。生存，对于任何个人来说，都是最低限度的需要，当一个人处于能够满足另一个人最低限度需要的紧急关系中时，就有义务去满足这个人的迫切需要。"面对一个有迫切需要的人，如果你能够有所作为提供帮助但是却什么也没有做，那是一种不道德的错误行为，这几乎是一种举世公认的观念。"④诺贝尔奖获得者阿尔贝特·史怀泽说："敬畏生命的人，只是处于不可避免的必然性才伤害和毁灭生命，但从来不会由于疏忽而伤害和毁灭生命。在他体验到救援生命和使他避免痛苦、毁灭的欢乐时，敬畏生命的人就是一个自由人。"⑤ 因此，记者如果在人的生命与报道活动的选择中出现有意甚或无意的错误，将报道对象的生命价值置后，那么无论结果如

---

① 所谓公共利益，是指不特定的社会成员所享有的利益。公共利益根源于社会公共意志，只有在公共意志中，我们才可能找到公共利益的实质所在。中南大学哲学系李建华教授认为："公共利益是一个抽象的概念，也不可以还原成某种个人的利益，它的识别与取得只有经过民主的公共论坛才可以得到全体公民的认同。"［李建华. 公共政策程序正义及其价值［J］. 中国社会科学，2009（1）：64-69.］中国人民大学的王利明教授认为，公共利益的最大特点在于，它是一个与诚实信用、公序良俗等相类似的框架性概念，具有高度的抽象性和概括性。公共利益的内涵与外延都是无法明确描述的，这不仅是因为公共利益的内容具有宽泛性，更在于公共利益本身就是一个开放的、发展的概念。公共利益类型繁多，常常与国家政策和不同时期的社会需要紧密联系，并且随着社会的发展而不断发展。［参见：王利明. 公共利益是否就等于"大家的利益"［N］. 解放日报，2006-09-04（12）.］

② 比如，当下中国社会主导价值观念认定的普遍价值顺序表现为：珍爱生命、尊重人格、维护人权、追求自由、倡导民主、提倡公平、坚持正义、保护弱势群体等等。［参见：俞吾金. 培植公平正义观念的文化土壤［J］. 中国社会科学，2009（1）：51-56.］

③ 夏东民，陆树程. 敬畏生命观与生态哲学［J］. 江苏社会科学，2008（6）：76.

④ 多亚尔，高夫. 人的需要理论［M］. 汪淳波，董明珠，译. 北京：商务印书馆，2008：134.关于最低限度需要问题，可进一步参阅该书第六章中的相关论述。

⑤ 同③.

何，必然都会受到社会舆论的普遍谴责。特别是在有意（动机）把处于危险境地中的生命营救置后时，必然会受到极其强烈的道德谴责。我国学者赵汀阳说得到位："真正的生死难题之所以有分量，是因为无论做出什么选择都牵涉着某种责任而不仅仅是选择。"①

具体来说，在这种特殊情境中，社会公众是用什么标准评判职业新闻行为的正当性的，大致可以概括为两条：一是用既有的价值准则、道德标准评判（事物的价值顺序就是按照既有的主流性的价值观念排列的）；二是记者行为选择所产生的实际结果。可以说，这实质上是用动机与结果相统一的道德标准评价记者行为的道德性的（尽管动机、过程或手段、结果有时难以统一）。

如果记者选择了"应该"救人的行为②，放弃了职业新闻行为，使报道对象受损害或伤害的程度降到了最低，人们在道德上就会高度肯定记者的行为与品质。

如果记者选择了"应该"救人的行为，即使没有达到最终救人的结果，人们对其行为仍然在道德上是肯定的，尽管人们会表示惋惜和遗憾。行为的正当性与行为结果的正当性有着内在的联系，"一种正当的或善的行为，往往是在某种既定的环境下所有可能的行为中最具善的结果的行为"③。正当行为最有可能产生善的结果，或者在可能的结果中，接近最善的结果。放弃职业新闻行为，选择使报道对象可能受损害或伤害最小的行为，即使最终没有使报道对象从损害或伤害状态中逃脱出来，也使报道对象受到了同类的实际的道德关怀，这就是多种善的结果中可能的一种。

---

① 赵汀阳. 论可能生活：一种关于幸福和公正的理论 [M]. 修订版. 北京：三联书店，2004：135.

② 我们这里所谓的"应该"，就是指符合一定社会主流的价值观念、道德观念，按照"正确"的价值排序进行了行为选择。

③ 万俊人. 现代西方伦理学史：上卷 [M]. 北京：北京大学出版社，1990：359.

这种评价充分体现了评价标准中动机要素、手段要素与结果要素的统一性，同样也说明，人们使用的根本评价标准仍然是一定社会普遍认可的社会道德标准。

如果实际结果是两全其美，但记者在行为选择顺序上不符合两种对象潜在价值大小排序——先完成职业新闻行为，后完成作为一般社会成员的道德行为，记者在道德上依旧可能受到谴责，得到否定性的道德评价，这是因为"记者的（错误）判断可能导致危险甚至死亡"①。这实际上是在评价记者的"第一动机"，评价记者的目标优先选择的行为价值，否定性评价的根本原因就在于记者违背了社会普遍认可的价值顺序。只要行为选择顺序和价值顺序不一致，记者就得面临一定的道德风险。

如果记者根本不顾报道对象主体的危急状态，只关注自己的职业行为是否能够顺利进行，即使记者最终创造了高质量的新闻作品，报道对象最终也没有受到太大的损害或伤害，人们也会强烈谴责其行为选择方式，这里实质上谴责的是记者的价值观念、道德观念，谴责的是记者没有选择"应该"选择的价值顺序，谴责的是记者的动机或者说是记者的道德品质。

其实，任何人在任何时空进行道德选择时，都会面对既有的社会价值观念、道德观念、道德规范的某种指导和约束，也就是说，一定社会、行业、组织、群体等既有的价值观念、道德准则等都会对当下的道德行为产生实际的作用和影响。所有人也正是用这些价值观念、道德准则进行选择的，差别只在于有些是自觉的，有些是潜意识的。特殊情境中的选择并不例外，因此，既有价值观念、职业道德准则、职业习惯等，既构成了选择的前提，又构成了选择的障碍，选择总是在自由与不自由之中进行的，并不是纯粹的主观的道德意志的结果。

---

① ALIA. Media ethics and social change [M]. Edinburgh：Edinburgh University Press，2004：Preface，76.

（三）报道对象主体的隐私问题

"隐私，是指个人与社会公共生活无关的而不愿意为他人知悉或者受他人干扰的私人事项""隐私权，就是个人有依照法律规定保护自己的隐私不受侵害的权利"①。人人都有隐私，人人都有隐私权（不仅是法律权利，也是一种道德权利）。具有新闻价值、能吸引公众兴趣的不少新闻事实，关联或牵扯公共利益的诸多事件，常常包含着、蕴藏着个人的诸多隐私信息，政治人物、公众人物的隐私更是常常与新闻价值、公众兴趣、公共利益等纠缠在一起，这就意味着记者在职业新闻活动中必须时常面对隐私问题。在涉及报道对象隐私的问题时，几乎都会不同程度关系到法律问题，但对职业新闻记者来说，凡是涉及报道对象的隐私问题，首先要进行的是必要的道德考量。

涉及隐私问题的报道确实是记者面临的道德难题之一，往往不好把握，需要在多种利益关系中进行平衡。就像卡伦·桑德斯所说的那样，"隐私对记者而言是最大的道德灰色地带"②。因此，如何处理涉及隐私的报道，不仅考验着记者的道德品质，也考验着记者的法律素养、新闻智慧。一般说来，在关系到隐私问题的报道时，最突出的问题是：知情权（公共利益）与隐私权（私人利益）的关系问题。

隐私权是公民的基本权利，属于基本人权之一，是人的一种"主观权利"③。隐私权有两方面的内容，"一是公民对于自己与社会公共生活无关

---

① 陈绚：新闻道德与法规：对媒介行为规范的思考［M］. 北京：中国大百科全书出版社，2005：282.

② 桑德斯. 道德与新闻［M］. 洪伟，高蕊，钟文倩，译. 上海：复旦大学出版社，2007：103.

③ 所谓主观权利，就是每个人可以针对所有其他的人来主张的一种正当要求，每位个体都可以通过它让所有其他的人尽义务。主观权利使权利载体成为一位享有某种自由空间的行为主体，它所要保障的是主体的行为自由。［参阅：甘绍平. 关于人权概念的两个哲学论争［J］. 哲学动态，2009（1）：18-23.］

的私人事项，有权要求他人不打听、不搜集、不传播，也有权要求新闻媒介不报道、不评论以及不非法获得。二是公民对于自己与社会公共生活无关的私生活，有权要求他人不得任意干扰，包括自己的身体不受搜查，自己的住宅和其他生活区域不受侵入、窥探"①。如果谁对公民这两方面的隐私权实施了侵犯，就构成了对隐私权的侵害②。如果把隐私权关涉的主要内容与职业新闻活动的特征（采集信息、传播信息）联系起来，我们就能理解新闻媒介、新闻职业传播者更易于落入侵犯隐私权的旋涡中的原因。

公民隐私权原则上当然是受法律保护的，有其绝对性的一面，但在涉及公共利益时，隐私权的保护范围、保护程度不得不做出一定的让步。正是因为有了让步，职业新闻活动在关系到隐私的问题时，出现了许多艰难的选择，生成了诸多的道德难题。如果职业新闻行为（主要是采集信息和传播信息的行为）选择不当，则要么损害应该维护的公共利益、损害公众的知情权，要么损害不该损害的个人利益（隐私权），更有甚者，会既损害知情权，也损害隐私权。在隐私报道问题上，要实现"双赢"其实非常艰难，但要落入"双输"的陷坑，实在是太容易了。而且，关涉隐私的报道，其内容天然的"人情味"，与人们个人经验、体验的心理接近性，使得关系隐私的信息采集行为、公开报道行为容易引起人们的普遍关注，容易刺激人们的兴趣和情感，也容易激发人们的道德情怀和道德思考，因此，一旦出现失误，媒体与记者很容易受到社会的道德谴责。

---

① 陈绚.新闻道德与法规：对媒介行为规范的思考［M］.北京：中国大百科全书出版社，2005：282.

② 世界上不同国家，甚至同一国家的不同地区，对隐私和隐私权的理解设定范围是有所不同的，因而侵害隐私权的表现也是有所不同的，但核心内容是基本一致的：一是对隐私的公布和宣扬，二是侵扰他人的私人领域。（参阅：泽莱兹尼.传播法：自由、限制与现代媒介［M］.张金玺，赵刚，译.4版.北京：清华大学出版社，2007：158-159；陈绚.新闻道德与法规：对媒介行为规范的思考［M］.北京：中国大百科全书出版社，2005：285.）

那么，如何处理好知情权与隐私权的关系？这首先关系到隐私权与知情权冲突的实质是什么。我们只有把冲突的实质问题弄清楚了，才能提出有效的处置冲突的原则。在我看来，它们之间冲突的实质是一种价值冲突或者说利益冲突，即哪种权利的价值更重要，哪种权利蕴涵的或代表的利益更重要。更重要的，就应该得到优先的保护。

隐私权是针对个人而言的，知情权是针对社会公众而言的，是否应该在满足社会公众的知情权过程中，适当保护个人的隐私，关键要看，隐私是什么样的隐私，知情的意义与价值有多大，有无知情的必需。也就是说，隐私权和知情权，都没有绝对的优先价值，而要根据具体情况进行具体的分析。

保护隐私的目的，在于避免对当事人造成不当的伤害。也就是说，社会公众对新闻当事人隐私的知情是有限度的，这个限度就是不能对当事人造成不当的伤害。这就意味着媒体或职业记者在报道有关新闻当事人时，必须坚守人权原则，"就是对人不得伤害的原则，就是必须尊重与维护人的心灵与肉体的完整性的原则"[1]。美国伦理学家格维斯认为：道德原则的首要要求就是一种基本的消极性义务——不伤害，即严禁损毁他人的自由与安康。[2] 在涉及报道对象主体的隐私问题时，记者应该把这样的"不伤害"作为首要的和基本的原则（"不伤害"其实也就是人道主义原则）。所谓"不伤害"，根据隐私权的内容，主要体现在两个层面："一个是应尽量避免媒体报道的结果对个人隐私的侵害。另一个则是应尽量避免媒体在获取信息的过程中对当事人的伤害。"[3] 在新闻活动中，报道对象主体是隐私权的载体（主体），新闻报道者、新闻媒体是这种权利的直接应答者

---

① 甘绍平. 人权伦理学 [M]. 北京：中国发展出版社，2009：275.

② 同①129.

③ 同①276.

和责任者。如果新闻报道者和媒体侵犯了报道对象主体的隐私权，就会受到社会公共舆论的谴责或相关法律的制裁。

知情权也是公民的基本权利①，属于基本人权。有人指出："作为一种理想，世界上所有的国家都声称自己的每一个公民应该享有'人权'。实际上，如果他（或者她）没有这些人权中的一种名为'知情权'的权利，那么作为个体的每一个人也就什么人权也没有。所有的权利必须经过努力去赢得，然后不懈地加以保护。人们若不事先知情，也就无法进行这场战斗"②。知情权是保障人权的条件，知情权也是维护公共利益的前提，因此，可以说，满足公众的知情权就是维护公共利益。而要满足知情权，有时就不得不"伤害"一些人的隐私权，因为有些隐私信息总是与公共利益直接或间接相关，如果不公开，公共利益就得不到或者很难得到维护，比如，如果政治人物、公共人物的隐私受到过度保护，人们就难以了解他们的品质，也难以了解他们个人生活可能会对公共利益带来的负面影响。另外，有些"隐私信息"如果不通过隐蔽的方法获取，有些私人场所不通过某种侵扰的方法进入，就无法揭露一些人对公共利益的伤害，就无法实现新闻监督。因此，知情权在有些方面能够对隐私权提出挑战。尽管任何人都不可能罗列出所有能够挑战的具体情景，但能够为这种挑战提供道德理由、道德辩护的根据从原则上说只能是公共利益。其实，知情权在隐私权面前不得不做出的那些让步，也并不仅仅是对个人权利的让步，也是对一定社会范围内人们共同拥有的某种价值观念、道德观念的维护，这种维护既是为了每个人的利益，也是为了整个社会的利益。因此，知情权与隐

---

①　知情权是由美国记者库柏（Copper）在1945年首先提出来的，核心是指公民享有通过新闻传媒等多种途径了解或知晓政府工作的法定权利。知情权包括公民对政府所管理的国家事务、社会事务等其他信息的了解和知晓。这意味着政府有义务公开这些信息，特别是与公民权益和利益相关的信息，当然，不包括法律已经明确说明需要保密的信息。

②　贝特朗.媒体职业道德规范与责任体系［M］.宋建新，译.北京：商务印书馆，2006：31.

私权，作为每个人的现实权利、应有权利，在道德精神上是统一的。

那么，什么情况下可以"伤害"（揭露）报道对象主体的隐私呢？我以为，"应该"伤害的隐私就不再是纯粹的隐私，很可能是应该揭露的丑恶，至少是与公共利益可能相关的信息。因此，记者的能力，包括道德能力，在关涉到报道对象的隐私问题时，往往体现在对隐私与丑恶、隐私与公共利益关系的鉴别与判断上。尽管"对一位普通公民进行偷拍，无疑是对他（她）的一种伤害。但如果对一位不法者进行偷拍，则这里就不存在什么伤害，而是公正的揭露。对好人不得伤害并不意味着对不法之徒不得揭发。否则势必就会得出对犯人的任何惩罚都意味着一种伤害的荒谬结论"①。同样，尽管媒体和记者不能随意公开公民的隐私，但如果某些人的隐私属于危害公共利益的隐私，那就应该公开，不然，就等于保护了他们危害公共利益的某种手段。

需要注意的是，不能把所有的公众兴趣简单等同于公众利益。"公众有兴趣侵犯别人的隐私，在道德上就等同于违背别人的意志在大庭广众之下扒了他们的衣服。"②这样的兴趣恐怕属于"低级趣味"，属于不应当满足的兴趣。"侵犯隐私必须要有足够的理由，而不是仅仅为了满足人们好奇和好色的心态，这一理由应当根据'公共利益'而提出，而公共利益应当被狭隘地理解为揭露犯罪、控制公众健康和安全方面的风险、保证个人或组织不被误导。"③

无论是隐私权还是知情权，其实都是公民的基本权利。因此，对于新闻媒体来说，从总的原则上说，当然既要保护个人的隐私权，也要维护社会公众的知情权。这既是职业新闻人展开新闻活动必须具有的法律意识，

---

① 甘绍平. 人权伦理学 [M]. 北京：中国发展出版社，2009：278.
② 桑德斯. 道德与新闻 [M]. 洪伟，高蕊，钟文倩，译. 上海：复旦大学出版社，2007：122.
③ 同②123.

也是职业新闻人展开新闻活动时应该承担的道德责任。毫无疑问，在隐私权与知情权之间，最理想的状态是能在新闻活动中求得二者的平衡，诚如美国媒介法学者约翰·D.泽莱兹尼所说："你可能需要自己在公共利益和个人伤害之间做出取舍平衡。如果公共利益十分巨大，那么不要胆怯——坚持报道。但是，如果潜在的公共利益十分微弱，而私人因素很重要，那么不要漠视私生活——撤下报道。"①

三、隐性采访中的道德问题

采访中关涉的道德问题，突出表现在隐性采访中，主要有两个大的方面：一是隐性采访整体上作为一种采访方式的道德问题；二是公开采访或隐性采访中一些具体隐性采访手段运用中的道德问题。② 这两方面关涉的道德问题有一定的重合性，但我们在具体分析讨论中将加以分离。

（一）作为一种采访方式的道德性

隐性采访是相对显性采访而言的。显性采访是指"以记者身份进行的公开采访"；隐性采访是指"记者隐瞒记者身份或采访目的而进行的采访"③。隐性采访又被称为"暗访"或"秘密采访"。这就是说，在显性采访中，记者的身份对于社会是公开的，被采访对象能够明确知道记者的行为性质；但在隐性采访中，记者身份对于社会是隐蔽的，实质上的被采访

---

① 泽莱兹尼. 传播法：自由、限制与现代媒介 [M]. 张金玺，赵刚，译. 4版. 北京：清华大学出版社，2007：176.
② 在讨论这些问题时，我们暂且不关注现有法律中的相关规定，也就是说，我们不把现有法律规定作为讨论相关方式方法是否道德的标准，我们将独立地给出相关的道德理由。
③ 甘惜分. 新闻学大辞典 [M]. 郑州：河南人民出版社，1993：145.

对象无法知道记者行为的真实性质和目的。隐性采访方式本身有多种类型，诸如侦查型、体验型、验证型等①。

我以为，隐性采访作为记者获取新闻的一种方式，本身就是特殊的、非常态的方式，因而很难在整体上进行道德评价，即很难在整体上或一般意义上说隐性采访方式是正当的还是不正当的。这就意味着，关于隐性采访方式的道德分析，必须动用道德评价的例外原则，必须具体问题具体分析。这就像撒谎在一般意义上说是不道德的，但在一些特殊情况下（例外的、非常态的情况），撒谎或者说暂时不说真话也是道德上可接受的②。

客观上必须采用隐性采访方式的必要性，主要源于这样的理由：通过公开采访方式不可能对一些特殊的事实进行采访，无法获取一些特殊对象的真实信息；如果不运用一些特殊的隐性手段，如偷拍、偷录，就不可能记录或留存一些重要的事实信息。进一步说，如果不采用隐性采访方式，不仅形不成新闻报道，也无法通过新闻手段维护社会正义、维护公共利益。

隐性采访方式之所以必要的上述理由，说明隐性采访要想获得道德上的肯定评价，必须满足这样的基本条件：其一，采访动机应该是善意的，这是前提，这个善意在一般意义上说，就是为了维护社会正义，为了社会公众的切身利益；其二，在具体手段上，应该是合法的，不能违背法律规范，因为法律规范其实就是底线性的道德规范；其三，在结果上确实实现了公共利益的维护，至少没有损害公共利益。因此，任何媒体或个体记者，在决定是否运用隐性采访方式之前，都应该从这几个方面出发，进行必要的道德预估，使隐性采访方式的运用成为道德上的自觉选择，而不是

---

① 蓝鸿文. 新闻采访学 [M]. 2版. 北京：中国人民大学出版社，2001：380-382.
② 人们最常想到的情形就是对一些特殊的病人可以隐瞒病情，暂时不告诉某人一些特别的坏信息，如暂时不告诉老人其儿女出事、遇难的消息等。

道德上的盲目选择。

　　隐性采访方式通常运用在对一些特殊情境、特殊事实（比如可能的违法犯罪事实）的采访中，记者身份的隐瞒、采访手段的隐蔽、采访目的的遮掩，既使采访变得隐秘，同时也使采访蕴藏着诸多的、不可预测的危险，包括记者自己的人身安全。由"隐性"造成的特殊性，使隐性采访包含着更多的道德风险，因此，对于记者来说，在选用隐性采访方式时，除了上面所说的一般道德自觉外，还应特别注意这样几个方面的道德考虑。首先，无论记者的采访动机如何，真实目的如何，可能实现的报道效果如何，隐瞒职业身份本身在客观上是一种"欺骗"行为，记者在隐性采访中，必然会对采访对象一次又一次"撒谎"，这就容易给采访对象造成伤害，记者没有道德上伤害他人的绝对权利。何况，通过"欺骗"方式得到的信息其可信性在逻辑上有着天然的缺陷。英国新闻道德研究者卡瑞·桑德斯就说："不是所有的谎言都要加以谴责，但是我们必须对其负面性有所估量。说谎者必须承担举证责任，说明这一谎言是最后不得已的手段，而其他替代的方法都已探求过"[1]。我国新闻法研究专家魏永征先生则指出："如果经常这样做（指隐瞒身份、撒谎欺骗等——引者注），会引起媒体公信力的下降。媒体的力量就在于真实、客观公正，而现在它却经常以欺骗手段获取新闻，这就无异于釜底抽薪。"[2] 因此，记者在选用隐性采访方式时，要特别慎重，"只有当欺骗比起对方的卑劣来是微不足道的时候，当揭露这类卑劣行为对于公众极为重要，而通过普通途径又无法获得有关材料的时候……这种欺骗才可以认为是正义的"[3]。这说明隐性方式是以"恶"对"恶"的方式，是以"小恶"对"大恶"的方式。其次，作

①　桑德斯. 道德与新闻［M］. 洪伟，高蕊，钟文倩，译. 上海：复旦大学出版社，2007：66.
②　魏永征. 新闻法新论［M］. 北京：中国海关出版社，2002：41.
③　同②342.

为职业记者，要有一种自觉，人在隐蔽身份的情形下，在别人无法知道自己真实身份的情况下，容易失去严格的道德自律（由网络隐匿性形成的各种网络不道德行为就是一种明证），容易违背道德规范。比如，在进行隐性采访时，记者往往会过度使用一些隐性采访的手段，造成对采访对象的实际伤害，关于这一问题，我们在下面还要专门讨论。再次，容易在道德上犯动机主义和结果主义的错误。记者在采用隐性采访方式时，最容易用维护公共利益这一条来为自己的行为方式和采用的具体采访手段进行道德辩护，然而，隐性采访维护的到底是不是社会正义、是不是公共利益，其实在很多情况下是模糊的、不清晰的，有时更多的可能是记者的利益、记者所属媒体的利益。一般说来，如果难以判断一些行为是否直接关涉公共利益，这时，记者应该采取保守的方法，即不冒隐匿身份和撒谎的道德风险，那就是说，在公共利益还没有处于明显危机的时刻，隐性手段的使用要特别谨慎。有学者甚至指出，"什么时候公共利益比较清楚明了，从而可以以此来证明谎言的合理性？我认为没有，我们至多只能说在那种情况下说谎是最少恶性的行为"①。

（二）隐性采访手段的道德问题

关于隐性采访手段，就当下的新闻实践来看，被记者使用的主要有这样几种：一是隐瞒真实身份，并以隐瞒后的身份（比如一个普通的打工者）完成记者的实质性采访工作；二是信息获取手段的隐蔽，最为常见的就是偷拍、偷录；三是一种比较少用的特殊手段，就是以盗窃行为获取一些信息（这在中国还没有典型案例出现）。这几种具体手段特别是前两种

---

① 桑德斯．道德与新闻［M］．洪伟，高蕊，钟文倩，译．上海：复旦大学出版社，2007：69．

手段经常是一起使用的，但在一些公开的采访中，记者也会同时使用偷拍、偷录的手段。

前面，我从整体的隐性采访方式上讨论了隐瞒身份的道德性问题，这里还需要特别说明的是，作为获取新闻信息的一种手段，有些身份是记者绝对不能使用的。比如，在我国，在任何新闻采访情境中，"新闻记者都不允许伪装人大代表、政协委员、国家公务员、军人、警察、法官、检察官等进行采访活动，这类职务是依照法律的规定专门授予的，任何人假冒都要承担法律责任。至于记者伪装成违法犯罪者，例如吸毒者、嫖客之类以摄录所需要的材料，也是不能允许的，这种伪装不仅有损于人民记者的尊严，而且会引发意外的事端，甚至助长或促成犯罪活动"①。特殊身份意味着某种特殊权利，特殊权利有着特殊的道德根据。记者以隐瞒、欺骗方式获取特殊身份和特殊权利，这本身就是不道德的。违法犯罪的身份，在客观上已经损害了新闻职业品格，还有可能助长或促成犯罪活动，就更是失去了道德辩护的根据和理由。因此，隐性采访中隐瞒身份是有界限的，并不是什么身份都可以伪装。

以偷盗行为获取相关信息，比如，记者潜入一些可疑官员（可能是腐败分子）的办公室或私人住宅去获得一些文件信息，不管动机如何，目的如何，从手段和结果上看，其行为本身就是违法犯罪行为，运用这种行为获取信息破坏了正常的社会法律秩序、道德秩序，冲破了职业权利范围的法律限制，与社会道德规范是公然背离的，会给社会公众造成一种心理上的威胁，担心和害怕与记者接触，这必然不利于新闻职业社会责任的履行和实现，因此，人们很难在道德上找到为这种"盗窃"行为进行辩护的一般性理由。即使最后获取的信息确实有利于公共利益的保护，但仍然不能

---

① 魏永征. 新闻法新论 [M]. 北京：中国海关出版社，2002：342.

证明手段本身的正当性或道德性，如果一个社会允许用恶的手段追求善的结果，那就必然会生出诸多恐怖的景象。一种行为的价值，不只是体现在行为结果中，还体现在行为过程、行为手段本身。行为手段的价值与行为结果的价值有着十分复杂的关系，很难用结果的善或好证明行为手段的正当性。行为手段自身造成的道德影响往往不是单一的、纯粹的，手段造成的有些结果是当下可见的（比如获得了信息）、善的或好的，但手段造成的另一些结果则可能不是当下可见的（比如盗窃手段对人们思想意识和一些观念的负面影响）。恐怕正是因为一种行为方式、行为过程、行为手段会造成多种实际的道德的或不道德的影响，人们才会对行为手段本身异常谨慎。对于那些明显违背普遍社会道德规范的行为手段，不管其能够获得的最终结果是什么，人们都难以给予道德上的认可。何况，不管是法律还是社会习惯，都并没有赋予记者这样特殊的行为权利。

在新闻实践中，关于隐性采访手段中的道德问题，集中在"偷拍、偷录"手段的运用界限上。"所谓偷拍偷录，就是不征得当事人的许可而自由地拍摄录音，在估计当事人不会许可的情况下则采取秘密方式自行摄录。"①在这两种情形中，偷拍、偷录中的道德问题又主要发生在"采取秘密方式自行摄录"的情况中。

对于职业新闻采访中的偷拍、偷录，各国法律并没有一概限制，但不是没有限制，而总是有所限制。法律限制除了其他的理由或根据，总是拥有一定的道德根据和理由。在一般意义上说，任何技术的运用中都有某种道德问题。如今，新闻的生产与传播，越来越受到技术的影响，越来越成为技术建构的产物②，因此，如何使用新闻生产传播技术，即如何在新闻的采、摄、写、编、制、播等活动中恰当合理地、道德地使用技术手段，

---

① 魏永征 . 新闻法新论［M］. 北京：中国海关出版社，2002：339.
② 杨保军 . 新闻本体论［M］. 北京：中国人民大学出版社，2008：313 - 323.

已经成为新闻界面临的重要问题，也已成为并将继续成为今后新闻伦理道德研究中的重要领域。我们这里讨论的偷拍、偷录问题，不过是长期存在的、争论越来越多的一个问题而已。我以为，根据已经形成的道德认识，记者在实际运用偷拍、偷录手段时，以下几点是必须注意的。

首先，所有的记者都应该知道，技术使用是有法律边界的，法律边界实际上划出了道德的最大边界。职业权利范围中的使用是合法的，职业权利范围之外的使用既是违法的，也是不道德的。法律限制是从整个社会利益出发的，代表的是最大多数人的利益，反映的是最大多数人的意志，包括人们普遍的道德意志。因此，任何记者如果不顾法律限制"偷偷摸摸"使用一些禁止使用的设备器材实现采访中偷拍、偷录的目的，本身就是不道德的，背离了人们的普遍道德意志。如果人们通过新闻报道或其他途径获知新闻记者使用了法律禁止使用的拍录设备，就会觉得这是对法律的蔑视，也是对他们道德意志的违背，因此，记者的偷拍、偷录行为很可能受到道德质疑甚至道德谴责。新闻记者设备器材使用上的违法行为，在道德意义上就是一个极坏的示范。试想，如果普通社会大众也像记者一样"偷偷摸摸"地使用法律禁用的设备和器材（诸如窃听、窃录等设备），人们之间将会出现怎样的紧张关系。

其次，不能滥用或者说要合理运用偷拍、偷录手段。偷拍、偷录手段在道德上的可辩护性是：手段运用出于维护社会公共利益的良好动机。"人们公认对于正在进行的严重违反公共利益的行为包括违法犯罪行为，可以不经行为人许可进行拍摄录音，包括偷拍偷录……这类行为人由于实施了损害社会公益的非道德的和非法行为，他的一部分人身自主权相应退缩，也就丧失了对他人未经许可摄录自己不良行为并且加以传播提出异议的权利，无可阻拦大众传播媒介的正当披露。"[1] "利用偷拍暗访的方式揭

---

[1]　魏永征. 新闻法新论 [M]. 北京：中国海关出版社，2002：341.

露不法之徒的'隐私'，公布其劣迹之行为并不是伤害，而恰恰是行使媒体对社会应承担的责任。"①但是，在很多情况下，记者可能没有足够的根据判断采访对象的行为性质，只是在怀疑其行为可能是违法的、犯罪的或者不道德的，在这样的情况下，偷拍、偷录手段的使用实际上就是对报道对象主体的不尊重，实际上就是没有把采访对象当作和自己一样的主体看待，而是把对象仅仅看成了记者自己完成职业行为的手段。

再次，那种以猎奇为目的、以公众共同兴趣为借口（公众兴趣并不都是健康的，并不都是应该得到满足的），直接侵犯他人隐私空间、场所、场合等的偷拍、偷录，乃是病态的行为，是不道德的，有损职业新闻人的道德形象。"公开本应隐秘的东西可能是一个错误，通过非法的方法获得隐私又是一种错误"②。任何人都不拥有随意侵犯他人隐私的道德权利。"当媒体'冷酷无情'地追逐人们的私人事件，尤其是通过图片的手段时，它们获得了最坏的恶名。"③如果记者的偷拍、偷录行为事实上给当事人造成了伤害，就要承担法律责任，而不仅仅是受到道德谴责。

总而言之，职业新闻活动本性上是一种公开的社会活动，要尽可能少用非公开的方式、手段实施职业行为。即使是为了实现批评报道，为了实现新闻监督，为了维护社会正义，为了维护公共利益，作为隐性信息获取手段的"偷拍、偷录"，也只能是不得已的手段选择，消极性的选择。

四、"有偿新闻"中的新闻道德

"有偿新闻"是全球范围内的普遍现象，也是相当复杂的一种新闻现

---

① 甘绍平. 人权伦理学 [M]. 北京：中国发展出版社，2009：278.
② 桑德斯. 道德与新闻 [M]. 洪伟，高蕊，钟文倩，译. 上海：复旦大学出版社，2007：114.
③ 泽莱兹尼. 传播法：自由、限制与现代媒介 [M]. 张金玺，赵刚，译. 4版. 北京：清华大学出版社，2007：176.

象。在不同类型的"有偿新闻"中，存在着相似的或不同的新闻道德问题。我将以媒体或职业新闻工作者在有偿新闻现象中的实际角色、表现为依据，在广义上把有偿新闻形象地划分成"卖新闻"和"买新闻"两类，然后分别讨论不同有偿新闻现象中的新闻道德问题。

（一）"卖新闻"中的道德问题

我所说的"卖新闻"，是指狭义意义上的有偿新闻，也就是新闻界通常赋予"有偿新闻"的含义，是指"新闻传播活动中，希望获得媒体宣传报道的个人或组织，或者不希望媒体对不利于自己的有关信息进行报道的个人或组织，向新闻从业人员提供金钱或实物，以获得事实上的宣传报道或不报道的行为"①。如果从媒体或职业新闻人的角度说，"卖新闻"就是指媒体或记者把新闻权利当作特殊的商品，与他人（个人或组织、群体）进行某种交换，以为媒体或记者获取不正当利益而形成的新闻报道或"新闻不报"（有偿不闻）。这样，更容易从媒体和新闻人角度揭示或暴露出其中存在的道德问题。对于职业新闻工作者来说，实施有偿新闻实质上就是对新闻自由权利的滥用，就是把这种宪法赋予的职业权利卖了，换取不正当、不应有的利益，所以我把这种行为叫做"卖新闻"。这种卖新闻、滥用新闻自由权利的行为有时不仅超越了新闻道德的边界，也超越了相关法律的禁区。不过，我们这里主要在道德范围内展开讨论。

在这种卖新闻的有偿新闻现象中，存在着各种各样不同的具体形式和

---

① 邓明瑛. 传播与伦理：大众传播中的伦理问题研究 [M]. 长沙：湖南师范大学出版社，2007：45.

表现。① 尽管任何一种实际接受了报道对象或者与一定新闻报道相关当事人（包括个人、组织、群体）"好处"后形成的新闻报道，原则上都可以定性为有偿新闻，但另一方面，我们也要看到，在新闻实践中，"有偿新闻"五花八门，"有偿"方式不同、程度不同，其中的道德问题是不一样的，因此需要分类加以讨论。

我们可以从两个基本向度上阐释有偿新闻中的道德问题：一个向度是报道对象主动向记者或新闻媒介提供"好处"而形成的有偿新闻；另一个向度是记者或者媒体主动向报道对象索求"好处"而形成的有偿新闻。这两种有偿新闻尽管有动机上的差别（后一种在道德上更为恶劣），但为了讨论的方便，我们把新闻职业人员实际同意并得到或接受了"好处"的行为，看成是基本一样的行为性质。在这样一个前提下，我们根据新闻实践中的情况，分以下三类来定性讨论有偿新闻中的道德问题。需要特别预先说明的是，我们下面的分析仅仅是一般性的分析，而某一行为的道德性或不道德性及其程度，必须具体行为具体分析。而具体行为是无数的，因而，我们不可能在此罗列展开。

第一，接受报道对象各种优待行为而形成的轻度有偿新闻。这种情况是指记者接受了报道对象公开提供的一些"小恩小惠"，诸如小礼品、简单的便餐甚至与新闻报道直接相关的某些比赛、表演的门票等，还有报道对象（比如一个大型会议主办方等）统一向所有记者提供的带有一定公开性质的"红包"等。并且，更为重要的是，记者没有因为接受"好处"而实质性地影响到新闻的真实性、客观性和公正性。但是，这样的新闻在形式上、实质上都带有"有偿"的性质，都没有足够的理由排除人们对相关

---

① 关于有偿新闻的具体形式，可参阅：陈绚．新闻道德与规范：对媒介行为规范的思考［M］．北京：中国大百科全书出版社，2005：113；邓名瑛．传播与伦理：大众传播中的伦理问题研究［M］．长沙：湖南师范大学出版社，2007：45－46.

新闻报道真实性、客观性和公正性的怀疑，因此，这样的新闻行为在道德上仍然是可疑的，应该受到道德质疑。"吃了对方早餐的新闻不能报"，仍然应该成为一条基本的规范，尽管好像有点过于严格，但这是职业职责的基本要求。这类有偿新闻比较普遍，表面上看不是什么严重的事情，但正是它的普遍性，大面积地、日复一日地蚕食着职业新闻工作者的道德意志和道德理想，瓦解着新闻道德的基础，因此，应该引起新闻界的高度重视。

第二，接受报道对象带有一定"贿赂"性质"好处"而形成的重度有偿新闻。这种情况下，报道对象对媒体或记者提出明确的报道或不报道以及如何报道的要求，媒体或记者实际上也答应了（可能会有讨价还价的过程，从而形成不同程度的答应）要求，接受了报道对象提供的"好处"，形成了明显的"交换"行为。毫无疑问，这是明显的出卖新闻权利的行为，是违背新闻职业道德的行为，必然会损害新闻应有的独立性、自由性、真实性和公正性，也必然会实际损害社会公众的知情权和可能的公共利益。

第三，媒体或记者向报道对象索要（钱物）性质而形成的严重的有偿新闻。这是一种公然出卖新闻自由权利的丑恶行为，是对宪法精神的背离，是对人民意志的嘲弄。在道德上显然属于严重的不道德行为，是一种主动的不道德，是对新闻道德精神、道德规范的公然蔑视和破坏。这类主动的不道德已经把新闻传播当作纯粹的牟取不正当甚至非法利益的手段，因此，必然会制造出离奇古怪的失实新闻、虚假新闻，严重损害公众的新闻需要和知情权。

有偿新闻跨过一定的边界，就不仅仅是新闻道德的问题，很有可能演变成为违法犯罪问题。其实，"边界就是禁区，权力只有在边界内活动才能获得其自主性和独立性。没有边界的权力必定是非法权力"，而权力一旦非道德地使用，不合法地使用，必然"产生权力寻租和权力腐败"①。在上面所说的卖新闻的行为中，特别是后两种行为中，"新闻自由"本质上失去了有度的"自由"，成了疯狂的自由、追求不当私利的自由，因而极易冲破法律界限，使有偿新闻行为成为违法犯罪的行为。

由"卖新闻"而形成的有偿新闻，对新闻职业道德和社会公共道德都有极大的破坏性。新闻职业道德，甚至于民间新闻传播者的道德，本质上是一类公共道德，既产生于社会的公共领域，又影响整个社会生活。职业新闻工作者作为在社会公共媒介平台上工作的一类特殊社会公仆角色，因其工作内容和方式有着广泛而巨大的社会影响，其道德表现具有楷模效应，其不道德的表现同样具有示范效应。在所有的道德丑恶表现中，有偿新闻是最为恶劣的表现，因为它是自觉的不道德、有意的不道德，不仅是对职业道德的玷污，也是对社会公德的蔑视。因而，有偿新闻行为中的不道德，是对整个社会各种道德秩序的破坏。联邦德国前总理赫尔穆特·施密特就曾强烈呼吁"希望电视圈的人士尊重道德准则"。他把媒体人看作是社会职能精英的一部分，他指出："职能精英的共同特征在于，他们不仅拥有权力和影响力，而且不论他们是否承认并牢记自己对公共利益负责，或者只是把公共利益挂在嘴上，他们都承担着对公共利益的责任。职能精英经常暴露出他们所特有的利己主义，却以公共利益为幌子去掩饰它。"②

造成卖新闻现象的道德原因，一定有客观的、有主观的，但从道德角度考虑，在一定社会环境条件相对稳定的情况下，更应该关注的是职业主体内在的原因，更应该关注的是职业美德的培养和塑造（参阅第五章）。

---

① 韩庆祥. 社会层级结构理论：面向"中国问题"的政治哲学 [J]. 中国社会科学，2009 (1)：31-43，204-205.

② 施密特. 全球化与道德重建 [M]. 柴方国，译. 北京：社会科学文献出版社，2001：108.

（二）"买新闻"中的道德问题

广义的"有偿新闻"包括这样两种基本类型：一是我们上面所说的"卖新闻"现象，属于"有偿得到"；二是指我们这里将要讨论的"买新闻"现象，属于"有偿付出"。

媒体或记者买新闻的现象大致有这样三种：一是不同新闻媒体之间正常的新闻交换行为或买卖行为，比如，报社、电台、电视台从通讯社购买新闻，或者不同媒体之间"物物交换"式的新闻买卖；二是新闻媒体设立专门渠道和方式，从社会中获取新闻信息和新闻线索，并向新闻信息特别是新闻线索的提供者支付或"奖励"一定的金钱；三是新闻媒体或记者个人为了获得独家报道或垄断某一新闻信息资源，主要以金钱支付方式直接"购买"独家采访机会或独家新闻信息使用、传播的机会。

在这三种"买新闻"的活动中，第一种是不同媒体之间正常的业务往来行为，并不直接关涉新闻业务活动中的道德问题，如果有，也主要是媒体之间的商业伦理问题。第二种是新闻媒体或记者个体为了更好、更快获得新闻信息的一种竞争性手段，并且是一种所有媒体都可以"公开"运用的手段，因而这种手段本身并不存在道德问题。但一定空间范围内的多家新闻媒体之间有可能为了争抢新闻线索，不道德地运用这种手段进行恶性竞争，比如过高"奖励"新闻信息或新闻线索提供者，从而增加媒体的业务运行成本。但由这种线索产生的新闻在媒体新闻总量中比例不高，因而对媒体的新闻业务本身影响不大，加之恶性竞争最终对哪家媒体都没有好处，因此，从总体上看，这类"买新闻"的行为不会产生严重的新闻道德问题，从而损害社会公众利益。第三种"买新闻"的行为，本身具有隐秘性或私下交易的特点，与新闻公开性的本性与诉求相背离，因而行为本身在道德上就是可疑的，所以有必要在下面加以专门的分析。

媒体或记者向新闻源买新闻，其中隐藏或存在着什么样的道德问题？对正常的新闻信息流动会带来什么样的影响？

第一，有可能使一些重要的新闻不能按照新闻传播的规律得到及时的报道，新闻可能成为个别媒体或记者"吊"社会大众"胃口"的手段。由于买新闻造成的新闻源垄断，个别媒体或记者有机会按照本媒体的需要，控制新闻传播的时机和节奏，从而影响一些新闻正常的及时性传播。第二，有可能使一些重要的新闻得不到充分的认识和报道。对有些重要新闻事实的充分报道，往往要通过媒体之间的有机运动、各媒体的扬长避短来实现，从而使社会大众有机会充分了解新闻事实的实际状况和多种可能意义。可一旦出现买新闻的现象，对有些重要新闻事实的认识就被局限于个别媒体、个别记者的眼界和认识能力范围，很可能使一些事实的新闻价值流失、意义得不到充分揭示和呈现。第三，有可能使一些重要新闻的传播受到媒体利益或新闻源利益的干扰，甚至可能导致新闻成为它们之间某种合谋的产物。买新闻造成的新闻源垄断，使相关媒体、记者和新闻源有机会、有可能遮蔽事实的真相，扭曲事实的本来面目，利用新闻手段谋取不正当的利益，形成对社会公众的某种操纵。第四，如果买新闻成为新闻界的一种普遍现象，成为一种"潜规则"，那就会在客观上促使一些人制造新闻，促使公关新闻泛滥，导致媒体之间、记者之间的某种恶性竞争，从而不仅影响新闻传受秩序的正常展开，也会影响良好社会风气的形成。

以上种种可能，在道德论的视野中，造成种种不良的后果：一是使公开的新闻活动在某种范围内、程度上变成了秘密的操作，导致媒体之间失去了新闻竞争的公平性，这既损害了新闻传播自身的内在要求，也严重影响了新闻传受的自由性，从根本上说是不符合新闻道德基本理念的行为。二是损害了社会公众的知情权和可能的公共利益，这是最为严重的后果，与职业新闻活动的道德追求直接冲突。监测环境、守望社会、服务大众是新闻职业最基本的职责，也是职业新闻人基本的道德目标，但上面的分析说明，一旦买新闻，就会造成损害公众知情权的各种可能。因此，追求独家新闻是正当的，也是应该的，但以买新闻源的方式垄断新闻采访机会、传播机会，在动机上、手段上都是不道德的，实际限制了新闻广泛传播的可能性，结果则很可能损害公共利益，减少了新闻行为善的效果，甚至可能实际造成恶的结果。因此，在我看来，媒体或记者"买新闻"的行为应该受到限制，新闻界在道德层面不应该鼓励这样的行为。

五、更正与道歉中的新闻道德

在常态职业新闻活动中，新闻媒介的一些不当新闻报道、错误新闻报道，常常会对社会公众造成道德伤害，特别是对相关的新闻报道对象主体或其他相关主体造成伤害。一旦出现这种现象，新闻媒体和职业新闻工作者应该怎样做，也是非常实际的道德选择问题。正当的做法恐怕是唯一的：对相关当事人或社会公众做出真诚的道歉，其中最重要的方法或措施就是更正。当然，如果错误报道的错误程度已经超越道德界限，违反了法律，造成了对当事人的诽谤或伤害了当事人的隐私权，损毁了当事人的名誉等，那就不再是道德问题了，还要承担法律责任，甚至受到法律的惩罚。

（一）更正是职责，道歉是美德

新闻媒介或是职业个体（主要是记者和编辑），如果做了错误的报道，对公众或当事人造成了伤害，除了要做必要的更正报道外，必要时还应该向公众或当事人进行私下道歉（只针对当事人或者一定的当事群体）或公开道歉（既可面对个人，也可能面对公众）。这可以看作是对自己道德过失所做的弥补，是对当事人的一种道德补偿。当错误报道严重到一定程度，媒体或记者承担的就不只是道德责任了，可能还不得不承担法律责任，比如有些新闻报道严重失实或捏造事实，很可能构成诽谤罪和侮辱罪。

在道德层面上，如何更正，新闻界已经形成惯例；如何道歉，则需要把握道歉的真意，知道道歉在做什么，应该做什么。研究"道歉"伦理的美国学者阿伦·拉扎尔说："'道歉'指的是双方的互动，其中一方（即做错事的一方）向另一方（即受到伤害的一方）承认了自己的错误或造成的伤害，并向后者表达了自己的悔改之意或自责。这里的双方既可以是一个人，也可以是一个大的群体，如家庭、企业、种族或国家。"① 可见，"道歉不仅仅是认错、自责。它是造成伤害的一方决心改变自己的行为的一种持续的承诺。它是解决冲突的一种特殊方式"，"它是一种需要双方都有诚实、大度、谦卑、承诺和勇气等态度的行为"②。但道歉能否成功，主要要看伤害者的表现，要看伤害者有无诚意，能否真正地认错，能否诚恳地自责，能否对被伤害者做出适度的补偿。

对于新闻媒体或者职业新闻人来说，与被新闻采访行为或新闻报道所伤害的人或组织相比，往往处于强势地位，可能正是看到了这一点，一些媒体或职业人常常对自己的错误报道不以为然，这就形成了错上加错的结果。作为职业新闻工作者要充分认识到，道歉是美德，更正是职责，两者二位一体，乃是对过错的一种弥补，是对他人（个人、组织、群体、公众）的尊重，也是新闻活动中公正原则或公正观念的内在要求（参阅第三章相关内容）。当然，媒介或记者，也有权利为有些引起公众或当事人不

① 拉扎尔. 道歉［M］. 王绍祥，译. 北京：商务印书馆，2008：26.
② 同①312 - 313.

快、不满、误解、误会等的新闻行为、新闻报道进行必要的解释和辩护，这同样是对公众或当事人的尊重，也是公正对待自身的一种方式。

世界上既没有不出错的行业，也没有不出错的人。新闻媒体及其从业者不可能在新闻报道中不犯错误。新闻职业作为一种与时间赛跑、与新事物打交道的职业，可以说是较容易犯错误的一个职业。新闻传播的公开性、大众化往往使新闻错误的影响巨大。大致相同的新闻错误，在当代这样的知识社会、信息社会比以往任何其他时代造成的后果都要严重。但我们同时也应该知道，世界上没有哪个行业、没有哪种人比新闻行业、新闻人更有条件、更容易、更及时地公开纠正错误。因此，新闻传播一旦出现错误，尽快更正错误就是新闻媒体及其从业者应尽的职责或义务。

（二）更正与道歉的制度保障

如何才能及时、有效地更正错误，我们以为核心有两个方面。

第一，作为新闻传播媒体及其从业人员，要充分认识更正的必要性和重要性。树立主动更正观念，自觉自愿更正所有错误。主动更正是媒体的一种良好品质和风度。不要等到相关当事人抗议、起诉等才想到更正。更正应该出于自觉自愿，而不是迫于社会舆论或其他方面的压力（比如法院判决要求媒体进行更正）。一般来说，任何错误，一经发现，就要在最短的时间内更正，这既有利于及时有效消除错误报道的可能影响，也有利于树立媒体诚实的品格形象。具体说来，有以下几点。

首先，新闻媒体及其从业人员要充分认识到，更正错误是媒体的责任和义务，更正错误也是进一步发现真实和保证实现真实的重要弥补措施。能否及时更正自己的错误，直接影响到媒体的公信力和影响力。美国一家报纸的主编早在 80 多年前就讲过这样的话："如果一家报纸想要建立态度真诚的声誉——不真诚它就会丧失所有影响力——它必须谨慎对待出现在栏目中的错误的更正问题。"① 美国报纸主编协会在其 1923 年制定的新闻规约中写道："无论错误的根源是什么，报纸有责任，也有义务迅速、完全地修正自己犯下的严重的事实和评论错误。"② 事实上，从客观效果上看，及时、准确地更正错误，有利于维护新闻媒体的良好形象，有利于赢得收受者的进一步信赖。

其次，更正错误报道，不仅是维护相关当事人正当权利③的补救措施，也是维护受众知情权得以真正实现的要求，有利于维护受众的正当权益，有利于媒体更好地为社会、为公众提供新闻信息服务。现实地看，如今的新闻传播社会影响力巨大，社会影响面广泛。不仅是正面影响大，负面影响也大。媒体的新闻报道一旦出现错误，就会直接对有关的当事人或集体机构造成损害。有些事关全局的新闻报道如果出现错误，可能造成全局性的误导，对整个社会都有可能带来负面效应，这样的事件在现实中并不少见。错误报道引起的损害、后果有时是致命的，即使媒体作了及时的修正报道，仍然无法挽回。因此，每当媒体的报道出现错误，人们就会生发疑问，甚至强烈要求媒体迅速刊播更正报道。这既是知情权利的需要，也是维护其他正当权益的必需。反过来说，对于新闻媒体而言，如果寻找种种借口，不愿意更正错误报道，不仅对当事人不公正，对新闻的收受者不公正，对整个社会也不公正，因为新闻媒体最自豪的一点就是宣称自己

---

① 弗林特. 报纸的良知：新闻事业的原则和问题案例讲义 [M]. 萧严，译. 北京：中国人民大学出版社，2005：151.

② 同①365.

③ 从法律上讲，这种权利叫作"答辩权"或"要求更正权"。答辩权又称"申辩权""反驳的权利"，是指被报道的当事人，认为受到不公正的报道或诽谤时，有要求更正或公开答辩的权利。（参见：陈绚. 新闻道德与法规：对媒介行为规范的思考 [M]. 北京：中国大百科全书出版社，2005：217.）当然，对于新闻媒体来说，更正的范围要大于相关当事人提出的要求，因为有些新闻报道中的错误，只有媒体自己才能发现，不会有人提出更正要求。

是为整个社会利益服务的"公器",这是媒体的道德目标。我们可以断言,不愿修正报道错误的媒体,最终会因为傲慢和固执而自损形象甚至自毁前程。

再次,从原则上说,媒体要更正所有的报道错误。媒体在新闻报道中会出现各种各样的、五花八门的错误。错误有大有小,有严重的、一般的、轻微的。到底哪些错误能够纠正、必须纠正,哪些错误无法纠正,没有必要纠正,需要具体错误具体对待。但从原则上说,更正的对象,应该包括所有的错误。一切假新闻、失实新闻、错误报道必须更正,其他一些可能影响收受者准确理解新闻的错误也必须及时得到更正。对新闻媒体和从业者来说,要确立的观念是:错误无大小,所有的错误都是错误,都是必须修改、更正的对象。

实事求是地讲,新闻媒体是现实社会中的强势机构或组织,新闻职业是各种社会职业中具有相对优势的职业,遭到错误报道的个体、集体等往往是相对媒体的"弱势"者,他们没有足够的力量与媒体抗衡。如果媒体缺失正义,对错误的报道不加更正,一些遭遇错误报道的对象往往无能为力、无可奈何,只能忍气吞声,却难以改变报道的结果。正是这种实际现象的存在,要求媒体必须建立更正答辩制度,把及时更正错误制度化、规范化,接受社会的监督,以确保新闻报道的真实性和正确性。

最后,对于所有个体的记者、编辑来说,应该正确看待所犯的错误,勇于修正新闻报道中的错误。尽管谁也不愿意犯错误,但记者也像其他人一样,不是神,错误难免。错误常常让人颜面扫地、尴尬丢脸,但却必须面对。记者会犯错误,但重要的是要从错误中学到东西,吸取经验教训。不要因为犯了错误就垂头丧气、一蹶不振。一些记者、编辑一旦出了错、受了批评,便在后继的工作中缩手缩脚、谨小慎微,影响了新闻传播的正常进行。梅尔文·门彻说:"不要为犯错误而提心吊胆,那会限制你的发挥空间。尽你所能去做。那就是所有人们对你的要求。"① 但也不要因为可以更正，就以为出点错误无所谓。一家媒体或一个记者、编辑，天天出错，天天都刊登出一大篇更正错误的稿件，也并不是什么光彩的、值得张扬的事情。更正必定是不得已的补救措施。不出错才是理想境界。

第二，建立有效的答辩更正制度，确保答辩更正的规范及时进行。毫无疑问，更正错误不能停留在观念范围内，不能停留在口头上，必须落实在更正的规范上，落实在更正的行动上，这样才能发挥更正的实际效果。"一套缺点提醒机制，甚至是罚款，可被成功运用。规定刊登更正启事的严格政策有助于大家认清违反真实的严重性。"②其实，许多国家的新闻法明确规定，报道了虚假失实新闻的媒体必须按照一定的规范进行更正。③我们不可能在这里为所有的新闻机构制定具体的更正制度，但可以为如何制定这样的制度提供一些原则性的设想和建议。

其一，新闻媒体应该成立专门的负责答辩更正事宜的组织机构④。现代新闻传播属于制度化、组织化、规模化的传播，依赖严格的组织制度、人事制度、生产制度等实现新闻信息的采集、加工、制作和传递。答辩更正作为确保新闻真实传播的重要补救环节和必要环节，也需要有组织制度和人事上的保证。答辩更正机构（或部门，甚至是总编室中的一个专门工作小组）的责任就是处理各种答辩更正事宜，它是更正制度化的实体

---

① 门彻.新闻报道与写作 [M].展江，主译.9版.北京：华夏出版社，2003：41.
② 弗林特.报纸的良知：新闻事业的原则和问题案例讲义 [M].萧严，译.北京：中国人民大学出版社，2005：15.
③ 比如，埃及的新闻法规定："主编或责任编辑应当根据当事人的要求，更正其在报纸上提及的事实或已发表的声名。更正必须在接到三天以内，并且不超过三天，以和要求被更正的文章原来发表时相同的版面和字号，在最近的一期报纸上发表。"类似的规定还出现在其他一些国家的新闻法中。联合国通过的《国际新闻自由公约草案》有三个公约，第二个公约就是《国际新闻错误更正权公约草案》，其中对什么情况下需要更正、如何更正、不更正如何处理，都有详细规定。（参阅：蒋亚平，官健文，林荣强.新闻失实论：下册 [M].北京：中国新闻出版社，1986：434-435.）
④ 为了确保新闻的真实性、准确性，使报纸上的错误得到及时的更正，普利策领导的《纽约世界报》于1913年成立了一个"准确和公平竞争部"。

保证。

其二，确立基本的答辩更正原则。答辩更正是非常严肃的事情，答辩更正什么，怎样答辩更正，需要遵循一定的原则，不能随意而为。根据国内外既有的实际经验，我认为以下几条基本原则是必须遵守的。

（1）公正原则。公正原则应该是建立更正制度的首要原则。"尊重报道对象答辩的权利、坚持有错必纠也是坚持公正原则的一个重要方面。新闻媒介和新闻从业人员一旦发现报道有误，应及时更正，主动履行法律上的义务。"①错误报道或含有错误的报道直接的后果就是对报道对象产生了不公正的效应。公正原则的具体体现主要有这样几点：一是答辩更正的及时性。及时性最根本的要求就是尽快更正（下面将作为专门的一条原则进行讨论），以避免由于延时导致的更正的实际上的无效性。二是答辩更正的平等性。平等是公正性最基本的内涵。答辩更正的平等性，主要是指新闻媒体在处理答辩更正问题时要对相关的当事人一视同仁，按照统一的原则、规定、措施办理，按照统一的制度化的程序实施答辩或更正。三是答辩更正的对等性。答辩更正的对等性主要针对比较严重的错误报道或争议比较大的报道而言。所谓对等性，是指答辩报道、更正报道与原发报道的对等性，主要有这样几点具体要求：报纸版面、广播电视时段、网络专栏页面等的同一性，即原发的报道在哪个版面、哪个时段、哪个专栏刊播，答辩或更正报道也应该在同一版面或同一时段、同一专栏刊播；版面空间位置、时序位置等的同一性，即答辩更正报道应与原发报道出现在基本相同的版面空间位置或广播电视网络的相同时序位置；篇幅的同一性，即答辩更正报道与原发报道在稿件篇幅上大致相同。

（2）及时原则。新闻报道的基本原则之一是及时，与此相适应，实施

---

① 陈绚. 新闻道德与法规：对媒介行为规范的思考 [M]. 北京：中国大百科全书出版社，2005：217.

答辩更正也应该遵循新闻传播的规律，及时快速地进行，这样的答辩更正才能叫作新闻性的答辩更正，才能起到相应的新闻性的答辩更正的效应。新闻传播是日日常新甚至是时时常新的传播，如果不及时更正有关错误报道，留在人们大脑中的信息就有可能是错误的信息。如果不及时更正，就会对相关当事者造成更大的伤害。从传播效果上看，及时更正是降低伤害、减少负面效应的唯一途径。

（3）稳定原则。制度化的答辩更正必须是稳定的。稳定性主要体现在这样几个方面：首先，刊播答辩、更正报道的时间周期是稳定的。在原则上尽快刊播答辩、更正报道的前提下，应该规定具体的答辩、更正报道时间限度。所有的答辩、更正报道必须在更正制度规定的时间限度内完成。其次，刊播答辩、更正报道的方式是稳定的。比如，对答辩性稿件的处理，对严重失实报道的处理，原则上应该按照对等性的原则办事；对一般性错误的更正，应该刊播于相对比较固定的版面位置或时段。最后，对错误程度大致相同的报道，其更正报道方式也应该是大致相同的，这也可以看作是平等原则的一个侧面。

（4）惩戒原则。实践一再证明，赏罚分明是促使人们做好有关事务的有效手段。对于在新闻报道中犯错误的记者、编辑或其他工作人员，必须进行适度的惩戒。惩戒不能是一般的批评，而要制定具体的、可行的、可操作的措施。[①] 惩戒的前提是必须调查清楚错误的责任所在，错误的严重程度。惩戒是强化责任心的重要方法。

---

① 早在20世纪初，普利策领导的《纽约世界报》就制定了十分详细的处罚错误文章责任人的具体措施：（1）故意欺诈，应被开除。（2）严重疏忽或严重不公，或两者都有，初犯处以10天到30天停职；再犯，处以30天到60天停职或开除。（3）疏忽或不公，或两者都有，初犯处以小惩戒或警告，或停职2天到10天；再犯，处以10天到30天停职；第三次，处以30天到60天停职或开除。（4）错写地址或拼错人名，初犯处以警告；再犯，停职2天；第三次，停职3天，以后依此类推。每次处罚都将在布告栏中张榜公告，并附上投诉内容提要。（参见：弗林特. 报纸的良知：新闻事业的原则和问题案例讲义［M］. 萧严，译. 北京：中国人民大学出版社，2005：15.）

（5）致歉原则。刊播更正报道时，首先应该向相关的当事人即媒体的受众表示道歉，以示媒体的歉意以及对广大受众的负责和忠诚。所有错误的报道，不管是什么原因导致的，不管错误的程度如何，都会对相关的当事人造成伤害，都会对受众的知情权的实现造成一定的负面效应。因此，承担直接责任的首先是媒体。媒体可以在更正错误时以恰当的方式说明造成错误的原因，但必须向受害者致歉，这是最基本的道义上的要求。"媒体由于不慎报道了假新闻，在知道真情后应立即做出更正，根据情节对直接责任人做出处理，并公布这一处理，同时向受众道歉。"①媒体及其从业人员必须明白：尽管新闻源主体从道义上应该保证自己给媒体提供的信息是真实的、客观的甚至是全面的，但"如公民作为新闻来源向媒介提供情况，若内容不实造成侵权（或不造成侵权——引者注），法律（或道义上——引者注）更多的是追究新闻记者的和新闻媒介的责任，因为新闻记者的职业要求其对事实真伪做出判断，而新闻媒介是消息的传播者，理所应当承担责任"②。对错误报道或有误报道的更正，是媒体做出的更正，不是媒体代替他人做出的更正。做出更正报道就意味着媒体承认了错误，担当了错误的责任。

其三，制定具体的答辩更正办法（措施）。答辩更正最终要落实在具体的版面上、具体的播出时段中。如何刊播答辩和更正稿件，对于新闻媒体来说，除了遵守国家的法律法规之外，还要有媒体自身的统一规定和具体操作办法。也就是说，上述的诸多原则要变成一些具体的、可行的、可操作的条文。答辩、更正作为一项制度，不仅要有必要的机构或部门设置、人员配备、工作机制，还要制定出实施答辩、更正的规范的工作

---

① 刘建明.新闻学前沿：新闻学关注的 11 个焦点 [M]. 北京：清华大学出版社，2005：234.
② 陈绚.新闻道德与法规：对媒介行为规范的思考 [M]. 北京：中国大百科全书出版社，2005：217.

条例。

  作为社会公共交流平台、中介的新闻传媒，一旦建立起答辩、更正制度，制定出答辩、更正的具体工作条例，就应该向社会公布，以接受受众和社会的监督。只有这样，答辩、更正制度才能得到有效实施，为新闻真实的实现、错误报道的减少、道德水平的提高发挥实际的作用。

主要参考文献

一、中文文献（著作类）

陈力丹．新闻理论十讲［M］．上海：复旦大学出版社，2008．

陈力丹．自由与责任：国际社会新闻自律研究［M］．开封：河南大学出版社，2006．

陈力丹．解析中国新闻传播学［M］．上海：上海交通大学出版社，2006．

陈力丹．解析中国新闻传播学·2009［M］．北京：人民日报出版社，2009．

陈力丹．马克思主义新闻观思想体系［M］．北京：中国人民大学出版社，2006．

陈力丹．世界新闻传播史［M］．上海：上海交通大学出版社，2002．

陈昌凤．中美新闻教育传承与流变［M］．北京：中国广播电视出版社，2006．

陈泽环．道德结构与伦理学：当代实践哲学的思考［M］．上海：上海人民出版社，2009．

陈汝东．传播伦理学［M］．北京：北京大学出版社，2006．

陈新汉，冯溪屏主编．现代化与价值冲突［M］．上海：上海人民出版社，2003．

陈忠．规则论——研究视阈与核心问题［M］．北京：人民出版社，2008．

陈望衡．审美伦理学引论［M］．武汉：武汉大学出版社，2007．

程炼．伦理学导论［M］．北京：北京大学出版社，2008．

陈绚 . 新闻传播伦理与法规教程 ［M］. 北京：中国传媒大学出版社，2007.

陈绚 . 新闻道德与法规：对媒介行为规范的思考 ［M］. 北京：中国大百科全书出版社，2005.

邓明瑛 . 传播与伦理：大众传播中的伦理问题研究 ［M］. 长沙：湖南师范大学出版社，2007.

冯平 . 评价论 ［M］. 北京：东方出版社，1995.

方汉奇 . 中国新闻事业通史：第 3 卷 ［M］. 北京：中国人民大学出版社，1999.

樊亚平 . 发现记者：中国新闻从业者职业认同研究（1815—1927）［D］. 北京：中国人民大学，2009.

甘绍平 . 人权伦理学 ［M］. 北京：中国发展出版社，2009.

甘绍平，余涌 . 应用伦理学教程 ［M］. 北京：中国社会科学出版社，2008.

高钢 . 新闻写作精要 ［M］. 北京：首都经济贸易大学出版社，2005.

高兆明 . 伦理学理论与方法 ［M］. 北京：人民出版社，2005.

高兆明 . 存在与自由：伦理学引论 ［M］. 南京：南京师范大学出版社，2004.

龚群 . 社会伦理十讲 ［M］. 北京：中国人民大学出版社，2008.

郭金鸿 . 道德责任论 ［M］. 北京：人民出版社，2008.

黄瑚 . 新闻法规与职业道德教程 ［M］. 上海：复旦大学出版社，2003.

胡林英 . 道德内化论 ［M］. 北京：社会科学文献出版社，2007.

何怀宏 . 良心论 ［M］. 北京：北京大学出版社，2009.

黄希庭 . 普通心理学 ［M］. 兰州：甘肃人民出版社，1982.

刘行芳 . 新闻法治与新闻伦理 ［M］. 郑州：郑州大学出版社，2007.

刘建明 . 新闻学前沿：新闻学关注的 11 个焦点 ［M］. 北京：清华大学出版社，2005.

李良荣 . 李良荣自选集：新闻改革的探索 ［M］. 上海：复旦大学出版社，2004.

李彬 . 全球新闻传播史，公元 1500—2000 年 ［M］. 北京：清华大学出版社，2005.

李佑新 . 走出现代性道德困境 ［M］. 北京：人民出版社，2006.

李幼蒸 . 仁学解释学：孔孟伦理学结构分析 ［M］. 北京：中国人民大学出版社，2004.

李瞻 . 新闻道德 ［M］. 台北：三民书局，1988.

林珊. 悠悠往事：我的传媒工作回顾 [M]. 北京：群言出版社，2008.

梁治平. 寻求自然秩序中的和谐：中国传统法律文化研究 [M]. 上海：上海人民出版社，1991.

蓝鸿文. 新闻采访学 [M]. 2版. 北京：中国人民大学出版社，2000.

蓝鸿文. 新闻伦理学简明教程 [M]. 北京：中国人民大学出版社，2001.

蒋亚平，官健文，林荣强. 新闻失实论 [M]. 北京：中国新闻出版社，1986.

秦越存. 追寻美德之路：麦金太尔对现代西方伦理危机的反思 [M]. 北京：中央编译出版社，2008.

宋希仁. 西方伦理思想史 [M]. 北京：中国人民大学出版社，2004.

孙旭培. 华夏传播论：中国传统文化中的传播 [M]. 北京：人民出版社，1997.

田心铭. 认识的反思 [M]. 北京：人民出版社，2000.

童世骏. 意识形态新论 [M]. 上海：上海人民出版社，2006.

万俊人. 现代西方伦理学史：上卷 [M]. 北京：北京大学出版社，1990.

万俊人. 现代西方伦理学史：下卷 [M]. 北京：北京大学出版社，1992.

王海明. 伦理学与人生 [M]. 上海：复旦大学出版社，2009.

王海明. 伦理学方法 [M]. 北京：商务印书馆，2003.

王海明. 新伦理学：优良道德的制定与实现之研究 [M]. 北京：商务印书馆，2001.

王海明. 伦理学原理 [M]. 北京：北京大学出版社，2001.

魏永征. 新闻法新论 [M]. 北京，中国海关出版社，2002.

杨保军. 新闻理论研究引论 [M]. 北京：中国人民大学出版社，2009.

杨保军. 新闻本体论 [M]. 北京：中国人民大学出版社，2008.

杨保军. 新闻精神论 [M]. 北京：中国人民大学出版社，2007.

杨保军. 新闻活动论 [M]. 北京：中国人民大学出版社，2006.

杨保军. 新闻真实论 [M]. 北京：中国人民大学出版社，2006.

杨保军. 新闻理论教程 [M]. 北京：中国人民大学出版社，2005.

叶成群. 记者档案之聚焦新闻大事件 [M]. 北京：中国青年出版社，2005.

喻国明. 喻国明自选集——别无选择：一个传媒学人的理论告白 [M]. 上海：复旦大学出版社，2004.

喻国明. 解析传媒变局：来自中国传媒业第一现场的报告 ［M］. 广州：南方日报出版社，2002.

袁贵仁. 价值学引论 ［M］. 北京：北京师范大学出版社，1991.

赵汀阳. 论可能生活：一种关于幸福和公正的理论 ［M］. 修订版. 北京：中国人民大学出版社，2004.

张征. 新闻发现论纲 ［M］. 北京：中国人民大学出版社，2006.

张世英. 哲学导论 ［M］. 北京：北京大学出版社，2002.

钟新，周树华. 传媒镜鉴：国外权威解读新闻传播教育 ［M］. 北京：中国传媒大学出版社，2006.

周辅成. 西方伦理学名著选辑：上卷 ［M］. 北京：商务印书馆，1964.

宗白华. 美学与意境 ［M］. 北京：人民出版社，2009.

二、中文文献（期刊类）

陈真. 道德相对主义与道德的客观性 ［J］. 学术月刊，2008（12）：40-50.

陈真. 决定英美元伦理学百年发展的"未决问题论证" ［J］. 江海学刊，2008（6）：26-33，238.

陈卫星. 新闻伦理的可能性 ［J］. 中国图书评论，2009（7）：4-9.

陈武明. 培育责任心是公民道德建设的基点 ［J］. 求是，2002（4）：46-47.

樊浩. 20世纪伦理—经济范式与道德哲学的理论创新 ［J］. 道德与文明，2008（5）：82-85.

樊浩. 当前中国伦理道德状况及其精神哲学分析 ［J］. 中国社会科学，2009（4）：27-42，204-205.

甘绍平. 关于人权概念的两个哲学论争 ［J］. 哲学动态，2009（1）：18-23.

高兆明. 耻感与自由能力 ［N］. 光明日报，2006-7-31.

郜书锴. "找到合适的方式继续生存"：本刊记者对话《基督教科学箴言报》高层 ［J］. 新闻与写作，2009（1）：24-25.

顾永波，殷晓蓉. 当前国外新闻从业者伦理研究问题述评 ［J］. 现代传播—中国传媒大学学报，2008（6）：43-46.

龚群. 德性伦理与现代社会：回应德性伦理的现代困境论 [J]. 哲学动态，2009（5）：40-45.

何兆武. 中学、西学与近代化 [J]. 社会科学战线，2009（4）：14-18.

何怀宏. 底线伦理是公民道德建设的可行之路 [J]. 绿叶，2009（1）：75-79.

何中华. 马克思哲学研究范式：非此即彼还是互补整合 [J]. 山东社会科学，2008（11）：23-29.

韩震. 公平正义的和谐社会与核心价值观念 [J]. 中国社会科学，2009（1）：44-50，205.

韩庆祥. 社会层级结构理论：面向"中国问题"的政治哲学 [J]. 中国社会科学，2009（1）：31-43，204-205.

贺来. 中国哲学、西方哲学、马克思主义哲学：价值信念层面的对话 [J]. 中国社会科学，2008（5）：42-47，204-405.

江绪林. 解释和严密化：作为理性选择模型的罗尔斯契约论证 [J]. 中国社会科学，2009（5）：60-73+205-206.

廖申白. 论伦理学研究的基本性质 [J]. 中州学刊，2009（2）：128-134.

刘森林. "实践"解释的方法论思考：从一种主体性到另一种主体性 [J]. 深圳大学学报（人文社会科学版），2009，26（03）：22-27.

陆有铨. "道德"是道德教育有效性的依据 [J]. 中国德育，2008（10）：23-27.

李醒民. 科学家的品德和秉性 [J]. 自然辩证法通讯，2009，31（01）：1-9，110.

龙静云. 试论道德内化的主客观条件 [J]. 思想理论教育导刊，2009（6）：52-56.

罗彬. 试析新闻道德规范中的三个道德难题 [J]. 国际新闻界，2009（6）：59-62.

李建华. 公共政策程序正义及其价值 [J]. 中国社会科学，2009（1）：64-69，205.

陆晔，俞卫东. 新闻教育与新闻专业化：二〇〇二上海新闻从业者调查报告之五 [J]. 新闻记者，2003（5）：38-40.

刘作翔. 法理学的定位：关于法理学学科性质、特点、功能、名称等的思考 [J]. 环球法律评论，2008（4）：37-44.

梁衡. 百年明镜季羡老 [N]. 人民日报，2009-7-14.

南帆. 虚拟的意义：社会与文化 [J]. 东南学术，2009（1）：4-11.

潘叔明.真理标准问题讨论的学术自觉［J］.东南学术，2008（6）：4-19.

庞朴.文化的界说［N］.解放日报，2009-08-02（8）.

苏钥机.新闻道德和什么因素相关？［J］.国际新闻界，2008（8）：5-10.

宋晔.责任生成的道德内涵及其实现机制［J］.南京师大学报（社会科学版），2003（4）：89-95.

沈晓阳.西方伦理学中的责任根据理论探析［J］.杭州师范大学学报，2002（3）：33-37.

孙正聿.解放思想与变革世界观［J］.中国社会科学，2008（6）：35-43，205.

孙正聿.改革开放以来中国哲学发展的历史与逻辑［J］.吉林大学社会科学学报，2008（5）：5-15，159.

唐润华.看似波澜不惊实则潜流奔腾：2007年国际传媒业管窥［J］.新闻与写作，2007（12）：12-15.

吴楠.峰会领袖激辩媒体应变之道［N］.北京晚报，2009-10-9（2）.

王蒙.思想的享受［N］.光明日报，2009-07-23（10-11）.

王小锡.简论经济德性［J］.道德与文明，2008（6）：51-56.

王泽应.论道德生活史研究的独特视阈及原则要求［J］.伦理学研究，2008（6）：1-8.

王向令.坚持每一刻：海霞访谈录［J］.新闻战线，2009（2）：46-48.

吴飞.传播学研究的自主性反思［J］.浙江大学学报（人文社科版），2009，39（2）：121-128.

万俊人.政治如何进入哲学［J］.中国社会科学，2008（2）：16-28，204.

万俊人.关于美德伦理学研究的几个理论问题［J］.道德与文明，2008（3）：17-26.

万俊人.公民道德建设的制度之维［J］.绿叶，2009（1）：80-88.

夏东民，陆树程.敬畏生命观与生态哲学［J］.江苏社会科学，2008（6）：72-77.

熊蕾.用新闻理想提升职业素养［N］.中国新闻出版报，2009-6-24（4）.

徐长福.从《大同书》的原创性看现行哲学分科的弊端［J］.东南学术，2009（3）：13-20.

杨保军.简论"后新闻传播时代"的开启［J］.现代传播—中国传媒大学学报，2008

（6）：33 - 36.

杨保军 . 新闻的社会构成：民间新闻与职业新闻 ［J］. 国际新闻界，2008（2）：30 - 34.

杨保军 . 试论作为社会控制手段的新闻控制 ［J］. 当代传播，2008（3）：8 - 12.

杨保军 . 简论网络语境下的民间新闻 ［J］. 新闻记者，2008（3）：20 - 23.

杨通进 . 回顾与展望：改革开放以来我国伦理学研究的思考 ［J］. 社会科学，2009

（7）：108 - 114，190.

杨国荣 . 论意义世界 ［J］. 中国社会科学，2009（4）：15 - 26，204.

杨芳秀 . 亲历现场感受责任：赵亚辉访谈录 ［J］. 新闻战线，2009（2）：49 - 50.

俞吾金 . 培植公平正义观念的文化土壤 ［J］. 中国社会科学，2009（1）：51 - 56，205.

周俊 . 试析我国现行新闻职业规范：以《中国新闻工作者职业道德准则》为例 ［J］.

国际新闻界，2008（8）：16 - 20.

张言亮，卢风 . 道德相对主义的界标 ［J］. 道德与文明，2009（1）：26 - 29.

张世英 . 哲学之美：从西方后现代艺术谈起 ［J］. 江海学刊，2009（4）：22 - 29，238.

郑永年 . 国际发展格局中的中国模式 ［J］. 中国社会科学，2009（5）：20 - 28，204.

赵心树，阴卫芝 . "心中之规"最具道德权威：新闻职业伦理规范问题答问 ［J］. 新

闻记者，2006（8）：7 - 12

钟哲明 . 对"普世价值"问题的几点思考 ［J］. 思想理论教育导刊，2009（3）：51 - 57.

三、中文文献（翻译类，包括论文与著作）

阿贝尔，泰鲁 . 世界新闻简史 ［M］. 陈崇山，等译 . 北京：中国新闻出版社，1985.

阿特休尔 . 权力的媒介 ［M］. 黄煜，等译 . 北京：华夏出版社，1989.

贝特朗 . 媒体职业道德规范与责任体系 ［M］. 宋建新，译 . 北京：商务印书馆，2006.

布伯 . 我与你 ［M］. 陈维纲，译 . 北京：三联书店，2002.

杜尔凯姆 . 自杀论 ［M］. 钟旭辉，等译 . 杭州：浙江人民出版社，1988.

杜卡斯 . 爱因斯坦谈人生 ［M］. 北京：世界知识出版社，1984.

多戈夫，洛温伯格，哈林顿 . 社会工作伦理：实务工作指南 ［M］. 隋玉杰，译 . 7

版 . 北京：中国人民大学出版社，2005.

多亚尔，高夫 . 人的需要理论 ［M］. 汪淳波，等译 . 北京：商务印书馆，2008.

费斯．言论自由的反讽［M］．刘擎，殷莹，译．北京：新星出版社，2005.

弗莱彻．境遇伦理学：新道德论［M］．程立显，译．北京：中国社会科学出版社，1989.

弗林特．报纸的良知：新闻事业的原则和问题案例讲义［M］．萧严，译．北京：中国人民大学出版社，2005.

弗罗姆．自为的人——伦理学的心理学探究［M］．万俊人，译．北京：国际文化出版公司，1988.

哈贝马斯．交往与社会进化［M］．张博树，译．重庆：重庆出版社，1989.

哈贝马斯．在事实与规范之间：关于法律和民主法治国的商谈理论［M］．童世骏，译．北京：三联书店，2003.

哈耶克．法律、立法与自由［M］．邓正来，张守东，李静冰，译．北京：中国大百科全书出版社，2000.

黑格尔．精神现象学：下卷［M］．贺麟，王玖兴，译．北京：商务印书馆，1979.

基恩．媒体与民主［M］．郤继红，刘士军，译．北京：社会科学文献出版社，2003.

季塔连科．马克思主义伦理学［M］．黄其才，等译．北京：中国人民大学出版社，1984.

康德．道德形而上学原理［M］．苗力田，译．上海：上海人民出版社，2002.

科斯洛夫斯基．资本主义伦理学［M］．王彤，译．北京：中国社会科学出版社，1996.

拉福莱特．伦理学理论［M］．龚群，主译．北京：中国人民大学出版社，2008.

拉罗什福科．道德箴言录［M］．何怀宏，译．北京：新世界出版社，2008.

拉扎尔．道歉［M］．王绍祥，译．北京：商务印书馆，2008.

兰德，等．自私的德性［M］．焦晓菊，译．北京：华夏出版社，2007.

雷切尔斯J，雷切尔斯S.道德的理由［M］．杨宗元，译．5版．北京：中国人民大学出版社，2009.

罗蒂．哲学和自然之镜［M］．李幼蒸，译．北京：三联书店，1987.

罗尔斯．正义论［M］．何怀宏，何包钢，廖申白，译．北京：中国社会科学出版社，1988.

洛克．人类理解论［M］．关文运，译．北京：商务印书馆，1997.

马斯洛. 人性能达的境界 [M]. 林方, 译. 昆明: 云南人民出版社, 1987.

马特拉 A, 马特拉 M. 传播学简史 [M]. 孙五三, 译. 北京: 中国人民大学出版社, 2008.

麦金太尔. 伦理学简史 [M]. 龚群, 译. 北京: 商务印书馆, 2003.

麦金太尔. 追寻美德: 道德理论研究 [M]. 宋继杰, 译. 南京: 译林出版社, 2003.

门彻. 新闻报道与写作 [M]. 展江, 等译. 9 版. 北京: 华夏出版社, 2003.

米尔恩. 人的权利与人的多样性: 人权哲学 [M]. 夏勇, 等译. 北京: 中国大百科全书出版社, 1995.

尼罗, 贝里, 等. 最后的权利: 重议《报刊的四种理论》[M]. 周翔, 译. 汕头: 汕头大学出版社, 2008.

诺思. 经济史上的结构和变革 [M]. 厉以平, 译. 北京: 商务印书馆, 1992.

帕斯卡尔. 思想录 [M]. 何兆武, 译. 北京: 商务印书馆, 1985.

庞德. 法理学 [M]. 邓正来, 译. 北京: 中国政法大学出版社, 2000.

彭伯. 大众传媒法 [M]. 张金玺, 赵刚, 译. 13 版. 北京: 中国人民大学出版社, 2005.

萨瓦特尔. 伦理学的邀请: 做个好人 [M]. 于施洋, 译. 北京: 北京大学出版社, 2008.

桑德斯. 道德与新闻 [M]. 洪伟, 高蕊, 钟文倩, 译. 上海: 复旦大学出版社, 2007.

色诺芬. 回忆苏格拉底 [M]. 吴永泉, 译. 北京: 商务印书馆, 1986.

施密特. 全球化与道德重建 [M]. 柴方国, 译. 北京: 社会科学文献出版社, 2001.

斯金纳. 超越自由与尊严 [M]. 陈维纲, 王映桥, 等译. 贵阳: 贵州人民出版社, 1988.

泰勒. 自我的根源: 现代认同的形成 [M]. 韩震, 等译. 南京: 译林出版社, 2001.

图林加诺夫. 论生活和文化的价值 [M]. 北京: 三联书店, 1964.

涂尔干. 职业伦理与公民道德 [M]. 渠东, 等译. 上海: 上海人民出版社, 2001.

韦伯. 文明的历史脚步: 韦伯文集 [M]. 黄宪起, 等译. 上海: 上海三联书店, 1988.

李普曼. 新闻与正义 [M]. 展江, 译. 修订版. 北京: 中国人民大学出版社, 2008.

西季威克. 伦理学方法 ［M］. 廖申白，译. 北京：中国社会科学出版社，1993.

西塞罗. 西塞罗三论：老年·友谊·责任 ［M］. 徐奕春，译. 北京：商务印书馆，1998.

新闻自由委员会. 一个自由而负责任的新闻界 ［M］. 展江，等译. 北京：中国人民大学出版社，2004.

亚里士多德. 尼各马可伦理学 ［M］. 廖申白，译注. 北京：商务印书馆，2003.

泽莱兹尼. 传播法：自由、限制与现代媒介 ［M］. 张金玺，赵刚，译. 4 版. 北京：清华大学出版社，2007.

四、外文文献

ALIA. Media ethics and social change ［M］. Edinburgh：Edinburgh University Press，2004.

ENGLEHARDT, BARNEY. Media and ethics：principles for moral decisions ［M］. Cengage Learning，2001.

GOODWIN. Groping for ethics in journalism ［M］. Ames：Iowa State University Press，1983.

KEEBLE. Ethics for journalists ［M］. London and New York：Routledge Taylor & Francis Group，2001.

KOVACH，ROSENSTIEL. The elements of journalism：what newspeople should know and the public should expect ［M］. New York：Crown Publishers，2001.

RIVERS，MATHEWS. Ethics for the media ［M］. Englewood Cliffs, N. J.：Prentice Hall，1988.

SEIB, FITZPATRICK. Journalism ethics ［M］. Orlando：Wadsorth Publishing Company，1996.

后 记

当我在键盘上敲完《新闻道德论》这部书稿的最后一个字，真是长长地舒了一口气，双臂缓缓上举，伸了一个大大的、长长的懒腰，深深感到一份特有的轻松和满足，终于为自己 6 年前做出的郑重许诺，以 3 本专著、50 篇论文、将近 140 万字的外在形式，为"高等学校全国优秀博士学位论文作者专项资金资助项目"——"理论新闻学系列专论研究——新闻本体论、新闻真实论、新闻道德论（200314）"画上了一个还算比较圆满的句号。先期出版的《新闻真实论》（中国人民大学出版社，2006 年版）、《新闻本体论》（中国人民大学，2008 年版）以及发表的一些相关论文，得到了学术界一些知名专家学者和普通读者公开的或私下的肯定评价（有些成果还获得了学术奖励），不仅令我欣慰，也给我后续的相关研究增添了莫大的动力。我先在这里对他们表示衷心的感谢。

每当写完一部著作，做完一项研究，每个研究者都会对研究活动本身、学术活动本身有新的体会和新的认识。德国哲学家、现象学大师胡塞尔说过这样一段话："我不想教诲，只想引导，只想表明和描述我所看到的东西。我将尽我的知识和良心面对我自己，但同样也面对大家来讲话。当一个人赤诚地为哲学生存的命运而献身时，这就是他唯一的愿望。"[①]我当然不敢也无法与这位具有里程碑式意义的伟大思想家相比，但他对哲

---

① 万俊人. 现代西方伦理学史：下卷 [M]. 北京：北京大学出版社，1992：37.

学追求那种充满激情而又神圣庄严的承诺，也正是我始终埋在心底深处的学术态度和学术信念。就是这种相似的情怀，使我在一片喧嚣的世俗世界中，能够比较静然地、长期地耕耘在新闻基础理论研究这片"灰色"而又"热烈"的土地上。

"新闻学不是没有学问，而是一门巨大的学问"，这样的事实而非信念，也正是在这默默的但却愉快的耕耘过程中发现的、感受的。我以为，新闻有学无学，不需要再作争论了，现在还争论这样的问题，显得有些幼稚，也没有多少实质意义。如果你认为新闻有学，你就赶快埋下头来做一些真实的研究和探索，做一些具有创新性的研究和探索；如果你认为新闻无学，那就赶快离开，不要再说那些无意义的话了。成果是做出来的、干出来的，不是指手画脚说出来的。我国伦理学者何怀宏说得不错："那种'居高临下''指点江山'式的，一意品评各家各派缺失的著作，尤其使人觉得有点蠢，而且没意思，为什么不自己选定一个领域努力投身于正面的建构呢？"①当然，我并不是反对自由的、有价值的学术批评，相反，我极力呼吁建设性学术批评的开展。在新闻学术界，学术批评的欠缺、软弱、乏力，学术队伍内部对话、交流的缺乏，已经影响到学术研究的实质性进步。大家似乎只管生产，不管检验，只管创造，不管反思，真是有点熊瞎子掰苞米的感觉。然而，"任何一种理论如果不经反思、不被批判、不常更新，那么，无论它在起始时多么具有创新性，也会很快禁锢于某种意识形态之中，丧失其原有的锐利"②。更可悲的是，一种理论、一派学说、一种见解，即使是新鲜的、有原创性的，但如果没有学术界的关注，也就将失去应有的价值和意义，甚至彻底死亡。做学问就像过人生，都是不断

---

① 何怀宏.良心论［M］.北京：北京大学出版社，2009：327.
② 张旭鹏.全球史视野下的世界史研究：以美国为中心的考察［J］.河北学刊，2009，29（3）：79.

突破有限性的过程，当然也是一个不断开辟希望、获得希望的过程。北京大学的张世英教授写道："人如果停滞在现实性中而不思突破有限性，或者说，安于现实而不思考前进，那就是死亡而不是人生：停滞于感性中有限的东西，固然是死亡；停滞于一些固定的概念，那就叫做思想僵化，也是一种死亡。所以人生应是一种不断突破现实的有限性的活动，这种活动就是人们通常说的希望。"① 确实如此，人生或学问，满足于一时一处一事的成绩，就意味着停止，就意味着死亡。追求无限，乃是生命的本性，更是思想或精神的本性。努力思想、不断思想就是学者的道德原则，法国思想家帕斯卡尔说得精彩："思想形成人的伟大"；"人只不过是一根苇草，是自然界最脆弱的东西；但他是一根能思想的草苇；因此，我们要努力好好地思想；这就是道德的原则"②。我们不可能在肉体生命中获得永恒，但我们至少可以在精神世界中获得久远。这不仅是为了自己，而更多的是为了同类，也只能是为了同类。

这些年来，出于各种各样的动机，我们看到不少人针对大家的研究成果，做了各种各样的数字统计和分析，也发现了研究中存在的各种各样的问题，对学术研究起到了有益的作用。但是，在这些统计考察中，似乎过于看重"量"的增长，缺少"质"的分析，比"量"已经成为从上到下、从左到右的普遍风气，这对学术研究来说负面影响可能更多一些、更大一些。我们明白，质的提高需要量的积累，但说老实话，新闻研究缺少的已经不是量了，而是缺乏"磨针、磨剑、磨刀"的工夫。

在新闻学术界，有一种不太好的现象，就是总有一些人喜欢把学术和权力结合起来，用权力来证明自己学术的合理性和正确性，用权力为自己的学术开道和张扬。在我看来，权力可以在一定程度上证明学术的

---

① 张世英. 哲学导论 [M]. 北京：北京大学出版社，2002：406.
② 帕斯卡尔. 思想录 [M]. 何兆武，译. 北京：商务印书馆，1985：157-158.

有用和有效，但有用的、有效的并不一定就是真理，实用主义真理观的弊端与荒谬是显见的。当有人问季羡林先生研究那些外国的古代的学问有什么作用时，他没有正面回答，而是说："学问，不能拿有用还是无用的标准来衡量，只要精深就行。当年牛顿研究万有引力有什么用？"①我们研究学问时，心态最好平和一些，没有必要过分追求实用。"有没有用，那是后人的事。"②当然，我相信，是真理、是道理总会有用、有效。至于那种把某种理论、学说、观点、看法通过某种权力设定为唯一合理的、正确的东西，本身就是对科学研究、学术探索的最大嘲弄和扼杀，这不仅仅是专制性的学术思维，也可以说是计划经济思维在学术领域的后遗症。伟大的物理学家爱因斯坦说："谁要是把自己标榜为真理和知识领域里的裁判官，他就会被神的笑声所覆灭。"③ 对于真理的探索者来说，保持学术独立和学术自由，是必须有的姿态和精神，是必须有的学风和人格。"与政治权力和商业权益保持适当的距离，是学术理性思考的前提，也是学术获得独立尊严的保证。"④ "这并不是说学术完全不要经世致用，而是说学者在研学问、谈思想时不能存一个求用之心，不能以学术为手段，而是必须一切以追求真知、追求真理为目的。"⑤我国著名美学家宗白华先生在90年前的一篇短文中写道，学者做学问的态度和精神是"绝对的服从真理，猛烈的牺牲成见"，"宁愿牺牲生命，不愿牺牲真理"，"学者的责任，本是探求真理，真理是学者第一种生命，小己的成见与外界的势力，都是真理的大敌"⑥。这些铿锵有力、立场鲜明的话语，值得我们永远

---

① 梁衡. 百年明镜季羡老 [N]. 人民日报，2009 - 7 - 14.

② 同①.

③ 杜卡斯. 爱因斯坦谈人生 [M]. 北京：世界知识出版社，1984：7.

④ 吴飞. 传播学研究的自主性反思 [J]. 浙江大学学报（人文社科版），2009，39（2）：125 - 126.

⑤ 何怀宏. 良心论 [M]. 北京：北京大学出版社，2009：300.

⑥ 宗白华. 美学与意境 [M]. 北京：人民出版社，2009：10 - 11.

铭记。

这些年来，关于新闻学的学科定位问题，学界多有争论，有人说新闻学是人文学科，有人说是社会（科学）学科，有人（像我）则认为是具有强烈人文色彩的社会科学。说新闻学是人文学科的人想强调新闻学的人文性和理论性，说新闻学是社会科学的人想强调新闻学的科学性和应用性。像我则是想强调新闻学既有自己的理论性，也有自己的应用性，二者不可偏废。而我所做的主要工作，是在新闻基础理论方面力求有所建树和突破，但这谈何容易。理论的创新是以理论积累为前提的，没有足够的基础性积累，所谓创新要么是空话，要么是不知羞耻的疯狂。诺贝尔经济学奖获得者诺思说："创新是根据人们所拥有的现有基本知识存量做出的。"①我现在所做的，多是增加知识存量的工作，为后来者进行更大创新铺路垫石的工作。我相信会有这一天，并且不会遥远。尽管我做出了自己的努力，提出了自己的观点和看法，甚至试图建构自己的学说和理论，但我非常明白，自己作为个人是渺小的，拥有的知识、智慧和创造能力都是极其有限的。因此，我始终都会记住这样的提醒："无论我们的观点是什么样的，不要对我们自己的观点做出太宏大的断言是明智的"②。无数的问题还在等着我们，选择那些你感兴趣的、你认为有意义的、你多少能够驾驭的问题，继续探索，继续前行。

有位美国伦理学者，在其一部著作致谢词的开头这样写道："有一句脍炙人口的非洲谚语是这么说的：'养育一个孩子需要全村子的力量。'在我看来，写作一本书同样也需要'全村'的力量。"③ 看到这句谚语，读到作者的感受，我觉得那正是我想说的话，那也正是我真切的感受。这一

---

①　诺思. 经济史上的结构和变革 [M]. 厉以平，译. 北京：商务印书馆，1992：54.

②　雷切尔斯 J，雷切尔斯 S. 道德的理由 [M]. 杨宗元，译. 5 版. 北京：中国人民大学出版社，2009：207.

③　拉扎尔. 道歉 [M]. 王绍祥，译. 北京：商务印书馆，2008：致谢 1.

本又一本的著作确实都是我"亲生"的"孩子"，在它们的身上和灵魂中，倾注着我的心血和精神。但是，我同样深深地知道，播种它们的、孕育它们的、浇灌它们的、成就它们的，直至使它们名姓或多或少近知远晓的，还有和我生活、学习、工作在一起的"全村"的人们，当然，不光是我们"村子"的，还有无数"外村"的人们。

我的著作中，蕴涵着很多人的扶持与帮助；我的著作中，包含着很多人的知识和智慧；我的著作中，深藏着亲人们的付出和关爱。今天，在这一课题就要在形式上"画圈"的时候，我再次真诚地表达我的谢意，表达我对他们的感激！

感谢我的博士生导师童兵教授、师母林涵教授的指导和关怀；感谢我的博士后合作导师曹璐教授的指点和关爱；感谢我在中国人民大学新闻学院所有的同事们，正是他们的辛勤与智慧，共同创造了学院良好的教学与科研氛围；感谢所有帮助过我、关心着我的朋友们；感谢所有激发过我灵感、启发过我深思、引发过我疑问的作者们。

衷心感谢中国人民大学出版社、中国人民大学出版社人文出版事业部主任司马兰女士、李学伟编辑和其他相关工作人员。正是人大出版社的一贯关照，司马兰女士等的长期支持，才使我的著作能够一本又一本地顺利出版。

衷心感谢我的父母和岳父母，正是他们的理解，使我有更多的时间和精力投入学术研究；衷心感谢我的爱人成茹，正是她长期一贯无微不至的支持与关爱，使我能够专注于自己钟爱的学问……

其实，我就是"村子"里的那个孩子，不断长大的孩子，在所有人关心、爱护中成长的孩子。不过，这个孩子慢慢地变成了半老孩子……

杨保军

2009 年 11 月 8 日于北京世纪城

图书在版编目（CIP）数据

新闻道德论：新修版 / 杨保军著 . -- 2 版 . -- 北
京：中国人民大学出版社，2024.1
中国新闻传播学自主知识体系建设工程
ISBN 978-7-300-32335-0

Ⅰ.①新… Ⅱ.①杨… Ⅲ.①新闻工作者－职业道德
－研究 Ⅳ.①G214

中国国家版本馆 CIP 数据核字（2023）第 218594 号

中国新闻传播学自主知识体系建设工程
当代中国新闻理论研究

新闻道德论（新修版）

杨保军　著

Xinwen Daodelun

出版发行	中国人民大学出版社			
社　址	北京中关村大街 31 号	**邮政编码**	100080	
电　话	010 - 62511242（总编室）	010 - 62511770（质管部）		
	010 - 82501766（邮购部）	010 - 62514148（门市部）		
	010 - 62515195（发行公司）	010 - 62515275（盗版举报）		
网　址	http://www.crup.com.cn			
经　销	新华书店			
印　刷	中煤（北京）印务有限公司	**版　次**	2010 年 6 月第 1 版	
开　本	720 mm×1000 mm　1/16		2024 年 1 月第 2 版	
印　张	28.5 插页 3	**印　次**	2024 年 1 月第 1 次印刷	
字　数	365 000	**定　价**	129.00 元